आलोचना के परिसर

आलोचना के परिसर

गोपेश्वर सिंह

वाणी प्रकाशन

वाणी प्रकाशन

4695, 21-ए, दरियागंज, नयी दिल्ली 110 002

फ़ोन : +91 11 23273167 फ़ैक्स : +91 11 23275710

शाखाएँ

अशोक राजपथ, पटना 800 004, बिहार

कॉफ़ी हाउस कैम्पस, महात्मा गांधी मार्ग, इलाहाबाद 211 001, उत्तर प्रदेश

महात्मा गांधी अन्तरराष्ट्रीय हिन्दी विश्वविद्यालय, वर्धा 442 001, महाराष्ट्र

सुल्तानिया रोड, मोतिया प. र्क, भोपाल 462 001, मध्य प्रदेश

www.vaniprakashan.com
marketing@vaniprakashan.in
sales@vaniprakashan.in

AALOCHANA KE PARISAR
by Gopeshwar Singh

ISBN : 978-93-88434-67-6
Criticism

प्रथम संस्करण 2019
द्वितीय संस्करण 2020

मूल्य : ₹ 395

सिटी प्रेस, दिल्ली-110 095 में मुद्रित

वाणी प्रकाशन का लोगो मक़बूल फ़िदा हुसेन की कूची से

राजकिशोर जी

की स्मृति को

जिनकी भाषा एवं सोच में

गाँधी की खादी का खुरदुरापन

और सत्याग्रह की नैतिक आभा थी!

आलोचना के परिसर के बारे में...

रचना का क्या कोई एक परिसर है? अवश्य ही इसका उत्तर 'नहीं' में दिया जायेगा। रचना जीवन के वैविध्य, विस्तार और गहराई की अमूर्तता को मूर्त रूप देने की रचनात्मक मानवीय कोशिश है! दुनिया के साहित्य में इसी कारण वैविध्य एवं विस्तार है। हर बड़ा रचनाकार पिछले रचनाकार के रचना-परिसर का विस्तार करता है। इसी के साथ वह नया परिसर उद्घाटित करने की कोशिश भी करता है। जब न तो जीवन का कोई एक रूप परिभाषित किया जा सका है और न रचना का, तब आलोचना को ही किसी परिभाषा में बाँधने की कोशिश क्यों की जाये, उसे किसी एक परिभाषित परिसर तक सीमित क्यों किया जाये? रचना की तरह उसके भी क्या कई-कई परिसर नहीं होने चाहिए? जब 'दुनिया रोज बनती है' तब रचना भी रोज बनती है और आलोचना भी। रोज-रोज बनने का यह जो सिलसिला है, वह किसी भी जड़ता और यथास्थिति के विरुद्ध सृजनात्मक पहल से ही सम्भव होता है।

पिछली सदी का बहुत बड़ा हिस्सा शीतयुद्ध की छाया और उसकी वैचारिक परिणतियों से आक्रान्त रहा है। दो शिविरों में बँटी हुई भौगोलिक और वैचारिक दुनिया के आग्रह-दुराग्रह से बने साहित्य और सौन्दर्य सम्बन्धी प्रतिमानों की सीमाएँ अब उजागर हो चुकी हैं। यथार्थवाद समेत पिछले सभी साहित्यिक प्रतिमानों की सीमाएँ जब साफ़-साफ़ नजर आने लगीं, तभी अश्वेत, दलित, अल्पसंख्यक आदि समूहों ने अपने साहित्य के नये परिसर उद्घाटित किये। ऐसे में मूल्यांकन और सौन्दर्य के दूसरे आधार और परिसर विकसित हुए। पूँजीवाद और गैर-बराबरी के विरुद्ध संघर्ष का एकमात्र आधार जो पहले मार्क्सवाद हुआ करता था, उसके समानान्तर दूसरे वैचारिक आधार भी अस्तित्व में आये। अपने देश में ही गाँधी, अम्बेडकर, लोहिया आदि की वैचारिकी ने समाज और साहित्य में प्रतिरोध के नये तौर-तरीके विकसित किये। निश्चित रूप से उनकी आलोचना की दृष्टियाँ

भी नये-नये रूपों में आयीं। पिछले वर्षों में साहित्य और समाज पर विचार करते हुए जो आलोचना लिखी गयी उस पर इनका असर है।

पुराने साहित्यशास्त्र में भी अनेक सम्प्रदाय रहे हैं जो बताते हैं कि तब भी साहित्य चिन्तन का कोई एक ही परिसर नहीं था लेकिन उस अनेक में एक आग्रह, जो सृजनात्मकता का था, वही प्रमुख था। लोकतान्त्रिक समाज व्यवस्था के अस्तित्त्व में आने के बाद जन-आकांक्षाओं की अभिव्यक्ति के अनेक-अनेक रूप सामने आये, जिनके पीछे सक्रिय दृष्टियाँ भिन्न थीं। मानव-मुक्ति का सपना सिर्फ जन क्रान्ति तक न सीमित रहकर भिन्न-भिन्न आन्दोलनों-संघर्षों के जरिए प्रकट होने लगा। स्त्री, दलित, आदिवासी, किसान, जल-जंगल, पर्यावरण आदि से जुड़ा कोई भी रेडिकल आन्दोलन अब किसी एक ही वैचारिकी से प्रेरित-पोषित नहीं है। भारतीय लोकतन्त्र की जड़ें और गहरी हुई हैं, उसमें जन भागीदारी बढ़ी है। लोकतन्त्र का नियन्त्रण अब कुछ समूह या जातियों के हाथ तक सीमित नहीं है। लेकिन इसी के साथ वंचित और सुविधा सम्पन्न तबके का अन्तर भी तेजी से बढ़ा है। इस अंतर को पाटने के लिए जैसा व्यापक जन-प्रतिरोध होना चाहिए, वैसा नहीं दिखता है। सामूहिक संघर्ष की जगह छोटे-छोटे संघर्ष का यह समय है। देश और दुनिया के विभिन्न अंचलों में चलने वाले छोटे-छोटे आन्दोलनों के जरिये प्रतिरोध की नयी जमीन और भाषा अस्तित्त्व में आयी है। इसका असर रचना-आलोचना पर पड़ा है। नयी रचना-आलोचना की अपनी समस्याएँ और चुनौतियाँ हैं और इन्हीं के बीच से आलोचना के नये-नये औजार भी विकसित हुए हैं।

यूँ तो साहित्य मात्र लोकतान्त्रिक समाज में प्रतिपक्ष की भूमिका में है। अनेक रूपों में वह लोकतन्त्र की आलोचना करते हुए उसे समृद्ध करने का काम करता है। लेकिन साहित्य-रूपों में यह काम आलोचना सबसे मूर्त और मुखर रूप में करती है। इस अर्थ में आलोचना लोकतान्त्रिक समाज में साहित्य का सतत किन्तु रचनात्मक प्रतिपक्ष है। जिस समाज में आलोचना का स्पेस जितना अधिक होगा, लोकतन्त्र की जड़ें उस समाज में उतनी गहरी होंगी। ठीक इसी तरह जो साहित्य-समाज किसी भी तरह के वैचारिक कठमुल्लेपन और जड़ता से जितना मुक्त होगा उसमें आलोचना-दृष्टि का विस्तार और विकास उतना अधिक होगा। आलोचना सिर्फ किसी एक परिसर तक सीमित न रहकर समाज के व्यापक दायरे तक जाती है और समाज और साहित्य में लोकतान्त्रिक मूल्यों को मजबूत करती है। पिछले वर्षों में इन्हीं अर्थों में हिन्दी आलोचना नये-नये अर्थ ग्रहण करती हुई विकसित हुई है।

हमारे युवाकाल का बहुत बड़ा हिस्सा जन-आन्दोलनों और जन-संघर्षों के बीच बीता है। उन राजनीतिक झंझावातों के बीच साहित्य के नये अर्थ बनते-खुलते हमने देखे हैं। हमने देखा है कि आन्दोलन के दौरान जयप्रकाश नारायण हिन्दी कविता की कैसी आन्दोलनधर्मी व्याख्या करते थे। वे व्याख्याएँ साहित्य के पण्डितों की व्याख्याओं से भिन्न और नयी होती थीं। एक बार बिहार आन्दोलन के दौरान जनता की विशाल भीड़ को देखते हुए वे भाव विह्वल हो गये। उस भाव विह्वल क्षण में उनके मुँह से स्वतः बच्चन की एक काव्य-पंक्ति फूट पड़ी—'तीर पर कैसे रुकूँ मैं, आज लहरों में निमन्त्रण'। इसके आगे वे इसकी व्याख्या करने लगे-'ये जन सैलाब, ये लहरें मुझे निमन्त्रित कर रही हैं। लोग कहते हैं कि मैं बूढ़ा हो गया हूँ, बीमार हूँ, मैं इस आन्दोलन का नेतृत्त्व नहीं कर सकता...' आदि। हमारे लिए बच्चन की कविता की यह नयी जनधर्मी व्याख्या थी। बच्चन को हम अब तक हालावाद के कवि के रूप में जानते थे, साहित्य के आलोचक उन्हें 'शराब और कबाब' का कवि मानते थे। साहित्य के एक आचार्य ने उन्हें 'आह और वाह' का कवि कहा था। लेकिन जेपी ने बच्चन की कविता की ऐसी जनधर्मी व्याख्या की जिससे हम चमत्कृत हो गये। 25 जून, 1975 को दिल्ली के रामलीला मैदान में जेपी के नेतृत्त्व में जो ऐतिहासिक रैली हुई थी उसका नारा था—'सिंहासन खाली करो कि जनता आती है'। यह दिनकर की काव्य-पंक्ति थी। उस रैली के लिए जेपी ने स्वयं उस काव्य-पंक्ति का चुनाव किया था। इस दौरान मैंने यह भी जाना कि जनधर्मिता किसी एक विचारधारा और संगठन तक सीमित नहीं है। उसके अनेक रूप-रंग हैं। इन कारणों से बेहतर भविष्य के लिए देखे गये किसी एक सपने तक सीमित न रहकर दूसरे सपनों की सम्भावनाओं पर भी एक आलोचक की नजर रहनी चाहिए। और उसे जनधर्मिता के इन रूपों को भी ध्यान में रखना चाहिए।

बनारसीदास चतुर्वेदी ने पाण्डेय बेचन शर्मा 'उग्र' की एक रचना को अश्लील मानकर उनके विरुद्ध 'घासलेटी साहित्य' का अभियान चलाया और गाँधी जी से भी अपने अभियान के लिए समर्थन माँगा। कहा जाता है कि गाँधी जी ने कुछ महीनों बाद वह रचना पढ़ी और जो पत्र लिखा वह बनारसीदास की धारणा के विपरीत था। गाँधी ने उग्र की उस रचना को समाज सुधार के सन्दर्भ में देखा था। बनारसीदास ने गाँधी के उस पत्र को सार्वजनिक नहीं किया। किया होता तो उग्र को जीवनी-शक्ति मिली होती! गाँधी का वह पत्र बनारसीदास जी के निधन के बाद ही प्रकाशित हो पाया। यहाँ साहित्य के एक आचार्य और एक

जन नेता की साहित्य सम्बन्धी समझ का फर्क नजर आता है। सूरदास सम्बन्धी साहित्य-आलोचकों की व्याख्याएँ अपनी जगह हैं लेकिन रामचन्द्र शुक्ल के बाद सूर की नयी व्याख्या तो राममनोहर लोहिया के कृष्ण सम्बन्धी लेखों में ही मिलती है। रासलीला का स्त्री-स्वातन्त्र्य की दृष्टि से जो नया अर्थ खुलता है वह साहित्य-आचार्यों की व्याख्या से अलग और नया है। समाजवादी नेता मधुलिमये ने विजयदेव नारायण साही के वैचारिक लेखों के संकलन 'लोकतन्त्र की कसौटियाँ' की भूमिका में 'नेता और प्रणेता' का सवाल उठाया है। इसका अर्थ यह है कि एक नेता में प्रणेता यानी प्रणयन करने वाले रचनाकार का योग होना चाहिए और एक प्रणेता यानी रचनाकार में एक नेता की सामाजिकता होनी चाहिए। हमारे कई लेखकों में सामाजिक सक्रियता और साहित्यिक रचना का अद्भुत मेल रहा है। रामवृक्ष बेनीपुरी, फणीश्वरनाथ 'रेणु', विजयदेव नारायण साही आदि लेखकों का साहित्य जन-आन्दोलनों में उनकी भागीदारी और उससे पैदा हुई चेतना से निर्मित साहित्य है। लेकिन इन लेखकों की जनधर्मिता की हिन्दी आलोचना में प्रायः अनदेखी हुई है। राहुल सांकृत्यायन और नागार्जुन को जनधर्मी लेखक के रूप में याद किया जाता है, जो सही है। लेकिन उक्त लेखकों को भी इसी दृष्टि से देखा जाना चाहिए। इसके जरिए साहित्य में जनधर्मी दृष्टि का विस्तार होगा।

मार्क्सवाद या गाँधीवाद जैसी बड़ी विचारधाराएँ दुनिया की नयी व्याख्या प्रस्तुत तो करती ही हैं, उसे बदलने का नया स्वप्न भी देती हैं। उनसे प्रभावित जो दृष्टि है वह साहित्य रचना और उसके मूल्यांकन का बड़ा आधार रही है। आधुनिक काल में भारत की साहित्यिक रचनाशीलता पर उनके स्पष्ट प्रभाव देखे जा सकते हैं। लेकिन स्त्री, दलित, आदिवासी, पर्यावरण आदि के सन्दर्भ में इनकी सीमाएँ पिछले वर्षों में स्पष्ट हुई हैं। स्त्री मुक्ति सम्बन्धी विमर्श के कारण आज मीरा, महादेवी, सुभद्रा कुमारी चौहान आदि का महत्त्व नये सिरे से उद्घाटित हुआ है। साहित्य के पुराने इतिहास ग्रन्थों से भिन्न उनके महत्त्व का शिखर अलग से दिखने लगा है। सुमन राजे जब 'हिन्दी साहित्य का आधा इतिहास' लिखती हैं तब नयी इतिहास-दृष्टि और आलोचना-दृष्टि भी प्रस्तावित करती हैं। साहित्य में जब दलित चेतना का विकास होता है तो रैदास का वही सामाजिक और साहित्यिक अर्थ नहीं रह जाता है जो शुक्ल, द्विवेदी और रामविलास जी के समय में था। अश्वेत साहित्य के कारण साहित्य में सौंदर्य सम्बन्धी नये प्रतिमान बनते हैं और नयी सौन्दर्य-दृष्टि का विकास होता है। पर्यावरण सम्बन्धी आन्दोलनों ने विकास की वर्तमान रफ्तार को चुनौती दी है। उन आन्दोलनों से प्रसूत जो

साहित्य और आलोचना-दृष्टि है उससे हमारे समय की नयी रचनाशीलता और उसे देखने वाली आलोचना-दृष्टि में परिवर्तन आया है।

तेजी से बदलते समय में जो साहित्य लिखा जा रहा है उसके अर्थ और मूल्य की खोज आलोचना के किसी पुराने परिसर तक सीमित रहकर नहीं की जा सकती। किसी रचना में रचनाकार के मूल आशय की खोज और उसके परे जाकर उसकी समीक्षा के जरिए एक नयी रचना को उपलब्ध करना आलोचना का मुख्य उद्देश्य होना चाहिए। इस क्रम में रचना के सामाजिक अर्थ एवं साहित्य-सौंदर्य का जो झिलमिल-सा पर्दा है उसको थोड़ा सरकाकर, ओट में चुपचाप खड़ा जो सच एवं कला है, उसे मुखरता देने के लिए आलोचना के नये और भिन्न परिसर की दरकार होती है। यह सुखद है कि इस दृष्टि से हिन्दी आलोचना के नये परिसर उद्घाटित हो रहे हैं। जब आलोचना के नये-नये परिसर उद्घाटित हो रहे हैं और पुराने परिसरों का विस्तार हो रहा है तब स्वाभाविक है कि आलोचना लिखने की कोशिश करने वाले मुझ जैसे व्यक्ति का भी ध्यान इनकी ओर जाये।

मेरी यह आलोचना-पुस्तक पिछले वर्षों में साहित्यिक-सामाजिक विषयों पर लिखे गये मेरे कुछ लेखों का संग्रह है। इसमें कोई एक विषय या रचनाकार नहीं है। लेकिन साहित्य के साथ समाज इनकी चिन्ता के केन्द्र में है। अलग-अलग समय और अवसरों पर लिखे गये इन लेखों में कहीं-कहीं आवृत्ति मिल सकती है। ये लेख 'बहुवचन', 'आलोचना', 'तद्भव', 'नया पथ', 'साखी' 'सामयिक सरस्वती', 'वागर्थ', 'पाखी', 'रविवार डाइजेस्ट', 'समकालीन भारतीय साहित्य', 'पक्षधर' 'जनसत्ता' आदि पत्र-पत्रिकाओं में प्रकाशित हो चुके हैं। इनमें से कई लेख मेरे व्याख्यान के लिखित रूप हैं। मुझे खुशी है कि मेरे इन लेखों-व्याख्यानों ने लोगों का ध्यान खींचा और इन पर बहस भी हुई। मैं उक्त सभी पत्र-पत्रिकाओं के सम्पादक मित्रों का आभारी हूँ। उनका आत्मीय तकाजा न होता तो शायद ये लेख जल्दी न लिखे जाते।

यह पुस्तक राजकिशोर जी की स्मृति को समर्पित है। वे हमारे समय में हिन्दी पत्रकारिता की योग्यतम और मौलिक आवाज थे। परिचय तो उनसे पहले से था लेकिन दिल्ली आने के बाद उनसे और आत्मीय जुड़ाव हुआ। इस पुस्तक के लेखों के लिखे जाने के दौरान उनसे अक्सर बातचीत होती थी। सोचता था कि यह पुस्तक जब प्रकाशित होगी, उन्हें समर्पित करूँगा; लेकिन दुःख है कि

उनकी स्मृति को समर्पित करना पड़ रहा है। इन सभी लेखों को एकत्र करने और प्रेस में भेजने लायक बनाने में नवनीत कुमार राय, सुनील कुमार मिश्र और रमेश ठाकुर जैसे मेरे छात्र-मित्रों का भी सहयोग है। इसके लिए वे साधुवाद के साथ मेरे स्नेह के पात्र हैं।

इस पुस्तक का प्रकाशन 'महात्मा गाँधी अन्तरराष्ट्रीय हिन्दी विश्वविद्यालय' वर्धा के कुलपति प्रो. गिरीश्वर मिश्र की मेरी आलोचनात्मक सक्रियता में रुचि का प्रमाण है। वे हमेशा मुझे स्वस्थ-सक्रिय देखना चाहते हैं। मैं उनका आभार मानता हूँ। 'वाणी प्रकाशन', नयी दिल्ली के श्री अरुण माहेश्वरी को भी मेरा धन्यवाद जो उत्सुकता एवं तत्परता से मेरी किताब प्रकाशित करते हैं।

17 अक्टूबर 2018
शुभ विजयादशमी

गोपेश्वर सिंह
हिन्दी विभाग
दिल्ली विश्वविद्यालय
दिल्ली-110007

अनुक्रम

खण्ड-1 : कवि और कविता

खण्ड-2 : हिन्दी गद्य के विविध रंग

खण्ड-3 : आलोचना और समाज

खण्ड : एक

कवि और कविता

महात्मा गाँधी और भक्ति कविता

अच्छी कविता मनुष्य को संस्कारित करती है। इसके सर्वोत्तम उदाहरण मोहनदास करमचन्द गाँधी हैं। उन्हें भक्ति साहित्य का संस्कार नहीं मिला होता तो वे और चाहे जो होते महात्मा गाँधी शायद ही होते! उनके निर्माण में देश-दुनिया के अनेक लोगों और पुस्तकों की भूमिका है, लेकिन बड़ी भूमिका भक्ति साहित्य की है। आदमी के निर्माण में दर्शन, विचारधारा आदि की भी भूमिका होती है। लेकिन उस पर सबसे गहरा और कोमल प्रभाव कविता का होता है। जैसे घनानन्द को उनकी कविता ने निर्मित किया–'मोहिं कौ मेरो कवित्त बनावत', वैसे ही गाँधी को भक्ति साहित्य ने निर्मित किया।

गाँधी पर भक्त कवियों के प्रभाव की छानबीन के लिए उनके जीवन-प्रसंग और लेखन को देखना जरूरी है। अपनी 'आत्मकथा' के दसवें प्रसंग 'धर्म की झांकी' में उन्होंने भक्ति काव्य के प्रभाव को स्वीकार किया है। गाँधी मानते हैं कि धर्म का अर्थ 'आत्मबोध' या 'आत्मज्ञान' है। वे वैष्णव परिवार में पैदा हुए थे। उन्हें उस तरह के मन्दिरों में जाने का मौका मिलता था। लेकिन वे वहाँ चलने वाले वैभवशाली आयोजनों से प्रभावित नहीं हुए। उन्होंने अपनी नौकरानी रंभा की चर्चा की है जिसने उन्हें 'रामनाम' जपना सिखाया। गाँधी लिखते हैं... "बचपन में जो बीज बोया गया, वह नष्ट नहीं हुआ। आज राम नाम मेरे लिए अमोघ शक्ति है। मैं मानता हूँ कि उसके मूल में रंभाबाई का बोया हुआ बीज है।"[1] रंभाबाई के बाद उन्होंने अपने चचेरे भाई द्वारा राम रक्षा पाठ में नियमित शामिल होने की बात की है। 'रामायण' पाठ की चर्चा करते हुए गाँधी ने लिखा है..."जिस चीज का मेरे मन पर गहरा असर पड़ा वह था रामायण का पारायण ...उस समय मेरी उम्र 13 साल की रही होगी, पर याद पड़ता है कि उनके पाठ में मुझे ख़ूब रस आता था। यह रामायण श्रमण, रामायण के प्रति मेरे आत्मिक प्रेम की बुनियाद है। आज मैं तुलसीदास की रामायण को भक्ति मार्ग का सर्वोत्तम

ग्रन्थ मानता हूँ।"[2] उस समय गाँधी के मन पर जो असर हुआ उसकी चर्चा करते हुए उन्होंने लिखा है..."एक चीज ने मन में जड़ जमा ली—यह संसार नीति पर टिका हुआ है। नीति मात्र का समावेश सत्य में है। सत्य को तो खोजना ही होगा। दिन पर दिन सत्यता की महिमा मेरे निकट बढ़ती गयी। सत्य की व्याख्या विस्तृत होती गयी, और अभी भी हो रही है।"[3]

हम जानते हैं कि गाँधी जी की प्रार्थना सभा में बहुत-सी प्रार्थनाएँ गाई जाती थीं। उनमें 'रामधुन' के साथ गुज़राती सन्त कवि नरसीं मेहता का यह प्रिय भजन भी होता था—

वैष्णव जन तो तेने कहिए जे पीड़ पराई जाणे रे
पर दुख्खे उपकार करे तोये मन अभिमान न आणे रे
सकल लोक माँ सहने वन्दे, निन्दा न करे केनी रे
वाच काछ मन निश्छल राखे, धन धन तेनी रे...

यह भजन गाँधी को क्यों प्रिय था? इसलिए कि इसके जरिए उनके वैष्णव संस्कार का सामाजिकीकरण होता था कि वैष्णव वह है जो किसी दीन-दुखी का दर्द समझता है, आदि-आदि। इस पर टिप्पणी करते हुए बिनोवा भावे ने लिखा है। "...उस वक़्त साबरमती आश्रम में था। उस वक़्त 'वैष्णव जण तो तेणे कहिए' भजन समय-समय पर गया जाता था। उसमें भक्त के लक्षण बताए हैं ...मेरी नज़र के सामने बापू का जीवन था। इस वास्ते उनके जीवन में ये लक्षण किस तरह और कहाँ दृष्टिगोचर होते हैं, इसका विचार भी मन में चलता है। तब मेरे मन में आता कि लगभग सभी लक्षण बापू पर लागू होते हैं।"[4] इससे पता चलता है कि गाँधी की राजनीति यदि लोकनीति की ओर हमेशा झुकी रही तो उसकी एक बड़ी वजह भक्ति साहित्य के आदर्शों का उनके जीवन में समावेश था। शब्द और कर्म की एकता, अपरिग्रह, त्याग, सत्य, सादगी, लोभ-लाभ रहित जीवन का जो उनका आदर्श था वह नरसीं मेहता एवं अन्य भक्त कवियों के कितना करीब था! यह अकारण नहीं है कि उनकी प्रिय पुस्तकों की सूची में तुलसीदास की रामायण भी थी। और यह भी अकारण नहीं है कि गाँधी के कारण हमारे स्वतन्त्रता सेनानियों में त्याग-बलिदान, सच्चाई, सादगी और सेवा का भाव कमोबेश बना रहा।

दुनिया की सबसे बड़ी साम्राज्यवादी शक्ति से संघर्ष करने वाले बीसवीं सदी के महानायक महात्मा गाँधी को जब हम याद करते हैं तो देखते हैं कि संघर्ष में उनके दोनों हाथों में जो लड़ाई के हथियार हैं वे भक्त कवियों से लिए गये हैं।

उनके एक हाथ में कबीर का चरखा था तो दूसरे हाथ में तुलसीदास का रामचरित मानस। चरखा के जरिए उन्होंने गुलाम भारत को स्वावलम्बन और श्रम की शिक्षा दी तो मानस से उन्होंने रामराज्य की अवधारणा ली जो समतामूलक समाज-रचना का उनका सपना था। कबीर के लिए चरखा/करघा सिर्फ़ रोज़ी-रोटी का जरिया ही नहीं था, वह उनकी आध्यात्मिक साधना का आधार भी था। कबीर मानते थे, जैसे वे जुलाहा बनकर चरखा चला रहे हैं, वैसे ही ब्रह्म रूपी जुलाहा दुनिया रूपी चरखे को चला रहा है। इस प्रक्रिया में जो संगीत फूटता है वही अनहद नाद है, जिसे उन जैसे साधक ही सुन पाते हैं। यूरोपीय रहस्यवाद की विशेषज्ञ और अँग्रेज़ी की कवयित्री एवलिन अंडरहिल ने 'पोयम्स ऑफ़ कबीर' (रवीन्द्रनाथ ठाकुर द्वारा किये गये अंग्रेज़ी अनुवाद की पुस्तक) की भूमिका में लिखा है कि कबीर अध्यात्म और उद्योग का मेल करते हैं और एक नयी संस्कृति को जन्म देते हैं। गाँधी भी जब चरखा कातते हैं तो सिर्फ़ उसे स्वाबलम्बन के औजार के रूप में ही नहीं देखते, वे उससे निकलता संगीत भी सुनते हैं। उसके एक-एक धागे में उन्हें कबीर की तरह ईश्वर दिखाई देता है। 1926 में 'यंग इंडिया' में लिखी अपनी टिप्पणी 'चरखे का संगीत' में वे लिखते हैं : "मैं जितनी बार चरखे पर सूत निकालता हूँ उतनी ही बार भारत के गरीबों का विचार करता हूँ। भूख की पीड़ा से व्यक्ति और पेट भरने के सिवा और कोई इच्छा न रखने वाले मनुष्य के लिए उसका पेट ही ईश्वर है। उसे जो रोटी देता है वही उसका मालिक है। उसके द्वारा वह ईश्वर के भी दर्शन कर सकता है। ऐसे लोगों को, जिनके हाथ-पैर सही सलामत हैं, दान देना अपना और उनका दोनों का पतन करना है, उन्हें तो किसी न किसी तरह के धंधे की जरूरत है, और वह धन्धा, जो करोड़ों को काम देगा, केवल हाथ कताई का ही हो सकता है...इसलिए चरखे पर जो मैं सूत निकालता हूँ उसके एक-एक धागे में मुझे ईश्वर दिखाई देता है।"[5] गाँधी के इस कथन का मिलान कबीर के 'उद्योग और अध्यात्म' के मेल वाले उद्यम से करने पर भक्ति काव्य और गाँधी-दोनों के नये अर्थ खुलते हैं। 'उद्योग और अध्यात्म' का मेल करनेवाले कबीर ने श्रमशील और गार्हस्थ संन्यास की नींव रखी थी। यह नये समाज की रचना का सपना था जिसे उन्होंने अपने कर्म और वाणी से ज़मीन पर उतारने की कोशिश की। आधुनिक युग में ऐसी कोशिश गाँधी ने की। उनका जीवन भी कबीर की तरह श्रम, संन्यास और गार्हस्थ की अद्‌भुत त्रिवेणी है!

गाँधी कबीर के चरखा के जरिए जिस स्वाबलम्बी और स्वतन्त्र भारत का

सपना देखते हैं वह श्रम और अध्यात्म के संगीत से भरा हुआ भारत है। इसी के साथ वे कुटीर उद्योगों के जरिए एक ऐसी आर्थिक और रोजगार नीति भी प्रस्तावित करते हैं जो मनुष्य और प्रकृति के रिश्ते का बहुत ही सुन्दर और कोमल उदाहरण है। वे जानते हैं कि बड़े बाँधों, बड़े कारखानों और बड़ी पूँजी के खेल से संचालित जो विकास नीति है वह थोड़े लोगों को सम्पन्न बनाती है और अधिक से अधिक लोगों को उजाड़ती है। गाँधी ने चरखे के रूप में विकास की जो रूपरेखा देश के नीति-निर्माताओं के सामने रखी उसको न मानने का परिणाम आज हमारे सामने है। गाँव उजड़ रहे हैं, लोग विस्थापित हो रहे हैं और बेरोजगारों की फौज बढ़ती जा रही है। विकास का जो पूँजीवादी मॉडल हमने अख्तियार किया है वह भारत जैसे देश में सफल नहीं होगा। गाँधी के ही विचारों को आगे बढ़ाने वाले लोहिया, किशन पटनायक और सच्चिदानद सिंहा जैसे विचारकों ने बार-बार इस बात को रेखांकित किया है कि पूँजीवाद जिन देशों में आया वह उपनिवेशों की लूट से सम्भव हो सका। भारत किसे उपनिवेश बनाएगा कि यहाँ पूँजीवादी विकास सम्भव होगा? अगर पूँजीवादी विकास की यह नीति रही तो देश में ही आन्तरिक उपनिवेश बनेंगे। नर्मदा घाटी में विशाल बाँधों के निर्माण, वहाँ से विस्थापन की भारी समस्या और मेधा पाटेकर के संघर्ष को आज याद करें तो पूँजीवादी विकास नीति की अमानवीयता सामने आयेगी और गाँधी के कुटीर उद्योग का महत्त्व भी समझ में आयेगा।

गाँधी की आलोचना उनके जिन राजनीतिक मुहावरों के लिए हुई उनमें एक पद 'रामराज्य' भी है। यह पद उन्होंने तुलसीदास के 'रामचरितमानस' के उत्तर कांड से लिया है। इसके जरिए वे समतामूलक भारत का स्वप्न देखते हैं। जाति, धर्म, अमीरी-गरीबी आदि का जो भेदभाव है उसकी समाप्ति का स्वप्न वे 'रामराज्य' के रूपक में देखते हैं। गाँधी जाति-व्यवस्था को अपने तरीके से कमजोर करना चाहते थे। वे जातिगत भेदभाव के विरुद्ध थे। वे सामन्ती भारतीय मानस को श्रमशील भारत में बदलना चाहते थे। उनके रामराज्य में किसी तरह के भेद के लिए स्थान नहीं था। 'राम प्रताप विषमता खोई'—तुलसी के रामराज्य के इस आदर्श को जीवन और समाज में उतारना चाहते थे। वे अपने को सनातनी हिन्दू मानते थे और अपने को वर्णव्यवस्था का समर्थक कहते थे, लेकिन वर्णों में जो भेदभाव है, उसके वे ख़िलाफ़ थे। वे भेदभाव रहित वर्णव्यवस्था के समर्थक थे। इसलिए वे सबके लिए श्रम करना अनिवार्य मानते थे। श्रम-भेद के कारण ही जाति-भेद है। श्रम-भेद समाप्त होगा तो जाति-भेद भी समाप्त होगा, यह

गाँधी जानते थे। जाति-भेद समाप्त करने का यह उनका अहिंसक एवं गाँधीवादी तरीका था। जिन लोगों को तुलसी के रामराज्य में सिर्फ़ वर्णव्यवस्था का समर्थन और हिन्दू मन दिखाई देता है उन्हें 'गाँधी की कहानी' लिखने वाले लुई फिशर का यह कथन ध्यान में रखना चाहिए कि "धर्म विहीन जिन्ना एक धार्मिक राज्य बनाना चाहते थे। पूर्णतया धार्मिक गाँधी धर्म निरपेक्ष राज्य चाहते थे।"[6] भारत विभाजन पर अड़े जिन्ना को लुई फिशर ने भी समझाने की कोशिश की और विभाजन से उत्पन्न खतरे का संकेत किया तो जिन्ना ने उन्हें आदर्शवादी कहा। लुई फिशर ने लिखा है : "...गाँधी जी राष्ट्रीयता की लेही से भारत को एक करना चाहते थे। जिन्ना धर्म की बारूद का उपयोग करके उसके दो टुकड़े करना चाहते थे।"[7] मेरा ख़याल है कि जिन्ना ने यदि भक्ति काव्य या सूफी कविता पढ़ी होती तो शायद वे दूसरे जिन्ना होते, तब शायद भारत-विभाजन नहीं होता, ऐसी भीषण त्रासदी न घटित होती!

भक्त कवियों ने निजी मोक्ष को सामाजिक मोक्ष में बदल दिया। 'कबीरा सोई पीर है जो जानै पर पीर' या 'परहित सरिस धरम नहीं भाई' का भाव उसका सर्वोपरि सन्देश बन गया। गाँधी ने जिस राम को लिया वह मूर्तियों में बसने वाला दसरथ नन्दन राम नहीं हैं–'मेरा राम खुद भगवान ही है।'[8] वे मूर्ति पूजा नहीं करते थे–"मैं खुद मूर्तियों को नहीं मानता, मगर मैं मूर्ति पूजकों की उतनी ही इज्जत करता हूँ..."[9] जिस राम को वे जपते थे, वह उनकी आत्मशक्ति एवं राष्ट्र सेवा का ही दूसरा रूप था। गरीब की सेवा में ही गाँधी ने मोक्ष माना : "...रामनाम से मनुष्य में अनासक्ति और समता आती है...गरीब से गरीब लोगों की सेवा किये बिना या उनके हित में अपना हित माने बिना मोक्ष पाना मैं असम्भव मानता हूँ।"[10] इस सामाजिक मोक्ष का ही परिणाम था कि भक्ति आन्दोलन में बड़ी संख्या में निम्न जातियाँ और स्त्रियाँ शामिल हुईं। और यही स्थिति गाँधी के आन्दोलन की भी है।

भारत का भक्ति साहित्य आधुनिक भारतीय भाषाओं में रचनात्मक विस्फोट का सबसे उज्ज्वल अध्याय है। साहित्यिक रचनाधर्मिता का ऐसा भव्य उत्सव उसके पहले नहीं हुआ था और शायद बाद में भी नहीं हुआ। संस्कृत और फारसी जैसी भाषाओं से अलग भारत की दर्जनों भाषाओं की रचनात्मक पहचान इस काल में कायम हुई। हज़ारों की संख्या में देश के लगभग सभी प्रदेशों में भक्त कवियों की बाढ़ आ गयी। भक्ति काव्य के रूप में भारतीय भाषाओं के जरिए भाषायी वैविध्य का जो सुन्दर माहौल निर्मित हुआ था आज उस पर खतरा

उपस्थित हो रहा है। भूमण्डलीकरण ने न सिर्फ़ आर्थिक साम्राज्यवादी पकड़ भारत पर बनानी शुरू कर दी है, बल्कि उसकी गिरफ्त में भारत का भाषाई वैविध्य भी है। अनेक क्षेत्रिय भाषाएँ संकट के दौर से गुज़र रही हैं, जो कभी हमारी साहित्यिक- सांस्कृतिक अभिव्यक्ति का सशक्त माध्यम थीं। भारत के भाषाई वैविध्य को बचाने का एक बड़ा आधार भारतीय भाषाओं में रचा गया भक्ति काव्य है जिसे सामाजिक और आध्यात्मिक मुक्ति के लिए बार-बार पढ़ा जाना चाहिए।

इस भाषाई वैविध्य को बचाने की सबसे बड़ी लड़ाई गाँधी ने लड़ी। वे मातृभाषा में शिक्षा और लिखा-पढ़ी के समर्थक थे। भक्तिकाल में जिस तरह मातृभाषाओं में रचनात्मक विस्फोट हुआ उसी तरह गाँधी युगीन भारत में भी भाषाई रचनात्मक विस्फोट हुआ। अंग्रेज़ी पढ़े-लिखे गाँधी की मातृभाषा गुज़राती थी और वे गुज़राती में ही लिखते थे। वे गुज़राती के अच्छे लेखक थे। उनके जमाने के बहुत-से नेताओं ने अंग्रेज़ी में लिखा-पढ़ी की। लेकिन गाँधी गुज़राती में ही लिखते रहे। उनके प्रिय लेखक रवीन्द्रनाथ ठाकुर थे जो अपनी मातृभाषा बांग्ला में लिखते थे और दूसरों को भी अपनी मातृभाषा में लिखने के लिए प्रेरित करते थे। मातृभाषा में रचनात्मक लेखन की शक्ति का पता गाँधी को भी था और रवीन्द्र को भी।

भारत के भक्ति काव्य के जरिए सुन्दर संसार का स्वप्न हमारे कवियों ने देखा। हर बड़े कवि के पास अपना एक स्वप्न लोक है—कबीर का अमरपुर, जायसी का सिंघलद्वीप, सूर का वृंदावन, तुलसी का रामराज्य। भक्त कवियों द्वारा देखे गये सुन्दर संसार के सपनों के कुछ उदाहरण हैं। रैदास के सपने का तो कहना ही क्या! 'बेगमपुरा शहर को नाउ'—जब वे कहते हैं तो एक ऐसे संसार की प्रस्तावना रखते हैं जो दुख रहित तो है ही, इतना अनुशासित है कि वहाँ किसी थानेदार, किसी बादशाह की जरूरत नहीं है। ऐसा स्वप्न 19वीं शताब्दी में कार्ल मार्क्स ने देखा था जब उन्होंने वर्ग विहीन और राज्य विहीन समाज का प्रस्ताव दिया दिया था। ऐसा स्वप्न 20वीं सदी में महात्मा गाँधी ने रामराज्य के जरिए देखा था जो किसी भी तरह के भेद भाव से रहित था।

12 मार्च, 1930 को गाँधी ने साबरमती आश्रम से दांडी के लिए अपने 78 साथियों के साथ प्रस्थान किया। उद्देश्य था—नमक कानून को तोड़ना। इसीलिए इसे 'नमक सत्याग्रह' या 'दांडी मार्च' भी कहा जाता है। इस सत्याग्रह की सफलता को लेकर बहुतों में सन्देह का भाव था। लेकिन कहा जाता है कि टैगोर

को कोई सन्देह नहीं था। कहा यह भी जाता है कि 1905 में लिखे उनके प्रसिद्ध गीत 'एकला चलो रे...' का पोस्टर प्रसिद्ध चित्रकार नन्दलाल बोस ने बनाया। और रात में चुपके-चुपके दांडी मार्च में गाँधी के चित्र बना-बनाकर जगह-जगह भेजे। यह साहित्य-कला की ओर से गाँधी के दांडी मार्च को नैतिक समर्थन था। आगे का इतिहास हम जानते हैं कि 78 लोगों की उस यात्रा में दिनों-दिन लोग जुड़ते गये और कारवाँ बनता गया। एक शायर की भविष्यवाणी सच हुई। रवीन्द्र का यह गीत गाँधी के 'अभय मंत्र' का ही दूसरा नाम है। साहित्य और समाज में 'अभय' की यह विरासत टैगोर और गाँधी को भक्ति काव्य परम्परा से मिली थी! यू.आर. अनंतमूर्ति ने 'एकला चलो रे...' गीत में अकेले व्यक्ति का जो बिम्ब रचा गया है उसकी तुलना गाँधी के दांडी मार्च से की है और कहा है कि साहित्य में जब बड़े बिम्ब आते हैं तो समाज में भी देर-सवेर उसकी परिणति दिखाई पड़ती है। दांडी के समुद्र में गाँधी ने एक मुट्ठी नमक उठाकर दुनिया के सबसे बड़े साम्राज्य को चुनौती दी थी। सामने समुद्र और क्षितिज का अनन्त विस्तार था और आकाश की ओर तनी हुई गाँधी की मुट्ठी थी। साहित्य और समाज के इन बड़े बिम्बों को याद कीजिए, ये भारत और भारतीय जन के मुक्ति के बिम्ब हैं।

भारत विभाजन के आगे-पीछे साम्प्रदायिक दंगों में देश जब जलने लगा तब उस दौर के नेताओं में अकेले गाँधी थे जो घायल हो रही मनुष्यता को बचाने में लगे रहे। जब भारत और पाकिस्तान के सभी बड़े नेता 'जश्न-ए-आजादी' में मशगूल थे, अपने थोड़े-से साथियों के साथ अकेले गाँधी नोआखाली में जान हथेली पर लेकर दंगे की आग में जल रहे लोगों के बीच घूमते रहे। उनकी टोली पर हमले हो रहे थे, सबको जान का ख़तरा था, लेकिन गाँधी अभय होकर लोगों की प्राण रक्षा में जुटे रहे। वैसे माहौल में गाँव-गाँव घूमते हुए गाँधी और उनके साथी 'रामधुन' और 'वैष्णव जन तो तेने कहिए...' के साथ टैगोर का गीत 'एकला चलो रे...' भी गाते थे। इन गीतों के जरिए वे भय से ग्रस्त समाज में अभय का संचार कर रहे थे। गाँधी के यहाँ अभय और सत्याग्रह का जो भाव है, उस विरासत की कड़ी भक्ति काव्य से जुड़ी हुई है।

गाँधी के अन्तिम वर्षों में लगातार उनके साथ रहनेवाली उनकी प्रपौत्री मनुबेन गाँधी ने नोआखाली में 'रामधुन', 'वैष्णव जन तो...' और 'एकला चलो रे...' के साथ उनके उस अभियान का बड़ा ही जीवंत चित्र उपस्थित किया है। मनुबेन लिखती हैं : "बापू की नोआखाली की सच्ची यात्रा चंडीपुर से शुरू हुई। उस दिन चलने के पहले कई बहनों ने बापू को तिलक किया और सबने प्रार्थना

की। बापू की सूचना थी कि उस दिन 'वैष्णव जन तो तेने कहिए' भजन गाया जाये। (यह भजन कभी प्रसंग से ही गाया जाता था, हमेशा नहीं.) लेकिन उसमें इतना फर्क कर दिया जाये कि हर कड़ी पर सिलसिले से 'वैष्णव जन' की जगह एक-एक बार 'मुस्लिम जन', 'ख्रिस्ति जन', 'शीख जन', 'पारसी जन', 'हरिना जन' रखा जाये। उन्होंने खुद भी गाने में सूर मिलाया था।"[11] नोआखाली की ओर गाँधी की यात्रा के प्रसंग को आगे बढ़ाते हुए मनुबेन आगे लिखती हैं : "चंडीपुर से ठीक सुबह 7 : 30 बजे एक हाथ मेरे कंधे पर रखे और दूसरे हाथ में डंडा लिए नारियल और सुपारी के वन में सबसे पहले कविवर टैगोर का 'एकला चलो रे' गीत गाते हुए बापू ने अपनी यात्रा शुरू की–

जदि तोर डाक शुने केओ ना आसे
तबे एकला चलो रे!
एकला चलो, एकला चलो,
एकला चलो रे......!"[12]

अपने जीवन के उस कठिन दौर में नरसीं मेहता जैसे भक्त कवि के साथ टैगोर को शामिल कर गाँधी ने दो समयों की कविताओं की न सिर्फ़ दूरी पाट दी बल्कि उन्हें नये अर्थ-संकेतों से भर दिया।

हज़ारी प्रसाद द्विवेदी अपने प्रसिद्ध निबन्ध 'मनुष्य ही साहित्य का लक्ष्य है' में लिखते हैं : "इस देश में हिन्दू हैं, मुसलमान हैं, ब्राह्मण हैं, चांडाल हैं, धनी हैं, गरीब हैं–विरुद्ध संस्कारों और विरोधी स्वार्थों की विराट् वाहिनी हैं...इन समस्त विरोधों और संघर्षों से बड़ा और सबको छापकर विराज रहा है मनुष्य। इस मनुष्य की भलाई के लिए आप अपने आप को निःशेष भाव से देकर ही सार्थक हो सकते हैं। सारा देश आपका है, भेद और विरोध ऊपरी है, भीतर मनुष्य एक हैं।" इसके बाद वे कबीर को याद करते हैं–

कबीर इस संसार को समझाऊँ कै बार।
पूंछ जु पकड़े भेद का, उतरा चाहे पार॥

भेदभाव रखकर इस भव सागर से मुक्ति सम्भव नहीं है। यही सम्पूर्ण भक्ति काव्य का निष्कर्ष है और यही गाँधी के कर्म एवं जीवन का भी निष्कर्ष है। उनकी भक्ति निर्गुण-सगुण के मेल से बनी ऐसी भक्ति थी जिसमें सभी वर्गों और धर्मों की समाही थी। वे निर्गुण भक्ति के सगुण रूप थे।

हिन्दी में निर्गुण-सगुण विवाद और कबीर-तुलसी विवाद को ज़रूरत से अधिक महत्त्व खींचा गया। निर्गुण-सगुण का अन्तर तो है लेकिन वह भक्ति

काव्य का केन्द्रीय भाव नहीं है और न उसके जरिए अखिल भारतीय भक्ति आन्दोलन का सही पता-ठिकाना मिलता है। असम के शंकरदेव, बंगाल के चैतन्य महाप्रभु, उड़ीसा के पंचसखा, महाराष्ट्र के वारकरी आन्दोलन और दक्षिण के भक्ति काव्य के जरिए जिस अभेदमूलक मानवीय संसार की रचना होती है उसे बार-बार समझने की जरूरत है। भक्ति काव्य का प्रभाव उस समय से लेकर आधुनिक काल तक हमारे व्यक्तिगत और सामाजिक जीवन पर है और उसे बनाये रखने की जरूरत है। मराठी के लेखक भालचन्द नेमाड़े ने वारकरी आन्दोलन पर लिखते हुए जो लिखा है वह सम्पूर्ण भक्ति आन्दोलन पर लागू होता है। वे लिखते हैं : "साहित्यिक संस्कृति का कोई भी अध्येता वारकरी आन्दोलन में विकसित हुई असाधारण अभिव्यक्त शैली की उपेक्षा कर ही नहीं सकता। भारतीय मन की सर्जनशीलता का पिछले एक हज़ार वर्ष में सर्वाधिक अर्थपूर्ण उद्रेक ही भक्ति मार्ग का आन्दोलन है। 17वीं सदी की शिवाजी की राजनीति से लेकर 20वीं सदी के महात्मा गाँधी तक के—भारतीय उप-महाद्वीप के विभिन्न सामाजिक और राजनीतिक विद्रोही आन्दोलनों पर इन सम्प्रदायों का सर्जनशील प्रभाव कम अधिक मात्रा में हुआ ही है..."[13]

'दिनकर' ने अपनी पुस्तक 'शुद्ध कविता की खोज' की भूमिका में लिखा है कि क्रान्ति, कविता और ईश्वर को जीवन के समुच्चय में प्रवेश किये बिना नहीं समझा जा सकता। भक्तिकाल की कविता ईश्वर से संबंधित तो है ही, वह क्रान्ति भी है और कविता भी, जिसके लिए जीवन के विस्तार और गहराई में उतरने की जरूरत है। भक्ति सम्पूर्ण जीवन-दर्शन है। उसके संस्कार से निर्मित गाँधी का जीवन और जीवन-सन्देश भी एक सम्पूर्ण दृष्टि है। भक्ति को भक्त कवियों ने चार वर्णो से ऊपर पाँचवाँ वर्ण माना और नये समाज का स्वप्न देखा। भक्ति काव्य से प्रभावित गाँधी भी अपने 'सुराज' में ऐसे ही समाज का सपना देखते हैं।

रेमण्ड विलियम्स ने भविष्यवाणी की है कि समाजवादी व्यवस्था में कला की अलग से जरुरत नहीं रह जायेगी, क्योंकि लोग स्वयं ही कला हो जायेंगे।[14] मालूम नहीं कि उनकी यह भविष्यवाणी सच साबित होगी या नहीं, पर इतना तय है कि भारतवर्ष में जो भक्ति साहित्य रचा गया, उसका साक्षात्कार जिसने भी किया वह स्वयं कविता हो गया। गाँधी हमारे समय में भक्ति कविता के चलते-फिरते उदहारण थे। वे बीसवीं शताब्दी में भक्ति कविता के आधुनिक भाष्य थे।

सन्दर्भ

1. आत्मकथा नवजीवन प्रकाशन मन्दिर, अहमदाबाद-14, पुनर्मुद्रण-2005, पृ. 27
2. वही, पृ. 28
3. वही, पृ. 30
4. गाँधी : जैसा देखा-समझा विनोबा ने, सर्वसेवा संघ प्रकाशन, राजघाट, वाराणसी-221001, वर्ष फ़रवरी, 1883, दूसरा संस्करण, पृ. 133-34
5. मेरे सपनों का भारत, नवजीवन प्रकाशन मन्दिर, अहमदाबाद-14, सातवाँ पुनर्मुद्रण, अप्रैल 2004, पृ. 121
6. गाँधी की कहानी, सस्ता साहित्य मण्डल प्रकाशन, नयी दिल्ली-110001, संस्करण 2013, पृ. 157
7. वही,
8. रामनाम, नवजीवन प्रकाशन मन्दिर, अहमदाबाद-380014, पृ. 8-9
9. वही,
10. वही, पृ. 8-9
11. बापू-मेरी माँ, नवजीवन प्रकाशन मन्दिर, अहमदाबाद-14, छठा पुनर्मुद्रण, मई 2013, पृ. 40
12. वही, पृ. 41
13. टीका स्वयंवर, साहित्य अकादेमी, नयी दिल्ली-110001, प्रथम संस्करण 2016, पृ. 51
14. Post-Theory: New Direction in Criticism, Edited by Martin McQuillan and others, Edinburgh University Press, Edinburgh, p. 63

(2018)

'तार सप्तक' और 'अज्ञेय'

'तार सप्तक' (सं. : अज्ञेय, 1943) का प्रकाशन हिन्दी कविता के इतिहास में युगान्तकारी घटना है। मात्र कहने को नहीं, सचमुच में, जिसे युगान्तकारी होने की घोषणा दमामे की चोट पर की जाय। बाद के वर्षों में सम्पादक की प्रगतिशील हलके में चाहे जितनी आलोचना हुई हो, हिन्दी कविता के विकास में 'तार सप्तक' के महत्त्व से किसी ने शायद ही इनकार किया! वही एक ऐसा संकलन है जिसकी पुनः-पुनः चर्चा होती रहती है। अज्ञेय समर्थकों और विरोधियों दोनों की चर्चाओं में 'तार सप्तक' जिस तरह और जितनी जगह घेरता रहा है, वह इस बात का प्रमाण है कि यह सौभाग्य हिन्दी में किसी अन्य संपादित काव्य-संकलन को नहीं मिला!

'तार सप्तक' की सबसे बड़ी भूमिका छायावादी प्रभाव से कविता को मुक्त करने में है। छायावाद जैसे प्रतापी काव्यान्दोलन का प्रभाव कविता पर तो था ही, गद्य पर भी था। इसके कारण साहित्य में, खासकर कविता में, एक किस्म का ठहराव आने लगा था। इसे तोड़ने की कोशिश सबसे पहले बच्चन-दिनकर और अन्य उत्तर-छायावादी कवियों ने की। भाव और भाषा दोनों स्तरों पर बदलाव आये, लेकिन अन्ततः इन कवियों को उत्तर-छायावादी कवि मानकर इनकी स्वतन्त्र पहल की एक तरह से अनदेखी की गयी। प्रगतिशील आन्दोलन से उपजे कवियों, मसलन नागार्जुन, केदारनाथ अग्रवाल आदि का तब तक इस रूप में उदय नहीं हुआ था कि कविता की नयी ज़मीन की ओर लोगों का ध्यान जाता। इसलिए 1943 में जब नये मिजाज के सात कवियों का संकलन 'तार सप्तक' प्रकाशित हुआ तो हिन्दी कविता के आँगन में ताजा हवा के झोंके का अहसास हुआ। भाषा, शिल्प, भाव सभी स्तरों पर हिन्दी कविता के बदलाव की बात सगुण-साकार रूप में सामने आई और नये काव्यान्दोलन की आहट सुनाई पड़ी। कुछ ही समय बाद नन्ददुलारे वाजपेयी ने 'तार सप्तक' की समीक्षा लिखते हुए नयी भंगिमा

की नयी कविताओं को प्रयोगवादी कविता माना और 'प्रयोगवाद' नाम से हिन्दी कविता में आये बदलाव को रेखांकित किया। इस तरह हिन्दी कविता की दुनिया में ऐतिहासिक बदलाव लाने का काम 'तार सप्तक' के जरिए सम्पन्न हुआ। जिस हिन्दी कविता का 'पत्ता-पत्ता बूटा-बूटा' छायावादी रंग में रँगा हुआ था, वही हिन्दी कविता नये रंग में रँगी दिखाई देने लगी।

'तार सप्तक' का ऐतिहासिक महत्त्व तब समझ में आता है, जब हम पाते हैं कि आगे की हिन्दी कविता उस रास्ते चली जिसकी नींव इस संकलन के जरिए रखी गयी। आगे की हिन्दी कविता का नेत्रित्व भी इस संकलन के दो प्रमुख कवियों—अज्ञेय और मुक्तिबोध ने किया। 'प्रयोगवाद' का आगे चलकर पर्यवसान 'नयी कविता' में हुआ, जिसके शीर्ष कवि यही दोनों माने गये। एक को ऊपर और दूसरे को नीचे गिराने की कोशिशें गैर-प्रगतिशील और प्रगतिशील खेमे में जितनी हुई हों, 'नयी कविता' के दो उन्नत शिखरों की तरह वे दोनों दिखाई देते रहे और आज भी दिखाई देते हैं। अज्ञेय को प्रगतिशीलता के शत्रु के रूप में चाहे जितना प्रचारित किया गया हो, इस बात से कौन इनकार करेगा कि हिन्दी कविता को नयी चाल में ढालने का काम अज्ञेय के सम्पादन में निकले 'तार सप्तक' के जरिए सम्पन्न हुआ।

'तार सप्तक' के बाद का समय विश्व स्तर पर शीतयुद्ध की छाया का दौर है। विश्व स्तर पर घट रही घटनाओं का प्रभाव हिन्दी पर भी पड़ा। हिन्दी की दुनिया भी दो ध्रुवीय हो गई। अज्ञेय और मुक्तिबोध परस्पर विरोधी ध्रुवों से अनिवार्य रूप में सम्बद्ध मान लिए गये। हालांकि उन दोनों ने, बिना नाम लिए संकेतों में भले कुछ कहा हो, प्रत्यक्ष रूप में एक-दूसरे की मर्यादा का बराबर ख़याल रखा। 'असाध्य वीणा' और 'अँधेरे में' को अपने-अपने शिविर का आभूषण बनाने की होड़ चाहे जितनी मची हो, उन दोनों कवियों ने संयम बनाए रखा। इस रूप में अज्ञेय अधिक प्रशंसनीय हैं जिन्हें लम्बी उम्र मिली और जिन पर मुक्तिबोध प्रशंसकों की ओर से बाद के दिनों में अधिक हमले हुए।

भगत सिंह के क्रान्तिकारी दल के साथ काम कर चुके और अपने सरकार विरोधी कामों के लिए जेल की सजा काट चुके अज्ञेय को प्रगतिशील शिविर में क्रान्ति विरोधी और प्रगति विरोधी शिविर का सेनापति भले माना जाता रहा हो, इस बात से कौन इनकार करेगा कि अज्ञेय के काव्य संग्रह 'हरी घास पर क्षण भर' और उनके सम्पादन में निकले कविता संकलन 'तार सप्तक' ने निराला, पन्त और महादेवी जैसे बड़े कवियों की उपस्थिति के बावजूद हिन्दी कविता में

अपने को नेतृत्वकारी भूमिका में ला दिया। 'शेखरः एक जीवनी' हिन्दी उपन्यास साहित्य में मील का पत्थर साबित हुआ तो उसके कुछ कारण थे। काव्य भाषा का ऐसा नया रूप इस उपन्यास के जरिए हिन्दी-कथा साहित्य को उपलब्ध हुआ जैसा पहले नहीं था। वर्णनात्मक से भिन्न कविता के संस्कारों से युक्त आत्मावलोकन करती-सी कथा-भाषा ने तथा साथ ही प्रेमचन्द, जैनेन्द्र आदि से भिन्न नये कथा-मिजाज और कथा-तत्त्व ने हिन्दी उपन्यास को नयी कथा-भूमि से जोड़कर एकबारगी नयेपन का अहसास कराया। इस तरह 'हरी घास पर क्षण भर' एवं 'शेखरः एक जीवनी' समेत 'तार सप्तक' का कुछ ही वर्षों के अन्तराल में प्रकाशन हिन्दी की रचनात्मक दुनिया को नया मोड़ देने वाली पहल साबित हुआ।

'तार सप्तक' के ज़्यादातर कवि तब मार्क्सवादी थे, लेकिन किसी वैचारिक आग्रह के तहत यह प्रकाशन नहीं हुआ था। हर कवि का अपना स्वतन्त्र व्यक्तित्व था और सबके अपने निजी आग्रह-दुराग्रह भी थे। लेकिन इस बात से कौन इनकार करेगा कि सबके सब नवीनता के आग्रही थे, छायावाद से आगे का मैदान वे हिन्दी कविता के लिए ज़्यादा उपयुक्त पाते थे। अज्ञेय ने माना कि वह चाहे वैचारिक रीति हो या शिल्प की, 'सप्तक' के कवियों ने उससे अपने को मुक्त रखा और अपने-अपने व्यक्तित्व का स्वतन्त्र दिशा में विकास किया। द्वितीय संस्करण की भूमिका में उन्होंने लिखा है : ''सप्तक के कवियों का विकास अपनी-अपनी अलग दिशा में हुआ है। सृजनशील प्रतिभा का धर्म है कि वह व्यक्तित्व ओढ़ती है। सृष्टियाँ जितनी भिन्न होती हैं स्रष्टा उससे कम विशिष्ट नहीं होते, बल्कि उनकी विशिष्टताएँ ही उनकी रचना में प्रतिबिम्बित होती हैं यह बात उन पर भी लागू होती है जिनकी रचना प्रबल वैचारिक आग्रह लिए रहती है, जब तक कि वह रचना है, निरा वैचारिक आग्रह नहीं है। कोरे वैचारिक आग्रह में अवश्य ऐसी एकरूपता हो सकती है कि उसमें व्यक्तित्वों को पहचानना कठिन हो जाय। जैसे शिल्पाश्रयी काव्य पर रीति हावी हो सकती है, वैसे ही मताग्रह पर भी रीति हावी हो सकती है। 'सप्तक' के कवियों के साथ ऐसा नहीं हुआ, सम्पादक की दृष्टि में यह उनकी अलग-अलग सफलता (या कि स्वस्थता) का प्रमाण है''।

'तार सप्तक' के महत्त्व को आगे के वर्षों में सबने स्वीकार किया। हिन्दी की नयी रचनाशीलता को आधार और गति देने वाले काव्य संकलन के रूप में यह ऐतिहासिक महत्त्व का साबित हुआ। द्वितीय संस्करण की भूमिका में अज्ञेय ने इस ओर संकेत करते हुए लिखा है : ''उसका (तार सप्तक का) पुनर्मुद्रण केवल एक

ऐतिहासिक दस्तावेज़ को उपलभ्य बनाने के लिए नहीं, बल्कि इसलिए भी संगत है कि परवर्ती काव्य-प्रगति को समझने के लिए इसका पढ़ना आवश्यक है। इन सात कवियों का एकत्रित होना अगर केवल संयोग भी था तो भी वह ऐतिहासिक संयोग हुआ जिसका प्रभाव परवर्ती काव्य-विकास से दूर तक व्याप्त है''।

अज्ञेय को बाद के वर्षों में प्रगतिशील शिविर की ओर से जिस तरह प्रगति -विरोधी घोषित किया जाने लगा, 'तार सप्तक' के प्रकाशन के समय वैसी स्थिति नहीं थी। अज्ञेय तब तक प्रगतिशील लेखक संघ से अलग नहीं माने जाते थे। प्रगतिशीलता का दायरा तब कम्युनिस्ट पार्टी की छाया से प्रभावित नहीं था। अज्ञेय ही क्यों, वे बहुत-से लेखक भी प्रगतिशील ही माने जाते थे जो बाद के वर्षों में विरोधी मान लिए गये या हो गये। जब अज्ञेय की प्रगति-विरोधी छवि नहीं बनी थी तब भी काव्य-सम्बन्धी उनकी धारणा प्रगतिशील लेखकों से किंचित भिन्न थी और यह भिन्नता अलग से लक्षित की जा सकती थी। 'तार सप्तक' के प्रथम संस्करण की भूमिका में उन्होंने कविता को प्रयोग का विषय माना। संग्रह का उद्देश्य स्पष्ट करते हुए उन्होंने लिखा : ''मूल सिद्धान्त यह था कि संग्रहित कवि सभी ऐसे होंगे जो कविता को प्रयोग का विषय मानते हैं—जो यह दावा नहीं करते कि काव्य का सत्य उन्होंने पा लिया है, केवल अन्वेषी ही अपने को मानते हैं''।

'तार सप्तक' को अज्ञेय कविता के किसी स्कूल विशेष के कवियों का संकलन नहीं मानते। उन्होंने भूमिका में लिखा : ''उनमें (यानी कवियों में) मतैक्य नहीं है, सभी महत्त्वपूर्ण विषयों पर उनकी राय अलग-अलग है—जीवन के विषय में, समाज और धर्म और राजनीति के विषय में, काव्य वस्तु और शैली के, छन्द और तुक के, कवि के दायित्वों के—प्रत्येक विषय में उनका आपस में मतभेद है''। इस घोषणा के बावजूद अज्ञेय आगे चलकर कविता का एक स्कूल विशेष चलाने वाले कवि और साहित्य-नेता मान लिए गये। भविष्य में आलोचना की सबसे अधिक मार उन्हीं पर पड़ी। 'दूसरा सप्तक' (1951) के प्रकाशन के बाद तो यह बात साफ़-साफ़ कही जाने लगी। 'तार सप्तक' के समय में जो सहयोगी भाव था, वह आगे के वर्षों में गायब होता गया और अज्ञेय प्रगतिशील शिविर के निशाने पर आ गये।

अज्ञेय की 'तार सप्तक' में शामिल कविताओं को देखने पर उनकी समाज सापेक्ष दृष्टि स्पष्ट दीखती है। बहुत साफ़-साफ़ शब्दों में अपने कवि-कर्म की घोषणा 'मैं वही हूँ' शीर्षक में वे करते हैं। उस कविता का एक अंश देखा जा सकता है :

यह जो मिट्टी गोड़ता है,
कोदई खाता है और गेहूँ खिलाता है,
उसकी मैं साधना हूँ;
यह जो मिट्टी फोड़ता है,
मड़िया में रहता है और महलों को बनाता है
उसकी मैं आस्था हूँ।

'तार सप्तक' के दूसरे संस्करण के वक्तव्य में अज्ञेय कविता के महत्त्व को जिन शब्दों में प्रतिपादित करते हैं, वह उनकी वह चिन्ता है जो कविता को सबसे पहले कविता मानती है दूसरा कुछ बाद में। और वह यह बिन्दु है जहाँ से समाज-सापेक्ष कविता के पक्षधरों से वे अपने को अलग करते हैं और अलग कर भी दिये जाते हैं। वे कहते हैं : "काव्य सबसे पहले शब्द है। सारे कवि-कर्म इसी परिभाषा से निःसृत होते हैं। शब्द का ज्ञान शब्द की अर्थवत्ता की सही पकड़ ही कृतिकार को कृति बनाती है। ध्वनि, लय, छन्द आदि के सभी प्रश्न इसी भें से निकलते हैं इसी में विलय होते हैं। इतना ही नहीं, सारे सामाजिक सन्दर्भ भी यहीं से निकलते हैं : इसी में युग-सम्पृक्ति का और कृतिकार के सामाजिक उत्तरदायित्व का हल मिलता है या मिल सकता है"।

आगे चलकर अज्ञेय और अन्य कवियों के रास्ते भले अलग हो गये हों, एक-दूसरे के विरोधी शिविर के मान लिए गये हों, लेकिन इससे कौन इनकार करेगा कि छायावादी संस्कार से हिन्दी कविता को पूरी तरह मुक्त करने में, आधुनिक ढंग की कविताओं के लिए नयी ज़मीन तैयार करने में अज्ञेय द्वारा सम्पादित 'तार सप्तक' का जो महत्त्व है, वह हिन्दी कविता के इतिहास को बदलने वाला है।

एक बात और कहनी है अन्त में। 'तार सप्तक' नवीनता और आधुनिकता का हिन्दी कविता संसार में 'गेट वे' है। यह सही है पर इसी के साथ एक नये सिलसिले की शुरुआत भी होती है और वह है हिन्दी कवियों की पश्चिमोन्मुखता—वह चाहे गैर-प्रगतिशील हों या प्रगतिशील, वह चाहे अज्ञेय हों या मुक्तिबोध, हिन्दी कविता अपने प्रतिमानों के लिए प्रायः पश्चिमी दुनिया की ओर बहुत सजग-सावधान निगाह से देखने लगती है। अपवाद इस काल के दो कवि कहे जा सकते हैं। एक हैं 'दूसरा सप्तक' के कवि भवानी प्रसाद मिश्र और दूसरे हैं 'सप्तक' से बाहरी दायरे के कवि नागार्जुन।

(2017)

एक शमशेर भी है!

नयी कविता के कवियों में शमशेर सबसे कठिन और सबसे कम समझे गये कवि हैं। उनके सन्दर्भ में इस 'कठिनाई' को ही ध्यान में रखकर कुछ लोग उन्हें 'कवियों का कवि' कहते हैं। ऐसा कहने के पीछे यद्यपि उनकी मंशा शमशेर को विशिष्ट दर्जा देने की होती है, पर इसकी दूसरी व्यंजना यह होती है कि वे पाठक की पहुँच में उस तरह नहीं है, जैसे उनके अन्य समकालीन। मसलन अज्ञेय, नागार्जुन और मुक्तिबोध। प्रगतिशील-गैर प्रगतिशील आलोचना में इनको या इन जैसों को लेकर जैसा घमासान है, वैसा शमशेर को लेकर नहीं है। उस जमाने की मुख्य आलोचना-प्रतिज्ञाओं को ध्यान में रखें तो हम पाएँगे कि शमशेर वहाँ उस तरह नहीं हैं, जैसे अज्ञेय, नागार्जुन, मुक्तिबोध, केदारनाथ अग्रवाल और बाद के रघुवीर सहाय आदि। मेरे जैसे पाठक के लिए शमशेर के काव्य-संसार में जाने के मार्ग में यह मुख्य कठिनाई है।

दूसरी कठिनाई यह है कि शमशेर हिन्दी के सबसे दुरूह कवि माने जाते हैं। उन्हें धड़ल्ले से रूपवादी या निखालिस प्रगतिवादी कहने में आलोचकों को प्रायः कठिनाई होती है। कविता के जड़ीभूत रुचिवाले पाठक और आलोचक को शमशेर को पढ़ते हुए अक्सर परेशानी होती है। विजयदेव नारायण साही ने लिखा है : '...हिन्दी में शमशेर से ज़्यादा दुरूह कविताएँ किसी और ने नहीं लिखी हैं।... शमशेर ने कविता के छन्द, लय, शब्दावली सब में बहुत से नये प्रयोग किये हैं। उन्होंने ऐसे नये प्रतीकों और बिम्बो का सृजन किया है जो कविता के अभ्यस्त पाठकों श्रोताओं को अक्सर चुनौती की तरह लग सकते हैं।' शमशेर को लेकर एक और कठिनाई है। वे घोषित तौर पर प्रगतिवादी हैं। मार्क्सवाद में उनकी निष्काम आस्था है। कम्यून में रह चुके हैं। साम्यवाद के समर्थन में और मज़दूरों-जुलूसों पर उन्होंने ढेरों कविताएँ लिखी हैं। मन से लिखी हैं और अच्छी लिखी हैं। लेकिन प्रकृति और प्रेम के वे नायाब कवि हैं। उनका यह रूप उनको

निखालिस प्रगतिवादी कवि कहने में प्रगतिवादी आलोचकों के सामने कठिनाई पैदा करता है और प्रगतिवाद विरोधी साही जैसे आलोचक को यह सुभीता देता है कि वह कह सके कि वे 'विशुद्ध सौन्दर्य' है, उनकी कविता के केन्द्र में सौन्दर्य है और इस सौन्दर्य का कुछ भी लेना-देना मार्क्सवाद से नहीं है। शमशेर को लेकर आलोचना में एक कठिनाई और है। शमशेर ने गजलें भी लिखी हैं। ग़ज़ल का जो भी रुतबा उर्दू में हो, हिन्दी में गजल लिखने वाले कवियों की कोई ख़ास हैसियत नहीं है। हिन्दी के आलोचक चाहे रामविलास शर्मा हों, साही हों या नामवर सिंह, उनकी काव्यरुचि में हिन्दी की गजलें नहीं आतीं। इसलिए नयी कविता सम्बन्धी जो बहसें हैं, उसके केन्द्र में शमशेर यदि अज्ञेय, मुक्तिबोध आदि की तरह नहीं हैं तो क्या आश्चर्य!

शमशेर को ध्यान में रखकर नयी कविता के दौर की आलोचना-प्रतिज्ञाओं पर सरसरी नज़र डालें। विजयदेव नारायण साही और उनके शिविर की 'लघुमानव' वाली कसौटी पर शमशेर खरे नहीं उतरते। वहाँ शिखर कवि अज्ञेय हैं। यद्यपि अलग से 'शमशेर की काव्यानुभूति की बनावट' (1964) पर साही ने विस्तार से और मनोयोगपूर्वक लिखा है। लेकिन वह लेख एक तो 'विवेचना गोष्ठी' के आग्रह पर लिखा गया है, वह साही की मुख्य काव्य-चिन्ता का हिस्सा नहीं है, दूसरे उसमें साही का सारा जोर, शमशेर की प्रगतिशील छवि की जगह उन्हें विशुद्ध प्रेम और सौन्दर्य का कवि सिद्ध करने पर है। साही के शब्द हैं : '...तात्विक रूप में शमशेर की काव्यानुभति सौन्दर्य की ही अनुभूति है। ...आज तक हिन्दी में विशुद्ध सौन्दर्य का कवि यदि कोई हुआ है, तो वह शमशेर हैं।' शमशेर के विशुद्ध सौन्दर्य का कवि होने पर साही का इतना ज्यादा जोर है कि इस 'आज तक' में वे हिन्दी के सब कवियों को शामिल कर लेते हैं। पता नहीं 'सब कवियों की, जो लिस्ट उनके दिमाग में है, उसमें सिर्फ़ आधुनिक काल के ही कवि हैं या उसके पूर्व के भी!

शमशेर में जो प्रगतिवादी या यथार्थवादी चेतना है, वह साही के अनुसार उनकी काव्यनुभूति का सहज अंश नहीं है। उनके अनुसार, "शमशेर का प्रगतिवाद उनकी कविता के हाशिए तक सीमित है।" साही का यह भी निष्कर्ष है कि उनके सारे वक्तव्य 'प्रगतिवाद के पक्ष' में हैं, लेकिन कविताएँ उन्होंने बराबर वह लिखी जो 'प्रगतिवाद की कसौटी पर खरी न उतरतीं।' अन्तिम रूप में साही का निष्कर्ष है : 'शमशेर की काव्यानुभूति बिम्ब की नहीं, बिम्बलोक अनुभूति है। इसी का निर्माण वे बार-बार करते है और विविध बिम्बों के बावजूद एक ही कविता लिखते हैं। अन्ततः इस बिम्बलोक में बिम्ब का भी

पर्यवसान हो जाता है। लेकिन बिम्ब का पर्यवसान उस लोक का भी पर्यवसान है।" कुल मिलाकर यह कि शमशेर का वास्तविक काव्य-विषय एक ही है और वह सौन्दर्य का है। नयी कविता के दूसरे महत्त्वपूर्ण आलोचक नामवर सिंह की नयी कविता से सम्बन्धित आलोचना पुस्तक 'कविता के नये प्रतिमान' (1968) को भी उलटें-पलटें तो पाएँगे कि शमशेर वहाँ भी नाम मात्र के हैं। शमशेर के बारे में उनकी व्यवस्थित राय दिखाई देती है 'प्रतिनिध कविताएँ' (1990) की भूमिका में। शमशेर की प्रतिनिधि कविताओं का चयन भी एक अवसर ही है। साही को 'विवेचना गोष्ठी' ने यह अवसर दिया और नामवर जी को प्रकाशक ने। यद्यपि आग्रह पर लिखने का यह काम दोनों ने शमशेर में अपने भीतरी आकर्षण के ही कारण किया होगा। यह भी हो सकता है कि इसके लिए पहल उन्हीं की हो। जो भी हो, साही की तरह नामवर जी की भी नयी कविता सम्बन्धी मुख्य चिन्ता में शमशेर शामिल नहीं हैं। 'विडम्बना', 'विसंगति', 'तनाव' आदि से निर्मित जो नये काव्य-प्रतिमान हैं, वहाँ अज्ञेय की जगह मुक्तिबोध हैं। मुक्तिबोध के अलावा अज्ञेय, रघुवीर सहाय, श्रीकान्त वर्मा, सर्वेश्वर, भारत भूषण अग्रवाल आदि के ही काव्य-अंश नये प्रतिमानों के समर्थन में अधिकांशतः उद्धृत किये गये हैं, शमशेर अपवादस्वरूप कहीं आ भर गये हैं। 'शमशेर की शमशेरियत' (शमशेरियत का पहला प्रयोग मेरी जानकारी में विष्णु खरे ने किया) की जो खोज लम्बे समय के बाद नामवर जी ने की, क्या उसे उनका भूल सुधार माना जाये? वैसे वे कविता के नये प्रतिमानों पर पुनर्विचार की ज़रूरत महसूस करने लगे हैं। जो भी हो, नये प्रतिमानों के निकष पर उस दौर में शमशेर तो हैं नहीं।

साही और नामवर जी की नयी कविता सम्बन्धी जो आलोचनात्मक जुगलबन्दी है, उसका प्रतिपक्ष तैयार करने की कोशिश 'नयी कविता और अस्तित्ववाद' (1978) नामक पुस्तक लिखकर डॉ. रामविलास शर्मा ने की। वहाँ प्रतिमान 'यथार्थवाद' है। इस निकष पर डॉ. शर्मा को सम्पूर्ण नयी कविता अस्तित्ववाद से ग्रस्त लगती है। मुक्तिबोध सीजोफ्रेनिक हैं और उनकी कविताएँ विभाजित व्यक्तित्व की कविताएँ हैं। अज्ञेय में नवरहस्यवाद है बावजूद इसके उनकी कविता 'जड़ाऊ' और 'टिकाऊ' है। यथार्थवाद की कसौटी पर डॉ. शर्मा के लिए नयी कविता दौर के शिखर कवि केदारनाथ अग्रवाल और नागार्जुन हैं। केदार पहले नम्बर पर और नागार्जुन दूसरे नम्बर पर। यथार्थवाद बनाम रहस्यवाद जैसी कसौटी डॉ. शर्मा के लिए मुख्य है। यथार्थवाद का उल्टा तो रहस्यवाद ही हुआ। सो, उनकी कसौटी पर जो यथार्थवाद नहीं हैं, वह रहस्यवाद है। अज्ञेय और मुक्तिबोध की तरह शमशेर में भी उन्हें रहस्यवाद की झलक दिखाई पड़ी। उनके आत्म-संघर्ष और उनकी कविता की मीमांसा करते हुए डॉ. शर्मा ने लिखा : 'अज्ञेय और मुक्तिबोध की तरह—लेकिन उनके कई

वर्ष बाद, शमशेर बहादुर सिंह भी रहस्यवाद की ओर आकृष्ट हुए।' इसके हाथ उन्होंने शमशेर को रीतिवादी प्रभावों वाला कवि बताया, जिस पर हिन्दी रीतिवाद का कम, उर्दू रीतिवाद का प्रभाव ज़्यादा है। अस्तित्ववादी उलझन से डॉ. शर्मा ने शमशेर को तो दूर रखा, लेकिन उनके आत्मसंघर्ष में उन्होंने मार्क्सवादी विवेक, उत्तर छायावादी काव्यबोध और इलियट-एज़ारा पाउण्ड वाले काव्यबोध का संघर्ष लक्षित किया। डॉ. शर्मा को उनकी कविताएँ 'भरी-पूरी उतरी' हुई नहीं लगतीं, 'असंगठित संवेदन' की लगती हैं। वे सधे हुए और 'सिद्ध कवि' वहीं हैं, जहाँ उनकी कविता यथार्थवादी चेतना से संचालित है।

स्पष्ट है कि शमशेर जिस दौर के कवि हैं, उस दौर की हिन्दी आलोचना में वे खींचतान के कवि है। कोई इधर खींच रहा है, कोई उधर। लेकिन शमशेर क्या ऐसे कवि हैं, जिनकी इस तरह खींचतान की जाये? शमशेर के सन्दर्भ में आलोचना-दृष्टियों की सीमाएँ क्या इस तरह उजागर नहीं होतीं? साही तो यहाँ तक कह जाते हें कि शमशेर में जो 'विनयशीलता', 'रवादारी', 'संकोची स्वभाव' हैं, उस कारण वे 'रामविलास शर्मा और अज्ञेय दोनों को एक साथ साधने का सौभाग्यशाली और असम्भव पराक्रम' कर दिखाते हैं। 'असम्भव पराक्रम' पद में जो व्यंग्य है, वह शमशेर के योग्य नहीं। खैर, उससे यह साफ़ है कि कविता के दो ही रास्ते हैं—रामविलास शर्मा या अज्ञेय। लेकिन शमशेर ऐसे कुशल व्यक्ति हैं कि दोनों को साध लेते हें। हालाँकि शिकायत रामविलास शर्मा के साथ अज्ञेय को भी है। उनसे सम्बन्धित जो टिप्पणी या वक्तव्य अज्ञेय की मिलती है, उससे पता चलता है कि वे 'रूमानी बिम्बवादी संवेदन' के कवि हैं। अज्ञेय के अनुसार 'शमशेर प्रगतिवादी आन्दोलन के साथ है, लेकिन उन सिद्धान्तों में उनका पूरा विश्वास कभी नहीं रहा।' उनका 'बुनियादी संवेदन' लगातार उसके 'बाहर' और 'विरुद्ध' है। अब ऐसा कवि तो विभाजित व्यक्तित्व का होगा? ऐसा कहने से अज्ञेय परहेज करते हैं। उनके अनुसार शमशेर वहाँ हैं, लेकिन उनकी चेतना उसके बाहर है। 'दूसरा सप्तक' में जिस कवि को अज्ञेय ने शामिल किया, उसके बारे में यह उनकी राय का एक उदाहरण है।

एक दूसरा उदाहरण, जिसकी चर्चा मैंने सुनी है। पता नहीं यह लिखित है या गपशप। लेकिन शमशेर के बारे में अज्ञेय की जो राय है उससे उसका पता तो चलता ही है। किसी ने अज्ञेय से शमशेर की कविताओं के बारे में पूछा। अज्ञेय का जवाब था—वे हिन्दी के नहीं, उर्दू के कवि हैं, लेकिन उर्दू वाले उन्हें हिन्दी का कवि मानते हें। मतलब यह कि वे न हिन्दी के कवि हैं और न उर्दू

के। जब किसी ने शमशेर को यह बात बताई और उनकी प्रतिक्रिया जाननी चाही तो उन्होंने अपनी प्रसिद्ध विनयशीलता के साथ कहा कि वात्स्यायन जब कहते हैं तो ठीक ही होगा।

निष्कर्ष यह कि हिन्दी आलोचना में और उनके समकालीनों के बीच शमशेर को लेकर ख़ामोशी तो नहीं है, लेकिन जो छवि बनती है, वह एक बड़े कवि की नहीं है। उन्हें कहाँ रखा जाय, यह प्रश्न सबको परेशान करता है। क्या ऐसा नहीं लगता कि शमशेर की कविता के लिए पिछली सदी के उत्तरार्द्ध की हिन्दी आलोचना नाकाफी-सी है? शायद शीतयुद्ध की छाया में पली-बढ़ी शिविरबद्ध आलोचना की जो अतिरेकी परिणति हो सकती है, उसके शिकार हैं शमशेर।

2

विनयशीलता, संकोची स्वभाव, स्वाभिमान, सादगी आदि के कारण शमशेर भक्त कवियों की याद दिलाते हैं। कुछ पाने की होड़ से अलग, अपार भौतिक अभावों के बीच एक पारदर्शी जीवन जीने वाले इस कवि के प्रति लोगों में अपार सम्मान का भाव है। शमशेर का जीवन जितना पवित्र लगता हे, उतना उनके किसी अन्य समकालीन का नहीं। इसी तरह उनकी कविता की दुनिया भी पवित्र है, मुक्तिबोध जिसे 'गम्भीर प्रयत्नसाध्य पवित्रता' कहते हैं, जिसमें जाने से उन्हें भी डर लगता था। वह 'गम्भीर प्रयत्नसाध्य पवित्रता' आत्मा की अभिव्यक्ति के 'प्रभावशाली भवन' की है। नामवर सिंह के अनुसार : 'यह पवित्रता किसी मन्दिर की नहीं है। यह कोई भवन नहीं, आत्मा की अभिव्यक्ति का भवन है। कवि की कार्यशाला। अपना घर। बड़े जतन से बनाया हुआ। अपनी हड्डियाँ गलाकर अपना ख़ून जलाकर।' स्वाभाविक है इस पवित्रता का सम्मान पाठकों-आलोचकों के बीच है। यह पवित्रता अलग तरह से शमशेर को 'शमशेरियत' देती है।

'शमशेरियत' जैसा पद किसी और के साथ नहीं लगता। इसका कारण यह है कि उनकी तरह 'हड्डी गलाकर' और 'ख़ून जलाकर' जीवन और कविता को उनके समय में शायद ही किसी ने जिया हो! मुक्तिबोध ने उनके इस वैशिष्ट्य पर उँगली रखते हुए 'शमशेर मेरी दृष्टि में' (1958) शीर्षक लेख में लिखा है : "शमशेर एक समर्पित कवि हैं। उन्होंने अपने जीवन का सर्वोत्तम भाग और प्रदीर्घ काव्यक्षण काव्य साधना में बिताए हैं—निःस्वार्थ भाव से, यशप्रार्थी न होकर। शमशेर की आस्था ने अपनी अभिव्यक्ति का एक प्रभावशाली भवन अपने हाथों तैयार

किया है। उस भवन में जाने से डर लगता है—उसकी गम्भीर प्रयत्नसाध्य पवित्रता के कारण। भाषा के विकास स्तर का नीचापन, अपने अनुकूल सिद्ध हो सकने वाली और सहायता दे सकने वाली किसी परम्परा का अभाव, रसज्ञ आलोचकों और मर्मज्ञ पाठकों के स्थान पर विरोधी वातावरण आदि अनेक असुविधाओं और कठोर उपेक्षाओं के बीच जिस आत्मा ने दुर्निवार रूप से, दुनिया की परवाह न करते हुए, सस्ती ख़्याति के चक्कर में न पड़कर जो अभिव्यक्ति-शिल्प तैयार किया वह हिन्दी साहित्य को एक अनूठी देन है। शमशेर निःसन्देह, एक अद्वितीय कवि हैं। उनकी काव्य-आत्मा नितान्त स्वाभाविक है, बिल्कुल खरी है। साथ ही वह रसमय होते हुए उलझी हुई है।"

मुक्तिबोध के इस लम्बे उद्धरण की ज़रूरत इसलिए पड़ी कि शमशेर को उनकी सही परिप्रेक्ष्य में देखा जा सके, उनकी समाज-चिन्ता और सौन्दर्य-चिन्ता को अलगाने की, उनको किसी एक पक्ष में खींच लाने की जो शीतयुद्धकालीन साहित्यिक राजनीति है, उस पर कुद रोशनी पर पड़ सके। शमशेर बस शमशेर हैं, कोई और नहीं। उन-सा कोई दूसरा नहीं। इसलिए कि बनने के लिए उन-सा कठोर और पवित्र जीवन जीने का संकल्प-साहस दूसरे में नहीं। वे सही अर्थों में अद्वितीय हैं। अभी दूधनाथ सिंह के सम्पादन में एक पुस्तक आयी है—'एक शमशेर भी है'। यद्यपि पुस्तक में शमशेर के पारिवारिक वृत्त के सदस्यों के लेख हैं, लेकिन उनसे शमशेर की अद्वितीयता की झलक तो मिलती ही है। नयी कविता के दौर में एक अकेला कवि जिसके कवि कंठ स्वर का अनुकरण सम्भव नहीं। अज्ञेय अपने अनूठेपन में अकेले नहीं, नागार्जुन भी नहीं। इनके साथ इन-सा छोटे-बड़े कवियों का समूह भी है। लेकिन शमशेर का इसलिए कि उनका अनुकरण सम्भव नहीं। दूधनाथ ठीक कहते हैं कि 'एक शमशेर भी है'। और शमशेर ख़ुद भी कहते हैं—'बहुत नाम हैं एक शमशेर भी है'—अलग और अद्वितीय। इस अलग और अद्वितीय शमशेर को समझने की जरूरत है।

3

शमशेर को लेकर यथार्थवादी और रूपवादी आग्रहों के बीच जो खींचतान है, वह आलोचना का संकट है या कवि का? ज़ाहिर है कि संकट आलोचना का है। शमशेर अपनी कविताओं के जरिए उस दौर की यथार्थवादी और रूपवादी कसौटियों को अपने सन्दर्भ में अपर्याप्त सिद्ध करते हैं। उन्होंने पाब्लो नेरुदा पर

कविता लिखी है। नेरुदा के 'मेमॉयर्स' पर भी एक कविता लिखी है। 'मेमॉयर्स' में नेरुदा कविता को 'रीयल' और 'अनरीयल' के बीच की चीज़ मानते हैं। वे कविता के सन्दर्भ में यथार्थवादी और अयथार्थवादी दोनों ही प्रवृत्तियों के विरुद्ध हैं। नेरुदा के प्रशंसक शमशेर को इस सन्दर्भ में क्या याद रखने की ज़रूरत नहीं है?

सामाजिक-राजनीतिक विषयों को लेकर लिखी गयी शमशेर की कविताओं की सूची काफी लम्बी है। उसी तरह व्यक्तियों को लेकर लिखी गयी कविताएँ भी काफ़ी हैं। इनमें कवि-लेखक तो हैं ही, बहुत से ऐसे लोग हैं जो सामाजिक आन्दोलनों के भीतर के हैं। शमशेर ने जुलूस से आन्दोलन, साम्यवाद, चीन आदि विषयों पर भी पर्याप्त संख्या में कविताएँ लिखी हैं। प्रकृति, प्रेम और सौन्दर्य पर उनकी बहुतेरी कविताएँ हैं। उन्होंने छन्द में भी लिखा है और बेछन्द कविताएँ भी लिखी हैं। वे छन्द और बेछन्द दोनों के मास्टर हैं। दोनों तरह की कविताओं का काव्यानुशासन गजब का है उनके पास। वह गजल हो या गीत या कविता। हिन्दी के गम्भीर कवि गजल नहीं लिखते। जिन्होंने लिखी हैं, वह उनकी अभिव्यक्ति का मुख्य पक्ष नहीं है। यह बात भारतेन्दु, निराला आदि को ध्यान में रखकर कही जा रही है, दुष्यन्त जैसे औसत कवि को ध्यान में रखकर नहीं। शमशेर हिन्दी के एकमात्र बड़े कवि हैं जो अपनी ग़ज़लों की वजह से भी भी जाने जाते हैं। ग़ज़लें समाज से भी सम्बन्धित हैं और प्रेम से भी। ग़ज़ल के अनुशासन में पूरी तरह ढली ऐसी ग़ज़लें, जिन्हें उर्दू के उस्ताद शायर भी ईर्ष्या भाव से देखते रह जायें।

शमशेर अपनी कवि-आकांक्षा छिपाते नहीं 1940 के 'स्वतन्त्रता दिवस' की एक प्रभात फेरी पर उनकी कविता है :

फिर वह एक हिलोर उठी—
गाओ।
वह मज़दूर किसानों के स्वर कठिन हठी!
कवि हे, उनमें अपना हृदय मिलाओ।
उनके मिट्टी के तन में है अधिक आग,
है अधिक ताप :
उसमें कवि हे
अपने विरह-मिलन के पाप जलाओ!

कोई कह सकता है कि कवि अपनी सामाजिक चेतना को अपनी काव्य-संवेदना का हिस्सा बन जाने का आह्वान कर रहा है। यह आह्वान अपने से तो है ही, कवि मात्र से भी है। विरह मिलन के रुदन-ह्रास में भटकती कविता को संघर्ष के

गीत गाने का आह्वान। यह कविता की नयी भूमिका की तैयारी है। 1936 में प्रगतिशील लेखक संघ के अध्यक्ष पद से प्रेमचन्द के वक्तव्य की गूँज-अनुगूँज से भरा हुआ आह्वान कि साहित्य के सौन्दर्य के प्रतिमान बदलने होंगे। 1940 के दशक में समाज और राजनीति में जो नयी हिलोर उठी, उसने भारतीय जन के समता, स्वतन्त्रता के सपनों को नये पंख लगा दिये। इसका असर साहित्य पर भी पड़ा। शमशेर सपनों के इस नये पंख पर सवार होकर कविता की नयी भूमिका की ओर जाते हैं और जाने का आह्वान करते हैं। 'सड़े-पुराने अन्धकूप गीतों' की जगह 'अति उन्मुक्त नवीन प्राण स्वर' और 'नूतन प्राण-हिलोर' को महत्त्व देते हैं। यह कविता की नयी भूमिका है जिसे लिखने वालों में एक महत्त्वपूर्ण नाम शमशेर का भी है। 'वर दे वीणा वादिनी' में प्रार्थना की भूमिका को निराला बदल देते हैं। प्रार्थना की शैली में नयी प्रार्थना। 'नव गीत, नवलय, ताल छन्द नव' से भारत को भर देने की प्रार्थना। इस प्रार्थना के ऊपर अवश्य ही धार्मिकता की चादर है। यह चादर एक धार्मिक समूह की भावनाओं के अनुरूप है। इस कारण निराला का यह गीत काफ़ी लोकप्रिय है। शमशेर 'बुर्जुआ भावों की गुमठी' को काटकर 'उन्मुक्त नवीन प्राण स्वर' का गीत गाने का आह्वान करते हैं और धार्मिकता की चादर को परे हटा देते हैं। सरस्वती के मिथकीय प्रयोग के कारण अपनी अति लोकप्रियता और नवीनता के बावजूद निराला का यह गीत कविता की उस 'सेकुलर' भूमिका में नहीं दिखाई देता, जो आधुनिक कविता से अपेक्षित है।

रामविलास शर्मा जो उत्तर-छायावादी प्रभाव शमशेर पर देखते हैं, दरअसल वे छायावादी संस्कार हैं। लेकिन छायावादी संस्कार प्रारम्भ में अज्ञेय, मुक्तिबोध आदि किस पर नहीं है? यह प्रभाव शमशेर पर भी है, जो उनकी काव्यभाषा के स्तर पर है, भाव के स्तर पर नहीं। भाव देश और समाज में उठते नये सामाजिक आन्दोलनों से संचालित हैं। इसमें कुछ भूमिका प्रगतिवादी आन्दोलन से निर्मित चेतना की भी है। शमशेर उर्दू भाषा और साहित्य के गम्भीर अध्येता हिन्दी कवि थे। उर्दू साहित्य की बारीकियों का उन्हें पता था। उर्दू भाषा की गहरी जानकारी का प्रभाव उनकी कविता पर है। इस प्रभाव के कारण उन्होंने ग़ज़लें लिखीं। ऐसी ग़ज़लें जिन्हें सचमुच ग़ज़ल कहा जा सके। शमशेर के हाथों हिन्दी में ग़ज़लें विधा का वैसे ही संस्कार हो जाता है, जैसे त्रिलोचन के हाथों अंग्रेज़ी के सॉनेट का। हिन्दी श्रेष्ठ ग़ज़ल और सॉनेट के पर्याय-से हैं—शमशेर और त्रिलोचन। लिखने के लिए बहुत कवियों ने ग़ज़ल और सॉनेट पर हाथ आजमाया, लेकिन इन दोनों की ऊँचाई कोई नहीं हासिल कर सका। शमशेर की प्रेम विषयक कविताओं पर उर्दू

शायरी की नाज़ुकख़याली का थोड़ा असर है। यह उनकी कमज़ोरी नहीं ताक़त है। इस कारण उनके वर्णन में अकुंठ देह-सौन्दर्य की अभिव्यक्ति हुई है। उनकी कविता में प्रेम का और नारी सौन्दर्य का बड़ा ही माँसल और ठोस वर्णन है। उनमें हिन्दी या उर्दू रीतिवाद ढूँढ़ना दूर की कौड़ी लाना है। रीतिवादी काव्य को लेकर एक ऐसा तथाकथित नैतिक प्रतिमान हिन्दी में बन गया है जो प्रेम और सौन्दर्य के सहज आकर्षण के ही विरुद्ध हो गया है। शमशेर अपने को 'हिन्दी और उर्दू का दोआब' मानते हैं और कहते हैं :

मैं उर्दू और हिन्दी का दोआब हूँ।
मैं वह आईना हूँ, जिसमें आप हैं।
मैं एक नज़्म हूँ,
—एक दोहा हूँ, न जाने किसका...

हिन्दी और उर्दू के इस दोआब का अभिनन्दन करने की जगह यदि कोई उनमें हिन्दी का कम, उर्दू का रीतिवाद ढूँढ़ता है तो इसे क्या कहा जाये!

शमशेर की उन कविताओं को देखने की ज़रूरत है, जिनके कारण उन पर रीतिवादी प्रभाव देखा जाता है। नारी सौन्दर्य का आकर्षण शमशेर का एक प्रिय विषय है। 'एक मुद्रा से' (1941) कविता को इस दृष्टि से देखना चाहिए :

सुन्दर!
उठाओ
निज वक्ष
और-कस-उभर!

आगे शमशेर इस वक्ष के सौन्दर्य के लिए अनेक बिम्बों का सहारा लेते हैं और उसके प्रति अपने आकर्षण को मुक्त मन से स्वीकार करते हैं :

अंकित कर विकल हृदय-पंकज के अंकुर पर
चरण-चिह्न,
अंकित कर अन्तर आरक्त स्नेह से नव, कर पुष्ट,
बढ़ूँ
सत्वर, चिर यौवन वर, सुन्दर!
उठाओ निज वक्ष : और और कस, उभर!

यह कविता भी 1941 की है। यह रीतिवादी प्रभाव की कविता कही जायेगी या नारी सौन्दर्य के प्रति आकर्षण की आधुनिक अभिव्यक्ति? नारी सौन्दर्य का मांसल रूप जो शमशेर की कविता में मूर्ति शिल्प की तरह साकार हो उठता है।

यह नारी सौन्दर्य के प्रति न तो भक्तिकालीन मायावादी नज़रिया है, न रीतिकालीन भोगवादी नज़रिया और न उर्दू कविता का चमत्कारवादी नज़रिया। भाषा पर अवश्य ही कहीं-कहीं छायावादी संस्कार है। लेकिन यह कविता पूरी तरह स्त्री देह के प्रति आधुनिक मनुष्य के लगाव की अकुंठ अभिव्यक्ति है। इस लिहाज़ से शमशेर आधुनिक हिन्दी कविता में नारी सौन्दर्य और प्रेम के प्रथम कलाकार कवि हैं। प्रेम और सौन्दर्य को छायावादी आध्यात्मिकता और नयी कवितावादी अमूर्तता से मुक्त करके पार्थिवता प्रदान करने वाला कवि। हिन्दी कविता को नारी सौन्दर्य की पार्थिवता से समृद्ध करने वाला कवि। ऐसा आधुनिक कवि जिसकी जोड़ में आप किसी भी दूसरे कवि को खड़ा न कर सकें। नारी-देह और सौन्दर्य के प्रति हिन्दी कविता में पितृसत्तात्मक सोच की जो लम्बी परम्परा है उसे उलटकर आधुनिक पार्थिव धरातल प्रदान करने का युगान्तकारी काम कवि शमशेर के हाथों सम्पन्न होता है। जो लोग शमशेर को 'विशुद्ध सौन्दर्य' का कवि कहते हैं, वे भी उनके इस ऐतिहासिक प्रदेय को स्वीकारने से बचते हैं। उनका उद्देश्य वास्तविक शमशेर को खोजने की बजाय उन्हें प्रगतिशील खेमे से अलगाकर सौन्दर्य के अमूर्त घेरे में क़ैद करने का है। इसी तरह जो प्रगतिशीलता के आग्रही हैं, उन्हें इन सौन्दर्यवादी कविताओं के कारण शमशेर अधूरे प्रगतिशील कवि लगते हैं।

यह कहने की ज़रूरत है कि शमशेर की सौन्दर्य-चेतना हिन्दी कविता का नया अध्याय है। वह स्त्री-देह और सौन्दर्य के प्रति मायावादी, भोगवादी, आध्यात्मिक श्रद्धामयी-रहस्यमी सौन्दर्य चेतना का प्रत्याख्यान है। प्रेम, नारी-सौन्दर्य और प्रकृति के प्रति नये नज़रिये के साथ आने वाले इस कवि ने इन काव्य-विषयों के प्रति पुराने सारे प्रतिमानों-उपमानों को बदल कर रख दिया। उनकी कविता में प्रकृति-प्रेम और नारी-देह का सौन्दर्य एक ऐसी मिली-जुली भूमि है, जहाँ एक-दूसरे से एक-दूसरे को अलगाना कठिन होता है। कब प्रकृति प्रेम की भूमिका में आ जाये और कब नारी-सौन्दर्य प्रकृति के अछोर विस्तार का हिस्सा हो जाये, कहा नहीं जा सकता। शमशेर इस अर्थ में अद्वितीय हैं। उनकी यह सौन्दर्य चेतना, किसी अलौकिक के प्रति आकर्षण न होकर लौकिक को ही अलौकिक सौन्दर्य से जोड़ने का परिणाम है।

प्रेम, प्रकृति और सौन्दर्य को लेकर ढेरों कविताएँ शमशेर ने लिखी हैं। वे उनकी समाज-चेतना का ही दूसरा पहलू हैं। वे उनकी समाज-चेतना से अलग नहीं, जैसा अज्ञेय या साही या उनके अन्य समानधर्मा मानते हैं। आख़िर मानव-सभ्यता का विकास हमारी भौतिक चेतना का ही परिणाम नहीं, हमारी सौन्दर्य-चेतना के

विकास का भी परिणाम है। सभ्यता का सारा संघर्ष मानव समाज को भौतिक रूप से समृद्ध करने का तो है ही, सौन्दर्य के अलौलिक से लगने वाले तत्वों को हासिल करने का भी है। एक शायर अपनी शायरी के बारे में कहता है—'हम आसमान से लाये हैं इन ज़मीनों को'। ज़मीन यहाँ शेर का कथ्य है। यह आसमान मनुष्य का वह सौन्दर्य-स्वप्न है, जिसे ज़मीन पर उतारने की कोशिश में सदियों से वह हलकान है। शमशेर ऐसा ही सौन्दर्य-स्वप्न देखने वाले हलकान कवि हैं।

प्रकृति और प्रेम की शमशेर के यहाँ एक-दूसरे में निरन्तर आवाज़ाही है। उनके यहाँ दोनों एक-दूसरे के पर्याय हों जैसे। 'दूब' (1945) शीर्षक से एक कविता है। कविता प्रकृति के यथार्थ वर्णन से शुरू होती है :

मोटी, धुली लॉन की दूब,
साफ मखमल की कालीन।
ठण्डी धुली सुनहरी धूप।

आगे वह यथार्थ वर्णन बिम्बों के जरिये मन के दर्पण में कोमल अहसास बनकर प्रेम की सघन-साकार अनुभूति में परिणत हो जाता है :

हलकी मीठी चा-सा दिन,
मीठी चुस्की-सी बातें,
मुलायम बाँहों-सा अपनाव।

अन्त में प्रकृति सिर्फ़ एक साधारण उपमान भर रह जाती है। प्रेम की अनुभूति सघन एन्द्रिय बोध के रूप में प्रिय से मिलन की जगमगाती पुकार बन जाती है :

पलकों पर हौले-हौले
तुम्हारे फूल से पाँव
मानो भूलकर पड़ते,
हृदय के सपनों पर मेरे!
अकेला हूँ, आओ।

अज्ञेय की कविता की उन पंक्तियों से यह कविता सीधे तुलनीय है—'श्वास है उतप्त तुम कहाँ हो नारि!' शमशेर की यह कविता और इस जैसी अन्य कविताएँ बताती हैं कि हिन्दी कविता छायावादी भावबोध, काव्यभाषा और प्रेम की अनुभूति के यथार्थ-चित्रण की दृष्टि से कितना आगे हैं। ऐसे उन्मुक्त और कलात्मक ऐन्द्रिय बोध की अभिव्यक्ति छायावादी क्या, शमशेर के समकालीनों के यहाँ भी कम ही मिले! शायद नयी कविता के बाद के कवियों के यहाँ भी नहीं।

प्रेम की अनुभूति शमशेर की कविता का बड़ा हिस्सा है। यह अनुभूति

कहीं-कहीं उलझी हुई भी है। पाठक-आलोचक को अक्सर परेशानी होती है। लेकिन जहाँ यह उलझाव नहीं है, वहाँ शमशेर का प्रेमबोध, ऐन्द्रिय बोध और कलाबोध देखने लायक है। 'फिर भी क्यों' (1938) को देखें :

फिर भी क्यों मुझको तुम अपने बादल में घेरे लेती हो?
मैं निगाह बन गया स्वयं
जिसमें तुम आँज गयी अपना सुर्मई साँवलापन हो
तुम छोटा-सा हो ताल, घिरा फैलाव, लहर हल्की-सी,
जिसके सीने पर ठहर शाम
कुछ अपना देख रही है उसके अन्दर,
वह अँधियाला...

आगे 'अपनी साँसों का कमरा' है, 'पहचानी-सी धड़कन का सुख है', 'जीवन की आने वाली भूल' है, 'गुमराहों का ख़ाब-कबीला खेमा' है और उसकी 'कठिन शान्ति' है, 'दो गलत चल रही घड़ियों का चुपचाप मिलना' है, 'सूखे-से घने बाल' हैं, जिनमें 'मन और पलकें' ढँकी हैं। वे बाल मन और पलकों का क्षितिज है। वह क्षितिज अजान बन गया है। प्रेम के सपनों में खोये कवि को जगने के लिए क्षितिज की इस अजान का इन्तज़ार शायद है! शायद नहीं भी है!

शमशेर की कविता में प्रेम मौन का, एक-दूसरे में खो जाने का और अपना अस्तित्व भूल जाने की अनुभूति का नाम है। एक-दूसरे में खोकर निष्प्राण होने की हद तक। यह अभिन्नता ऐसी मौन की माँग है जिसमें दो देह ममियों में परिणत हो जायें। 'साथ, सम, शान्त' (1939) में 'हम तुम' की कल्पना 'ममियों' के रूप में की गयी है :

साथ, सम, शान्त,
स्वप्न-सी, सुन्दर,
सिर्फ़ दो ममियाँ।

ममी—जिसे धरती, आकाश, जल, आज और कल का अहसास नहीं होता।

स्त्री-देह, उसका सौन्दर्य और उसके प्रति आकर्षण का जो सम्मोहन शमशेर के यहाँ है, वह अन्यत्र नहीं और जिसे नामवर सिंह ने 'शरीर का उत्सव' कहा है। उन के अनुसार ये कविताएँ ऐसी हैं 'जिनमें अकुंठ मन से शरीर का उत्सव रचा गया है।' शमशेर के लिए सौन्दर्य 'एक ठोस बदन अष्टधातु का-सा' है, जिसमें 'जंघाएँ ठोस दरिया। ठैरे हुए से।' कवि की 'पहली प्रेमिका' 'जो आईने की तरफ़ साफ़ है' और 'बदन के ही माध्यम से बात करती है।' और वह 'काँसे

का चिकना बदन हवा में हिल रहा है।' हिन्दी कविता में कहाँ है ऐसी सघन ऐन्द्रियता! सचमुच कहीं नहीं हैं! शमशेर के लिए स्त्री का 'वह सलोना जिस्म' (1949) ऐसा है कि :

उसकी अधखुली अँगड़ाइयाँ हैं
कमल के लिपटे हुए दल
कसे भीनी गन्ध में बेहोश भौरे को।
वह सुबह की चोट है हर पंखुड़ी पर।

वह सलोना जिस्म क्या है? बस, हर पंखुड़ी पर एक चोट है! और शमशेर उस सलोने जिस्म को न जाने कितने नायाब बिम्बों के जरिए देखते हैं। कभी वे उसे 'रात की तारों भरी शबनम' के रूप में देखते हैं तो कभी साँवली नशीली पलकों को 'चाँदनी से भारी बदलियाँ' नाम देते हैं। शमशेर के लिए 'वह सलोना जिस्म' ऐसा है : 'जहाँ शामें डूबकर फिर सुबह बनती हैं' और 'दरिया राग बनते हैं'।

'टूटी हुई, बिखरी हुई' (1945) शीर्षक अपनी प्रसिद्ध और बहुप्रशंसित कविता में शमशेर तरह-तरह के बिम्बों के जरिए प्रेमानुभूति को, और उसकी तड़प को जिस तरह रचते हैं, वह देखने लायक है। प्रेम की अनुभूति ऐसी है कि कवि की 'बाँसुरी' 'नाव की पतवार' है और 'जिसके स्वर गीले हो गये है,' जहाँ कवि का हृदय 'छप छप् छप्' कर रहा है। प्रेम की यह अनुभूति तड़प भरी पुकार बनकर नये और नायाब बिम्बों के जरिए पूरी कविता में गूँजती है :

मुझको जंगली फूलों की तरह ओस से टपकने दो,
ताकि उसकी दबी हुई खुशबू से अपने पलको की
उनींदी जलन को तुम भिगो सको, मुमकिन है तो।
हाँ, तु मुझसे बोलो, जैसे मेरे दरवाज़े की शरमाती चूलें
सवाल करती हैं बार बार...मेरे दिल के
अनगिनत कमरों से

हाँ, तुम मुझसे प्रेम करो जैसे मछलियाँ लहरों से करती हैं...

प्रेम की अनुभूति पूरी कविता में तरह-तरह के बिम्बों के जरिए इतनी गति के साथ इतने रूपों में व्यक्त होती है कि पाठक चकित भी होता है और मुग्ध भी। सम्भव है किसी को इस कविता में विषय की एकतानता का अभाव खटके। विषयवस्तु टूटी हुई, बिखरी हुई लगे। लेकिन यहाँ निवेदन यह कि यहाँ अनुभूति की एकतानता है, जिसके भीतर की तड़प को दुर्लभ और नये बिम्बों के जरिए कवि साधने की कोशिश करता है। इस पूरी कविता में 'होनी और अनहोनी

की उदास रंगीनियाँ' हैं। न सिर्फ़ यह कविता, बल्कि शमशेर की प्रेम-प्रकृति से सम्बन्धित दूसरी कविताओं में भी 'होनी और 'अनहोनी' तथा 'उदासी' एवं 'रंगीनी' की ऐसी कशमकश है, जिसे समझने की ज़रूरत है और जिसे ध्यान में रखे बिना शमशेर को नहीं समझा सकता।

शमशेर की कविता की बनावट में अधिकांश जगहों पर जो जटिलता है, वह इसी 'होनी' और 'अनहोनी' तथा 'उदासी' और 'रंगीनी' के बीच चलते निरन्तर घमासान का परिणाम है। इस घमासान में कविता के भाव और उसका शिल्प कहीं सध जाते हैं और कहीं जटिल बिम्बों की पेचोखम के कारण उलझे-से भी लगते हैं, जो पाठक को कठिन लगते हैं। जहाँ भाव और शिल्प सधते हैं, वहाँ 'उषा' नये बिम्बों के साथ बिलकुल नये रूप में प्रकट होती है। ऐसा लगता है कि 'बहुत काली सिल ज़रा से लाल केसर से/कि जैसे धुल गयी हो'। या 'पूर्णिमा का चाँद' ऐसा लगता है, मानो 'एक दरिया उमड़कर पीले गुलाबों का/चूमता है बादलों के झिलमिलाते/स्वप्न जैसे पाँव।' लेकिन कहीं-कहीं भाव और शिल्प का ऐसा पेचोखम दिखता है कि जटिल काव्य-बिम्बों को समझने में पाठक के सामने कठिनाई पैदा होती है। 'शिला का ख़ून पीती थी' ऐसे ही जटिल बिम्बों की कविता है। इस कविता को या इस जैसी शमशेर की दूसरी कविताओं से कोई जरूरी नहीं कि आप संगत अर्थ की माँग करें। शमशेर की ऐसी कविताएँ बिम्ब और अर्थ की जिस जटिल भाव-दशा की रचनाएँ हैं, वे किसी मंजिल तक पहुँचने के लिए नहीं, बल्कि उसकी गलियों में घूमने के लिए हैं। क्या कविता से यह माँग जरूरी है कि वह आपको किसी सुसंगत अर्थ-मंजिल तक ले जाये? क्या इतना काफी नहीं कि आप उसकी टेढ़ी-मेढ़ी सौन्दर्य वीथियों में घूमें और घूमते रहें? शमशेर की बहुत-सी कविताएँ ऐसी ही सौन्दर्य-वीथियाँ हैं, जिनसे होकर गुज़रने में ही उनकी बड़ी सार्थकता है। कविता की भी, और हमारी भी।

शमशेर की प्रतिबद्धता को लेकर उनके कुछ गैर प्रगतिशील प्रशंसकों में संकोच का भाव है। वे समझ नहीं पाते कि कविता में ऐसा सौन्दर्य स्रष्टा 'वाम वाम वाम दिशा/समय साम्यवादी' जैसी कविताएँ कैसे लिखता है। यहाँ यह याद रखने की ज़रूरत है कि क्या शमशेर के आदर्श निराला में इस तरह की तथाकथित परस्पर विरोधी-सी प्रवृत्ति एक साथ नहीं है? वे 'जूही की कली' भी लिख रहे थे और 'भिक्षुक' भी, 'सन्ध्या सुन्दरी' लिख रहे थे और 'पथ' भी। वे यदि 'राम की शक्तिपूजा' लिख रहे थे तो 'मुक्ति' भी–'तोड़ो, तोड़ो, तोड़ो कारा।' निराला यदि निराला हैं तो अपनी सम्पूर्णता में। सरलता और जटिलता, सौन्दर्य चेतना और

समाज है तो अपनी सम्पूर्णता में। सरलता और जटिलता, सौन्दर्य चेतना और समाज चेतना, आध्यात्मिकता और यथार्थवादिता-परस्पर विरोधी-सी दिखने वाली प्रवृत्तियाँ निराला में शुरू से अन्त तक हैं। यह प्रवृत्ति काव्य-चेतना के स्तर पर तो हैं ही, भाषा के स्तर पर भी है। निराला अपने समकालीन प्रसाद की तरह भाव और भाषा के स्तर पर एकरेखीय नहीं हैं। प्रसाद अपनी तरह से बड़े हैं। उनके बड़े होने से इनकार नहीं। लेकिन निराला में भाव और भाषा का जो वैविध्य है वह उनके कवि व्यक्तित्व का ज़रूरी हिस्सा है। वे अपने इस वैविध्य के साथ बड़े हैं। निराला को अपना आदर्श मानने वाले शमशेर भी प्रेम, प्रकृति, समाज, राजनीति आदि काव्य-विषयों पर एक साथ लिखते हैं। शमशेर में सौन्दर्य-चेतना और समाज-चेतना में कोई विभाजक-रेखा नहीं है।

छायावादी या उत्तर-छायावादी काव्यचेतना से कविता को बाहर निकालकर उसे आधुनिक बनाने का जो संघर्ष है, वह शमशेर के यहाँ कैसा है, तुलनात्मक रूप से इसकी पड़ताल होनी चाहिए। छायावादी पन्त को लगता था : 'न जाने नक्षत्रों से कौन, निमन्त्रण देता मुझको मौन'। शमशेर के यहाँ पन्त की यह जिज्ञासा या रहस्यानुभूति 'प्रश्न' बनकर पैदा होती है। लेकिन एक बड़े फर्क़ के साथ। पन्त के यहाँ नक्षत्र लोक है। उस लोक में बैठा कोई निमन्त्रण दे रहा है। पन्त की जिज्ञासा उस कौन के प्रति है। शमशेर के यहाँ इस तरह की जिज्ञासा नहीं है। वहाँ सीधा प्रश्न है। वह उस युग का प्रश्न है और हमारे युग का भी। रात में तारों का पन्त के लिए एक अर्थ है, जबकि 'शाम' का शमशेर के लिए दूसरा अर्थ। 'शाम होने को हुई' (1945) कविता में शमशेर को काम करके लौटते लोगों की याद आती है :

तू न चेता काम से थककर
फटे-मैले वस्त्र में कमकर
लौट आये खोलियों में मौन।
चेतनेवाला न तू—है कौन?

पन्त के 'कौन' ओर शमशेर के 'कौन में जो फर्क़ है, वह दो काव्य-पीढ़ियों का तो है ही, वह यह भी है कि 1940 के दशक में हिन्दी कविता के केन्द्र में न चेतने वाले मजूर-किसान का प्रश्न मुख्य होने लगा था और नयी प्रवृत्ति जन्म ले चुकी थी। कहने की ज़रूरत नहीं कि शमशेर इस नयर चेतना के भी प्रतिनिधि कवि हैं।

1940 के दशक में भारतीय समाज और राजनीति जिस मुक्ति-चेतना से

आन्दोलित थी, वह अभूतपूर्व है। स्वतन्त्रता आन्दोलन अपने निर्णायक दौर में था। स्वतन्त्रता प्राप्ति के साथ आर्थिक और सामाजिक समता का प्रश्न केन्द्रीय प्रश्न बनने लगा था। कम्युनिस्ट पार्टी और सोशलिस्ट पार्टी के साथ नयी समाजवादी चेतना का असर दिखने लगा था। विश्व स्तर पर मार्क्सवाद मानव-मुक्ति का सबसे ऊँचा और चमकता हुआ परचम बनकर लहराने लगा था। इस परचम तले समता, स्वतन्त्रता और विश्व बन्धुत्व को हासिल करने का संघर्ष अपने सबसे उग्र रूप में था। उसका उद्देश्य विश्व की जनता की मुक्ति के साथ विश्व शान्ति कायम करना था। शमशेर की चेतना के निर्माण में इस वातावरण की बड़ी भूमिका है। इसलिए वे भारतीय जन को यदि चेतने के लिए झकझोरते हैं तो 'अमून का राग' (1945) भी लिखते हैं, जो इस युग की हक़ीक़त का भी दस्तावेज़ है और कवि की चेतना का भी :

देखो न हक़ीक़त हमारे समय की कि जिसमें
होमर एक हिन्दी कवि सरदार जाफ़री को
इशारे से अपने करीब बुला रहा है
कि जिसमें
फ़ैयाज खाँ बिटाफेन के कान में कुछ कह रहा है
मैंने समझा कि संगीत की कोई अमरलता हिल उठी
मैं शेक्सपियर का ऊँचा माथा उज्जैन की घाटियों में
झलकता हुआ देख रहा हूँ
और कालिदास को होमर के कुँजों में विहार करते
और आज तो मेरा टैगोर मेरा हाफ़िज़ मेरा तुलसी मेरा
ग़ालिब
एक-एक मेरे दिल के जगमग पावर हाउस का कुशल
आपरेटर है।

जो नयी विश्वदृष्टि उस दोर में बन रही थी और उस विश्वदृष्टि से संचालित जो नया मनुष्य बन रहा था, हिन्दी में उस चेतना की प्रतिनिधि कविता है 'अमून का राग', यह 'हृदय की सच्ची सुख-शान्ति का राग' है ऐसा राग जो 'बहुत, आदिम' भी है और 'बहुत अभिनव' भी। 'अमून का राग' दरअसल नयी विश्वदृष्टि से निर्मित कवि के स्वप्न की आँख है और :

ये आँखें हमारे इतिहास की वाणी
और हमारी कला का सच्चा सपना हैं

ये आँखें अपना नूर और पवित्रता हैं
ये आँखें ही अमर सपनों की हक़ीक़त और
हक़ीक़त का अमर सपना हैं
इनको देख पाना ही अपने आपको देख पाना है समझ
पाना है
हम मानते हैं कि हमारे नेता हमको देख रहे हैं।

अफ़सोस कि 'अमर सपनों की हक़ीक़त' को हमारे नेता नहीं देख पाए! क्या कवि को अपने नेताओं के देख पाने की सामर्थ्य पर शक था? शक में भले सच्चाई हो, पर इससे कवि का सपना तो गलत नहीं होता!

शमशेर जब कहते हैं कि 'बात बोलेगी' (1945) तो उन्हें अपनी कविता की शक्ति पर भरोसा है। यह पंक्ति यों ही लोगों की जुबान पर कहावत की तरह नहीं चढ़ी—'बात बोलेगी, हम नहीं।' शमशेर अपनी कविता की गूँजती आवाज़ की बात कर रहे हैं, क्योंकि वह 'सत्य का मुख' है। यह सत्य क्या है? वह यह कि 'जनता का दुख' एक ही है। राजनीति के रंग भले अलग हों और अलग रंगों की पताकाएँ उड़ रही हों, दुख तो एक है, जिसका कोई रंग नहीं होता :

एक जनता का
दुख-एक।
हवा में उड़ती पताकाएँ
अनेक।

अफ़सोस यह भी है जिस शमशेर को अपनी बात की सच्चाई पर इतना भरोसा था और उस र उनका इतना जोर था, उसे ही साही-अज्ञेय उनकी वास्तविक चेतना और वास्तविक संवेदना नहीं मानते। लेकिन उनके मानने, न मानने से क्या होता है! शमशेर तो तब भी कहते थे और अन्त तक उनकी यह धारणा रही कि—

बात बोलेगी,
हम नहीं।
भेद खोलेगी
बात ही।

प्रेम, प्रकृति, नारी-सौन्दर्य, व्यक्ति, समाज, राजनीति, समता, संघर्ष और शन्ति ये सभी शमशेर की कविता के स्थायी विषय हैं। यहाँ जो काव्यांश उद्धृत किये गये हैं, वे सभी प्रायः उनकी पूर्ववर्ती दौर की कविताओं के हैं। इनसे पता

चलता है कि वे एक समय में एक साथ कई और कई स्तरों की कविताएँ लिखते थे। उनकी यह प्रवृत्ति और क्षमता अन्त तक बनी रही। इसलिए उनको अब तक प्रचलित किसी खाँचे में नहीं रखा जा सकता। नामवर सिंह ठीक कहते हैं "...शमशेर के लिए इतना ही काफी है कि वे कवि हैं–सिर्फ़ कवि। न 'शुद्ध कविता' के कवि न 'कवियों का कवि', न प्रयोग और न प्रगति का ही कवि। कुछ कवि ऐसे होते हैं जिन्हें हर विशेषण छोटा कर देता है।" शमशेर की कविता उस समय के दोनों तरह के काव्य प्रतिमानों के लिए चुनौती है। वह न तो साही-अज्ञेय के खाँचे में फिट बैठती है और न रामविलास शर्मा के खाँचे में। प्रगतिवादियों और नयी कवितावादियों के बीच उनकी कविता अपनी विनम्र उपस्थिति के लिए यह बताती है कि एक शमशेर भी है। शमशेर के ही शब्दों में :

बहुत नाम हैं एक 'शमशेर' भी है
किसे पूछते हो किसे हम बताएँ।

(2011)

नागार्जुन : जन आन्दोलनों का कवि

हिन्दी में नागार्जुन जन आन्दोलनों के सबसे बड़े कवि हैं। ऐसा कवि जो शुरू से आख़िर तक जन आन्दोलनों से ऊर्जा लेता है। आजादी के पूर्व लगभग 1937-38 से शुरू हुई उनकी काव्य-यात्रा कवि जीवन के अन्त तक देश-विदेश में चलने वाले विभिन्न जन आन्दोलनों से प्रेरित प्रभावित रही है। किसी आंन्दोलन में नागार्जुन सदेह शामिल हैं तो किसी से उनकी हार्दिक-बौद्धिक सहानुभूति है। आधुनिक हिन्दी कविता में इस अर्थ में कोई दूसरा उदाहरण नागार्जुन के बराबर का दिखाई नहीं पड़ता। जन आन्दोलनों में उनकी अप्रतिम आस्था है। वे आन्दोलन वामपन्थी छाते के भीतर के भी रहे हैं और उसके बाहर के भी। मार्क्सवादी कठमुल्लेपन से मुक्त इस कवि ने कई बार पार्टीलाइन का अतिक्रमण भी किया है और 'अपनों' के बोल सहे हैं।

कवि रूप में नागार्जुन से मेरा परिचय 1974 में हुआ। लोकनायक जयप्रकाश नारायण के नेतृत्व में बिहार में छात्रों-युवाओं का आन्दोलन उभार पर था। जयप्रकाश जी की सभाओं में और नुक्कड़ों-चौराहों पर होने वाले धरना-प्रदर्शनों में एक कविता पढ़ी जाती थी। नागार्जुन जब उपस्थित होते तो स्वयं यह कविता पढ़ते और जब नहीं होते तो दूसरे लोग इस कविता का पाठ करते। हज़ारों-लाखों की उपस्थिति को इस कविता द्वारा आन्दोलित होते और जयप्रकाश जी को झूमते मैंने स्वयं देखा है। वह कविता है :

क्या हुआ आपको?
क्या हुआ आपको?
सत्ता की मस्ती में भूल गयीं बाप को?
इन्दु जी, इन्दु जी, क्या हुआ आपको?

पटना की सड़कों पर एक रैली का नेतृत्व करने के दौरन जयप्रकाश जी पर पुलिस ने जब लाठियाँ बरसाईं तो एक और कविता लोगों की जुबान पर आई—

एक और गाँधी की हत्या होगी अब क्या?
बर्बरता के भोग चढ़ेगा योगी अब क्या?
पोल खुल गयी शासक दल के महामन्त्र की!
जयप्रकाश पर पड़ी लाठियाँ लोकतन्त्र की!

—उस आन्दोलन में आते उतार-चढ़ाव पर भी नागार्जुन की नज़र थी। उन्हीं दिनों उन्होंने 'क्रान्ति सुगबुगाई है' शीर्षक कविता लिखी :

क्रान्ति सुगबुगाई है
करवट बदली है क्रान्ति ने
मगर, वह अब भी उसी तरह लेटी है
एक बार इस ओर देखकर
उसने फिर से फेर लिया है
अपना मुँह उसी ओर...
'सम्पूर्ण क्रान्ति' और 'समग्र विप्लव' के मंजु घोष
उसके कानों के अन्दर
खीझ भर रहे हैं या गुदगुदी
यह आज नहीं, कल बतला सकूँगा!...

हवा में भर उठी इंकलाब के कपूर की खुशबू
बार-बार गूँजा आसमान
बार-बार उमड़ आये नौजवान
बार-बार लौट गये नौजवान

जयप्रकाश आन्दोलन के बीच अक्सर गूंजने वाली इन कविताओं के जरिए हमने नागार्जुन को जाना। और इस तरह कवि नागार्जुन से मेरा पहला परिचय एक विशाल जन आन्दोलन के दौरान हुआ। तब तक मैं उनको जानता नहीं था। स्नातक का छात्र था, पाठ्यक्रमों में शामिल कवियों को ही प्रायः जानता था। जहाँ तक मुझे याद है, नागार्जुन की कोई कविता उस बिहार के ही पाठ्यक्रमों में नहीं थी, जहाँ के वे निवासी थे। जबकि उनके समकालीन अनेक गौण कवियों की कविताएँ पाठ्यक्रमों में थीं और हम उनको जानते थे। नागार्जुन की इस उपेक्षा का कारण क्या था? निश्चिय रूप से इसका कारण उनका कम्युनिस्ट होना और जन आन्दोलनों से जुड़ा होना था। तब तक कम्युनिज्म कवियों-लेखकों के लिए सिर्फ़ बौद्धिक सचेतना का दर्शन भर नहीं था। वह अग्निपथ था, जिस पर जाने

का मतलब था उपेक्षा और तबाही को न्यौता देना। जन आन्दोलनों का कवि होने के कारण बेशक उन्हें उपेक्षा और तबाही मिली।

आज के किसी प्रगतिशील या जनवादी कवि से नागार्जुन की प्रतिबद्धता की तुलना नहीं हो सकती। आज प्रगतिशील या जनवादी कवि-लेखक कहलाने में कोई जोखिम नहीं है। आज वह प्रकाशन, चर्चा आदि का राजपथ है। तब खोना ही खोना था, आज पाना ही पाना है। बहरहाल, नागार्जुन अपनी कविताओं और राजनीतिक कार्यों के जरिए उपेक्षा और तबाही को न्यौता दे चुके थे। स्वाभाविक था कि उनकी कविताएँ न तो पाठ्यक्रमों में थीं और न उनकी काव्य-पुस्तकें कायदे से प्रकाशित थीं। 'युगधारा' (1953), 'संतरंगे पंखों वाली' (1959), 'प्यासी पथराई आँखें' (1963) और 'तालाब की मछलियाँ' (1974) काव्य-संग्रहों के लेखक-प्रकाशक स्वयं नागार्जुन थे। शिक्षित समाज के बीच कवि रूप में उनकी ठीक से मान्यता नहीं थी। वे राजनीतिक प्रोपेगैंडा के कवि माने जाते थे।

जो लोग नागार्जुन के समकालीन अन्य कवियों की उपेक्षा और प्रगतिशीलों द्वारा उनकी आलोचना से विचलित होते हैं, उनका ध्यान इस तथ्य की ओर भी जाना चाहिए। 1974-75 तब उनकी काव्य-पुस्तकें उन प्रकाशकों ने भी नही छापी थीं, जो उनके उपन्यास छापते थे। प्रभाकर माचवे के सम्पादान में 1978 में पहली बार 'आज के लोकप्रिय कवि' शृंखला में नागार्जुन शामिल किये गये। किसी प्रकाशक द्वारा प्रकाशित नागार्जुन का यह पहला काव्य-संग्रह था। यहाँ जिन संग्रहों का जिक्र हुआ है, उनके अतिरिक्त 'चना जोर गरम', 'ख़ून और शोले', 'प्रेत का बयान' आदि काव्य-पुस्तिकाएँ भी नागार्जुन ने ख़ुद छापी थीं, जिन्हें घूम-घूमकर वे बेचते थे। कहा जाता है कि ट्रेन तक में उन्होंने अपनी काव्य-पुस्तिकाएँ घूम-घूमकर बेचीं। यह सहज अनुमान का विषय है कि झोले में काव्य-पुस्तिकाएँ लेकर घूमने वाले और उन्हें गा-गाकर बेचने वाले नागार्जुन की कैसी कवि-छवि तथाकथित साहित्यिक समाज के बीच रही होगी! इसके बावजूद जन संघर्षों से जुड़े और सहानुभूति रखने वाले लोगों के बीच तथा आम पाठक के बीच नागार्जुन का सम्मान था। उनके बीच वे रमते थे और कवि रूप में उनका आदर भी था।

कवि रूप में नागार्जुन से परिचय तो 1974 में हो चुका था, लेकिन उन्हें देखने का सौभाग्य मिला 1975 में, इमरजेंसी से ठीक पहले। बिहार के सीवान जिला के पचरुखी कस्बे में छात्रों-युवाओं की एक सभा को वे सम्बोधित कर रहे थे। अपनी कविताएँ भी सुना रहे थे। वहीं पुलिस ने उन्हें गिरफ्तार किया और

बक्सर जेल में डाल दिया। कुछ दिन बाद ही इमरजेंसी लग गयी और जेपी सहित विरोधी दलों के नेता गिरफ्तार कर लिये गये। प्रेस पर सेंसरशिप लागू हो गयी। इमरजेंसी के बीच में ही अख़बारों से मालूम हुआ कि नागार्जुन जेल से छूट गये हैं। यह भी सुना कि वे पैरोल पर छूटे हैं। बाहर आकर उन्होंने जयप्रकाश जी के ख़िलाफ़ बयान दिया। बयान अभद्र भाषा में था। जयप्रकाश और नागार्जुन के प्रति सम्मान रखने वाले हम छात्रों-नौजवानों के लिए यह एक झटका था। आख़िर ऐसा क्यों किया नागार्जुन ने? हम प्रश्न से भरे थे, लेकिन नागार्जुन तो नागार्जुन थे। जेल में रहकर उन्होंने जयप्रकाश जी के साथ जुड़ी उन साम्प्रदायिक शक्तियों को करीब से देखा था। भाकपा से जुड़े होने के बावजूद वे जेपी आन्दोलन में सक्रिय थे। भाकपा जेपी आन्दोलन के ख़िलाफ़ थी और जयप्रकाश जी को वह अमेरिका का दलाल कहती थी। सत्ताधारी दल से उसकी साठगाँठ थी और उसकी शह पर उसने कुछ रैलियाँ भी की थीं, जिसका एक मुख्य नारा था—'निक्सन को दे दो तार, जयप्रकाश की हो गयी हार'। पार्टी के लोगों को नागार्जुन की यह भूमिका पसन्द नहीं थी। कहा जाता है कि पार्टी से जुड़े खगेन्द्र ठाकुर और नन्दकिशोर नवल की पहल पर नागार्जुन ने यह बयान दिया था!

नागार्जुन इस रूप में हमारे सामने थे। 1977 में जब इमरजेंसी हटी और केन्द्र तथा कई प्रदेशों में जनता पार्टी की सरकारें आ गयीं तो उसके अन्तर्विरोधों और क्रिया कलापों पर नागार्जुन लगातार काव्यात्मक टीका-टिप्पणी करते रहे। उस दौर को उन्होंने 'खिचड़ी-विप्लव' नाम दिया। आज हमें लगता है कि उनका वह आकलन गलत नहीं था। वे ज़मीन से जुड़े कवि-लेखक थे। अपने सहज अनुभव से राजनीति और समाज की उन बारीकियों को समझ लेते थे, जिसे बहुतेरे बुद्धिजीवी प्रायः पोथियों से समझने की कोशिश करते हैं। ज़मीन से जुड़े होने के कारण वे न सिर्फ़ राजनीतिक घटनाक्रमों के अच्छे विश्लेषक थे, बल्कि व्यक्तियों को भी समझने में माहिर थे। वह व्यक्ति चाहे साहित्य का हो या राजनीति का।

मुझे याद है, पटना के दो आलोचकों के बारे में की गयी उनकी अत्यन्त तीक्ष्ण टिप्पणी। वे दोनों आलोचक तब बिहार में प्रगतिशील लेखक संघ के कर्त्ताधर्त्ता थे। नागार्जुन अक्सर उनके यहाँ ठहरते थे। बावजूद इसके, उनके आलोचना कर्म के प्रति वे अत्यन्त कठोर थे। एक आलोचक, जो तब पटना वि.वि. में अध्यापक थे, की आलोचना के बारे में नागार्जुन की टिप्पणी थी—'उनकी आलोचना सफ़ेद तरबूज की तरह है। काटो तो कोई रंग नहीं, खाओ तो बेस्वाद। हाजमा अलग से खराब।' दूसरे आलोचक, जो भागलपुर विश्वविद्यालय की अध्यापकी छोड़कर

कम्युनिस्ट पार्टी के होलटाइमर थे, पर उनकी टिप्पणी थी—'ये महाशय हाथी छाप आलोचक हैं। उनकी आलोचना धम-धम चलती है, हाथी की तरह। कोई गति नहीं है।' एक तीसरे आलोचक, जो दिल्ली निवासी हैं और तब जनवादी लेखक संघ के कर्त्ता-धर्त्ता थे और अब उत्तर-आधुनिक मीडियाकर्मी हो गये हैं, के बारे में उनकी राय थीः 'ये हिरण छाप आलोचक हैं। यूँ सूँघा, यूँ उछला।' ऐसा कहते हुए हाथ से हिरण के ज़मीन सूँघने और तत्क्षण उसके उछलने का अभिनय भी करते थे। हिरण के ज़मीन सूँघने और उछलने से उनका आशय पश्चिमी साहित्य चिन्तन की गन्ध लगते ही हिन्दी में बिना सोचे-समझे उछलने से था।

ऐसा नहीं है कि नागार्जुन अपने मित्रों की कमजोरियों पर ही चुटीली टिप्पणियाँ करते थे, वे उनके व्यक्तित्व की ताक़त की भी ठीक-ठीक पहचान करते थे। एक बार वे पटना के एक फुटपाथी होटल में रोटी-सब्ज़ी खा रहे थे, जहाँ आम् तौर पर मज़दूर ही खाया करते हैं। हम सामान्य किसान-परिवारों के थे, बेरोजगार थे, हमारे पास पैसे अक्सर नहीं होते थे, फिर भी हम ऐसी जगहों पर नहीं खाते थे। नागार्जुन का वहाँ रोटी खाना हमें हैरत में डाल गया। हमने पूछा—'बाबा, फणीश्वरनाथ रेणु यहाँ रोटी खाते या नहीं?' रेणु का कुछ ही समय पहले निधन हुआ था। नागार्जुन और रेणु दोनों जेपी आन्दोलन में साथ थे। दोनों में मित्रता थी। लेकिन रेणु परिष्कृत रुचि, वस्त्र-विन्यास और खान-पान के व्यक्ति थे। हमारे प्रश्न पर नागार्जुन कुछ देर चुप रहे। गम्भीरतापूर्वक सोचने लगे। फिर हमसे मुखातिब हुए—'नहीं, रेणु यहाँ रोटी नहीं खाते, लेकिन वे इन लोगों के लिए गोली ज़रूर खा लेते।' उनका यह उत्तर साहित्यकार की जनप्रतिबद्धता का नया आयाम उद्घाटित कर रहा था। उनका यह उत्तर आन्दोलन में रुचि रखने वाले हम नौजवानों की आँखें खोल रहा था। तब तक हमारी समझ थी कि जो साहित्यकार किसानों-मज़दूरों-सा लगता है, उनके बीच उठता-बैठता है, वही सच्चे अर्थों में जनप्रतिबद्ध है। नागार्जुन ने उस दिन हमारी आँख खोली कि इसके बावजूद लेखक जनता के साथ होता है। जनता जैसा होना और उसके बीच रोटी खा लेना ही आख़िरी पहचान नहीं है। तब हमारा ध्यान रेणु के राजनीतिक संघर्ष पर गया। अपनी परिष्कृत जीवन-शैली के बावजूद रेण जनपक्षधर और परिवर्तनकामी आन्दोलनों से जुड़े लेखक थे। नागार्जुन के इस कथन से यह जाहिर हो रहा था कि जन पक्षधरता के एक आयाम नागार्जुन हैं तो दूसरे रेणु। जन आन्दोलन किसी एक ही रंग के झण्डे का मोहताज नहीं है।

यहाँ यह भी ध्यान रखने की ज़रूरत है कि रेणु के बारे में नागार्जुन की

यह टिप्पणी 1977 में रेणु की मृत्यु के बाद की है। नागार्जुन जेपी आन्दोलन से न सिर्फ़ बाहर आ चुके थे, बल्कि उसे 'रंडियों-भड़ओं की गली' भी कह चुके थे। जयप्रकाश के विरोध में कविताएँ भी लिख चुके थे, जबकि रेणु मृत्युपर्यन्त जयप्रकाश जी से जुड़े रहे। जेपी उनके राजनीतिक गुरु थे। वे जेपी की आलोचना नहीं सुन सकते थे। जेपी के नेतृत्व में चलने वाला समाजवादी आन्दोलन हो या नेपाल में राजशाही के ख़िलाफ़ चलने वाला लोकतान्त्रिक आन्दोलन, रेणु पूरी निष्ठा के साथ जेपी के सिपाही रहे। यहाँ यह भी याद रखने की ज़रूरत है कि सोशलिस्टों और कम्युनिस्टों के बीच राजनीतिक और साहित्यिक प्रतिद्वन्द्विता और शत्रुता उस जमाने में चरम पर थी। रेणु को रामविलास शर्मा, नामवर सिंह आदि मार्क्सवादी आलोचकों द्वारा महत्त्व नहीं मिला था। नागार्जुन कम्युनिस्ट पार्टी में थे और कम्युनिस्ट आन्दोलन के साथ थे। कम्युनिस्टों-सोशलिस्टों के आपसी झगड़े और मार्क्सवादी आलोचकों की उपेक्षा के बावजूद रेणु का संघर्ष और उनका साहित्य महत्त्वपूर्ण था। रेणु के जीवन में भी और उनके नहीं रहने पर भी मार्क्सवादी आलोचना के रेणु सम्बन्धी ग्राफ में उतार-चढ़ाव आता रहा, लेकिन नागार्जुन की समझ एक-सी रही।

स्वतन्त्र भारत का कोई ऐसा जन आन्दोलन नहीं, जिसके साथ नागार्जुन की कविता खड़ी न हो। वह चाहे कम्युनिस्ट पार्टी के नेतृत्व में चलने वाला किसान आन्दोलन हो, तेलंगाना, नक्सलवाड़ी, जेपी आन्दोलन हो या कोई और आन्दोलन। इसी तरह दुनिया में चलने वाले विभिन्न मुक्ति संघर्षों के साथ उनकी कविता खड़ी मिलती है। जन आन्दोलनों से उनके अद्भुत जुड़ाव की एक मिशाल याद आ रही है। एक बार पटना के काफी हाउस में कई महीनों बाद नागार्जुन दीखे। हम लोगों ने पूछा—'बाबा, बहुत दिनों बाद? कहाँ चले गये थे?' उन्होंने कहा—'असम चला गया था। वहाँ के छात्र नेताओं से मिलकर और उनके साथ कुछ दिन गुज़ार कर वापस लौटा हूँ। हिन्दी के लेखकों को सिर्फ़ पटना-दिल्ली ही नहीं करना चाहिए, सुदूर अंचलों में चलने वाले आन्दोलनों की भी खोज ख़बर लेनी चाहिए।' तब असम में बड़ा छात्र आन्दोलन उभार पर था और विरोधी दलों का भी उसे समर्थन था। प्रफुल्ल कुमार महन्थ, भृगु कुमार फुक्कन आदि उसके नेता थे। उस आन्दोलन के प्रति देश के बुद्धिजीवियों में जबरदस्त आकर्षण था। आज उस आन्दोलन की जो भी गति-दुर्गति हुई हो तब उसे सत्ता विरोधी आन्दोलन के रूप में देखा गया था। हिन्दी लेखकों में नागार्जुन सम्भवतः पहले और अकेले लेखक थे जो सदेह वहाँ अपना समर्थन देने जा पहुँचे थे।

बाद के दिनों में कई पार्टियों से उनकी निराशा बढ़ने लगी थी। सीपीआई को 'बुढ़िया' और सीपीएम को 'कलकत्तिया छाप' कम्युनिस्ट पार्टी कहने लगे थे। वे नक्सलवादियों को समर्थन देने लगे थे और उन पर कविताएँ भी लिखी थीं। 'भोजपुर' शीर्षक कविता उन्हीं दिनों लिखी गयी थी–

यही धुआँ मैं ढूँढ़ रहा था
यही आग मैं खोज रहा था
यही गन्ध थी मुझे चाहिए
बारूदी छर्रे की खुशबू!
ठहरो-ठहरो इन नथनों में इसको भर लूँ...

जन आन्दोलन नागार्जुन की कविता की प्राणवायु है। श्रमिक जनता और उसकी मुक्ति के सवाल से उन की कविता जीवन भर शक्ति लेती रही। जनता के मुक्ति के सवाल पर उनके भीतर कोई दुविधा नहीं है। अपनी एक कविता में वे साफ़-साफ़ कहते हैं–

जनता मुझसे पूछ रही है क्या बतलाऊँ
जनकवि हूँ मैं सत्य कहूँगा क्यों हकलाऊँ?

वे अपने को जनकवि कहते हैं तो जनकवि की परिभाषा भी देते हैं और जनकवि की प्रकृति की व्याख्या भी करते हैं–

जनकवि हूँ क्यों चाटूँ मैं थूक तुम्हारी,
श्रमिकों पर क्यों चलने दूँ बन्दूक तुम्हारी।

1950 में लिखी 'भारतेन्दु' शीर्षक अपनी प्रसिद्ध कविता में भारतेन्दु की साहित्य चेतना के साथ अपने को जोड़ते हुए नागार्जुन लिखते हैं–

सर्वसाधारण जनता थी आँखों का तारा
उच्च वर्ग तक सीमित था भारत न तुम्हार
हिन्दी की है असली रीढ़ गवारूँ बोली
यह उत्तम भावना तुम्हीं ने हममें घोली...

हे जनकवि सिरमोर सहज भाषा लिखवइया,
तुम्हें नहीं पहचान सकेंगे बाबू भइया।

'बाबू-भइया' यानी अभिजन वर्ग यानी संभ्रांत तबका। नागार्जुन का सारा काव्य संघर्ष कविता में अभिजन रुचि के समानान्तर नया और जनधर्मी काव्य-संचार की रचना का संघर्ष है। वे साधारण जनों से अलग होकर कविता लिखने की

कल्पना भी नहीं करते। जनता की पक्षधरता कवि होने के लिए नागार्जुन अनिवार्य मानते हैं। वे निर्विघ्न होकर शान्तिपूर्वक साहित्य निर्माण के काम की आलोचना करते हैं। अपनी 'पक्षधर' कविता में शिमला या नैनीताल जैसी सुरम्य शान्त जगहों में दुनिया के झंझावातों से अलग साहित्य रचना की वे आलोचना करते हैं–

विजयनी जनवाहिनी का पक्षधर होना पड़ेगा..
अगर तुम निर्माण करना चाहते हो
शीर्ण संस्कृति को अगर सप्राण करना चाहते हो

यह सही है कि नागार्जुन का समर्थन सभी जन आन्दोलनों को है। तेलंगना से लेकर भारत के दूसरे अंचलों में चलने वाले आन्दोलन हों या विदेशों में चलने वाले मुक्ति आन्दोलन, नागार्जुन उन आन्दोलनों को खुली आँख देखते हैं और उनके ताप से अपनी कविता को शक्ति देते हैं। बावजूद इसके वे शुरू से आखिर तक वामपन्थी पार्टियों के ही इर्द-गिर्द बने रहे हैं। साम्प्रदायिक ताक़तों से उन्होंने हमेशा दूरी बनाये रखी और उनके छिपे मनसूबों को बेनकाब किया। कवि के एकान्त को जब एक मूल्य की तरह कुछ लोग ओढ़े हुए थे तब नागार्जुन जनसंघर्ष और जनता की उपस्थिति को अपने लिए अनिवार्य मानते हैं। 1945 की एक अपनी कविता में वे कहते हैं–

घोर निर्जनता न मुझको काट खाए,
चाहता हूँ इसलिए तू याद आये!

आम आदमी, जन-संघर्ष एवं राजनीति नागार्जुन की कविता का बड़ा एवं ज़रूरी हिस्सा है। उसके बिना उनकी कविता की कल्पना नहीं की जा सकती।

नागार्जुन का काव्य-संघर्ष अपने समकालीन कवियों, मसलन अज्ञेय, शमशेर और मुक्तिबोध से अलग है। इन कवियों की काव्य-चेतना शहरी मध्यवर्ग की है। मध्यवर्गीय जीवन, स्वप्न, संघर्ष और सौन्दर्य चेतना के साथ मध्यवर्गीय द्वन्द्व, इन कवियों की काव्यभूमि है। विजयदेव नारायण साही, 'लघु मानव' को नयी कविता की कसौटी बनाते है और अज्ञेय को उसका सर्वश्रेष्ठ कवि घोषित करते हैं। यह 'लघु मानव' शहरी मध्यवर्ग का ही प्रतिनिधि चरित्र है। नामवर सिंह व्यंग्य, विडम्बना और तनाव को कविता का नया प्रतिमान बनाते हैं और मुक्तिबोध को नयी कविता का सर्वश्रेष्ठ कवि घोषित करते हैं। 'अँधेरे में' का काव्य नायक या मुक्तिबोध की दूसरी कविताओं का काव्यनायक इसी शहरी मध्यवर्ग का प्रतिनिधि चरित्र है। इनकी तुलना में नागर्जुन की काव्यभूमि काफी 'विस्तृत' है और स्वाभविक रूप से 'विपुल' भी। व्यक्ति और समाज, शहर और

गाँव, आत्मसंघर्ष और जनसंघर्ष, प्रकृति और प्रेम, बच्चे और युवा, गँवई पगडण्डी और पहाड़ के शिखर, समकालीन जीवन और विरासत के उज्ज्वल चरित्र, न जाने कितने पक्ष हैं नागार्जुन की कविता के! वे न सिर्फ अपने समकालीन कवियों के काव्य विषय का अतिक्रमण करते हैं, बल्कि उस दौर की कविता का क्षेत्र-विस्तार भी करते हैं।

नागार्जुन का काव्य नयी कविता के समान्तर खड़ा एक ऐसा काव्य-संसार है जो अपनी कसौटी आप है। नागार्जुन नयी कविता के किसी 'डिक्शन' को नहीं मानते। न तो उनकी विषय वस्तु नयी कविता की है और न शैली। वे प्रयोगवाद और नयी कविता के समान्तर काव्य-रचना करने वाले कवि हैं। उनका काव्य संघर्ष प्रयोगवाद नयी कविता के संगठित-समारोही आयोजन में शामिल होने की जगह उसके समान्तर एक नया काव्य संसार बनाने का है। वे इस बात से चिन्तित नहीं है कि उनकी कविता एजरा पाउण्ड, इलियट तथा मायकोवस्की की टक्कर की है या नहीं। वे नयी कवितावादियों के समय में लिखते हुए नयी कविता के 'डिक्शन' के आतंक से न सिर्फ़ पूरी तरह मुक्त हैं बल्कि उसकी ऐसी-तैसी करते दीखते हैं। इसका मुख्य कारण यह है कि अज्ञेय, शमशेर, मुक्तिबोध आदि के काव्यबोध की निर्मिति में जितना पश्चिम का योगदान है, उतना नागार्जुन के काव्यबोध की निर्मिति में नहीं।

आलोचक शंभुनाथ ने एक बार कहा था और सही कहा था कि नागार्जुन इस दौर के एक ऐसे कवि हैं, जिनकी काव्य-चेतना पश्चिम के बौद्धिक उपनिवेश से मुक्त है। संस्कृत, प्राकृत, पालि, मैथिली, बांग्ला आदि भाषाओं की लोकधर्मी काव्य परम्परा और भारतीय जनता की जीवन स्थितियाँ उनकी कविता को ताक़त देती हैं। अपने समकालीन कवि मित्रों की तरह वे अपनी कविता को विश्वविजय की होड़ में शामिल नहीं करते। वे इसके लिए परेशान नहीं रहते कि उनके बिम्ब और प्रतिमान कितने अनूठे और विश्वस्तरीय हैं। उनकी चिन्ता भारतीय जन की आकांक्षाओं को बड़े पैमाने पर अपने छन्द और मुहावरे में ढालने की है। वे तुलसीदास की तरह व्यापक जीवनानुभावों के कवि हैं। जब छन्दों की विदाई हो चुकी थी, तब छन्द में लिखते हुए यानी काव्य फैशन के विरुद्ध चलते हुए यह नागार्जुन की ही काव्य-शक्ति थी जिसने प्रकाशकों, आलोचकों और सत्ता-प्रतिष्ठानों की उपेक्षा के बावजूद, देर से ही सही, अपनी कविता का लोहा मनवाया। नयी कविता दौर का कवि होते हुए भी वे नयी कविता के रचना विधान को झुठलाते हैं। जिस नामवर सिंह के नये प्रतिमान पर नागार्जुन कहीं नहीं आते थे, उन्हें भी

कहना पड़ा कि कविता में नागार्जुन ने जितने प्रयोग किये हैं, उतने प्रयोगवादी कवियों ने भी नहीं किये।

नागार्जुन ने जितनी साधारण कविताएँ लिखी हैं, उससे कई गुना अधिक असाधारण कविताएँ लिखी हैं। कवि रूप में उनके महत्त्व को आँकने के लिए यह ज़रूरी नहीं कि हम उन्हें अज्ञेय, मुक्तिबोध और शमशेर के अखाड़े में ले जाकर देखें और परखें। इन तीनों कवियों का महत्व अपनी जगह है। इनकी काव्य-चेतना के निर्माण में देशी के साथ-साथ पश्चिमी काव्य प्रतिमानों की भी भूमिका है। नागार्जुन की काव्यभूमि और काव्य-चिन्ता इनसे बिल्कुल भिन्न है। काव्य की शास्त्रीय और लोकधर्मी काव्य-परम्परा से निर्मित उनकी चेतना आधुनिक युग के बहुतेरे संघर्षों से संचालित है। उनकी कविता के अनेक रंग हैं—उतने जितने उनके समकालीन किसी कवि के पास नहीं हैं।

अज्ञेय ने आधुनिक कविता की पहचान यह बताई है कि उसे 'श्रव्य' की जगह 'पठ्य' होना चाहिए। वे मानते हैं कि प्राचीन काल से लेकर मैथिलीशरण गुप्त तक की कविता श्रव्य प्रकृति की कविता है। श्रव्य प्रकृति का अर्थ है कविता का उन गुणों से युक्त होना जिसे सुना जा सके और सुनाया जा सके। वे मानते हैं कि अब चूँकि प्रेस का आविष्कार हो गया है और उसके चलते छपाई की सुविधा हो गयी है, इसलिए उसे रुक-रुक कर कई बार पढ़ा जा सकता है और इस तरह कविता श्रव्य की जगह पढ़ने की चीज़ हो गयी है। अपने प्रसिद्ध निबन्ध 'कविता : श्रव्य से पठ्य तक' में वे बताते हैं कि कविता में श्रव्यता उसका दुर्गुण है और उसका पठ्य होना ज़रूरी है। आधुनिक कविता की कसौटी अज्ञेय के लिए उसका पठ्य गुणों से युक्त होना है। कहने की ज़रूरत नहीं कि श्रव्यता और पठ्यता का यह विभाजन कविता और पाठक के बीच दूरी पैदा करने वाला है। नागार्जुन की कविता अज्ञेय के आधुनिकता सम्बन्धी इस निष्कर्ष का प्रत्याख्यान है। वह पठ्य और श्रव्य दोनों ही दृष्टियों से अद्भुत है। वह सुनने-सुनाने वाली कविता के रूप में जिनती श्रेष्ठ है उतनी ही पठ्य कविता के रूप में भी। इस दृष्टि से उनकी मन्त्र कविता सहज ही द्रष्टव्य है—

ओम् ओम् ओम्
ओम् धरती, धरती, धरती, व्योम, व्योम
ओं अष्ट धातुओं के ईटों के भट्टे ओं महामहिम,
महामहो, उल्लू के पट्ठे
ओं दुर्गा, दुर्गा, दुर्गा, तारा, तारा, तारा
ओं इसी पेट के अन्दर सभा जाये सर्वहारा

अपने अद्भुत शब्द-संयोजन, रचना-विधान, परम्परा-बोध वर्तमान पर व्यंग्य आदि के कारण आधुनिक हिन्दी कविता की यह श्रेष्ठ उपलब्धि है। श्रव्यता के गुणों से भरपूर होने के बावजूद यह पठ्यता के गुणों से रहित नहीं है। इसके साथ ही बड़ी बात यह कि यह आधुनिक भी है। यह बात नागर्जुन की दूसरी सारी कविताओं पर भी लागू होती है।

शमशेर बहादुर सिंह ने भावुकता से मुक्ति को आधुनिकता का लक्षण माना है। यह अगर आधुनिक का लक्षण है तो इस दृष्टि से नागार्जुन की कविता पर विचार किया जाना चाहिए। भाषा, भाव आदि दृष्टियों से नागार्जुन की कविता भावुकता से मुक्त ऐसे तनाव के बिन्दु पर केंद्रित कविता है, जो भावुकता और बौद्धिकता के बीच का सन्तुलन बिन्दु है। एक से एक जटिल और अपरम्परित विषयों पर नागार्जुन ने कविताएँ लिखी हैं पर लेकिन कहीं भी न तो वे भावुक सरलता में बहते दीखते हैं और न बौद्धिक ऊहापोह और काव्य-विन्यास में। नयी कविता अपने विन्यास और मध्यवर्गीय विषय-वस्तु तथा बौद्धिक जटिलता के कारण भी पाठक से दूर हुई। यह अकारण नहीं है कि नयी कविता के अधिकांश लोग कवि सम्मेलनों से परहेज करते थे और सार्वजनिक मंचों से काव्यपाठ में उनकी रुचि नहीं थी। धीरे-धीरे कविता और पाठक के बीच जो दूरी बढ़ती गयी उसके कई कारणों में से एक उसका बौद्धिक मुद्रा अख्तियार कर लेना था। नयी कविता के ही समानान्तर काव्य रचना करने वाले नागार्जुन पर न तो उस जटिल विन्यास का आतंक है और न किसी बौद्धिक मुद्रा का। वे अपने समय की जरूरी और सार्थक कविता लिखने के साथ सम्प्रेष्य कविता लिखने का भी काम करते हैं। यह अकारण नहीं है कि नयी कवितावादी अज्ञेय-मुक्तिबोध और साही-नामवर की ओर से उनकी प्रायः अनदेखी की जाती है, लगभग इस भाव से कि यह पिछड़े भावबोध और पिछड़ी सम्वेदना का कवि है।

नागार्जुन को पूरा न्याय रामविलास शर्मा से भी नहीं मिला। उस दौर की कविता के लिए डॉ. शर्मा ने जो निकष बनाये उस पर सबसे बड़े कवि थे केदारनाथ अग्रवाल। उस निकष पर मुक्तिबोध 'सिजोफ्रेनिक' थे और अज्ञेय की कविता 'जड़ाऊ' तथा 'टिकाऊ' थी। उन्हें 'नागार्जुन की अनेक कविताओं में 'ऊबड़खाबड़पन' दिखा। मतलब यह कि नयी कविता के आलोचक साही-नामवर के लिए तो नागार्जुन उपेक्षणीय थे ही, रामविलास शर्मा के लिए भी उस महत्त्व के हकदार नहीं थे, जो उनका वाजिब हक़ था। रामविलास शर्मा ने अस्तित्ववाद बनाम यथार्थवाद के जिस निकष पर उस दौर की कविता को देखा वह स्वयं

विवादास्पद है। उस दौर को यदि हम नयी कविता का ही दौर कहें तो यह स्वीकार करने में हमें कोई दिक्कत नहीं होनी चाहिए कि कविता के क्षेत्र में यह महान सृजनशील और उर्वरता का दौर है। इस दौर में जो कविता लिखी गयी उसे सिर्फ़ अज्ञेय बनाम मुक्तिबोध के सन्दर्भ में देखने पर हम इस दौर के साथ न्याय नहीं कर पाएँगे। इस दौर में अनेक काव्य रुचियाँ और काव्यधाराएँ सक्रिय हैं। उन सक्रिय काव्यधाराओं में अज्ञेय, शमशेर, मुक्तिबोध आदि तो हैं ही, नागार्जुन ओर त्रिलोचन भी हैं। इनसे थोड़े ही जेठे कवि दिनकर भी इसी दौर में सक्रिय हैं और उनकी रचनात्मक ऊर्जा का विस्फौट 'उर्वशी' के प्रकाशन के साथ इसी दौर में दिखाई देता है। आख़िर कोई तो वजह होी कि 'उर्वशी' ने अपने प्रकाशन के साथ ही लोकप्रियता और बहस का नया कीर्तिमान स्थापित किया।

ऐसे में प्रश्न है कि इतनी अलग-अलग काव्य धाराओं के सार्थक रूप में सक्रिय होने पर क्या किसी एक धारा को उस युग की प्रतिनिधि धारा कहना ठीक है? असल में एक तरह की काव्यरुचि को ही किसी युग की रचनात्मक मनीषा की सबसे ऊपरी नोंक मान लेने पर इसी तरह के एकांगी निष्कर्ष हाथ लगते हैं। रचनात्मक रूप से उर्वर किसी दौर में कभी भी कोई एक ही प्रवृत्ति उस दौर का प्रतिनिधि स्वर होने का दावा नहीं कर सकती। तुलना ठीक नहीं हैं, लेकिन क्या भक्तिकाल में एक ही साथ कई काव्यधाराएँ सक्रिय नहीं हैं? उनमें से किसी एक काव्यधारा को ही मुख्य और दूसरे को गौण मान लेने पर किसी आलोचक की निजी काव्य रुचि की भूमिका से कैसे इनकार किया जा सकता है? क्या उस काल के कवियों में भाषा, भाव, शिल्प, शैली आदि के स्तर पर बहुत गहरे भेद नहीं हैं! फिर कैसे कहा जा सकता है कि उस दौर का प्रतिनिधि काव्य स्वर तुलसी का है या कबीर का, सूर का है या मीरा का या किसी अन्य का?

छायावाद और उत्तर छायावादकालीन बोध से हिन्दी कविता को बाहर निकालने का संघर्ष अज्ञेय, शमशेर मुक्तिबोध आदि तो करते ही हैं, यह संघर्ष नागार्जुन, त्रिलोचलन तथा अन्य कवि भी करते हैं। छायावादोत्तर कविता के विकास में एक भूमिका अज्ञेय-मुक्तिबोध की है तो दूसरी भूमिका नागार्जुन एवं अन्य की। उर्वर दौर के लिए व्यापक नजरिए की ज़रूरत है। ऐसा नहीं करने पर अपनी काव्यरुचि और विचारधारा का कवि नायक और दूसरा खलनायक या सिजोफ्रेनिक। शीतयुद्धकालीन काव्यरुचियों और काव्य प्रतिमानों से बहार निकल कर जब हम उस पूरे दौर को देखेंगे तो हिन्दी कविता के आकाश में एक-से-एक नक्षत्र जगमगाते दिखाई पड़ेंगे। नयी कविता दौर सम्बन्धी हिन्दी आलोचना पर

शीलयुद्ध की इतनी जबर्दस्त छाया है कि उसके गहरे प्रभाव से आज की आलोचना और काव्यरुचि भी बहुत हद तक मुक्त नहीं है। ज़रूरत बड़े परिप्रेक्ष्य में बदलती काव्य रुचि के साथ उस दौर को देखने की है ताकि हम उस पूरे दौर के काव्य वैविध्य के विस्तार को ठीक-ठीक देख-दिखा सकें।

नयी कविता के सन्दर्भ में रामविलास शर्मा की बहुत सारी मान्यताओं से सहमत होना मुश्किल है। वे अस्तित्ववाद बनाम यथार्थवाद का जो प्रतिमान बनाते हैं वह इस दौर की कविता के साथ न्याय नहीं है। लेकिन उन्होंने एक काम यह ज़रूर किया कि उस पूरे काव्य परिदृश्य को मध्यवर्गीय काव्यबोध तक सीमित न रखा। व्यापक स्तर पर उसे देखा-परखा। नागार्जुन के सन्दर्भ में भी उन्होंने एक बड़ी बात कही, जो जनता से जुड़े इस कवि के व्यापक काव्य वैशिष्ट्य को सामने लाती है। उन्होंने लिखा है कि 'नागार्जुन ने लोकप्रियता और कलात्मक सौन्दर्य के सन्तुलन और सामंजस्य की समस्या को जितनी सफलता से हल किया है उतनी सफलता से बहुत कम कवि—हिन्दी से भिन्न भाषाओं में भी—हल कर पाये हैं।'' इस दृष्टि से विचार करने पर नागार्जुन छायावादोत्तर युग के सबसे बड़े कवि हैं। इस कसौटी पर नागार्जुन की बहुतेरी कविताओं को रखकर देखा जा सकता है। वह 'कालिदास' हो, 'बादल को घिरते देखा है' हो, 'अकाल और उसके बाद' हो, 'सिन्दूर तिलकित भाल' हो, 'दन्तुरित मुस्कान' हो, 'आओ रानी' हो, 'हरिजन गाथा' हो, 'भोजपुर' हो या कोई और कविता। नागार्जुन इस कसौटी पर खरे उतरते हैं। 'आओ रानी' शीर्षक कविता को इस सन्दर्भ में देखें—

आओ रानी, हम ढोएँगे पालकी
यही हुई है राय जवाहरलाल की...
यह तो नयी दिल्ली है, दिल में इसे उतार लो
एक बात कह दूँ मलका, थोड़ी-सी लाज उधार लो
बापू को मत छेड़ो, अपने पुरखों से उपहार लो
जय ब्रिटेन की जय हो इस कलिकाल की!
आओ रानी हम ढोएँगे पालकी।

1961 में लिखी इस कविता को साम्राज्यवाद विरोध के तौर पर देखें, लोकप्रिय कविता की शैली की दृष्टि से देखें, तत्कालीन सामाजिक-राजनीतिक यथार्थ की दृष्टि से देखें, यह कविता लोकप्रियता अैर कलात्मक सौन्दर्य के सन्तुलन का श्रेष्ठ उदाहरण साबित होगी। लोकभाषाओं में एक गीत है जिसे गाते हुए बच्चे खेलते हैं—

जय कन्हैयालाल की,
मदनागोपाल की,
लइकन के हाथी-घोड़ा,
बुढ़वन के पालकी।

लोक में प्रचलित इस धुन और तुक को नागार्जुन ने लिया और उसके आधार पर हमारे समय की एक बड़ी राजनीतिक कविता तैयार हो गयी। साम्राज्यवाद की छाया में कार्यरत स्वतन्त्र भारत की नेहरु सरकार कितनी जनहितकारी है और पूँजीवाद-साम्राज्यवाद को अपनी नीतियों में कितना धारण करने वाली, इसकी गहरी पड़ताल करती साधारण-सी दीखने वाली यह कविता अपनी व्यंजना, प्रभाव और लोकप्रियता में असाधारण है।

छायावादोत्तर युग में साहित्यिकता और लोकप्रियता के बीच गहरी खाई बनती गयी। लोकप्रियता को दोष के तौर पर देखा जाने लगा। हिन्दी कविता में पहले यह स्थिति नहीं थी। साहित्यिकता और लोकप्रियता को एक-दूसरे का दुश्मन हिन्दी कविता के लगभग एक हज़ार वर्षों के इतिहास में कभी नहीं माना गया था। विभाजन की यह खाई तैयार हुई प्रयोगवाद और नयी कविता के दौर में। जिन कवियों ने लोकप्रियता और साहित्यिकता का दामन इस बीच नहीं छोड़ा, उनमें सबसे ऊँचा नाम नागार्जुन का है। इसका मुख्य कारण यह है कि उन्होंने देशी-विदेशी तत्कालीन साहित्य सिद्धान्तों से जितना सीखा था, उससे अधिक अपनी परम्परा, अपने लोक और जनसंघर्षों से सीखा था।

उस दौर के बड़े कवियों में नागार्जुन सम्भवतः अकेले हैं जो काव्य चिन्तन का कोई झंझट मोल नहीं लेते, जबकि उन्हीं के समकालीन अज्ञेय और मुक्तिबोध न सिर्फ़ काव्य रचना का नया उदाहरण प्रस्तुत करते हैं, बल्कि काव्य चिन्तन का भी। नागार्जुन ने प्रायः कविताएँ लिखी हैं। इसका क्या कारण हो सकता है? जब काव्य रचना के साथ नये काव्य सिद्धान्त पर बहस चल रही थी, तब पक्षधरता का आग्रही एक कवि बहस निरपेक्ष क्यों है? शायद इसका मुख्य कारण नागार्जुन का वह कवि स्वभाव है जो मध्यवर्गीय मानसिकता और सीमाओं में नहीं बँधता। उन्हें कविता की चिन्ता है, काव्य के शास्त्र की नहीं। वे जानते हैं कि जनता के सामाजिक-सांस्कृतिक उन्नयन के लिए कविता जितनी जरूरी है, उतना शास्त्र नहीं। वे कविता का नया शास्त्र लिखकर अपने दौर की काव्य रुचि को बदलने के संघर्ष में पड़ने की जगह नये युग की नयी कविता लिखते हैं और पाठक की नयी काव्य रुचि बनाने का दायित्व निभाते हैं। कविता सम्बन्धी उनके विचार कहीं-कहीं उनकी कविताओं में

ही दिखाई दे जाते हैं। उनकी कवि प्रकृति भक्तिकाल के भ्रमणशील कवियों की है जो जितना शास्त्र से सीखते हैं उससे अधिक लोक से। यही कारण है कि उनका काव्य-शिल्प लोकप्रियता की अनदेखी नहीं करता और कविता की उस कला को अंगीकार करता है जिसमें बड़ी-से-बड़ी बात के सम्प्रेषण में कोई बाधा उपस्थित नहीं होती। दिनकर ने अपने बारे में कहा है कि मैं रिल्के की बात को तुलसीदास की सफ़ाई से कहना चाहता हूँ। नागार्जुन की कविताएँ इसका श्रेष्ठ उदाहरण हैं। वह प्रकृति हो, देशी-विदेशी राजनीति हो, प्रेम हो, दाम्पत्य हो या घर-बाहर का समाज, नागार्जुन जटिल-से-जटिल स्थितियों को भी सहज-सामान्य ढंग से कविता में व्यक्त करते हैं। सफ़ाई उनकी कविता की जान है।

कुछ लोग दबी जुबान से मौखिक रूप में यह कहते सुने जाते हैं कि नागार्जुन चूँकि अंग्रेज़ी नहीं जानते थे, इसलिए उस समय की कविता सम्बन्धी बहसों में उनकी कोई भूमिका नहीं है। वे देश-विदेश में जारी अपने समय के कविता सम्बन्धी नये चिन्तन से अनजान हैं। इस सम्बन्ध में पहली बात यह कि नागार्जुन ने अंग्रेज़ी विधिवत भले न पढ़ी हो, अंग्रेज़ी का काम चलाऊ ज्ञान उन्हें था। विविधत शिक्षा तो उनकी सिर्फ़ संस्कृत में हुई थी, शेष भाषाएँ बांग्ला, प्राकृत, पालि, अपभ्रंश, सिंहली आदि उन्होंने स्वाध्याय से ही सीखी थीं। अंग्रेजी भी उन्होंने इसी तरह सीखी थी। वे अपने समकालीन कवि-मित्रों अज्ञेय, शमशेर, मुक्तिबोध आदि की तरह अंग्रेज़ी में सुशिक्षित तो नहीं थे, पर काम भर अंग्रेज़ी जानते थे। इस प्रसंग में दूसरी बात यह जो उन्होंने स्वयं मुझे बताई थी। एक बार पटना में काफ़ी हाउस में वे मुझे मिल गये। उन्होंने एक बांग्ला पत्रिका का साहित्य विशेषांक दिखाया और कहा कि अंग्रेजी ज्ञान की भरपायी मैं बांग्ला की पत्रिकाएँ पढ़कर करता हूँ। उससे मुझे विदेशों की साहित्यिक हलचलों और बहसों का पता चलता है।" इस घटना से पता चलता है कि नागार्जुन देश-दुनिया में चलने वाली साहित्य की वैचारिक बहसों में लिखित हिस्सेदारी नहीं लेते तो इसका कारण अंग्रेज़ी ज्ञान का अभाव नहीं, बल्कि उनकी कवि-प्रकृति है जो सिद्धान्त से अधिक व्यवहार में दीखती है। उनके यहाँ लोकप्रियता एवं कलात्मक सौन्दर्य के सन्तुलन की जो सहज बानगी है उसकी एक वजह काव्य चिन्तक की मुद्रा अख़्तियार करने से परहेज भी है, लोकजीवन से गहरा जुड़ाव और परिचय तो है ही।

रामविलास शर्मा ने एक और मार्के की बात उनके बारे में कही है—"नागार्जुन जितने क्रान्तिकारी सचेत रूप से हैं उतने ही अचेत रूप से भी।" इसका अर्थ यह कि जनवाद नागार्जुन की आदत और साँस में है। यही कारण है कि चाहे वे जिस

मूड और विषय की कविता लिखें, हिन्दी कविता की जो जातीय प्रकृति है उससे वे कभी दूर नहीं होते। कुमारेन्द्र पारसनाथ सिंह को दिये एक इण्टरव्यू में उन्होंने कहा था कि कोई कवि-लेखक अपने वक्तव्य में कैसा है, यह देखने की जगह देखना यह चाहिए कि वह आचरण में कैसा है। स्त्रियों के बारे में कोई कितनी अच्छी बात कहता है, यह देखने की जगह, देखना यह चाहिए कि वह अपनी पत्नी से कैसा व्यवहार करता है! शायद यही कारण है कि कविता सम्बन्धी चिन्तन से उन्होंने परहेज किया। जो कुछ सोच में था उसे व्यवहार में उतारा। अपने सोच और व्यवहार में द्वैत नहीं आने दिया। उनकी कविता में इन्हीं वजहों से पाठक का आत्मीय रागात्मक सम्बन्ध कायम हो जाता है। उनके यहाँ 'इन्दुमति के मृत्यु-शोक पर रोने वाले कालिदास' के साथ 'अमल धवल गिरि के शिखरों पर घिरने वाले कालिदास' के साथ 'अमल धवल गिरि के शिखरों पर घिरने वाले बादलों' को उसी रागात्मक दृष्टि से देखा जा सकता है। वही रागात्मक भाव यदि 'गँवई पगडण्डी की चन्दनवर्णी धूल' में है तो दाम्पत्य और गृहस्थ की गन्ध से महकते 'सिन्दूर तिलकित भाल' में भी है। उसी रागात्मक आँख से कवि एक ड्राइवर की नन्हीं बेटी की 'गुलाबी चुड़ियों को देखता है और मज़बूर के 'खुरदुरे पैर' को भी। चन्दु के बहाने नये जीवन का नया कैलेण्डर उलटने वाला कवि नये जमाने का नया सपना तो देखता ही है वह चन्दु से अपने को एकाकर भी कर लेता है।

नागार्जुन ने प्रेम की भी उतनी ही सुन्दर कविताएँ लिखी हैं। 'यह तुम थीं' शीर्षक कविता इस दृष्टि से देखने योग्य है–

कर गयी चाक
तिमिर का सीना
जोत की फाँक
यह तुम थीं
सिकुड़ गयी रग-रग
झुलस गया अंग-अंग
बना कर ठूँठ छोड़ गया पतझार
उलंग असगुन-सा खड़ा रहा कचनार
अचानक उमगी डालों की सन्धि में छरहरी टहनी
पोर पोर में उसे थे टूसे
यह तुम थीं।

इस पूरी कविता को एक साथ देखें तो पता चलेगा कि वे प्रेम की अनुभूति

को कितने कोमल ढंग से प्राकृतिक उपादानों के जरिए व्यक्त करते हैं। आधुनिक हिन्दी कविता में प्रेम की इतनी सुन्दर और संयमित कविता यह भी है।

कुछ लोग प्रश्नाकुलता को ही आधुनिकता की कसौटी बनाते हैं और अज्ञेय को हिन्दी का प्रथम आधुनिक कवि घोषित करते हैं। यहाँ यह कहने की ज़रूरत है कि यह न सिर्फ़ आधुनिकता की सीमित समझ है, बल्कि अज्ञेय की भी और आधुनिक हिन्दी कविता की भी। लेकिन यदि प्रश्नाकुलता को ही कसौटी बनायें तो नागार्जुन की दर्जन भर से ऊपर उनकी ऐसी कविताएँ होंगी जिनके शीर्षक में ही प्रश्नवाचकता है। प्रश्नाकुलता के साथ कर्म-सौन्दर्य की श्रेष्ठ और सुन्दर कविता नागार्जुन ने लिखी है। उनकी कविता सुन्दर दुनिया की रचना में श्रमिक और बुद्धिजीवी दोनों के श्रेम-सौन्दर्य की हिमायती है। प्रकृति उस श्रमिक और बुद्धिजीवी से अलग नहीं है। इस दृष्टि से उनकी 'यह कैसे होगा'? शीर्षक कविता का यह अंश देखा जा सकता है–

यथासमय मुकुलित हों
यथासमय पुष्पित हों
यथासमय फल दें
आम और जामुन, लीची और कटहल।
तो फिर मैं ही बाँझ रहूँ।
मैं ही न दे पाऊँ
परिणत प्रज्ञा का अपना फल।
यह कैसे होगा?
यह क्यों क्या होगा?

यह कविता और दूसरी अन्य कविताओं से स्पष्ट रूप से पता चलता है कि जीवन की परिणत प्रज्ञा के कवि हैं नागार्जुन। उनके पास कबीर के व्यंग्य की मारक क्षमता है तो तुलसी-सा अपनी विरासत का गहरा ज्ञान और बोध भी।

विषय-वस्तु, भाषा और छन्द के बहुआयामी विस्तार का नागार्जुन-सा कोई दूसरा कवि छायावादोत्तर हिन्दी कविता में नहीं है।

(2012)

जेपी आन्दोलन और नागार्जुन

18 मार्च, 1974 को पटना में शुरू हुए छात्र आन्दोलन को बिहार आन्दोलन या जे.पी. आन्दोलन भी कहते हैं। प्रारम्भ में आन्दोलन के कर्ता-धर्ता छात्र ही थे। लेकिन जब सरकार ने उनकी माँगे सुनने और मानने की जगह दमन की नीति अख़्तियार कर ली तो आन्दोलन को कुशल नेतृत्व की ज़रूरत महसूस हुई। नेतृत्व हेतु पटना में ही रह रहे जयप्रकाश नारायण पर छात्र नेताओं की दृष्टि गयी। जयप्रकाश जी 1942 की क्रान्ति के नायक माने जाते थे। उस कारण दिनकर ने 'सेनानी करो प्रयाण अभय, भावी इतिहास तुम्हारा है' ...'जयप्रकाश है नाम देश की चढ़ती हुई जवानी का', जैसी कविता लिखी थी, जो खासी लोकप्रिय हुई थी। रामवृक्ष बेनीपुरी ने 'जयप्रकाश' नाम से पूरी किताब लिखी, जो अपने समय में ख़ूब पढ़ी गयी। वे स्वतन्त्र भारत में जवाहर लाल नेहरु के बाद सबसे बड़े और लोकप्रिय नेता थे। भारत में समाजवादी विचारों के प्रसार में उनकी बड़ी भूमिका थी। उन्होंने न सिर्फ़ 'व्हाई सोशलिज्म' (1936) लिखकर नये भारत के निर्माण का नया वैचारिक आधार प्रस्तुत किया था, बल्कि सोशलिस्ट पार्टी का गठन कर उसे सक्षम नेतृत्व भी दिया था। उनके नेतृत्व में सोशलिस्ट पार्टी कांग्रेस के बाद सबसे बड़ी पार्टी थी। कांग्रेस का विकल्प जयप्रकाश के नेतृत्व में सोशलिस्ट पार्टी को ही माना जाता था। लेकिन 1952 के प्रथम आम चुनाव में सोशलिस्ट पार्टी की पराजय तथा सोवियत संघ में स्टालिन कालीन दमन नीतियों से वे काफी निराश हो गये। उन्होंने सक्रिय राजनीति छोड़ सर्वोदय की राह पकड़ी। मोहर सिंह सरीखे चम्बल के डाकुओं का आत्मसमर्पण 1970 के दशक में उनके नेतृत्व में हो चुका था। 1971 में बांग्लादेश के निर्माण के संघर्ष के पक्ष में उन्होंने विश्वव्यापी दौरा किया था। उनकी छवि ईमानदार और त्यागी नेता की थी। अंग्रेज़ों की जेल में उन्होंने भयंकर यातनाएँ सही थीं और स्वतन्त्र भारत में सत्ता की राजनीति से अपने को दूर रखा था। जबकि उनके पास प्रधानमन्त्री तक बनने का अवसर था।

जयप्रकाश जी ने छात्र नेताओं की बातें सुनीं। वे स्वयं भी बढती हुई महँगाई, भ्रष्टाचार, बेरोज़गारी और सत्ताधारी दल की बढ़ती निरंकुशता से चिन्तित थे। वे सर्वोदय में ज़रूर थे, पर वे आश्रम बनाकर बैठ जाने वाले मठी नहीं थे। उनकी मूल चेतना संघर्षधर्मी, परिवर्तनकामी और समाजवादी थी। उनकी इस चेतना का एक उदाहरण 'बिहार रिलीफ कमिटी' थी। 1966-67 में जब बिहार में भयंकर सूखा पड़ा तो उन्होंने 'बिहार रिलीफ कमिटी' बनाई और उसके जरिये विपदा की मारी जनता को सहायता पहुँचाने के अनुपम काम किये। सो, छात्रों ने जब उनसे नेतृत्व सँभालने का आग्रह किया तो वे अपने को आन्दोलन से अलग नहीं रख सके। उन्होंने छात्र नेताओं के सामने शर्त रखी—'हमला चाहे जैसा होगा, हाथ हमारा नहीं उठेगा।' यह बिहार आन्दोलन का नारा बन गया। इसका अर्थ यह था कि आन्दोलन का चरित्र अहिंसक, शान्तिपूर्ण और लोकतान्त्रिक होगा।

जयप्रकाश जैसे लोकप्रिय, बेदाग, तपे-तपाये और बड़े व्यक्ति द्वारा नेतृत्व सँभालने का अर्थ था, आन्दोलन को बहुआयामी और व्यापक दिशा देना। उनके नेतृत्व सँभालने के बाद आन्दोलन का चरित्र बदला। छात्रों के साथ नौजवानों, किसानों और बुद्धिजीवियों की व्यापक भागीदारी के कारण आन्दोलन राजधानी पटना से लेकर गाँवों-कस्बों तक फैल गया और यह नारा चारों ओर गूँजने लगा- 'नया बिहार बनायेंगे।' जयप्रकाश जी के कारण कवियों-लेखकों-पत्रकारों की बड़ी जमात आन्दोलन में आयी। फणीश्वरनाथ 'रेणु' के साथ नये- पुराने तमाम साहित्यकार आन्दोलन में अपनी भागीदारी निभाने तन-मन-धन से आगे आये। नुक्कड़ों पर कवियों ने काव्य-पाठ शुरू किया। नुक्कड़ कवि-गोष्ठियों में आन्दोलन को शक्ति देने वाली कविताएँ गूँजने लगी। वामपन्थी नागार्जुन भी इस जन आन्दोलन से अपने को अलग नहीं रख सके और वे पूरे जोश से आन्दोलन में कूद पड़े। गलियों-चौराहों पर उनके नेतृत्व में लालधुआँ, सत्यनारायण, गोपीवल्लभ, रवीन्द्र भारती, परेश सिन्हा, रवीन्द्र राजहंस, रामवचन राय आदि कवियों का काव्य-पाठ आये दिन का कार्यक्रम हो गया। कवि आलोकधन्वा भी कभी-कभार नुक्कड़ कवि-गोष्ठियों में शामिल हुए। आन्दोलन की बुलेटिन 'तरुण क्रान्ति' के सम्पादक और प्रसिद्ध गाँधीवादी चिन्तक कुमार प्रशान्त ने बातचीत में बताया कि आन्दोलन को लेकर आलोक के कुछ 'रिजर्वेशन' थे और उनका आलोचनात्मक समर्थन आन्दोलन को था। खैर, उन्हीं नुक्कड़ कविताओं में से कवि सत्यनारायण की एक कविता काफी लोकप्रिय हुई—

जुल्म का चक्का और तबाही कितने दिन?
हम पर तुम पर सर्द सियाही कितने दिन?

रामगोपाल दीक्षित की एक कविता तो इतनी पसन्द की गयी कि हर आन्दोलनकारी की जुबान पर चढ़ गयी। वह कविता थी–

जयप्रकाश का बिगुल बजा तो जाग उठी तरुणाई है,
तिलक लगाने तुम्हें जवानों क्रान्ति द्वार पर आयी है।

यह कविता हर बड़ी रैली में आन्दोलनकारी गायकों द्वारा गाई जाती थी और इसकी धुन पर जयप्रकाशजी स्वयं झूमने लगते थे। इसी के साथ नागार्जुन की भी एक कविता पढ़ी जाती थी, जो आन्दोलन के दौरान लिखी गयी थी। हज़ारों-लाखों लोगों को इस कविता द्वारा आन्दोलित होते मैंने स्वयं देखा है। वह कविता है–

क्या हुआ आपको?
क्या हुआ आपको?
सत्ता की मस्ती में भूल गयीं बाप को?
इंदुजी, इंदुजी क्या हुआ आपको?

जैसे-जैसे आन्दोलन तेज होता गया, सरकार की दमन नीति और कड़ी होती गयी। एक विशाल जुलूस का जब जयप्रकाश जी नेतृत्व कर रहे थे तब पुलिस ने उनपर बर्बरतापूर्वक लाठियाँ बरसाईं। नागार्जुन ने इस दमन का प्रतिकार किया और कविता के रूप में उनकी प्रतिक्रिया सामने आयी। यह कविता भी लोगों की जुबान पर चढ़ गयी–

एक और गाँधी की हत्या होगी अब क्या?
बर्बरता के भोग चढ़ेगा योगी अब क्या?
पोल खुल गयी शासक दल के महामन्त्र की?
जयप्रकाश पर पड़ी लाठियाँ लोकतन्त्र की?

फणीश्वरनाथ रेणु, नागार्जुन और अन्य कवियों की जयप्रकाश जी से अक्सर मुलाक़ात होती थी और जयप्रकाश जी उनसे आन्दोलन के सन्दर्भ में बातचीत करते थे। कभी-कभी रेणु और नागार्जुन सम्मानपूर्वक जयप्रकाश जी के साथ मंच पर भी होते थे। आज के नेताओं के साथ इस दृश्य की कल्पना नहीं की जा सकती। लेकिन यह सच है, तब मेरी तरह उस आन्दोलन से जुड़े हज़ारों-लाखों लोगों ने यह दृश्य देखा था।

नागार्जुन जनपक्षधर रचनाकार थे। वे आँख मूंदकर आन्दोलन में नहीं उतरे

थे। वे अपनी खुली आँखों से उसमें आते उतार-चढ़ाव को भी देख रहे थे। उन्हीं दिनों उन्होंने एक कविता लिखी, जिसका शीर्षक है—'क्रान्ति सुगबुगाई है'—

क्रान्ति सुगबुगाई है
करवट बदली है क्रान्ति ने
मगर, वह अब भी उसी तरह लेटी है
एक बार इस ओर देखकर
उसने फिर से फेर लिया है
अपना मुँह उसी ओर...
'सम्पूर्ण क्रान्ति' और 'सम्पूर्ण विप्लव' के मंजु घोष
उसके कानों के अन्दर
खीज भर रहे हैं या गुदगुदी
यह आज नहीं कल बतला सकूँगा!
हवा में भर उठी इन्कलाब के कपूर की खुशबू
बार-बार गूँजा आसमान
बार-बार उमड़ आये नौजवान
बार-बार लौट गये नौजवान

बिहार आन्दोलन में अक्सर गूंजने वाली इन कविताओं के द्वारा हमने कवि नागार्जुन को जाना। लेकिन उन्हें करीब से देखने का सौभाग्य मिला 1975 में, इमरजेंसी लगने के ठीक पहले। बिहार के सीवान शहर के पास एक कस्बे में एक जन सभा हो रही थी, जिसे नागार्जुन भी सम्बोधित कर रहे थे। वे अपनी कविताएँ भी सुना रहे थे। वहीं पुलिस ने उन्हें गिरफ़्तार किया और जेल में डाल दिया। सीवान से छपरा और बाद में बक्सर जेल में वे स्थानांतरित कर दिये गये। कुछ दिनों बाद ही इमरजेंसी लग गयी। इमरजेंसी के बीच में ही लगभग एक साल बाद ख़बर आई कि नागार्जुन छूट गये हैं। बाहर आने के बाद नन्दकिशोर नवल और खगेन्द्र ठाकुर की पहल पर उनका एक साक्षात्कार छपा, जिसमें अभद्र भाषा में जयप्रकाश और आन्दोलन की आलोचना थी।

डॉ. नन्दकिशोर नवल के आवास पर 15 जुलाई, 1976 को, यानी इमरजेंसी का अँधेरा जब ख़ूब घना था और सन्नाटे में पूरा देश डूबा हुआ था तब यह साक्षात्कार लिया गया था। साक्षात्कार में जे.पी. आन्दोलन को 'वेश्याओं और भंडुओं की गली' कहा गया था, जहाँ जाकर नागार्जुन लौट आये थे। उसके अतिरिक्त उद्धरण चिह्नों के भीतर नागार्जुन का वक्तव्य है—"सम्पूर्ण क्रान्ति का

पूरा तूमार 'तरुण क्रान्ति' और 'विचार क्रान्ति' की बुनियाद बनाकर खड़ा किया गया था। सम्पूर्ण क्रान्ति वालों की दृष्टि में डेमोक्रेसी पटरी से उतर गयी थी और व्यक्तिगत स्वाधीनता धीरे-धीरे लुप्त होती जा रही थी। गुज़रात की तरुण क्रान्ति के बाद उन्होंने बिहार में अपना मोर्चा जमाया। बंगाल के 'अष्टवास' (मार्क्सवादी कम्युनिस्ट पार्टी के नेतृत्व में बना आठ वामपन्थी पार्टियों का मोर्चा) के प्रभाव में बुद्धिजीवियों का जो एक गिरोह था, मुझ पर थोड़ा-बहुत उसका प्रभाव था और वह भारत-चीन-सीमा-संघर्ष के दिनों से ही था। 1964 के बाद से वह प्रभाव और गहरा होता चला गया। 'अष्टवास' द्वारा कांग्रेस और भारतीय कम्युनिस्ट पार्टी का जो अन्धविरोध किया जा रहा था, मैं उसका शिकार था। 'सम्पूर्ण क्रान्ति' की ओर मैं जो लपक पड़ा, उसके मूल में यही बातें थीं...वे अभी भी मौजूदा शासन के 'ईमानदार' विकल्प की टोह में हैं...आन्दोलन के वर्ग-चरित्र को मैं अन्ध कांग्रेस विरोध के प्रभाव में रहने के कारण समझ नहीं पाया। सम्पूर्ण क्रान्ति की असलियत मैंने जेल में समझी। सीवान, छपरा और बक्सर की जेलों में सम्पूर्ण क्रान्ति के जो कार्यकर्ता थे, उनमें अस्सी प्रतिशत जनसंघी और विद्यार्थी परिषद् वाले थे। सोशलिस्ट पार्टी के कार्यकर्ता दाल में नमक के बराबर थे और भालोद के कार्यकर्ता दाल में तैरते हुए जीरे के बराबर। औद्योगिक और खेत-मज़दूर न के बराबर थे। हरिजन भी इक्के-दुक्के ही थे। यह सब देखकर मैं समझ गया कि यह आन्दोलन किन लोगों का था। इस आन्दोलन के चरित्र के सम्बन्ध में मैं शुरू से ही संशयग्रस्त था। ठीक इसी तरह सम्पूर्ण क्रान्ति के लोग अपने मन में संशय रखते थे। ...कम्युनिस्ट पार्टी के बिहार के साथियों ने सम्पूर्ण क्रान्ति के अश्वमेध के घोड़े को नाथने का जो बहादुराना काम किया, वह बेमिसाल था।" इसके आगे नागार्जुन ने भारतीय कम्युनिस्ट पार्टी को यह सलाह दी थी कि कांग्रेस का अंध विरोध न करके उसके प्रगतिशील क़दमों का समर्थन करना चाहिए। इमरजेंसी और बीस सूत्री कार्यक्रम पर उनकी टिप्पणी थी- "इमरजेंसी के लिए जो वक़्त चुना गया था, वह बिलकुल मौजू था। जरा भी देर होती तो महा अनर्थ घटित होता...इस कार्यक्रम (यानी बीस सूत्री कार्यक्रम) ने सम्पूर्ण क्रान्ति वालों की कमर तोड़ दी है...मेरे सम्पूर्ण क्रान्ति के मित्रों को जरा भी बुद्धि हो तो उन्हें हुलसकर बीस सूत्री कार्यक्रम का समर्थन करना चाहिए।" नागार्जुन के उस साक्षात्कार में गैर भाकपाई वामपन्थी लोगों की आलोचना के साथ सोवियत संघ की भूमिका का भी समर्थन है- "मुझे अपने वामपन्थी मित्रों पर दया आती है, जो सोवियत संघ के प्रति संशयग्रस्त हैं। अंगोला, मोजाम्बिक आदि देशों में सोवियत

संघ की भूमिका उन्हें फूटी आँखों नहीं सुहाती है, लेकिन मुझे वह पूर्णतः संगत लगती है। भारत-सोवियत सम्बन्ध को भी हमें इसी रोशनी में देखना चाहिए।''

भारत की कम्युनिस्ट पार्टी के अख़बार 'जनशक्ति' दैनिक में छपी यह बातचीत, उस समय की पार्टी लाइन के अनुसार थी। यहाँ यह भी जानना ज़रूरी है कि खगेन्द्र ठाकुर कॉलेज की अध्यापकी छोड़कर पार्टी के पूर्णकालिक कार्यकर्ता हो गये थे। नन्दकिशोर नवल अध्यापकी बरकरार रखते हुए भाकपा के उत्साही सदस्य थे। स्वाभाविक रूप से उन दिनों दोनों भाकपा और सोवियत संघ के ख़िलाफ़ एक शब्द भी सुनना नहीं पसन्द करते थे। आगे चलकर नागार्जुन प्रसंग में ही दोनों का स्थाई विवाद हो गया। इसका मूल कारण 'नागार्जुन की राजनीति' नामक पुस्तिका थी। बहरहाल, दोनों बिहार में भाकपा के सांस्कृतिक नेता थे और इस गुरुत्तर और ऐतिहासिक दायित्व के तहत पार्टी लाइन के अनुसार ही अपना काम जोश-खरोश के साथ कर रहे थे। बिहार के गैर भाकपाई वामपन्थी मित्रों के बीच चर्चा होती थी कि इसी 'गुरुत्तर तथा ऐतिहासिक दायित्व' को सम्पन्न करने के निमित्त पार्टी के मौखिक निर्देश पर यह साक्षात्कार लिया गया था और वही छपा था जो पार्टी लाइन के अनुसार था। 'सम्पूर्ण क्रान्ति' को 'मानव-विरोधी' घोषित करते हुए साक्षात्कार के प्रारम्भ में नवलजी की टिप्पणी है—''हिन्दी भाषा ही नहीं, इस देश की अहिन्दी भाषी जनता के लिए यह समाचार अत्यन्त दुखद था कि पिछले दिनों बाबा 'सम्पूर्ण क्रान्ति' के पक्षधर हो गये थे। यह समाचार उसके लिए न केवल दुखद था, बल्कि आश्चर्यजनक भी था। कारण यह कि बाबा का मानववाद अब कोई छिपी हुई चीज नहीं है। इस मानववाद को छोड़कर वे 'सम्पूर्ण क्रान्ति' के मानव-विरोधी आन्दोलन में कैसे सम्मिलित हुए, इस सम्बन्ध में तरह-तरह की अटकलें लगाई जा रही थीं।''

लेकिन हम इस लोकचर्चा को महत्व क्यों दें कि नागार्जुन पर भाकपाई साथियों का दबाव था और उन्होंने वैसा ही बयान दिया, जो पार्टी लाइन के अनुसार था। भाकपा जरूर ऐसा चाहती होगी, क्योंकि वह जे.पी. आन्दोलन के ख़िलाफ़ थी और सत्तारूढ़ कांग्रेस से उसका गठबन्धन था। तब शान्तिपूर्ण सहयोग की डांगेवादी नीति पर चलने वाली पार्टी न सिर्फ़ सत्तारूढ़ कांग्रेस की समर्थक थी, बल्कि जे.पी. आन्दोलन को फासिस्ट और जयप्रकाश को अमेरिकी दलाल बता रही थी। ऐसे में कम्युनिस्ट पृष्ठभूमि और चेतना के नागार्जुन का आन्दोलन में शामिल होना पार्टी लाइन के प्रतिकूल था। आन्दोलन के ख़िलाफ़ जितना कांग्रेस थी, उससे अधिक भाकपा थी। आन्दोलन के कार्यक्रमों के सामानान्तर भाकपा

भी आन्दोलन विरोधी अपना कार्यक्रम चला रही थी। नागार्जुन उस समय पार्टी सदस्य न थे, पर पार्टी से उनका जुड़ाव बहुत पुराना था। सो, जेल से निकलने के बाद उनका जयप्रकाश और आन्दोलन के विरोध में दिया गया बयान उसे राहत पहुँचाने वाला था और यह स्वाभाविक भी था कि भाकपा उनसे इस तरह के बयान की अपेक्षा करे। नागार्जुन कोई बच्चे तो थे नहीं! पहल भले खगेन्द्र ठाकुर और नन्दकिशोर नवल की रही हो, वक्तव्य तो नागार्जुन का ही था और उन्होंने उसका कोई खण्डन भी नहीं किया था। न सिर्फ़ उस समय बल्कि बाद के दिनों में भी। कुछ वर्षों बाद अन्य लोगों को दिये गये साक्षात्कार में भले ही 'रंडियों और भंडुओं' जैसी शब्दावली का प्रयोग न हो, मगर जे.पी. आन्दोलन के प्रति उनका वही स्टैंड था। हाँ, तब भाकपा की लाइन को और सत्तारूढ़ दल की नीतियों को सही मानने का जो स्टैंड था, उसमें फ़र्क़ आ गया। नवम्बर 1979 में विजय बहादुर सिंह से बातचीत करते हुए नागार्जुन ने कहा : "...71-72 के बाद सत्तारूढ़ पार्टी के नेतृत्व में तानाशाही मंसूबे साफ़-साफ़ उभरने लगे। श्रमजीवी वर्ग और प्रखर बौद्धिक जमात पर शासन का शिकंजा कसने लगा। ...मार्च-अप्रैल, 1974 में बीसों छात्र एवं युवक शासकीय बर्बरता के शिकार हुए। हमें लगा कि बर्बरता के ख़िलाफ़ लिखना ही काफी नहीं होगा। हम प्रतीक अनशन पर बैठे। चौराहों और नुक्कड़ों पर कवितायें सुना-सुना कर शासन के प्रति हमने अपनी बौखलाहट जाहिर की। अपने प्रगतिशील बंधुओं की ओर से मुझे बार-बार समझाया गया कि यह सब फासिस्टों का सत्यानाशी तमाशा है...परन्तु मेरा विवेक बार-बार मुझे ले जाकर चौराहों पर खड़ा कर देता था। जेल के अन्दर मैंने शिद्दत से महसूस किया कि समूचा आन्दोलन दक्षिणपन्थी तत्वों की गिरफ्त में है। बाहर लाखों की भीड़ वाले प्रदर्शनों में इस तथ्य का पता नहीं चला, इसलिए जेल से बाहर आने पर मैंने आन्दोलन के विरोध में खुलकर वक्तव्य दिए।"

जे.पी. आन्दोलन के सन्दर्भ में नागार्जुन का एक और साक्षात्कार देखना ज़रूरी है। 22 जून 1986 की 'जनसत्ता' में प्रकाशित कर्ण सिंह चौहान, वाचस्पति और मंगलेश डबराल से बातचीत में नागार्जुन ने कहा : "जे.पी. आन्दोलन में शामिल हुआ तो बड़ा हल्ला-गुल्ला हुआ। कई मित्र समझाने आये कि कुछ करना हो तो आप कॉपी में लिखकर रखिये, चौराहे पर मत जाइये, जयप्रकाश के हाथों में मत खेलिए। हमने कहा कि किसी के हाथ में खेलने की बात नहीं है। हमने जयप्रकाश का विरोध ही किया है जीवन में। तो हम जब उस आन्दोलन में आये तो जयप्रकाश बहुत चौंके कि 'जानि न जाई निसाचर माया।' कहीं केजीबी ने तो

नहीं भेजा है। लेकिन वह खुला आन्दोलन था। कोई किसी को रोक नहीं सकता था कि कोई अन्दर नहीं जायेगा। अप्रैल, 74 में यह शुरू हुआ। पहले प्रदर्शन में आठ सौ लोग थे, मुँह पर पट्टी बाँधे हुए। हमको लगा कि सक्रिय हस्तक्षेप भी करना होगा। साहित्यकार, शिल्पी, कलाकार हिस्सेदारी करेगा, तो उसका कोई अलग रूप तो होगा नहीं। तो चौराहे पर अनशन किया। उस अनशन में हम और रेणु और छः सात आदमी और थे। बारह घंटे का अनशन था। हम जेल गये। जे. पी. ने हमको लिखा कि आपकी बाहर बहुत ज़रूरत है, आप जेल मत जाइये। हमने तर्क दिया कि सरकार ने अपने ढंग से गिरफ़्तार किया है और अपने ढंग से छोड़ेगी, हम लिखकर क्यों देंगे कि अब हम बाहर जाना चाहते हैं। यह तो छिनाली हुई। जयप्रकाश के अन्दर चले जाने से आन्दोलन में जो कमी आती थी, उसको हमलोग पूरा करते थे। एक रिक्शा करते थे। एक भोंपू होता था और प्रतिदिन तीन-चार चौराहों को कवर करते थे। जब छूटकर आये तो हमने जयप्रकाश के ख़िलाफ़ वक्तव्य दिया। बड़ा हल्ला हुआ। जे.पी. ने अपना आदमी भेजा कि आप सिर्फ़ दो लाइन का वक्तव्य दे दें कि आपके नाम से जो कुछ छप रहा है, वह आपका नहीं। हमने कहा कि यह छिनाली राजनीति वाले करते हैं। हम साहित्य वाले राजनीति से ऊपर हैं। ...और जब हम छूटे तो सी.पी.आई. में हमारी खोज हुई कि अब इनका मोहभंग हुआ है तो इनका इलेक्शन में इस्तेमाल करें। हम चुपचाप दिल्ली में आकर बैठ गये। न इनके हाथ खेलना है न उनके हाथ। हम अपने विवेक को बहुत बड़ा स्थान देते हैं। कोई मुगालता नहीं कि हम कोई गलती नहीं करेंगे। लेकिन सही समय पर हमको अपने अन्दर की आवाज़ जो कहती है, उसका बड़ा महत्त्व है।"

तीन जगहों पर तीन समयों में अलग-अलग लोगों को दिये गये साक्षात्कारों में कुछ बातें ध्यान देने लायक हैं। पहली यह कि बिहार आन्दोलन नागार्जुन की नज़र में जन आन्दोलन था। उसमें आमजन के साथ साहित्यकारों की भी भागीदारी थी। आन्दोलन में दक्षिणपन्थी साम्प्रदायिक लोग शामिल थे। इस कारण नागार्जुन आन्दोलन से अलग हुए और बाहर आकर जे.पी. आन्दोलन के ख़िलाफ़ वक्तव्य दिया। नवलजी और खगेन्द्रजी को दिये गये साक्षात्कार में जे.पी. आन्दोलन की कड़ी भर्त्सना के साथ सी.पी.आई. और शासक दल की नीतियों को सही ठहराया गया है, जबकि 'जनसत्ता' वाले साक्षात्कार में सी.पी.आई. द्वारा इस्तेमाल किये जाने की नौबत आने पर भाग निकलने की स्पष्ट घोषणा है। अन्तिम बात यह कि अपने 'विवेक' और अपने 'अन्दर की आवाज़' पर ही भरोसा करने की बात

नागार्जुन करते हैं। यहाँ ध्यान देने लायक बात यह भी है कि उन्होंने अपने दूसरे साक्षात्कारों में संघियों की मौजूदगी के कारण जयप्रकाश आन्दोलन की निन्दा तो की है, पर सी.पी.आई., सोवियत संघ, बीस सूत्री कार्यक्रम तथा इमरजेंसी की जन एवं जनतन्त्र विरोधी नीतियों का समर्थन नहीं किया है। इस वजह से नवल जी और खगेन्द्र जी वाले साक्षात्कार में दोनों साक्षात्कारकर्ताओं की मंशा पर कभी-कभी शंका होती है। इस शंका का कारण यह है कि 'वेश्याओं और भंडुओं की गली' जैसी शब्दावली के जरिए जयप्रकाश आन्दोलन की निन्दा का फूहड़ उपक्रम भी उन साक्षात्कारों में नहीं है। 'एक और गाँधी' संज्ञा के जरिए जिस जयप्रकाश के लिए वे अपार सम्मान व्यक्त कर चुके थे, उसी के लिए सड़क छाप गाली-गलौच! सहसा विश्वास नहीं होता। दूसरा कारण यह कि तब भी और बाद के दिनों में भी नागार्जुन सी.पी.आई. और सोवियत संघ के प्रति अति आलोचनात्मक थे। उनकी आलोचनात्मक टिप्पणियों से भाकपा एवं प्रगतिशील लेखक संघ के कुछ लोगों को खासी तिलमिलाहट होती थी। उस तिलमिलाहट का मूर्त रूप पटना प्रगतिशील लेखक संघ की ओर से प्रकाशित 'नागार्जुन की राजनीति' नामक पुस्तिका थी, जिसके लेखक अपूर्वानन्द और भूमिका लेखक नन्दकिशोर नवल थे। पुस्तिका में नागार्जुन के राजनीतिक विचलन की चर्चा तो थी ही, उन्हें 'पॉलिटिकली करेक्ट' करने की 'समझदार' कोशिश भी थी। इस पुस्तिका पर प्रलेस के भीतर ही तूफ़ान उठ खड़ा हुआ। नामवर सिंह के कड़े विरोध के कारण पासा पलट गया। कहने वाले कहते हैं कि इस प्रसंग में खगेन्द्र ठाकुर एवं अन्य लोग व्यावहारिक निकले। इस पूरे प्रकरण से वे अनजान बन गये। इस विवाद की अन्तिम परिणति नागार्जुन को 'पॉलिटिकली करेक्ट' करने की कोशिश में लगे नन्दकिशोर नवल और अपूर्वानन्द जैसे भाकपा और प्रलेस के सदस्यों की दोनों संगठनों से विदाई के रूप में सामने आई। नागार्जुन अपनी जगह कायम रहे। उनका भाकपा एवं सोवियत संघ के प्रति आलोचनात्मक रूख कठोर से कठोरतर होता गया। खैर, अब लौटते हैं, उनके वक्तव्य की वास्तविकता पर।

18 मार्च, 74 को शुरू हुए छात्र-आन्दोलन में समाजवादी युवजन सभा और विद्यार्थी परिषद् के साथ अन्य छात्र संगठन भी शामिल थे। लेकिन जयप्रकाश जी के नेतृत्व सँभालने के बाद आन्दोलन का दायरा जब व्यापक हुआ तो उसमें सोशलिस्ट पार्टी, जनसंघ, संगठन कांग्रेस आदि राजनीतिक पार्टियाँ शामिल हुईं। मार्क्सवादी कम्युनिस्ट पार्टी के साथ कुछ नक्सल समूह भी समर्थन में थे। धरना, प्रदर्शन, जेल भरो आन्दोलन में ये सभी साथ थे। यह सही है कि जनसंघ और

विद्यार्थी परिषद् के लोग भी बड़ी संख्या में थे। लेकिन यह कहना कि 'सम्पूर्ण क्रान्ति' के जो कार्यकर्ता थे, उनमें अस्सी प्रतिशत जनसंघी और विद्यार्थी परिषद् वाले थे और सोशलिस्ट पार्टी के कार्यकर्ता दाल में नमक के बराबर थे, आन्दोलन का सही आकंलन नहीं है। यहाँ तथ्य की अनदेखी है और वास्तविकता को अतिरंजित करके देखा गया है। इसलिए कि जनसंघ और विद्यार्थी परिषद् के अतिरिक्त बड़ी संख्या सोशलिस्टों की थी। जयप्रकाश जी सोशलिस्ट पार्टी के स्टार नेता रह चुके थे। उनके कारण निष्क्रिय सोशलिस्ट भी सक्रिय हो गये थे। बड़ी संख्या ऐसे छात्रों-युवाओं की भी थी, जिनकी चेतना आन्दोलन के दौरान बनी थी। 'छात्र युवा संघर्ष वाहिनी' के रूप में जयप्रकाश जी ने एक ऐसा युवा संगठन तैयार किया था जो साम्प्रदायिकता, जातिवाद, धार्मिक रुढ़िवाद, तिलक-दहेज़, जनेऊ आदि के ख़िलाफ़ था और शोषण मुक्त—भ्रष्टाचार मुक्त भारत के निर्माण के साथ विकेन्द्रित राजनीतिक व्यवस्था का हिमायती था। जयप्रकाश जी के आह्वान पर ऐसे लोग और छात्र भी आन्दोलन में कूद पड़े थे, जो किसी दल के सदस्य न थे। कहा जाये तो सबसे बड़ी संख्या इन्हीं लोगों की थी। 'सम्पूर्ण क्रान्ति' बदले हुए समय में लोहिया की 'सप्त क्रान्ति' ही थी। यह बात जयप्रकाश जी के बाद के वक्तव्यों से साफ़ होती है। 'सम्पूर्ण क्रान्ति' हो या 'सप्त क्रान्ति', दरअसल यह समाज के आमूल-चूल परिवर्तन का राजनीतिक स्वप्न थी। जयप्रकाश जी का यह अपना सामाजिक-राजनीतिक एजेण्डा था। वे संघ के एजेंडे पर काम नहीं कर रहे थे। उनका जो व्यक्तित्व था और जो राजनैतिक हैसियत थी, वह संघ के एजेंडे का मुहताज नहीं थी।

यह सही है कि आन्दोलन में शामिल साम्प्रदायवादी अपने एजेंडे के प्रति सचेत थे। उस आन्दोलन में सक्रिय भागीदारी के कारण और जेल-यात्रा में उन सबके आचरण का प्रत्यक्ष गवाह होने के कारण इन पंक्तियों का लेखक कह सकता है कि आन्दोलन के दौरान बीच-बीच में सोशलिस्टों एवं संघियों के मतभेद सतह पर आते रहते थे। जयप्रकाश जी को संघियों की कारगुज़ारियों की ख़बर भी थी। अतीत में वे संघ की रीति-नीति के कट्टर आलोचक रह चुके थे। जब सोशलिस्ट पार्टी का वे नेतृत्व कर रहे थे तो साम्प्रदायिकता विरोध उनके राजनीतिक एजेंडे में सर्वोपरि था। लेकिन इस बार आन्दोलन में शामिल होने पर उन्हें संघ से परहेज नहीं था, क्योंकि वे तो सबसे अपने-अपने झंडे, बैनर और राजनीतिक लाइन छोड़कर 'सम्पूर्ण क्रान्ति' में शामिल होने का आह्वान कर रहे थे। इस व्यापक जन भागीदारी वाले आन्दोलन के जरिए सत्ता परिवर्तन नहीं,

व्यवस्था परिवर्तन उनका मुख्य लक्ष्य था। उन्हें उम्मीद थी कि 'सम्पूर्ण क्रान्ति' के अभियान में सबका कायाकल्प हो जायेगा, लेकिन यह उनका भ्रम साबित हुआ। 'वाहिनी' के लोगों को छोड़कर कोई उनके साथ शत-प्रतिशत सच्चे मन से नहीं था। संघी तो बिलकुल नहीं थे। वे उनके साथ रहकर राजनीतिक वैधता प्राप्त करना चाहते थे। 'वाहिनी' के अतिरिक्त सब सत्ता के भूखे थे। जयप्रकाश आन्दोलन के जरिये सत्ता का रास्ता उन्हें दिख रहा था। व्यवस्था में आमूलचूल परिवर्तन उनके सपने में भी नहीं था। इमरजेंसी के बाद जयप्रकाशजी का सारा ध्यान तानाशाही को पराजित करने पर केन्द्रित हो गया था। जल्दी में उनकी पहल पर विरोधी दलों को भंग कर 'जनता पार्टी' बनायी गयी। जनता पार्टी प्रचण्ड बहुमत से जीती। तानाशाही पराजित हुई। लेकिन जो जनता सरकार बनी उसके एजेंडे में 'सम्पूर्ण क्रान्ति' दूर-दूर तक नहीं थी। जयप्रकाश जी हाशिये पर डाल दिये गये। सरकार में संघियों और समाजवादियों के टकराव खुल कर सामने आने लगे और अन्ततः सरकार गिर गयी। जनता सरकार की विफलता से निराश बीमार जयप्रकाश का निधन हो गया।

नागार्जुन ने अपने 'विवेक' और 'अन्दर की आवाज़' की बात की है। उनके जानने वालों को पता है कि यही विवेक' और 'अन्दर की आवाज़' उनके कवि-व्यक्तित्व की ताक़त है। इसी कारण उन्हें नामवर सिंह ने 'आधुनिक कबीर' कहा है। खुली आँखों देखे अनुभव के सच को अनभय यानी बिना भय के कहने की कला का नाम 'अनभै सांचा' है, जो नागार्जुन की कविता की मूल प्रकृति है। यह च्विवेक' ही उन्हें ज़मीन और जनता से हमेशा जोड़े रहता है। जाग्रत विवेक और परिणत प्रज्ञा के कवि हैं नागार्जुन, लेकिन कभी-कभी उनका यह 'विवेक' पाठक को असमंजस में डालता है और उनका स्टैंड उसकी समझ से परे होता है। भाकपा जब बिहार आन्दोलन और जयप्रकाश का खुल कर विरोध कर रही थी, तब नागार्जुन भाकपा के सदस्य नहीं थे। लेकिन अतीत में वे औपचारिक सदस्य रह चुके थे और पार्टी के कार्यक्रमों में सक्रिय भागीदारी निभा चुके थे। एक अर्थ में उनके राजनीतिक संघर्ष का इतिहास भाकपा के राजनीतिक संघर्ष के इतिहास से जुड़ा हुआ था। उनसे भाकपा की स्वाभाविक अपेक्षा थी कि वे बिहार आन्दोलन का विरोध न भी करें तो कम-से-कम चुप रहें। लेकिन उनका विवेक जन आन्दोलन के पक्ष में था। वे अपने भाकपाई मित्रों की मनाही के बावजूद आन्दोलन में शामिल हुए। आन्दोलन के पक्ष में कविताएँ भी लिखीं, वक्तव्य भी दिए, धरना-प्रदर्शनों में भाग भी लिया, जेल भी गये। उनके जेल

जाने के बाद इमरजेंसी लग गयी। जयप्रकाश समेत, भाकपा को छोड़, अन्य वामपन्थी दलों तथा विरोधी दलों के तमाम नेता जेलों में डाल दिये गये। प्रेस की स्वतन्त्रता छीन ली गयी। बिना सेंसर किये कोई भी ख़बर नहीं छपती थी। जनता के मौलिक अधिकार स्थगित कर दिये गये। भाकपा ने सरकार की इस दमनकारी नीति का समर्थन किया।

इमरजेंसी का आतंक जब चरम पर था, बचे-खुचे विरोधी भी जब खोज-खोज कर बन्द किये जा रहे थे, तभी नागार्जुन जेल से छूट गये। कैसे छूटे, यह कैसे सम्भव हुआ? आन्दोलन समर्थक और नागार्जुन को जानने वाले हर व्यक्ति के मन में यह जिज्ञासा थी। अफवाह थी कि पैरोल पर छूटे हैं। बाहर आने के बाद नवलजी और खगेन्द्रजी को जयप्रकाश और आन्दोलन के बारे में उन्होंने जो तीखे बयान दिए, उनका वह 'विवेक' गैर भाकपाई उनके तमाम प्रशंसकों-पाठकों की समझ से परे था। उनकी समझ में यह भी नहीं आ रहा था कि इमरजेंसी विरोध में जब अधिक .ढ़ता से डटे रहने की ज़रूरत थी, तब जन आन्दोलन की चेतना वाला यह कवि एक जन आन्दोलन के विरोध में और इमरजेंसी के समर्थन में कैसे खड़ा हो गया! क्या सिर्फ़ इसलिए कि उसमें संघी भी थे! वह कैसे भूल गया कि इमरजेंसी के विरोध में संघियों के अतिरिक्त सोशलिस्ट पार्टी, सर्वोदय, वाहिनी, संगठन कांग्रेस और गैर भाकपाई वामपंथियों समेत छात्रों-युवाओं के रूप में गैर सांगठनिक लोग भी बड़ी संख्या में हैं! यही नहीं उन्होंने बिहार सरकार का वह वजीफा भी पुनः ले लिया, जिसे न लेने की वे सार्वजनिक घोषणा कर चुके थे। बिहार सरकार बिहार के मसिजीवी साहित्यकारों को प्रतिमाह ढाई-तीन सौ रूपए का वजीफा मदद के तौर पर देती थी। जयप्रकाश जी पर जब लाठियां चली तो विरोध स्वरूप पटना के गाँधी मैदान में एक जन सभा हुई। जयप्रकाश की उपस्थिति में नागार्जुन और रेणु ने वजीफे लौटा दिये थे। रेणु ने 'पद्मश्री' का सम्मान भी लौटा दिया था। नागार्जुन ने वह वजीफा फिर वापस क्यों लिया? उनका यह 'विवेक' भी आन्दोलन समर्थक-इमरजेंसी विरोधी उनके प्रेमियों की समझ से परे था। जबकि रेणु ने न तो वह वजीफा पुनः लिया और न अस्वस्थ रहने के बावजूद वे पैरोल पर जेल से छूटे। क्या नागार्जुन ने आर्थिक मजबूरी में ऐसा किया? या यह उनका ढुलमुलपन था? उनके जीवन और राजनीतिक संघर्ष को देखते हुए ऐसा सोचना अपराध-सा लगता है। अर्थाभाव की कौन-सी मार नहीं झेली इस कवि ने! राजनीतिक संघर्ष के कौन-से कष्ट नहीं उठाए! फिर क्यों रेणु अपने निर्णय पर डटे रहे और और नागार्जुन ने 'यू-टर्न' ले लिया? कहीं

आन्दोलन और जयप्रकाश नारायण से उनका पूरी तरह मोहभंग तो नहीं हो गया था? मोहभंग तो हो गया था, तभी तो वे डंके की चोट पर इसकी घोषणा करते हैं। किन्तु इमरजेंसी का समर्थन क्यों किया मानव अधिकारों के लिए प्रतिबद्ध इस कवि ने? इन प्रश्नों का कोई उत्तर देना नागार्जुन के घनघोर समर्थक के लिए भी कठिन है। लेकिन यहाँ यह भी देखना चाहिए कि इमरजेंसी-समर्थन और वेश्याओं और भंडुओंवाली बात केवल नवलजी वाले साक्षात्कार में है, अन्यत्र नहीं। प्रश्न है कि यह नागार्जुन का हड़बड़ी में दिया गया भावुकता भरा अविचारित क्षोभ है या इसके अलग निहितार्थ हैं?

बहरहाल, नागार्जुन ने कवि-रूप में उस आन्दोलन का आकलन किया और उसे 'खिचड़ी-विप्लव' नाम दिया। 'खिचड़ी विप्लव देखा हमने' नाम से उनका संकलन भी आया। इस संकलन में इमरजेंसी के दौरान जेल में लिखी गयी कविताएँ भी शामिल हैं। नागार्जुन आन्दोलन में जी-जान से जुटे हुए थे। लेकिन जैसी जनक्रान्ति वे चाहते थे, उसकी पहल, व्यापक जनसमर्थन के बावजूद, जयप्रकाश की ओर से नहीं हो रही थी। 'वो सब क्या था आख़िर' शीर्षक कविता में नागार्जुन कहते हैं कि दस लाख की बड़ी भीड़ दिल्ली में उन्हें अपना 'मुख' बनाकर कूच कर रही थी और उनका स्पष्ट आदेश चाह रही थी, लेकिन व्यापक जनक्रान्ति की उनकी अनिच्छा ने कवि को निराश कर दिया—

उस दिन मार्च की छठी तारीख थी
'लोकनायक' उस रोज को तुम कौन थे?
तुम्हारा भोलापन
तुम्हारी 'लोकनीति'
सम्पूर्ण क्रान्ति वाले तुम्हारे सोंधे ख्याल
व्यापक जनक्रान्ति की तुम्हारी अनिच्छा
सर्वहारा के प्रति परायेपन के तुम्हारे भाव
अभिनव महाप्रभुओं के प्रति शक्ति-सन्तुलन का
तुम्हारा हवाई मूल्यबोध...
तुम्हारी मसीहाई महत्वाकांक्षाएँ
काहिल, आरामपसन्द, संशयशील, डरपोक, कपटी, क्रूर
'भलेमानसों' से दिन-रात तुम्हारा घिरा होना
वो सब क्या था आख़िर?

वामपन्थी नागार्जुन के मन में क्रान्ति का जो रूप और सपना था, उसका

पूरा मेल जयप्रकाश की 'सम्पूर्ण क्रान्ति' तथा 'लोकनीति' से बन नहीं पा रहा था। उनके मन में क्रान्ति का सपना रूसी और चीनी क्रान्तियों का था। उसका मेल 'सम्पूर्ण क्रान्ति' जैसे अहिंसक और जनतांत्रिक आन्दोलन से कैसे होता! इसलिए बीच-बीच में वे आलोचनात्मक रूख अख्तियार कर लेते थे। अन्ततः उससे वे निराश हुए और नाम दिया 'खिचड़ी विप्लव'। 'खिचड़ी विप्लव देखा हमने' शीर्षक कविता में उन्होंने 'सम्पूर्ण क्रान्ति' को 'क्रान्ति विलास' और 'भ्रान्ति विलास' की संज्ञा दी—

खिचड़ी विप्लव देखा हमने
भोगा हमने क्रान्ति विलास
अब भी ख़त्म नहीं होगा क्या
पूर्ण क्रान्ति का भ्रान्ति विलास

'खिचड़ी विप्लव देखा हमने' संग्रह में एक कविता है जो इमरजेंसी का विरोध करनेवालों के स्वागत में है। लगता है यह कविता तब लिखी गयी थी, जब नागार्जुन इमरजेंसी के प्रारम्भ में छपरा जेल में थे। छपरा शहर में इमरजेंसी विरोध में और जयप्रकाश के समर्थन में एक छोटी-सी घटना घटित हुई। बीस-पच्चीस नौजवानों ने छपरा शहर में घूमते हुए इमरजेंसी विरोधी नारे लगाये। नागार्जुन को ख़बर लगी तो उनकी ख़ुशी का ठिकाना नहीं था—

धज्जी-धज्जी उड़ा दी छोकरों ने इमरजेंसी की
घूमते फिरे लगातार चार घंटे
गलियों में, सड़कों पर, चौराहों, तिराहों पर
आवाम ने मज़ा लिया
साथ-साथ स्लोगन मारे
मुठ्ठियाँ उछली हवा में साथ-साथ
साथ-साथ पसीना बहा इनका-उनका
सारा नगर घूम आया विरोध का काला झंडा
पुलिस ने कहीं भी छेड़खानी नहीं की उनसे
जाने दिया उन्हें
आने दिया उन्हें
लगाने दिये मनमाने नारे
चायवालों ने उस रोज पहली बार
निडर होकर तरुणों को चाय पिलाई

जे.पी. के बारे में पूछा, बहुत कुछ जानना चाहा
पानवालों ने पान के बीड़े ऑफर किये...
क्या हुआ छपरा टाउन में उस रोज़
धज्जी-धज्जी उड़ा दी छोकरों ने इमरजेंसी की
यह क्या हुआ आख़िर उस दिन छपरा टाउन में!

उस घटना के कुछ और ब्यौरों के बाद उस कविता का अन्त इन पंक्तियों के साथ होता है—

पीछे, तफसील में हमने सुनी सारी बातें...
ख़ूब हँसे, ख़ूब हँसे, ख़ूब हँसे...
खुश हुए ख़ूब, खुश हुए ख़ूब, खुश हुए ख़ूब...

यहाँ इमरजेंसी विरोध भी है और जयप्रकाशजी के लिए जिज्ञासा भी। आख़िर नागार्जुन का कौन-सा रूप सही है? जे.पी. आन्दोलन और इमरजेंसी के सन्दर्भ में उनके पाठक-प्रशंसक के सामने यह पूरा प्रकरण बड़ा-सा यक्ष प्रश्न है!

(2014)

प्रगतिवाद और मुक्तिबोध

मुक्तिबोध कम्युनिस्ट पार्टी के सदस्य थे या नहीं, यह तो नहीं मालूम, लेकिन उनका साहित्य और उन पर लिखे गये अधिकांश साहित्य को पढ़ने से पता चलता है कि मार्क्सवादी दर्शन में उनकी गहरी आस्था थी। वे शोषण युक्त व्यवस्था को समाप्त कर शोषण मुक्त समाज व्यवस्था कायम करना चाहते थे। वे मानते थे कि यह पूँजीवादी समाज, जो जनता के शोषण पर कायम है, चल नहीं सकता, उसे बदलना ही होगा। बदलाव के लिए क्रान्ति ज़रूरी है। उनका विश्वास था कि शोषण की चक्की में पिसता हुआ सामान्य जन जगेगा और एक दिन अवश्य ही जनक्रान्ति होगी। उनकी प्रसिद कविता 'अँधेरे में' को जिन्होंने पढ़ा है, वे जानते हैं कि जनक्रान्ति का स्वप्न कैसे वहाँ सगुण-साकार होता हुआ दिखाई देता है। चूँकि 'पूँजी से जुड़ा हुआ हृदय बदल नहीं सकता' इसलिए उसे बदलने के लिए 'जन-क्रान्ति' ज़रूरी है। 'अँधेरे में' कविता में मार्शल लॉ का चित्रण है– वह 'किसी जन-क्रान्ति के दमन के निमित्त' है। उस कविता में प्रोसेशन का जो दृश्य है, उसमें कई 'प्रतिष्ठित पत्रकार' तो शामिल हैं ही, 'कई प्रकाण्ड आलोचक, विचारक, जगमगाते कवि गण' भी हैं। साथ ही उस प्रोसेशन में मन्त्री, उद्द्योगपति, विद्वान भी हैं। यहाँ तक कि 'शहर का कुख्यात हत्यारा डोमाजी उस्ताद' भी शामिल है उसमें। मुक्तिबोध मानते हैं कि यह सब 'जन-क्रान्ति' के दमन के लिए लगाए गये मार्शल लॉ को लागू कराने के अभियान में लगे हुए लोग हैं। उसी कविता में इस तरह के मार्शल लॉ का प्रतिकार करनेवाले 'साँवले मुख के कुछ बलवान जन हैं' जो 'आत्मा के चक्के पर संकल्प शक्ति के लोहे का मज़बूत ज्वलन्त टायर' चढ़ा रहे हैं।

मार्क्सवादी दर्शन में आस्था रखने वाले और 'जनक्रान्ति' का स्वप्न देखने वाले मुक्तिबोध की प्रगतिवाद के बारे में क्या धारणा थी,जानना ज़रूरी है। यह इसलिए ज़रूरी है कि रामविलास शर्मा मुक्तिबोध पर अस्तित्ववाद का प्रभाव मानते हैं। मुक्तिबोध, डॉ. शर्मा के अनुसार, सिजोफ्रेनिक हैं और उनका व्यक्तित्व

विभाजित है,वे कभी स्वप्न में जीतें हैं और कभी यथार्थ में। ऐसी स्थिति में यह देखना दिलचस्प होगा कि प्रगतिवाद और प्रगतिशीलता के सम्बन्ध में मुक्तिबोध का चिन्तन कैसा है। वे नागार्जुन, केदारनाथ अग्रवाल आदि की तरह प्रगतिवादी कवि नहीं हैं। प्रगतिवाद की जैसी सरल और भास्वर रेखाएँ इन कवियों की कविताओं में दिखती है, वैसी रेखाएँ मुक्तिबोध के यहाँ नहीं हैं। वे अन्ततः नयी कविता के कवि-विचारक हैं। वे उस 'तारसप्तक' के कवि हैं जो अज्ञेय जैसे 'प्रगतिवाद' विरोधी करार दिये गये कवि के सम्पादन में निकला।वे श्रीकांत वर्मा, अशोक वाजपेयी जैसे युवतर कवियों के सघन सम्पर्क में थे।श्रीकांत और अशोक प्रगतिवादी साहित्यिक धारणा के प्रभाव में कभी नहीं रहे लेकिन मुक्तिबोध उनके लिए हमेशा महत्त्वपूर्ण बने रहे। मुक्तिबोध ने निराला पर नहीं लिखा। निराला जो प्रगतिशील खेमे के लिए, रामविलास शर्मा के प्रयत्न से,आधुनिक कविता के शिखर कवि हो गये।आगे चलकर जनवादी खेमे में निराला के बाद और उनके साथ मुक्तिबोध का नाम आग्रहपूर्वक लिया जाने लगा, जबकि मुक्तिबोध ने 'प्रसाद' पर लिखा और 'कामायनी' में उठने वाली समस्याओं से जूझते रहे।निष्कर्ष यह कि मुक्तिबोध की प्रगतिवादी राह वैसी नहीं है जैसी नागार्जुन, केदारनाथ अग्रवाल या रामविलास शर्मा की है। कामरेड डांगे के नाम उनका जो पत्र है, उससे भी पता चलता है कि प्रगतिवाद की जैसी समझ हिन्दी में विकसित हो रही थी, उससे मुक्तिबोध स्पष्ट मतभेद रखते थे।तब प्रगतिवाद या प्रगतिशीलता की उनकी अपनी समझ या धारणा क्या थी, इसे जानने के लिए सबसे अच्छा आधार उनकी वे टिप्पणियाँ हैं जो उन्होंने प्रगतिवाद के नाम पर लिखीं।

मुक्तिबोध की प्रगतिवाद से सम्बन्धित जो टिप्पणियाँ और साहित्य-चिन्तन से सम्बन्धित जो निबन्ध है, उन्हें देखने से स्पष्ट होता है कि वे अपने अध्ययन-अनुभव को अधिक महत्त्व देते हैं, दूसरों के उद्धरणों के सहारे अपनी प्रगतिवादी समझ की दुनिया वे नहीं नहीं निर्मित करते। इसलिए उनके यहाँ 'लाल सुबह', 'लाल सितारा', 'लाल पताका' आदि प्रगतिवाद समर्थक प्रतीक नहीं दिखाई पड़ते। मुक्तिबोध मानते हैं कि 'प्रगतिवाद साहित्य-कला की अत्याधुनिक धारणा हैं। यह क्यों 'अत्याधुनिक धारणा' है? इसलिए कि अब तक की कला और साहित्य में 'सामाजिक तत्व का अभाव' है। इस सामाजिक तत्व के अभाव के कारण साहित्य और विश्व का विकास ठीक से नहीं हो सका। वे लिखते हैं : 'मानवता के सब उच्च संस्कृति की ओर किये गये प्रयत्नों में का मुख्य दोष सामाजिक तत्वों की अपेक्षाकृत उपेक्षा रही है, जिसके कारण विश्व-प्रगति उतनी नहीं हो सकी जितनी

कि होनी चाहिए, कला उतनी नहीं बढ़ सकी जितना कि बढ़ना चाहिए थी, विचार उतने ऊँचे और व्यापक नहीं हो सके जितने कि होने चाहिए थे। प्रगतिवाद उस मुख्य कारण को चीन्ह लेता है और कहता है कि जब तक सामजिक न्याय नहीं होगा तब तक व्यक्ति के चिन्तन में हमेशा दोष उत्पन्न होते रहेंगे।" ('प्रगतिवाद : एक दृष्टि' शीर्षक निबन्ध, मु. रचनावली, खंड-5, पृ. 28)

समाज वर्गों में विभाजित है। वर्गों में विभाजित समाज में जो कला विकसित हुईं वह शासक वर्ग की 'इच्छाओं और आकांक्षाओं' का प्रतिबिम्ब हैं। चूँकि वह समाज शोषण के बल पर टिका हुआ है, शोषक और शोषित में फ़र्क़ है, दोनों के मध्य जो विभाजक रेखा रही है उसने कलाकारों को दलित वर्ग की ओर देखने नहीं दिया। इसलिए पुरानी कला-रचनाएँ मानवतापूर्ण होने के बावजूद सम्पूर्ण मानवजाति की इच्छाओं की प्रतिबिम्ब न बन सकीं। इस कारण कला-साहित्य की दुनिया में व्यक्तिवादी प्रवृतियाँ पैदा हुईं। अब प्रगतिवाद पुरानी कला-रुचि को मिटाकर उसकी जगह उस कला-रूचि का विकास करना चाहता है, जिसमें सामाजिकता पर ज़ोर अधिक हो,वह युग की आवश्यकताओं को लेकर चलना सीखे। युग की आवश्यकताओं को लेकर चलने का मतलब कला की उपेक्षा नहीं है। मुक्तिबोध लिखते हैं : "प्रगतिवाद कला-मार्ग बनना चाहता है। कला-शरीर की नसों में नया रक्त और नवस्फूर्ति का संसार जनता के अथाह हृदय के सम्पर्क में आने से ही होगा। उससे अछूता रखने पर वह मर जायेगा। अतएव प्रत्येक सृजक कलाकार को जनता से चैतन्यमय सहानुभूति प्राप्त कर तेज़ प्राप्त करना होगा। कला या ईश्वर प्राप्त करने के लिए मन्दिरों या पुरानी श्रद्धेयताओं की ओर नहीं जाना होगा, बल्कि उस सैनिक तत्व, उस संग्रामशील धैर्य के अथाह आन्तरिक तेज और सन्तुलन के पास पहुँचना होगा। उसका ईश्वर सैनिक रूप में आ रहा है। विकराल मूर्तिभंजक के रूप में प्रगट हो रहा है।" (वही पृ. 29)

प्रगतिवाद का ईश्वर सैनिक रूप में आ रहा है और वह विकराल मूर्तिभंजक होगा! क्या जबर्दस्त रूपक है! कोई इसका पाठ करते हुए मध्यकाल के मूर्तिभंजक आक्रान्ता सैनिकों तक जा सकता है लेकिन मुक्तिबोध तो प्रगतिवाद के उस स्वप्न की बात कर रहे हैं जो 'वर्गहीन' और 'भेदहीन' समाज का स्वप्न है। मुक्तिबोध मनुष्य के मनोभावों को उसकी वैयक्तिक निधि मानते हैं। इससे ऊपर उठकर कल्पना के मनुष्य की जगह यथार्थ के मनुष्य, जो अधिक मूर्त है, की वकालत करते हैं। उनके अनुसार—"प्रगतिवाद का मानव कल्पना युग के (ऐब्सट्रैक्शन)

पर आधारित नहीं है। वह मनुष्य को अधिक मूर्त रूप में ग्रहण कर रहा है। इसलिए उसमें रोमांस, प्रेम, संघर्ष, कल्पना सभी का महत्त्वपूर्ण स्थान है, क्योंकि प्रगतिवाद मानव के यथार्थ पर टिका हुआ है, इसलिए कला-व्यवस्था में उसका सबसे अधिक महत्त्वपूर्ण स्थान है।'' (वही, पृ. 30) लेकिन मुक्तिबोध यहीं नहीं रुकते। वे जानते हैं की कार्य-कारण सम्बन्ध पर अधिक ज़ोर देना यथार्थ चित्रण नहीं है। इसलिए वे विकासवाद का समर्थन तो करते हैं,पर उसमें कार्य-कारणवाद की जो यान्त्रिकता है, उसका विरोध भी करते हैं। उनके अनुसार प्रगतिवाद 'जीवन को अधिक मूर्त रूप में ग्रहण' करने का आग्रही है, इसलिए 'जीवन की दृष्टि से प्रगतिवाद आज तक की सबसे ऊँची मंजिल है... ।''

मुक्तिबोध साहित्य को राजनीति से अलग स्वायत्त संसार मानने के हिमायती नहीं है। वे मानते हैं की साहित्य को 'वर्गहीन समाज-सत्ता का पुजारी' होना चाहिए। इसलिए उनके अनुसार 'राजनीतिक दृष्टि से प्रगतिवाद प्रसार का हिमायती है।' प्रसार के द्वारा एक देश के दलित दूसरे देश के दलित के सम्पर्क में आयेंगे और वर्गहीन समाज-सत्ता के निर्माण के लिए क्रान्ति के वाहक बनेंगे। प्रगतिवाद कलाकारों से अपेक्षा रखता है कि 'तुम अधिक-से-अधिक जन-हृदय के सम्पर्क में आओ और क्रान्ति को आगमनशील बनाओ।'' क्रान्ति को आगमनशील बनाने की ज़रूरत पर ज़ोर देने के साथ मुक्तिबोध कलाकार से उस द्वन्द्व की अपेक्षा रखते हैं जो उसे सरलीकरण से बचाती है और यथार्थ को भीतर-बाहर दोनों ओर से देखने का आधार बनती है। वे कहते हैं : ''प्रगतिवादी एक निश्चित दार्शनिक ऐटीट्यूड उत्पन्न करता है, जो न 'स्व' से अधिक 'बाह्य' को, और न बाह्य' से अधिक 'स्व' को महत्त्व देता है। वह कहता है कि इन दोनों की परस्पर क्रिया-प्रतिक्रिया से विकास होता है।'' (वही)

बहुत-से कवि अपने मनोभावों को ही अपनी कविता का विषय बनाते हैं, उन कविताओं में ऊपरी तौर पर उस सामाजिकता का अभाव दीखता है जिसकी अपेक्षा प्रायः प्रगतिवादी लोग करते हैं।समाज के बीच स्वाभाविक रूप से विकसित किसी व्यक्ति के मनोभाव को मुक्तिबोध जनविरोधी नहीं मानते। उनके अनुसार 'जन-मन की सर्व-साधारण मनःस्थिति व्यक्ति की मनोदशाओं द्वारा प्रगट' होती है। ऐसे 'मनोभाव तो उत्पीड़ित वर्गों की साधारण मनःस्थिति के ही द्योतक हैं।'' ऐसे मनोभावों से सृजित साहित्य में महान 'मनुष्य सत्य' होता है। लेकिन कई प्रगतिशील आलोचक/लेखक मनोभावों के आधार पर लिखे गये साहित्य की आलोचना करते हैं और उसे प्रगतिशील रचना नहीं मानते। ऐसे प्रगतिशीलों की

मुक्तिबोध ने कड़ी आलोचना की है और अपनी एक टिप्पणी "प्रगतिशीलता और मानव सत्य" में उन्होंने लिखा है कि ये लोग हैं "...जो मात्र क्रान्तिकारी शब्दों का शोर खड़ा करने वालों के हिमायती के रूप में अपने सिद्धान्तों की यान्त्रिक चौखट तैयार रखते हैं—जो उसमें फिट हो जाये वह प्रगतिशील, और जो उसमें कसा न जा सके वह प्रगति-विरोधी। यह उनका प्रत्यक्ष, परोक्ष, प्रस्तुत और अप्रस्तुत, मुखर और गोपनीय निर्णय होता है। ये लोग उत्पीडित मध्यवर्ग के जीवन के तत्वों से दूर अलग-अलग होते हैं। भले ही ये लोग शाब्दिक रूप से गरीबों के कितने ही हिमायती क्यों न हों, इनका व्यक्तित्व स्वयं आत्मबद्ध, अहंग्रस्त महत्त्वाकांक्षाओं का शिकार और राग-द्वेष की प्रवृतियों से निपीड़ित होता है। बोधहीन बौद्धिकता का शिकार,यह वर्ग जिस संवेदनमय कविता की आलोचना करता है, उसकी संवेदनाओं की मूल आधार-भूमि को वह हृदयंगम नहीं कर सकता।" (रचनावली, खंड-5, पृ. 79) ऐसे 'बोधहीन बौद्धिकों' के प्रगतिशील समाज को मुक्तिबोध प्रश्नांकित करते हैं और 'राजनीतिक शब्दों वाली परिभाषाओं की कविता' को कविता मानने की प्रगतिवादी ज़िद की भर्त्सना करते हैं। ऐसे प्रगतिवादियों को वे 'अहंवादी' और 'आस्थाहीन' कहते हैं। प्रगतिशील कविता एक तरह की नहीं कई तरह की हो सकती है। प्रगतिशीलता के अनेक आयाम और रूप हैं। इसकी अनदेखी करके सीधी-सरल और सपाट लगनेवाली प्रगतिशील कविताओं को ही 'प्रगतिवादी' ढाँचे में फिट करने वाले आलोचकों/बौद्धिकों पर प्रहार करते हुए मुक्तिबोध लिखते हैं : "...हमारे ये साहित्यिक नेता हृदय और बुद्धि के क्षेत्र में कठोर अहंवादी हैं, कष्ट्ग्रस्त मनुष्य जीवन के मर्मग्य होने के पहले वे आलोचक और मसीहा हैं। मनुष्य जीवन के भव्य संवेदना-सत्यों के प्रति उनमें आवश्यक नम्रता भी नहीं है। न इतनी आस्था है कि वे ये माने कि युग-सत्य विभिन्न रूपों और विविध आलोकों में विविध विचारों और भावनाओं में वलयित होकर आज की कष्टग्रस्त मानवता के हृदय में अधिष्ठित है। इस आस्थाहीनता के कारण ही, उनके द्वारा समर्थित कविता में सम्पूर्ण मनुष्य की गौरवपूर्ण नीतिमत्ता, सर्वांगीण मानवीय पक्षों का भव्य दृश्य, सुकुमार भावनाओं की मनुष्योचित गरिमा दिखाई नहीं देती,वरन पिटी-पिटायी क्रान्तिकारिता का सभामंची आत्म-प्रदर्शन दिखाई देता है।" (वही, पृ. 80)

मुक्तिबोध प्रगतिवाद के समर्थक हैं, लेकिन प्रगतिशीलता की यान्त्रिक समझ के विरुद्ध भी हैं। जनता में, जन-भावना में, उसकी मुक्ति में, मुक्ति के लिए किये जाने वाले प्रयत्नों में उनकी गहरी आस्था है। लेकिन प्रगतिवादी

कवियों-आलोचकों की जो समझ बीसवीं सदी के चौथे-पांचवे दशक में थी, उससे वे प्रायः असहमत हैं। यही कारण है कि वे मानते हैं कि प्रगतिशील कविता का उतना विकास नहीं हो सका, जितना कि होना चाहिए। इसलिए मार्क्सवादी होने के बावजूद वे प्रगतिशील कवि कहलाने की आकांक्षा नहीं रखते। उनका सारा संघर्ष 'नयी कविता' को प्रगतिशील चेहरा देने का, साथ ही नयी कविता का कवि कहलाने का है।वे अपने आप को प्रगतिशील कवि नहीं 'आधुनिकतावादी' कवि मानते हैं। 'दिग्विजय कॉलेज'' राजनांद गाँव, के प्राचार्य को लेक्चरर पद के लिए लिखे गये आवेदन में अपने साहित्यिक रुझान का परिचय देते हुए वे लिखते हैं : ''मैं हिन्दी कविता के वर्तमान साहित्यिक परिदृश्य में प्रभावी आधुनिकातिवादी रुझान का अगुआ रहा हूँ। इस रुझान का प्रतिनिधित्व करने वाले प्रथम ग्रन्थ 'तारसप्तक' में मेरी सोलह कविताएँ शामिल हैं।'' (छत्तीसगढ़ में मुक्तिबोध', सं. राजेन्द्र मिश्र, पृ. 291) यहाँ यह स्पष्ट है कि मुक्तिबोध अपने को 'तारसप्तक' की परम्परा से जोड़कर देखते हैं। उनकी दृष्टि में '1943 में प्रकाशित यह ग्रन्थ समग्र हिन्दी कविता को पूरी तरह नयी दिशा प्रदान करने में निर्णायक है।' (वही)

मार्क्सवादी मुक्तिबोध अपने को 'आधुनिकतावादी' कवि क्यों कहते हैं? हिन्दी की मार्क्सवादी आलोचना में 'आधुनिकतावाद'' को पतनशील साहित्यिक प्रवृति माना गया है और आधुनिकतावाद के लक्षण अज्ञेय और उनके समर्थक कवियों की कविताओं में देखे गये हैं। मुझे लगता है कि मुक्तिबोध इस अर्थ में अपने को आधुनिकतावादी कवि नहीं कहते। आधुनिकतावाद का आशय यहाँ प्रगतिवाद से भिन्न उस नये साहित्यिक रुझान से है जो जटिल यथार्थ को समझने में ज़्यादा सक्षम है। उनका सारा संघर्ष इस नये रुझान को प्रतिष्ठित करने में है। वे स्वयं मानते हैं : 'इस नयी साहित्यिक प्रवृति के संरक्षण की ज़रूरत ने मुझे समालोचना के क्षेत्र में ला खडा किया।' (वही)

प्रगतिवाद और प्रगतिशीलता से सम्बन्धित मुक्तिबोध की टिप्पणियों से स्पष्ट है कि वे पुरानी साहित्यिक रुढ़ियों और चेतना के विरुद्ध हैं, वे नये साहित्य और समाज के निर्माण का स्वप्न देखते हैं। वे प्रगतिशीलता को एकरेखीय और सरलीकृत अवधारणा मानने के ख़िलाफ़ हैं और यथार्थ को जटिल तथा बहुस्तरीय मानते हैं। इसलिए वे बिना नाम लिए उन प्रगतिशील लोगों की आलोचना करते हैं जो प्रगतिशीलता को कुछ राजनीतिक सिद्धान्तों तक सीमित कर देना चाहते हैं। इसके लिए वे दो तरफा संघर्ष करते हैं। नयी काव्य प्रवृति—जिसे आगे चलकर नयी कविता कहा गया—को प्रतिष्ठित करने का संघर्ष तो वे करते

ही हैं; प्रगतिशील आन्दोलन के भीतर जो यान्त्रिक समझ विकसित हो गयी थी, उससे भी कड़ा संघर्ष करते हैं। इसलिए उनका संघर्ष भीतर-बाहर दोनों स्तरों पर है। उनके संघर्ष का तीसरा धरातल भी है। वह है प्रगतिशीलता के विरोधियों का 'व्यक्ति-स्वातन्ष्य'। 'अन्तर्मुखता' और 'व्यक्ति स्वातंष्य' की चर्चा एक जमाने में प्रगतिवाद के विरोधी कवि-लेखक करते थे। मुक्तिबोध मानते हैं कि 'कष्टग्रस्त जीवन' के कारण कवि में 'अन्तर्मुखता' विकसित होती है। मुक्तिबोध के अनुसार प्रगतिशीलता के विरोधी 'अन्तर्मुखता' के मूल उद्वेगों के क्रान्तिकारी अभिप्रायों को दबाकर, उस अन्तर्मुखता को इस प्रकार से प्रोत्साहन देते हैं कि वह अन्तर्मुखता अपने प्रधान विद्रोहों से छूटकर अलग हट जाये। अन्तर्मुखता में 'व्यक्ति' को ही प्रधान मानकर उस व्यक्ति को सामाजिक परिवर्तन के आग्रही शक्तियों से अलग हटाते हुए, वे 'व्यक्ति स्वातंष्य' की घोषणा करते हैं। (रचनावली, खंड-5, पृ. 80)

प्रश्न है कि मार्क्सवाद और प्रगतिवाद को व्यापक-जनपक्षधर विचार-प्रवृति मानने वाले मुक्तिबोध प्रगतिशील कविता को नये यथार्थ के चित्रण के लिए क्यों अपर्याप्त मानते हैं? और नयी कविता इस दायित्व के निर्वहन के लिए ज़्यादा उपयुक्त क्यों? नागर्जुन, केदारनाथ अग्रवाल की कविता में क्या वह द्वन्द्व और तनाव नहीं है जिसे मुक्तिबोध नये यथार्थ चित्रण के लिए ज़रूरी मानते हैं? प्रगतिशीलता सम्बन्धी मुक्तिबोध की और नागर्जुन-केदार की धारणाओं में जो फ़र्क़ है, वह वस्तुतः गाँव और किसान-मज़दूर के नजरिये से समाज को देखने के आग्रह का परिणाम है। मुक्तिबोध के यहाँ प्रगतिशीलता का जो आग्रह है वह मार्क्सवाद के प्रभाव से निर्मित्त शिक्षित शहरी मध्यवर्गीय व्यक्ति का है। भारत जैसे विशाल देश में जीवन और जीवन-यथार्थ का जो वैविध्य है, उसे कई स्तरों पर देखे जाने की ज़रूरत क्या नहीं है? मुक्तिबोध जिस शिक्षित मध्यमवर्ग से आते हैं, उस नज़रिये से प्रगतिवाद और प्रगतिशील आन्दोलन का किया गया उनका मूल्यांकन क्या निर्विवाद है? जिस 'तारसप्तक' को वे 'समग्र हिन्दी कविता को पूरी तरह नयी दिशा प्रदान करने वाला निर्याणक' ग्रन्थ मानते हैं, उसी 'तारसप्तक' के कवि अज्ञेय उन्हें 'आत्मान्वेषण' का कवि घोषित करते हुए जो कहते हैं, वह मुक्तिबोध के कवि-मन और उनके समाज बोध का परिचय देता है : "मुक्तिबोध आत्मान्वेषण के कवि थे, पर यह एक आत्मान्वेषण, अपनी किसी विशिष्टता की खोज नहीं थी, यह अपने उस रूप की खोज थी जो कवि को पूरे समाज से,मानव मात्र से, मिला दे। कोई सोच सकता है कि कवि को आत्मान्वेषी कहना उसकी

अवमानना करना है, पर मैं इसे कठिनतर यात्रा समझता हूँ, और कवि मुक्तिबोध का विशेष सम्मान इसलिए करता हूँ कि वह आजीवन इस कृच्छ साधना में लगे रहे, अपने भीतर पैठना पर पैठ कर उसे बाहर लाना जो अपना नहीं, सबका है। यह किसी के लिए भी कठिन कार्य है, मुक्तिबोध की परस्थितियों में और भी कठिन था, पर वह निष्ठापूर्वक उसमें लगे रहे।" (आत्मान्वेषण का कवि, तिमिर में झरता समय, सं. राजेन्द्र मिश्र, पृ. 9)

(2017)

'अँधेरे में' और हिन्दी कविता के पचास वर्ष

...इस गोष्ठी का विषय है—'मुक्तिबोध और हिन्दी कविता के पचास वर्ष', लेकिन मैं इस विषय पर बोलने की जगह 'अँधेरे में और हिन्दी कविता के पचास वर्ष' पर बातचीत करना पसन्द करूँगा। यह विषय पहले की तुलना में अपेक्षाकृत छोटा है। वैसे उतना छोटा भी नहीं है कि मुझे बोलने के लिए आधे घंटे की जो अवधि दी गयी है, उसमें विषय के विस्तार को समेट सकूँ। 1964 में 'अँधेरे में' कविता का प्रकाशन हुआ था और उसी वर्ष मुक्तिबोध का निधन भी हुआ। इस तरह 'अँधेरे में' कविता के प्रकाशन के पचास वर्ष पूरे हो रहे हैं। इस कविता के प्रकाशन की अर्द्धशती के अवसर पर देश में कई आयोजन हुए और उसी क्रम में आपका यह आयोजन...इस सिलसिले का शायद अन्तिम कार्यक्रम। मुझे याद नहीं कि आधुनिक हिन्दी साहित्य की किसी रचना को उसकी अर्द्धशती के अवसर पर इस तरह याद किया गया हो। इस अर्थ में यह हिन्दी की अद्वितीय रचना है। यह सौभाग्य शायद ही किसी एक कविता को मिला हो!

'कामायनी' की तरह 'अँधेरे में' कविता भी विश्वविद्यालयों के पाठ्यक्रम में अनिवार्य रूप से शामिल है। जैसे 'उसने कहा था' के बिना हिन्दी कहानी का कोई प्रतिनिधि संकलन नहीं तैयार किया जा सकता, वैसे ही 'कामायनी' और 'अँधेरे में' को अलग रखकर आधुनिक हिन्दी कविता पर बात नहीं हो सकती। दूसरे कई महत्वपूर्ण कवि हैं जो कवि रूप में आधुनिक हिन्दी कविता पर चर्चा के क्रम में अवश्य ही शामिल किये जाते हैं, लेकिन उनकी कोई एक कविता चर्चा का आधार रहे और उस काल की कविता की मुख्य प्रस्तावना भी, ऐसा सम्भवतः दूसरा उदहारण देखने को नहीं मिलेगा। 'कामायनी' महाकाव्य है, न सिर्फ़ काव्य-रूप में, बल्कि अपने प्रभाव में भी; जबकि 'अँधेरे में' एक लम्बी कविता भर है—लगभग 40 पृष्ठों की, लेकिन इसका प्रभाव भी वैसा ही महाकाव्यात्मक है और युगव्यापी भी। 'कामायनी' आलोचकों के लिए चुनौती रही, इसलिए उसकी

बहुतेरी व्याख्याएँ हुईं, उनमें से एक व्याख्या मुक्तिबोध की भी है-'कामायनीः एक पुनर्विचार' नाम से। उस व्याख्या से पता चलता है कि प्रसाद और 'कामायनी' का मुक्तिबोध के लिए क्या महत्व था। वे अपनी 'सभ्यता-समीक्षा' में 'कामायनी' और प्रसाद को एक बड़ी चुनौती के रूप में देखते हैं। कुछ आलोचकों ने इस ओर इंगित किया है कि क्यों मुक्तिबोध आधुनिक कविता के इतिहास में 'कामायनी' को इस महत्व के साथ अपने दृष्टि-पथ में रखते हैं। आख़िर किसी दूसरे कवि की रचना मुक्तिबोध के लिए वैसी चुनौती क्यों नहीं? 'कामायनी' की तरह 'अँधेरे में' कविता भी आलोचकों के लिए चुनौती रही है। इसकी भी अनेक व्याख्याएँ-कुव्याख्याएँ हुई हैं। नामवर सिंह और रामविलास शर्मा की व्याख्याएँ ज़्यादा चर्चित और बहसतलब रही हैं। एक व्याख्या नन्द किशोर नवल की भी है, जो फासीवाद के सन्दर्भ में इस कविता को देखती है ...मुक्तिबोध की एक व्याख्या इस गोष्ठी के अध्यक्ष दूधनाथ सिंह की भी है। कुछ लोग कहते हैं कि वह व्याख्या किसी काम की नहीं। लेकिन कोई बात नहीं। वह कविता पचास वर्ष बाद भी अपनी व्याख्या के नये-नये द्वार खोलती जा रही है। यह उसके कालजयित्व और श्रेष्ठता का बड़ा प्रमाण है।

'अँधेरे में' 'नयी कविता' की सबसे बड़ी उपलब्धि है। वह न सिर्फ़ 'नयी कविता' की, बल्कि सम्पूर्ण छायावादोत्तर दौर की सबसे बड़ी उपलब्धि है। वह 'कामायनी' और राम की शक्ति पूजा' के बाद हिन्दी की सबसे महान कविता है। महत्वपूर्ण और बड़ी कविताएँ अनेक हैं, अनेक प्रगतिशील और गैर प्रगतिशील कवि भी हैं, हिन्दी कविता के विकास में उनकी महत्वपूर्ण भूमिका है, लेकिन 'अँधेरे में' के मुकाबले किसी दूसरी कविता को नहीं रखा जा सकता। यह अपना उदाहरण अपने आप है। नयी कविता दौर की ही एक महत्वपूर्ण उपलब्धि अज्ञेय की लम्बी कविता 'असाध्य वीणा' भी है। वह भी महत्वपूर्ण कविता है। उसके भी अनेक पाठ-कुपाठ हुए हैं। एक कुपाठ नामवर सिंह का भी है। 'कविता के नये प्रतिमान' में 'असाध्य वीणा' की जो व्याख्या है, उससे आप परचित होंगे। उस कविता का सब कुछ नामवर सिंह के लिए 'बासी' है। रामविलास जी को तो उसमें नव रहस्यवाद नज़र आया। लेकिन आज जब मैं उस कविता को पढ़ता हूँ तो इन कुपाठों से अलग वह एक सुन्दर और महत्वपूर्ण कविता के रूप में मुझे दिखाई देती है। यहाँ हमें ध्यान रखना चाहिए कि रामविलास शर्मा और नामवर सिंह ने अज्ञेय का विरोध ज़रूर किया, लेकिन उन्हें अछूत नहीं माना। इस तथ्य की ओर ध्यान देने की ज़रूरत है कि मुक्तिबोध की विरासत को संभालने का

दावा करने वाली जो नयी पीढ़ी है वह अपने 'विरोधी' विचार के कवि-लेखक को पढ़ती ही नहीं। सुने-सुनाये आधारों पर बयान देने और हमले करने का प्रचलन इधर के दौर में ज़्यादा बढ़ा है...बहरहाल एक ही दौर में लिखी गयी दो बड़ी कविताएँ हैं–'अँधेरे में' और 'असाध्य वीणा'। एक में जगत-समीक्षा है तो दूसरी में कला-समीक्षा। एक अपने समय की तमाम उथल-पुथल को समेटे हुए है तो दूसरे में कला-साधना का समाधि-भाव है। मैं अनावश्यक रूप से दोनों कवियों और कविताओं की तुलना करके एक को श्रेष्ठतर और दूसरे को कमतर, परीक्षोपयोगी मूल्यांकन प्रणाली वाली समीक्षा के विरुद्ध हूँ...फिर भी दोनों के बारे में मेरी राय जानना चाहें तो मैं कहना चाहूँगा कि 'अँधेरे में' मेरे लिए ऐसी कविता है, जिसे मैं जीवन भर बार-बार पढ़ना चाहूँगा।

आज जब हम 'अँधेरे में और हिन्दी कविता के पचास वर्ष' पर बात कर हैं तो कुछ बातें साफ़ हो जानी चाहिए। 'अँधेरे में' कविता जब लिखी गयी थी तब वह शीतयुद्ध का समय था। दुनिया दो खेमों में बँटी हुई थी। समाजवादी खेमा और गैर समाजवादी खेमा। हिन्दी में भी दो ध्रुव थे-प्रगतिशील और गैर-प्रगतिशील। मुक्तिबोध के सामने पक्ष बिलकुल साफ़ था। वे विश्वस्तर पर समाजवादी खेमे के पक्ष में थे। हिन्दी में प्रगतिशील चेतना के पक्ष में अपने पक्ष को लेकर मुक्तिबोध के सामने कोई दुविधा नहीं थी। वे बड़े मजे में पूछ सकते थे कि 'पार्टनर तुम्हारी पॉलिटिक्स क्या है?', इस पक्ष में हो कि उस पक्ष में? आज सोवियत संघ समेत तमाम समाजवादी मुल्क बिखर चुकें हैं, दुनिया दो ध्रुवीय न रहकर एक ध्रुवीय हो गयी है। वैसे में आज कवि को अपना पक्ष बनाने में मुक्तिबोध के समय से अधिक सतर्कता और सचेतता की ज़रूरत है। यह समस्या मुक्तिबोध के सामने नहीं रही होगी। भारत में कम्युनिस्ट आन्दोलन बिखराव और हताशा के दौर से गुज़र रहा है। वह भारतीय युवा वर्ग को आकर्षित करने और उसके भीतर मानव-मुक्ति का नया स्वप्न जगाने में उस तरह कारगर नहीं है। आज कम्युनिस्ट होना मुक्तिबोध के समय की तरह अग्निपथ पर चलने की तरह भी नहीं है। इसलिए आज के कवि के सामने वे चुनौतियाँ भी नहीं हैं, जो मुक्तिबोध के सामने थीं।

इस कविता के अपने ऊपर प्रभाव की चर्चा करूँ तो मैं कहना पसन्द करूँगा कि इसका प्रभाव मेरे ऊपर वैसा ही पड़ता है जिस तरह कबीर, सूर, रैदास, तुलसी, नानक, मीरा आदि भक्त कवियों को पढ़ने पर पड़ता है। 'अँधेरे में' की विषयवस्तु भक्ति विषयक नहीं है। वह हमारे समय के झंझावातों की कविता है। उसका

प्रभाव मेरे ऊपर अगर भक्ति कविता की तरह पड़ता है तो इस अर्थ में नहीं कि मुझे उससे कोई धार्मिक-आध्यात्मिक चेतना और तोष प्राप्त होता है, बल्कि इसलिए कि भक्ति-कविता में जो शब्द और कर्म की नैतिक आभा है, वह आभा मुझे यहाँ भी दिखाई देती है। भक्ति कविता को पढ़ते हुए कवि के शब्द और कर्म में हम कोई द्वैत नहीं पाते, मुझे 'अँधेरे में' को पढ़ते हुए उसी भाव-भूमि की अनुभूति होती है। 'अँधेरे में' मेरे लिए छायावादोत्तर युग की सबसे बड़ी उपलब्धि है तो इसकी एक वजह और है। वह यह कि यह कविता सिर्फ़ दिमाग की ही नहीं, दिल की भी बेचैनी के साथ पाठक के सामने उपस्थिति होती है। इसी के साथ यह कि 'करुण रसाल और हृदय' के संयोग से बनी इस कविता का स्वर छायावादोत्तर दौर का सबसे भिन्न और पाठकीय भरोसे का स्वर है। यह बेचैनी एक लय की तरह पूरी कविता में व्याप्त है। यह बेचैनी किसी भावुक प्रसंग की नहीं, गहन-गम्भीर विचार की है, जो संगीत की तरह पूरी कविता में सुनाई देती है। मुक्तिबोध कहते हैं 'आज उस पागल ने मेरी चैन भुला दी / मेरी नींद गँवा दी', तो यूँ ही नहीं कहते। यह चैन भुलाने और नींद गंवाने की भाव-भूमि से पैदा हुई कविता है। यह कविता सिर्फ़ विचार से नहीं पैदा हुई है। विचार के साथ हृदयपक्ष भी जुड़ा है—'करुण रसाल वे हृदय के स्वर हैं'। विचार के साथ 'हृदय के स्वर' इस कविता की शिराओं में अपनी पूरी गति और ऊष्मा से भरे हुए हैं। यह इसका सबसे मज़बूत पक्ष है।

मुक्तिबोध की यह कविता मुझे इसलिए भी प्रिय है कि उसमें गीतात्मक अनुगूँज है। इसके कारण इसमें गजब का प्रवाह है। गीतात्मक अनुगूँज कहीं प्रकट होकर तो कहीं लय बनकर पूरी कविता में व्याप्त है। बानगी के तौर पर कुछ पंक्तियाँ देखी जा सकती हैं—

1. अब युग बदला है वाकई
   कहीं आग लग गयी, कहीं गोली चल गयी

2. भागता मैं दम छोड़
   घूम गया कई मोड़

3. ओ मेरे आदर्शवादी मन
   ओ मेरे सिद्धान्तवादी मन
4. हाय-हाय नुमा, टॉलस्टॉय नुमा

'अँधेरे में' कविता अपने जटिल वितान के बावजूद ऐसा बहुत कुछ कहती है जो बहुत सहज ढंग से सिद्धान्त-सूत्र की तरह आदर्श वाक्य के रूप में नयी पीढ़ी की ज़ुबान पर है। किसी कविता का इस तरह सिद्धान्त वाक्य बनकर जन-समाज में लोकप्रिय होना मामूली बात नहीं है। यह भूमिका वही कविता अदा करती है, जो जीवन की आग से पैदा होती है। कुछ उदाहरण देखे जा सकते हैं—

1. कविता में कहने की आदत नहीं, पर कह दूँ
   वर्तमान समाज चल नहीं सकता।
   पूँजी से जुड़ा हुआ हृदय, बदल नहीं सकता।
   स्वातंत्र्य व्यक्ति का वादी
   छल नहीं सकता मुक्ति के मन को
   जन को।
2. दुनिया न कचरे का ढेर कि जिस पर
   दानों को चुगने चढ़ा हुआ कोई भी कुक्कुट
   कोई भी मुर्गा
   यदि बांग दे उठे ज़ोरदार
   बन जाये मसीहा
3. अभिव्यक्ति के खतरे
   उठाने ही होंगे.
   तोड़ने होंगे ही गढ़ और मठ सब

हिन्दी कविता का कौन-सा प्रेमी पाठक मुक्तिबोध की ऐसी पंक्तियों को दुहराता न मिलेगा!

'अँधेरे में' कविता का एक और वैशिष्ट्य मुझे बार-बार आकर्षित करता है। वह है, उसका नाटकीयता से भरपूर रचाव। एक-एक पंक्ति नाटक के संवाद की तरह कसी हुई है और किसी नाटक के संवाद की तरह प्रभाव डालती है। नाटक के दृश्यों की ही तरह 'अँधेरे में' के दृश्य बदलते हैं। प्रसाद के नाटकों की संवाद-योजना से 'अँधेरे में' की नाटकीयता का मिलान करके इसको देखा जा सकता है। जिन्होंने 'अँधेरे में' कविता का नाट्य मंचन देखा है, वे उसके नाट्यधर्मी प्रभाव के कायल हुए बिना नहीं रहेंगे—

खुला-खुला कमरा है, साँवली हवा है
झाँकते हैं खिड़की से, अँधेरे में टंके हुए सितारे

फैली है बर्फीली साँस-सी, वीरान
तितर-बितर सब फैला है सामान

इस कविता को पढ़ते हुए यह स्पष्ट हो जाता है कि मुक्तिबोध को देश में मार्शल लॉ का खतरा उपस्थित होता हुआ दिखाई दे रहा था। वे उस स्थिति की भी कल्पना कर रहे थे, जिसमें दिन के उजाले में जन-समर्थन का स्वांग करने वाले लोग रात के अँधेरे में मार्शल लॉ के समर्थन में थे। मुक्तिबोध के सामने जनता की मुक्ति की एक ही राह थी और वह थी—जनक्रान्ति। 'अँधेरे में' कविता उस जनक्रान्ति के स्वप्न की कविता है। वह जनक्रान्ति बहुत कुछ बोल्शेविक क्रान्ति का समरूप है। आज वैसी जनक्रान्ति की बात न कोई करता है और न उसकी गूँज इधर की कविता में सुनाई पड़ती है। अब कविता में प्रतिरोध का जनक्रान्ति वाला स्वर नहीं है। प्रतिरोध के अब अनेक मंच हैं और अनेक तरह के स्वर हैं। अब दलित, स्त्री, आदिवासी, अल्पसंख्यक अपने प्रतिरोध को कविता में वैसे नहीं दर्ज करते जिसे 'अँधेरे में' की स्पष्ट विरासत कहा जाये। अनामिका 'दरवाजा' शीर्षक कविता में कहती हैं :

मैं एक दरवाजा थी
मुझे जितना पीटा गया
मैं उतना ही खुलती गई।
अन्दर आये आनेवाले तो देखा—
चल रहा है एक वृहत्चक्र-चक्की रूकती है तो चरखा चलता है
चरखा रुकता है तो चलती है कैंची—सुई
गरज यह कि चलता ही रहता है अनवरत कुछ-कुछ!
...और अन्त में सब पर चल जाती है झाड़ू
तारे बुहारती हुई बुहारती हुई पहाड़, वृक्ष, पत्थर—
सृष्टि के सब टूटे-बिखरे कतरे जो
एक टोकरी में जमा करती जाती है
मन की दुछत्ती पर।

यह काव्य-स्वर 'अँधेरे में' कविता से अलग हिन्दी कविता में एक नये प्रस्थान की तरह है। मुक्ति का स्वप्न तो इसमें भी है। इसी तरह गगन गिल 'अँधेरे में बुद्ध' सीरीज की कविताएँ जब लिखती हैं तो स्त्री-मुक्ति का नया ही सन्दर्भ उभरता है। 'यह आकांक्षा समय नहीं' संग्रह में उनकी एक कविता है 'वह सचमुच'। उसे भी जरा देखिए—

दरवाज़ा भड़भड़ा रहा है
जाने कब से

घण्टी बज रही है
फ़ोन की
तुम्हारे खाली कमरे में

वह खड़ी है
तुम्हारी खिड़की के बाहर
पिछले कई दिन-रात से

मण्डरा रही है
तुम्हारी सोई आँखों के पास
देख रही है
निकाल कर
तुम्हारा दिल
रात के इस सन्नाटे में

रोक रही है रास्ता
पकड़ कर तुम्हारा चीवर

मैं तुम्हे जाने नहीं दूँगी
मैं तुम्हे जाने नहीं दूँगी

नहीं
यह
हवा नहीं है

भ्रम नहीं है
वह
सचमुच आन पहुँची है
तुम्हारे एकान्त में

दलित कवयित्री रजनी अनुरागी की मुक्ति का स्वप्न कुछ दूसरा है—

अगर पढ़ सको तो पढ़ो
हमको ही
हमारी कविता की तरह
हम औरतें भी
एक कविता ही तो हैं।

'अँधेरे में' से आगे और उससे अलग हिन्दी कविता का यह नया इलाका है। एकदम नया और उर्वर। मुक्ति को नया अर्थ देता हुआ। हिन्दी कविता के आकाश में नये क्षितिज को उद्घाटित करता हुआ। मुक्ति का यह सपना 'अँधेरे में' के स्वप्न का विस्तार है या कुछ अलग है, इस पर विचार होना चाहिए।

मुक्तिबोध की चेतना जिस विचारधारा से संचालित है, जनक्रान्ति उसकी अनिवार्य परिणति है। भविष्य में जनक्रान्ति होगी और जनता की मुक्ति की सारी बाधाएँ दूर हो जायेंगी, इसे लेकर 'अँधेरे में' कविता के रचनाकार को कोई दुविधा नहीं है। उस जमाने में विश्व स्तर पर और भारतीय समाज में मार्क्सवाद की जो मोहक उपस्थिति थी, उसे देखते हुए मुक्तिबोध के जनक्रान्ति के सपने को यथार्थ मानने में तब भला किसे आपत्ति हो सकती थी! लेकिन पचास वर्षों बाद दुनिया और भारत के नक़्शे पर जनक्रान्ति का आदर्श कहीं भी मज़बूत स्थिति में दिखाई नहीं पड़ता। इसलिए आज न तो उनका जनक्रान्ति का वह सपना निर्विवाद है और न उस जनक्रान्ति के लिए लड़ने वाले जन की निष्ठा। मुक्तिबोध आज होते तो उनकी जनक्रान्ति के सपने को कई ओर से चुनौतियाँ मिलतीं। कारण साफ़ है—आज शोषक और शोषित के विभाजन की स्वीकार्यता निर्विवाद नहीं है। प्रगतिशील मार्क्सवादी आलोचक रामविलास शर्मा का यथार्थ और वर्ग का आग्रह मनुवादी करार दिया जा चुका है। नागार्जुन की कविता 'हरिजन गाथा' का विरोध दलित विमर्शकारों द्वारा किया जा चुका है। 'सरस्वती' में हीरा डोम की कविता 'अछूत की शिकायत' के प्रकाशन को महावीर प्रसाद द्विवेदी का षड्यन्त्र बताया जा चुका है, आदि-आदि। ऐसे में 'अँधेरे में' के सामने का जो काव्य-परिदृश्य है उसमें बहुत बदलाव आया है। यह बदलाव लाने में स्त्रियों की भूमिका तो है ही, दलित कवियों की भी भूमिका है। ...मैंने पहले कहा कि 'अँधेरे में' कविता में भारतीय जन के प्रतिरोध का जो का दृढ स्वर है और जनक्रान्ति का जो सपना है उसे हमारे दौर की अस्मितावादी प्रतिरोधी आवाज़ें उस रूप में स्वीकार नहीं करतीं, उन्हें मुक्ति की समाजवादी क्रान्ति के बदले

अपनी-अपनी मुक्ति का सवाल ज़्यादा परेशान करता है। ओम प्रकाश वाल्मीकि की एक कविता है—'ठाकुर का कुआँ'। यह प्रेमचन्द की कहानी का एक तरह से कविता में दलित पाठ है—

चूल्हा मिट्टी का
मिट्टी तालाब की
तालाब ठाकुर का
रोटी बाजरे की
बाजरा खेत का
खेत ठाकुर का
बैल ठाकुर का हल ठाकुर का
हल की मुठ पर हथेली अपनी
फसल ठाकुर की
कुआँ ठाकुर का
खेत खलिहान ठाकुर के
फिर अपना क्या?
गाँव?
शहर?
देश?

इस कविता का कैनवास निश्चित रूप से 'अँधेरे में' जैसा बड़ा नहीं, बहुत छोटा है। प्रश्न है कि इसके भीतर उठने वाले सवाल दलित जीवन के सन्दर्भ में बड़े हैं या नहीं? यह 'अँधेरे में' जैसी जटिल वितान वाली कविता के सामने सीधी-सपाट है, लेकिन दलित भारत की ओर से सवाल तो ऐसी ही कविताएँ उठाती हैं। जय प्रकाश कर्दम की एक कविता है—'किले'। उसका एक अंश है—

ब्राम्हण का मान
ठाकुर की शान
सेठ की तिज़ोरी

खेत-खलिहान
मिल-कारखाने
कोठी और हवेली मेरे श्रम और शोषण से
फले-फूले हैं

....

असमानता और अन्याय के
ये सारे किले मेरी
आँखों में गड़े हैं।

ये दलित कविताएँ एक बयान की तरह हैं- सरल और सपाट। रेटोरिक से भरी हुई। हिन्दी कविता भाव और शिल्प की जिस ऊँचाई पर पहुँच चुकी है, उसे देखते हुए ये बयानधर्मी कविताएँ कविता के परिभाषित परिसर की नहीं लगतीं। खुद 'अँधेरे' में कविता के जरिए हिन्दी कविता का आकाश जितना विस्तृत और ऊँचा हुआ है उसे देखते हुए इन्हें सरल कविताओं के खाते में डाला जा सकता है, लेकिन इसमें उठने वाले सवाल हिन्दी कविता में बिलकुल नये हैं। इन नये सवालों से बनने वाली हिन्दी कविता चाहे जितनी सरल-सपाट लगे वह 'अँधेरे में' के आगे हिन्दी कविता की नयी ज़मीन है इससे कौन इनकार करेगा! भले वह भूमि अभी थोड़ी उबड़-खाबड़ ही सही।

'अँधेरे में' से पता चलता है कि मुक्तिबोध ने प्रगतिशील हिन्दी कविता का अलग रास्ता पकड़ा। वह रास्ता नागार्जुन, केदारनाथ अग्रवाल आदि प्रगतिशील कवियों से भिन्न था। वे 'नयी कविता' के भीतर ही प्रगतिशील मूल्यों की स्थापना का संघर्ष कर रहे थे। कामरेड डांगे के नाम उनका जो ऐतिहासिक पत्र है वह इसका प्रमाण है। मुक्तिबोध ने समाज और विचारधारा के साथ व्यक्ति के हृदय पक्ष को जोड़ा। हृदय-पक्ष यानी व्यक्ति का अनुभव, द्वन्द्व, आत्मसंघर्ष आदि। विचारधारा के साथ उनकी आत्मा के दर्पण पर पड़ने वाले अनुभव के प्रकाश से यह कविता निर्मित होती है। उन्होंने उभरते हुए नये मध्यवर्ग की शक्ति को पहचाना, उन्होंने यह भी देखा कि इस वर्ग की कथनी और करनी में द्वैत है। मध्यवर्गीय व्यक्ति के माध्यम से उन्होंने मुक्तिकामी संघर्ष का आकलन किया और एक आदर्श जनवादी व्यक्ति की तस्वीर पेश की, जिसका चरम उद्देश्य है—अभिव्यक्ति के पूर्ण रूप की खोज। लेकिन 'अँधेरे में' के आगे हिन्दी कविता का जो प्रगतिशील-जनवादी परिदृश्य है, उसमें आत्मा का आयतन कम और वैचारिक चेतना का आयतन ज़्यादा प्रमुख है। इस लिहाज से मैं आलोकधन्वा, राजेश जोशी और अरुण कमल की कविताओं को उदाहरण रूप में रखना चाहूँगा। 'मैं' इन कविताओं में भी है, लेकिन यह 'अँधेरे में' के 'मैं' से अलग लगता है। आलोकधन्वा की कविता 'जनता का आदमी' की कुछ पंक्तियाँ देखी जा सकती हैं—

जब कविता के वर्जित प्रदेश में
मैं एकबारगी कई करोड़ आदमियों के साथ घुसा
तो उन तमाम कवियों को
मेरा आना एक अश्लील उत्पात-सा लगा
जो केवल अपनी सुविधा के लिए
अफीम के पानी में अगले रविवार को चुरा लेना चाहते थे
अब मेरी कविता एक ली जा रही जान की तरह बुलाती है,
भाषा और लय के बिना,केवल अर्थ में-
उस गर्भवती औरत के साथ
जिसकी नाभि में सिर्फ़ इसलिए गोली मार दी गयी
कि कहीं एक और ईमानदार आदमी पैदा न हो जाय।

कुछ लोगों ने 'जानता का आदमी' को 'अँधेरे में' के बाद सबसे महत्वपूर्ण कविता घोषित किया था। इस कविता का जितना शोर एक ज़माने में था, आज उसका अता-पता नहीं है। उसका कारण यह है कि इस कविता का प्रेक्षपण बिन्दु ही जनक्रान्ति का किताबी आइडिया है, जिसका कवि के जीवनानुभव से कुछ लेना-देना नहीं है। यह वैचारिक चेतना से संचालित है जिसमें 'अँधेरे में' जैसा ईमानदार आत्मालोचन का अभाव है। 'जानता का आदमी' की तुलना में आलोक की 'पतंग' और 'कपड़े के जूते' अधिक विश्वसनीय और प्रभावशाली कविताएँ हैं। 'जनता का आदमी' के साथ ही बहुतेरी ऐसी कविताएँ उस दौर में लिखी गयीं जो थोड़े दिन के शोर-शराबे के बाद सतह पर बैठ गयीं। अब इससे अलग राजेश जोशी की एक कविता 'मै झुकता हूँ' को देखते हैं, जिसमे मध्यवर्गीय व्यक्ति की चापलूसी और चालाकी पर चोट है। मानवीय गरिमा को स्वाभिमान दिलाने के क्रम में राजेश जोशी लिखते हैं–

दरवाज़े से बाहर जाने से पहले
अपने जूतों के तस्में बाँधने के लिए मैं झुकता हूँ
रोटी का कौर तोड़ने और खाने
झुकता हूँ अपनी थाली पर
जेब से अचानक गिर गयी कलम या सिक्के को उठाने को झुकता हूँ।
झुकता हूँ लेकिन उस तरह नहीं
जैसे एक चापलूस की आत्मा झुकती है
किसी शक्तिशाली के सामने

जैसे लज्जित या अपमानित होकर झुकती हैं आखें
झुकता हूँ
जैसे शब्दों को पढ़ने के लिए आँखें झुकती हैं

आलोकधन्वा और राजेश जोशी की कविताओं के साथ अरुण कमल की 'अन्त' शीर्षक कविता को भी इसी क्रम में देखा जा सकता है।

आख़िर इसी जान
इसी देह की ख़ातिर तो सब किया

जहाँ बोलना था चुप रहा
जिससे बोलना बन्द कर देना था उससे
हँस-हँस कर बोला
आख़िर इसी देह की खातिर
नाक पर डाले रुमाल
गरीब बहन के आँगन से गुज़रा
और बलवन्त के आगे टांगे रहा भरा पीकदान

'अँधेरे में' और मुक्तिबोध की जो जनवादी काव्य-परंपरा है, ये कवि उसी परंपरा के माने जाते हैं। इन कवियों की जो तीन कविताएँ यहाँ रखी गयी हैं, इन तीनों कविताओं में 'मैं' है, जो पाठक से संवाद करता दिखाई पड़ रहा है। क्या इन कविताओं का 'मैं' 'अँधेरे में' के 'मैं' से तुलनीय है? 'अँधेरे में' कविता में जगत समीक्षा और आत्म समीक्षा का जो द्वन्द्व है, वह क्या इनमें है? 'अँधेरे में' के 'मैं' के भीतर जो द्वन्द्व और तनाव है, वह इनमें कम है। कहना ही हो तो मैं कहना चाहूँगा कि 'अन्त' का जो 'मैं' है वह पाठक को ज़्यादा भरोसे का लगता है। 'मैं झुकता हूँ' और 'जानता का आदमी' का स्थान क्रमशः उसके बाद होगा। मुक्तिबोध 'नयी कविता का आत्मसंघर्ष' नामक अपने प्रसिद्ध निबन्ध में अपने समय की कविता का 'अपने परिवेश के साथ द्वन्द्व स्थिति' अनिवार्य मानते हैं और कवि के लिए उन द्वन्द्वों का अध्ययन ज़रूरी समझते हैं। क्योंकि उन्हें लगता है कि उनके समय की कविता 'पुराने काव्य-युगों से कहीं अधिक, बहुत अधिक, अपने परिवेश के साथ द्वन्द्व स्थिति में प्रस्तुत है। इसलिए उसके भीतर तनाव का वातावरण है।' पाब्लो नेरुदा अपने 'मेम्वायर्स' में कविता के लिए 'रियल' और 'अनरियल' के बीच तनाव और द्वन्द्व की उपस्थिति को ज़्यादा ठीक मानते हैं।

लेकिन प्रश्न है कि 'अँधेरे में' को उसके बाद की प्रगतिशील-जनवादी

कविता का निकष क्यों बनाया जाये? मुक्तिबोध के समय का न तो विश्वव्यापी -राष्ट्रव्यापी वैसा राजनीतिक माहौल है और न वैसे सपनों-आदर्शों से अनुप्रमाणित मुक्तिबोध सरीखी पीढ़ी। 'अँधेरे में' कविता जिस यूटोपिया, सामजिक-राजनीतिक संघर्ष और आत्म संघर्ष की उपज है, जितने विस्तृत एवं जटिल वितान तथा ताने-बाने की रचना है, वह उसे महाख्यानपरक कविता के दर्जे में बिठाता है। वह कविता अन्तर्वस्तु के स्तर पर बहुस्तरीय तथा शिल्प एवं काव्यभाषा के स्तर पर बहुआयामी है। इसमें भाषा, भाव और शिल्प के बहुतेरे उतार-चढ़ाव हैं। यह एक सम पर चलने वाली कविता नहीं है, जैसे कि 'असाध्य वीणा'। यथार्थ और फैंटेसी तथा स्वप्न और जागृति के धरातल पर यह एक साथ चलती है। इतने जटिल वितान और 'विजन' की कविता हर दौर में लिखी ही जाये, कोई ज़रूरी नहीं। इसका अनुकरण तो हरगिज सम्भव नहीं, प्रभाव की कुछ छायाएँ भले ही कहीं-कहीं दीख जायें। इस अर्थ में मुक्तिबोध का वारिस कोई कवि नहीं है। बाद की पीढ़ी पर 'अँधेरे में' का प्रभाव कितना है, यह तो विस्तृत छानबीन का विषय है, लेकिन इतना तय है कि बाद की हिन्दी कविता 'अँधेरे में' की तत्सम बहुलता से मुक्त हो गयी। यह मुक्ति ज़रूरी भी थी।

'अँधेरे में' कविता को पढ़ते हुए एक बात से मैं थोड़ा हैरान हुआ। मुक्तिबोध इसमें तोल्स्तोय, तिलक और गाँधी का बड़ा ही सकारात्मक स्मरण करते हैं। 1960 के दशक में कम्युनिस्ट पार्टी के आइकन तो ये हर्गिज नहीं थे। तोलस्ताय को लेनिन ने 'सोवियत क्रान्ति का दर्पण' जरुर कहा था। इसलिए उनके प्रति सम्मान तो था, लेकिन आइकन तो गोर्की थे। कम्युनिस्ट पार्टी का नजरिया गाँधी के प्रति ही काफी कठोर था, तिलक की तो खैर बात ही छोड़िए! ऐसे में इन तीनों के स्मरण का अर्थ क्या है? लगता है तब कम्युनिस्ट पार्टी की जो लाइन थी, मुक्तिबोध उसका अतिक्रमण करते हैं। ऐसा करके क्या वे तब की मार्क्सवादी समझ को अद्यतन कर रहे थे? एक बात और ध्यान देने लायक है—'अँधेरे में' का प्रकाशन 'कल्पना' में हुआ था। 'कल्पना' समाजवादियों की पत्रिका थी। उसके प्रेरणा-पुरुष राममनोहर लोहिया थे और संचालक उनके समाजवादी सखा बदरीविशाल पित्ती। सम्पादक मण्डल में प्रायः समाजवादी लोग ही थे। मुक्तिबोध का मार्क्सवादी रुझान जगजाहिर था। कम्युनिस्ट पार्टी और सोशलिस्ट पार्टी के अपने-अपने विवाद भी थे। फिर भी 'कल्पना' ने व्यापक वामपन्थी समझ का परिचय देते हुए मुक्तिबोध समेत किसी भी मार्क्सवादी कवि-लेखक को छापने से परहेज नहीं किया। मेरी सहज जिज्ञासा है कि तब मार्क्सवादी मंचों से निकलने

वाली पत्रिकाएँ भी इसी उदारता और व्यापक समझ के तहत समाजवादी लेखकों को छापती थीं या नहीं? मुझे लगता है कि तब की बात तब के लोग जानें, लेकिन आज भी मार्क्सवादी मंचों की पत्रिकाओं में यह उदारता और खुलापन नहीं आया है। जिस परम अभिव्यक्ति की खोज करते हुए मुक्तिबोध ने 'अँधेरे में' कविता लिखी थी, उस अभिव्यक्ति पर तब की तुलना में आज कई गुणा अधिक खतरा है। ऐसे वक़्त में यह कविता व्यापक लोकतान्त्रिक और वामपन्थी (अगर वामपन्थ सिर्फ़ कम्युनिस्ट संगठनों तक महदूद नहीं है तो) समझ और पहल की माँग करती है। ...'अँधेरे में और हिन्दी कविता के पचास वर्ष' पर बात करते हुए अपनी कुछ समझ, कुछ ऊहापोह को इस तरह मैंने आपसे साझा किया। अपनी समझ से कुछ आयामों पर मैंने बात की। सम्भव है कुछ आयाम और भी हों, जिनपर आगे बातचीत होगी...

(म. गां. अं. हि. वि. वि., वर्धा के इलाहाबाद केन्द्र द्वारा 29 दिसम्बर, 2014 को आयोजित गोष्ठी में दिये गये वक्तव्य का लिखित एवं किंचित सम्पादित-संवर्धित रूप)

प्रस्तुति : सुनील कुमार मिश्र

अन्तःकरण और मुक्तिबोध

नयी कविता के कवियों में मुक्तिबोध शीर्ष स्थान के अधिकारी अपनी कविताओं के कारण तो हैं ही, अपनी आलोचना के लिए भी हैं। उनका आलोचना साहित्य इतना विचारपूर्ण और समृद्ध है जितना उनके पहले नहीं था। इस अर्थ में उनकी महिमा से सहज तुलनीय एक ही नाम है—'अज्ञेय' का। हालाँकि दोनों के साहित्य चिन्तन की दिशाएँ अलग हैं। मुक्तिबोध ने हिन्दी कविता और आलोचना को जितने नये पद और प्रत्यय दिये हैं वे उनके नये साहित्यिक सोच के प्रमाण हैं। ज्ञानात्मक संवेदना, संवेदनात्मक ज्ञान, फैंटेसी, सभ्यता-समीक्षा आदि नये प्रत्ययों ने आगे के साहित्य चिन्तन को कितना प्रभावित किया है, यह कहने की ज़रूरत नहीं। इसी तरह का एक नया शब्द मुक्तिबोध के सन्दर्भ में है—'अन्तःकरण'।

मुक्तिबोध को ठीक-ठीक समझने के लिए इस अन्तःकरण' को भी समझना ज़रूरी है। एक मार्क्सवादी का अन्तःकरण की बात करना हमारा ध्यान भी खींचता है और हमें चकित भी करता है। यह 'अन्तःकरण' क्या है? मुक्तिबोध के पहले स्वतन्त्रता आन्दोलन के महानायक महात्मा गाँधी के यहाँ 'अन्तरात्मा' की चर्चा अक्सर मिलती है। वे कभी-कभी लोकप्रिय कार्यक्रमों और विचार-सरणियों से अलग 'अन्तरात्मा' की पुकार पर अपना निर्णय लेते हुए और अपने समानधर्मा साथियों को असमंजस में डालते हुए पाये जाते हैं। गाँधी की अन्तरात्मा की यह आवाज़ अपने साथियों को तो असमंजस में डालती ही थी, प्रेमचन्द जैसे प्रशंसक लेखक को भी परेशान करती थी। अन्तःकरण की मौजूदगी के कारण मुक्तिबोध के भी समानधर्मा साथियों में असमंजस की स्थिति है। इस अन्तःकरण के कारण ही उनके यहाँ आत्मसंघर्ष का प्राचुर्य और प्राधान्य है। उनके इस आत्मसंघर्ष को उनके पूर्ववर्ती मार्क्सवादी कवि-आलोचक ठीक नहीं मानते और अवमूल्यित करते हुए उसे 'मन-मन्थन' तक कह डालते हैं।

जिसे महात्मा गाँधी 'अन्तरात्मा' कहते हैं, उसे ही मुक्तिबोध 'अन्तःकरण'

कहते हैं। अन्तरात्मा के साथ चूँकि आत्मा-परमात्मा का भी सन्दर्भ जुड़ा हुआ है इसलिए वे अन्तरात्मा की जगह अन्तःकरण का प्रयोग करते हैं। यूँ तो अन्तःकरण संस्कृत का शब्द है और भारतीय सन्दर्भ में इसका प्रयोग होता रहा है। लेकिन मुक्तिबोध इसे आधुनिक और सेक्युलर सन्दर्भ प्रदान करते हैं। कहा जा सकता है कि उनका यह अन्तःकरण, जो भले-बुरे का विवेक प्रदान करने वाली भीतरी इन्द्रिय शक्ति है, अन्तरात्मा का ही अधिक आधुनिक और सेक्युलर रूप है। सच तो यह है कि अन्तःकरण किसी भी व्यक्ति की सांस्कृतिक उपलब्धियों का सार होता है। इसलिए मुक्तिबोध वैचारिक चेतना के साथ अन्तःकरण पर भी ज़ोर देते हैं। यद्यपि उनका एक प्रसिद्ध निबन्ध है–'अन्तरात्मा और पक्षधरता' जिसमें वे अन्तरात्मा का प्रयोग अन्तःकरण के अर्थ में ही कर रहे हैं। उन्हें आशंका थी कि उन्हीं के समानधर्मा लोगों को यह बात पसन्द नहीं आयेगी और वे लोग उन्हें धिक्कारेंगे भी। अपने उस निबन्ध में वे लिखते हैं : "हाँ, यह सही है कि मेरी जैसी अन्तरात्मा वाले लोग मुझे धिक्कार भी सकते हैं। मेरे ही शिविर में मेरी ही हत्या हो सकती है, वास्तविक तिरस्कार हो सकता है, हुआ है, होता रहा है, होता रहेगा–सम्भवतः" मुक्तिबोध के यहाँ बौद्धिकता के आग्रह के साथ अन्तःकरण पर ज़ोर का जो तनाव है, वह महत्त्वपूर्ण है और उसे समझने की ज़रूरत है।

मुक्तिबोध का साहित्य जितनी जगत-समीक्षा है, उतनी ही आत्म-समीक्षा भी। इन दोनों के सम्यक योग के कारण ही उनका साहित्य पाठकीय भरोसा अर्जित करता है और हमें उनकी कविता अपने अन्तःकरण की आवाज़ लगती है जिसमें नैतिक आवेश-सा है। जगत ज्ञान जब अन्तःकरण के इलाक़े से गुज़रता है तभी वह महत्त्वपूर्ण और भरोसे का साहित्य बनता है। कई बार हमारी वैचारिक चेतना और भले-बुरे का विवेक करने वाले अन्तःकरण के बीच पटरी नहीं बैठती। जो लोग वैचारिक चेतना को प्रमुखता देते हैं, वे इन दोनों के सामंजस्य की चिन्ता नहीं करते। वे 'पॉलिटिकली करेक्ट' होने के दबाव के तहत रचते हैं और अन्तःकरण की आवाज़ की अनसुनी करते हैं। मुक्तिबोध के यहाँ वैचारिक चेतना और अन्तःकरण में द्वन्द्व है। उनका साहित्य उनके इसी संघर्ष का परिणाम है। इसलिए यह अकारण नहीं है कि उन्हें पहचानने में उनके समानधर्मा साथी प्रारम्भ में विफल रहे। तब उनको पहचानने वाले ज़्यादातर वे लोग थे जो गैर-प्रगतिशील थे। प्रगतिशीलों में परसाई और नामवर सिंह जैसे लोग कम थे। 'अन्तःकरण का आयतन' शीर्षक कविता मुक्तिबोध ने जैसे अपनी ही मनःस्थिति को व्यक्त करने के लिए लिखी हो या अपने समय के मध्यवर्गीय बुद्धिजीवी

समाज पर टिप्पणी करते हुए लिखी हो लेकिन यह तय है कि वे उस द्वन्द्व को महत्त्व दे रहे हैं जो चेतना और अन्तःकरण के द्वन्द्व का प्रतिफल है। उनकी अपेक्षा यह है कि मध्यवर्गीय बुद्धिजीवी के अन्तःकरण को विशाल होना चाहिए जिसमें शोषित-पीड़ित मनुष्यता का दुःख-दर्द समा जाये लेकिन वह संकीर्ण और छोटा है। कविता का प्रारम्भिक अंश उस दृष्टि से द्रष्टव्य है :

अन्तःकरण का आयतन संक्षिप्त है,
आत्मीयता के योग्य
मैं सचमुच नहीं!
पर, क्या करूँ,
यह छाँह मेरी सर्वगामी है!
हवाओं में अकेली साँवली बेचैन उड़ती है
कि श्यामल-अंचला के हाथ में
तब लाल कोमल फूल होता है
चमकता है अँधेरे में
प्रदीपित द्वन्द्व-चेतस एक
सत-चित-वेदना का फूल

न सिर्फ़ मुक्तिबोध बल्कि सम्पूर्ण नयी कविता का अधिकांश मध्यवर्गीय बोध की कविता है। मुक्तिबोध इस अर्थ में विशिष्ट हैं कि वे मध्यवर्ग में निम्नवर्गीय बुद्धिजीवी जमात के आत्मसंघर्ष को प्रमुखता देते हैं। इसे ही आलोचक उनका आत्मसंघर्ष कहते हैं जिसकी चर्चा मुक्तिबोध के साहित्य चिन्तन में तो है ही, उनकी कविताओं में भी है। इस आत्मसंघर्ष के साथ जगत-संघर्ष की प्रक्रिया निरन्तर चलती रहती है। जगत-संघर्ष की दृष्टि या विचारधारा मनुष्य विभिन्न स्रोतों से प्राप्त करता है और चेतना सम्पन्न बनता है, लेकिन उसका अन्तःकरण तो उसके संस्कार, उसके अनुभव, पारिवारिक-सामाजिक परिवेश आदि से निर्मित होता है। एक लम्बी प्रक्रिया के दौरान भले-बुरे का विवेक करने वाला भीतरी इन्द्रिय बोध ही अन्तःकरण का रूप ग्रहण करता है। मुक्तिबोध का आत्मसंघर्ष उनके अन्तःकरण और बाह्य संघर्ष के द्वन्द्व का प्रतिफल है जिसके कारण वे हिन्दी कविता का विशिष्ट स्वर बनकर उभरते हैं। अपने उसी निबन्ध में वे कहते हैं : "मेरी अन्तरात्मा ने जीवन यात्रा में जिन लक्ष्यों और भाव-दृश्यों को प्राप्त किया है, जिस भावधारा का विकास किया है, उसमें महत्त्वपूर्ण सचाईयाँ भी हैं। उस अन्तरात्मा ने जिन विशेष आग्रहों का विकास किया है, वे उनके लक्ष्यों से प्रसूत

आग्रह हैं। वे प्रयोजन हैं। वे अन्तरात्मा के संवेदनात्मक उद्देश्य हैं, वे कर्म-प्रक्रिया के लक्ष्य हैं—चाहे वह कर्म-प्रक्रिया कलाकार का कर्म ही क्यों न हो। उन उद्देश्यों और प्रयोजनों, उनसे प्रसूत आग्रहों और अनुरोधों से, मैं तटस्थ नहीं हूँ। मैं अपनी आत्मा का पक्षधर हूँ। इसलिए आप ही आप मेरे अनजाने मेरा अपना एक शिविर बन जाता है, चाहे उसे मैं शिविर कहूँ या न कहूँ, भले ही मैं उस शिविर के सदस्यों के भौतिक अस्तित्त्व से अपरिचित रहूँ." इस तरह मुक्तिबोध की अन्तरात्मा का अर्थ पक्षधरता है। पक्षधरता अपनी तरह से सोचने-समझने वाले लोगों की, जिनसे उनका शिविर है।

अन्तःकरण या अन्तरात्मा मुक्तिबोध के लिए बहुत भरोसे की है। वे उसकी आवाज़ सुनते हैं, वे उसके निर्णय को मानने के पक्ष में हैं। अन्तरात्मा के निर्णय का अर्थ सिर्फ़ अपना निर्णय नहीं, बल्कि वह सामूहिक सत्य है जो देश-दुनिया में फैले उन जैसे लोग सोचते हैं। इसलिए उस सत्य के खोज की प्रक्रिया सपाट नहीं, द्वन्द्वात्मक है और वे द्वन्द्व के बिना अन्तःकरण की भी कल्पना नहीं करते। वे मानते हैं कि संसार का सत्य सबके लिए खुला है। वे लिखते हैं : "अगर मैं पहचान जाऊँ कि उसने यह सही-सही, ये सच्ची-सच्ची बातें कही हैं, तो मैं उन्हें उठा लूँगा। जिस प्रकार यथार्थ का एक अंश मेरे सम्मुख खुला हुआ है, उसी प्रकार यथार्थ का एक अंश उसके सम्मुख भी खुला हुआ है।" विरोधी शिविर से सीखने की इस प्रक्रिया को वे द्वन्द्व मानते हैं, लेकिन वे इस बात के लिए सावधान करते हैं कि द्वन्द्व कहीं झूठे न हों। वे मानते हैं कि बौद्धिक अहंकार से ग्रस्त लोग झूठे द्वन्द्व का सृजन कर लेते हैं। वे लिखते हैं : "अहंकार अपना एक इंद्रजाल खड़ा करता है। तर्क और युक्ति, सही और आधी सही बातों का एक अस्त्रागार उनके पास है। लेखक अपनी लेखनी से भी अपने अहंकार की तुष्टि करता है। वह ख़ुद ही अपनी आँखों के सामने कैसा-कैसा अभिनय करता है, तन्मय होकर।" इस बौद्धिक अहंकार से, चाहे वह जिस शिविर के व्यक्ति का हो, वे बचना चाहते हैं। वे मानते हैं कि साहित्य या कला का सृजन युक्तियों का कोई संग्राम नहीं है। वह अपनी ही तरह के लोगों के अन्तःकरण की सृजनात्मक शक्ति है। जहाँ वह नहीं है और जहाँ तर्कों से भरा बौद्धिक अहंकार है उससे वे अपने को पराजित होने की हद तक बचाना चाहते हैं। उसी निबन्ध में उनके शब्द हैं: "मैं इससे बचना चाहता हूँ, और पराजित हो जाने में ही अपना कल्याण समझता हूँ। क्योंकि पराजित हो जाने से ही कोई विजित नहीं हो सकता।" बौद्धिक अंहकार के सामने पराजित हो जाने की जो यह स्वीकारोक्ति है वह उसी

व्यक्ति की हो सकती है जिसके पास ज्ञान के साथ अन्तःकरण के आयतन का विस्तार भी हो। इसलिए जिनके अन्तःकरण का आयतन विस्तृत नहीं, संक्षिप्त है या जो अन्तःकरण की नहीं सुनते, जो सिर्फ़ तर्कों का वकीली कारोबार करते हैं और लकीर के फ़क़ीर हैं, ऐसे लोगों को वे जड़वादी कहते हैं और लिखते हैं : "जड़वाद कई तरह से प्रकट होता है। वह अध्यात्म का जामा पहनकर आता है, और भौतिकवाद का भी।" इस तरह जड़वाद को व्यक्तित्व और ज्ञान के विकास में बाधक मानते हुए वे अन्तरात्मा के प्रश्न पर आते हैं और मानते हैं कि आत्मचेतना का अर्थ विश्वचेतना है। उनके शब्द हैं : "अन्तरात्मा का प्रश्न, अपनी जीवन यात्रा में विकसित तथा अर्जित उस मूलभूत यथार्थ-बोध तथा मानव मूल्यों की तत्पर क्रियाशीलता से लगा हुआ है कि जिस मूलभूत यथार्थ-बोध के बिना, और उन मानव मूल्यों के बिना अपने आप को एक ही साथ विश्वचेतन और आत्मचेतन नहीं कह सकते।"

अन्तःकरण के रूप में मुक्तिबोध सृजन के लिए ज्ञान के साथ एक ऐसे स्पेस की ओर इशारा करते हैं जो भारत की विकसनशील चिन्ताधारा के मूल में है। उनका यह अन्तःकरण ही है जिसके कारण उनकी हर रचना में एक तड़पती हुई ऐसी बेचैनी है जो दूसरों को अपनी लगने लगती है। उनका यह अन्तःकरण कभी अन्तरात्मा के रूप में तो कभी आत्मालोचन के रूप में और कभी अन्तर्द्वंद्व के रूप में उनके सृजन में शुरू से आख़िर तक मौजूद है। इस कारण वे नयी कविता के दौर में प्रगतिशील और गैर-प्रगतिशील शिविरों में समान आकर्षण के केन्द्र बनते हैं। इस अन्तःकरण के कारण वे अपने पूर्ववर्ती प्रगतिशीलों से संघर्ष करते हुए अपने को अलग करते हैं और नयी साहित्य-दृष्टि के साथ सामने आते हैं। श्रीपाद अमृत डांगे के नाम अंग्रेज़ी में जो उनका पत्र है उसका सार यही है कि नयी रचनाशीलता को समझने-सराहने में पुरानी प्रगतिशील अवधारणा अपना अर्थ खो चुकी है। उनका यह अन्तःकरण उन कलाप्रेमियों से भी उन्हें पृथक करता है जो अपनी अन्तरात्मा की आवाज़ तो सुनते हैं लेकिन समाज की पुकार उन्हें नहीं सुनाई पड़ती। वे उनकी समाज विमुखता की आलोचना करते हैं लेकिन उनकी कला-चेतना की तारीफ़ भी करते हैं : "प्रगतिवादियों की तुलना में निःसन्देह ये नये लोग अधिक कला-मर्मज्ञ थे।" इसलिए मुक्तिबोध का अन्तःकरण नयी कविता के दौर में उन्हें वह विशिष्ट दर्जा देता है, उनके साहित्य को वह नयी चमक देता है, जो दूसरों के पास नहीं है।

लेखक के चरित्र और ईमानदारी का सवाल मुक्तिबोध के यहाँ प्रमुख है,

जिसकी चर्चा प्रगतिवादी जमात में प्रायः नहीं होती। असल में यह सवाल वही उठा सकता है जिसके पास विकासोन्मुख विश्व-दृष्टि और विशाल आयतन वाला निष्कलुष, साथ ही निजी लाभ-लोभ रहित, अन्तःकरण हो। यह सवाल भी वही उठा सकता है जो संगठन और विचारधारा के अतिक्रमण का साहस करता है और अन्तःकरण की आवाज़ सुनता है। कहना न होगा कि संसार में ऐसे ही लोगों ने महान रचना और कला को जन्म दिया है। अन्तःकरण के कारण लेखक आत्मालोचन के लिए हमेशा सजग और तत्पर रहता है। लेकिन विशाल आयतन वाले अन्तःकरण के अभाव में किसी महान विचारधारा के साथ होने के बावजूद अपने चरित्र और विचारधारा प्रेरित कार्यक्रमों की आलोचना का जोखिम बहुतेरे लेखक नहीं उठाते। इस कारण उनके चरित्र या विचारधारा में गहरे अन्तर्विरोध का पैदा होना स्वभाविक है। तब लेखक अन्तर्विरोधों की अनदेखी करता है और महान विचारधारा के साथ होने के अहंकार में जीने लगता है। उसे पता भी नहीं होता कि वह एक ऐसी 'हिपोक्रेसी' का शिकार है जिसके कारण उसकी महान विचारधारा भी जनता के बीच प्रश्नांकित हो रही है। ऐसा बाहर भी हुआ है, भारत में भी और हिन्दी में भी। इसलिए मुक्तिबोध ज़ोर-शोर से लेखकों के चरित्र और ईमानदारी का सवाल उठाते हैं। उनके शब्द हैं—"समीक्षक को भी चरित्र की उतनी ही आवश्यकता है जितनी कि लेखक को ईमानदारी की।" ध्यान में रखने लायक बात यह है कि चरित्र और ईमानदारी—इन दोनों जीवन मूल्यों के प्रति वे स्वयं भी बहुत आग्रहशील थे। यहाँ यह कहना ज़रूरी नहीं कि चरित्र और ईमानदारी की अन्तःकरण के निर्माण में क्या भूमिका है। विचारधारा की भूमिका यदि मनुष्य को सामाजिक रूप से नैतिक बनाने में है तो अन्तःकरण की निजी रूप से नैतिक बनाने में। यूँ दोनों भूमिकाएँ एक दूसरे के यहाँ आवाज़ाही भी करती हैं। इसलिए वे लेखक के लिए सही विश्वदृष्टि से जुड़ी विचारधारा और विस्तृत आयतन वाले अन्तःकरण दोनों को आवश्यक मानते हैं। ऐसा नहीं होता तो 'अँधेरे में' समेत मुक्तिबोध की उन महत्त्वपूर्ण कविताओं का सृजन सम्भव नहीं था जिनमें ज्ञान और अन्तःकरण का भरपूर द्वन्द्व है। 'अँधेरे में' कविता का पागल द्वारा गाया हुआ जो गीत है वह आदर्श और यथार्थ के गहन टकराव का ही परिणाम है।

मुक्तिबोध ने जब लेखक के चरित्र और ईमानदारी का सवाल उठाया था तब उनके सामने भारत का उभरता हुआ विशाल मध्यवर्ग था, उस मध्यवर्ग का बुद्धिजीवी वर्ग था, जिसकी कथनी और करनी में गहरी फाँक थी। उनके

अनुसार लाभ-लोभ के आकर्षण में फँसा हुआ बुद्धिजीवी साहित्य की जनवादी आकांक्षाओं की पूर्ति नहीं कर सकता। मुक्तिबोध इस मध्यवर्ग पर बार-बार लिखते हैं, उसकी कमजोरियों को रेखांकित करते हैं और अन्ततः उसी से उम्मीद भी करते हैं कि एक दिन वह वास्तविकता को समझेगा और सर्वहारा के पक्ष में खड़ा होगा। उनके सामने स्वतन्त्रता आन्दोलन और भारतीय नवजागरण के गर्भ से पैदा हुआ मध्यवर्ग था, जिसके भीतर परिवर्तन की चेतना थी। वह जाति और संप्रदाय से मुक्त भारत का सपना देखता था। उसके एजेंडे में कहीं न कहीं समतावादी-समाजवादी सपना भी था। आज के मध्यवर्ग से वह हर तरह से भिन्न था। आज नये वेतनमानों से अघाया मध्यवर्ग है जिसके सपने में दूर-दूर तक वे पुराने एजेंडे नहीं हैं। यह उपभोक्तावादी समय का मध्यवर्ग है जिसका पहला और अन्तिम सपना अतिशय भोग है। उपभोक्ता समाज में बदल चुके आज के मध्यवर्गीय व्यक्ति-बुद्धिजीवी के लिए जातिवाद-सम्प्रदायवाद कोई मुद्दा नहीं है। तेजी से पैर पसारते धार्मिक फासीवाद को वह कोई खतरा नहीं मानता, उसे अपने भोग से मतलब है। मुक्तिबोध को अपने ज़माने के मध्यवर्गीय व्यक्ति के अन्तःकरण का आयतन 'संक्षिप्त' लगा था। आज उसके पास शायद अन्तःकरण है ही नहीं। एक तरफ़ यह मध्यवर्ग है और दूसरी तरफ़ वह विशाल वंचित समाज है जिसके दुखों का कोई अन्त नहीं है। मुक्तिबोध जब रचनाकार के चरित्र-ईमानदारी की बात करते हैं तब समाज में बढ़ती असमानता की खाई पर उनकी नज़र है और रचनाकार से उनकी अपेक्षा है कि इसके चित्रण में वह किसी भटकाव का शिकार नहीं हो। आज लेखक के चरित्र और ईमानदारी पर उनके समय से अधिक संकट और सन्देह है। तब प्रश्न है कि मुक्तिबोध को कैसे याद करें? उनकी एक कविता है, 'गुंथे तुमसे, बिंधे तुमसे', जिसमें 'विचारों की वेदना' में अपने सरीखे जन से जुड़ने का हृदयग्राही चिन्तन है। कविता का एक अंश देखा जा सकता है :

वेदना में हम विचारों की
गुंथे तुमसे,
बिंधे तुमसे,
...कोई नहीं थे हम तुम्हारे किन्तु
सहचर हो गये
चाहे जलधि, पर्वत, हज़ारों मील की दूरी
हमारे बीच में आ जाये,

फ़िर भी मानसिक अदृश्य सूत्रों से
हमारी आत्माएँ परस्पर बात करती हैं...

यहाँ ध्यान की बात है कि विचारों का सम्बन्ध भले मस्तिष्क से हो वेदना का सम्बन्ध तो आत्मा से ही है। इस आत्मा को नज़रअन्दाज़ करके विचारों की वेदना को नहीं समझा जा सकता।

मुक्तिबोध मार्क्सवादी थे, लेकिन उनकी कविताएँ प्रगतिशील शैली की न थीं। उनकी काव्य-भाषा, प्रतीक, बिम्ब, अभिव्यंजना प्रणाली आदि प्रगतिशील धारा के मेल में न थीं। उनमें निजता, आत्मसंघर्ष, अन्तःकरण आदि पर भी ज़ोर था। इस कारण उनकी कविताओं की प्रायः उपेक्षा होती थी और उनमें अनेक कमियाँ भी देखी जाती थीं। ऐसी स्थिति में उनकी जो मनः स्थिति थी उसका बड़ा ही व्यंजक चित्र उन्होंने अपनी एक कविता में खींचा है :

कहते हैं लोग-बाग़ बेकार है मेहनत तुम्हारी सब
कविताएँ रद्दी हैं।
बेडौल हैं उपमाएँ, विविध है कल्पना की तस्वीरें
उपयोग मुहावरों का शब्दों का अजीब है
सुरों की लकीरों की रतार टूटती ही रहती है.
शब्दों की खड़-खड़ में खयालों की भड़-भड़
अजीब समाँ बाँधे हैं!!
गड्ढों भरे उखड़े हुए जैसे रास्ते पर किसी
पत्थरों को ढोती हुई बैलगाड़ी जाती हो।
माधुर्य का नाम नहीं; लय-भाव-सुरों का तो काम नहीं
कौन तुम्हारी कविताएँ पढ़ेगा..

अज्ञेय द्वारा सम्पादित 'तार सप्तक' (1943) में तो वे थे ही, फ़िर उनकी यह मनोरंजक शिकायत 1950 के दशक में किनसे है? प्रगतिवादियों से? या किसी और से? वे जो भी हों, इतना तय है कि उनकी कविताओं को लेकर तब बहुत से किन्तु-परन्तु थे। सम्भव है उस किन्तु-परन्तु में यह अन्तःकरण भी हो जो तब लोगों को गुज़रे ज़माने का लगता हो। आज भी मुक्तिबोध के कीर्तनिये उनके सन्दर्भ में अन्तःकरण की कितनी चर्चा करते हैं!

मुक्तिबोध के लिए विचारधारा जितने महत्व की है उससे कम अन्तःकरण नहीं। क्या रचना और क्या आलोचना हर जगह वे अन्तःकरण के धरातल पर विचारधारा को रचना में रखकर देखते हैं। 'समीक्षा की समस्याएँ' शीर्षक अपने

प्रदीर्घ निबन्ध में वे विचारधारा के साथ अन्तःकरण की ज़रूरत पर भी बल देते हुए दिखाई देते हैं। हमारा जितना निर्माण बाहरी समाज में होता है उतना ही परिवार में भी। मुक्तिबोध का मानना है : "हम लोग परिवार और पारिवारिक जीवन को साहित्य के अध्ययन में विशेष महत्व ही नहीं देते हैं। आज भी व्यक्ति का विकास बाह्य समाज में तो होता ही है, वह परिवार में भी होता है। परिवार व्यक्ति के अन्तःकरण के संस्कार में प्रवृत्ति विकास में पर्याप्त योग देता है।" वे यह भी मानते हैं कि परिवार के भीतर नये और पुराने तथा उदार व अनुदार दृष्टियों के बीच टकराहट चलती रहती है। उस टकराव में अन्ततः नयी और उदार दृष्टियाँ विजयी होती हैं जिनका हमारे ऊपर प्रभाव पड़ता है। इस तरह से हमारे भीतरी जगत के निर्माण में बाहर के साथ परिवार के भीतर की भी भूमिका है। बाहर और भीतर के द्वन्द्व के स्वरुप हमारा जो अन्तःकरण निर्मित होता है, रचना में उसकी भूमिका से कैसे इंकार किया जा सकता है! इसलिए मुक्तिबोध काव्य रचना के प्रसंग में कहते हैं, "...कविता एक सांस्कृतिक प्रक्रिया है। इस अर्थ में वह सांस्कृतिक प्रक्रिया है कि लेखक अपने जाने-अनजाने अपने अन्तःकरण में संचित भावावेगों के साथ जीवन-मूल्य भी प्रकट कर रहा है। गूँज की एक अनुगूँज के रूप में।"

अन्तःकरण की भूमिका वैचारिक रूढ़ियों से लेखक को मुक्त करने में है। ऐसा करके वह रचना की नयी भावभूमि में प्रवेश करता है। रूढ़ियों के अतिक्रमण का साहस लेखक तभी कर पाता है जब वह अन्तःकरण की सचाई को सुनता है। किसी ज़माने में प्रगतिवादियों ने प्रयोगवाद को ख़ूब लांक्षित किया। अब भी यह सिलसिला बन्द नहीं हुआ है। लेकिन मुक्तिबोध इस प्रवृत्ति को ठीक नहीं मानते। वे लिखते है : "किसी ज़माने में प्रयोगवादी कविता प्रगतिवाद के अधिक निकट थी। किन्तु प्रगतिवादियों ने उसकी ख़ूब उपेक्षा की।" जो उन से भिन्न है उसे प्रगतिवादी अपना विरोधी मानते हैं। इस प्रवृत्ति पर भी मुक्तिबोध ने टिप्पणी करते हुए लिखा : "जो अपने से भिन्न है, वह अपना विरोधी भी है। जो काव्य के अपने माने हुए ढाँचे में जमा हुआ नहीं है, वह ग़लत भी है, असुन्दर भी है, प्रतिक्रियावादी है। इस प्रकार का सोच-विचार समीक्षकों की मानव यथार्थ से दूरी-लम्बे चौड़े फ़ासले-सूचित करती है।" मुक्तिबोध आगे प्रगतिवादियों के व्यवहार पर टिप्पणी करते हुए यह भी कहते हैं—"...वे मुक्ति-संघर्ष, राष्ट्र-प्रेम, प्राकृतिक-सौन्दर्य, नारी-सौन्दर्य, यथार्थ-आलोचना-भावना, आशा, उत्साह तथा तत्समान अन्य भावों को प्रगतिशील समझते हैं किन्तु शेष सब भावनाएँ, जैसे,

भयानक-ग्लानि, आशा-अनाशा, वैफल्य तथा इसी श्रेणी की अन्य भावनाएँ, प्रतिक्रियावादी हैं।'' इसलिए मुक्तिबोध मानते हैं कि सिद्धान्तों को साहित्य पर लागू करते वक़्त जीवन-तथ्यों की वास्तविकता को दृष्टि से ओझल नहीं करना चाहिए। उनके अनुसार जिन प्रगतिवादियों ने ऐसा किया, वे 'सिद्धान्त-व्यवस्था के भीतर अटक गये थे।'

मार्क्सवादी मुक्तिबोध यदि प्रगतिवादियों की इस तरह कड़ी आलोचना कर रहे हैं तो इसलिए कि वे ख़ुद 'सिद्धान्त-व्यवस्था' के भीतर अटके हुए नहीं हैं। उनकी दृष्टि 'जीवन-तथ्यों की वास्तविकता' पर भी है। जीवन और रचना में यह काम वही करेगा जो ज़रूरत पड़ने पर 'सिद्धान्त-व्यवस्था' का अतिक्रमण करेगा। इस अतिक्रमण का साहस वही कर सकता है जिसे अपने अन्तःकरण पर भरोसा हो। इस कारण मुक्तिबोध में जो आत्मसंघर्ष है उसे व्यक्तिवाद समझने की भूल न करना चाहिए। वे स्वयं अपनी एक कविता में आत्मसंघर्ष को व्यक्तिवाद कहने वालों को 'आत्मग्रस्त मूर्ख' कहते हैं। जो मुक्तिबोध यह मानते हैं कि 'कभी अकेले में मुक्ति नहीं मिलती / यदि वह है तो सबके ही साथ है' उस मुक्तिबोध पर व्यक्तिवाद का आरोप कैसे लग सकता है! 'चम्बल की घाटी' में एक अंश है जिसमें आत्मा की आवाज़ को दबा कर सिद्धान्तों के सहारे अपने को सही बतलाने वालों पर कड़ी टिप्पणी की गयी है :

ऐसी जो अँधेरे में पड़ी हुई
किरनों की भीतरी गुत्थी
चिलकती लौंकती,
कहती है—
'हमने तो पहले भी कहा था।
पर, तुम
अनसुनी करते हो आदतन!'
किन्तु, वे जड़ता के पंजे
अपनी ही स्तिथियों का औचित्य
करते हैं स्थापित;
विशेष दृष्टि से चरित्र-विश्लेष
निज-इतिहासिक-विवरण
प्रस्तुत करते हैं,
न्यायोचित वे बताते हैं निज को,
(अनसुनी करते हैं आत्मा की आवाज़)

मुक्तिबोध का अध्ययन अब तक अधिकांशतः उनकी विश्वदृष्टि, विचारधारा, फेंटेसी, आदि आधारों पर होता रहा है। उनके प्रसंग में अन्तःकरण का भी कोई महत्व है, इस पर हमारा ध्यान न के बराबर है। अन्तःकरण का अर्थ है मध्यवर्गीय बुद्धिजीवी के अन्तःकरण को प्रश्नांकित करना जो तब की तुलना में अब और अधिक 'रक्तपायी वर्ग से नाभिनालबद्ध' हो चुका है। 'भूतों की शादी में कनात से तन' जाने वाले इस वर्ग की 'उदरम्भरि' प्रवृत्ति खतरनाक रूप ले चुकी है। 'स्वार्थों के टेरियर कुत्ते' पालने वाले इस वर्ग के भीतर का 'राक्षसी-स्वार्थ' अट्टाहास कर रहा है। मुक्तिबोध की कविताएँ उस वर्ग को 'बौद्धिक जुगाली' से मुक्त होकर अपने अन्तःकरण में झाँकने और उसके आयतन को विस्तृत करने का आह्वान करती हैं। 'मुझे कदम-कदम पर' शीर्षक अपनी कविता में उन्हें दूसरों के अनुभव और अपने सपने दोनों ही सच्चे लगते हैं तथा उन्हें संभावना की अनेक राहें फूटती हुई लगती हैं :

मुझे कदम-कदम पर
चौराहे मिलते हैं
बाहें फैलाये!!

एक पैर रखता हूँ
कि सौ राहें फूटतीं,
व मैं उन सब पर से गुज़रना चाहता हूँ;
बहुत अच्छे लगते हैं
उनके तजुर्बे और अपने सपने.....
सब सच्चे लगते हैं;

उन्हें जनता में अटूट भरोसा है और हर आदमी की भीतरी शक्ति एवं सौन्दर्य की सम्भावना को वे सराहते हैं तथा भावावेग में उसे गाते भी हैं। अन्तःकरण की गीतात्मक लय और जनता से रागात्मक सम्बन्ध का श्रेष्ठ उदाहरण इसी कविता की अगली पंक्तियों में दिखाई पड़ता है :

मुझे भ्रम होता है कि प्रत्येक पत्थर में
चमकता हीरा है,
हर-एक छाती में आत्मा अधीरा है,
प्रत्येक सुस्मित में विमल सदानीरा है,

मुझे भ्रम होता है कि प्रत्येक वाणी में
महाकव्य-पीड़ा है,
पलभर मैं सबसे गुज़रना चाहता हूँ
प्रत्येक उर में से तिर आना चाहता हूँ...

जनता की इस भीतरी शक्ति-सम्भावना को वही कवि लक्षित करता है जिसके 'अन्तःकरण का आयतन' विस्तृत होता है।

(2017)

तात्कालिकता और कविता

तात्कालिक किसी घटना या प्रसंग से कविता का क्या सम्बन्ध है? कविता क्या एक तरह का राजनीतिक बयान है जिसकी दरकार किसी नेता से समाज को है? क्या हर समय घट रही किसी घटना पर कवि का कविता में बोलना उचित है? ये सारे प्रश्न इसलिए कि इधर सोशल मीडिया पर दिन-प्रतिदिन की घटनाओं पर आधारित कविताओं की भरमार है। सोशल मीडिया अभिव्यक्ति का बड़ा मंच है जो हर किसी को उपलब्ध है। वहाँ कोई सम्पादक नहीं जो कविता के गुण-दोष बताये। यहाँ जगह की कमी नहीं; सो जब लिखें, जितना लिखें, छपने की सुविधा है। यहाँ किसी सम्पादक की तथाकथित तानाशाही की जगह उड़ान के लिए खुला आकाश है। इस कारण ऐसी कविताएँ भी आती हैं जो किसी सामयिक घटना पर कवि की प्रतिक्रिया भर होती हैं। लोगों की शिकायत रहती है कि उस प्रतिक्रिया को कविता बन जाने लायक जिस समय और सम्वेदना की दरकार है वह उसे नहीं मिली है।

कविता के इतिहास में झाँकने पर पता चलता है कि कविता ने तात्कालिकता से कभी मुँह नहीं मोड़ा लेकिन उससे उसकी दूरी हमेशा बनी रही है। भारत में वाल्मीकि को 'आदिकवि' कहा जाता है। माना जाता है कि कविता की शुरूआत उन्हीं से हुईं। एक घटना की चर्चा की जाती है कि मिथुनरत क्रौंच पक्षी का एक बहेलिया द्वारा वध देखकर महर्षि वाल्मीकि की करूणा उमड़ पड़ी और उनके मुँह से एक श्लोक फूट पड़ा—'मा निषाद प्रतिष्ठां त्वमगमः शाश्वतीः समाः...' कहा गया कि यह छन्दबद्ध कविता है और वाल्मीकि को महाकाव्य लिखना चाहिए। वाल्मीकि ने काव्य रचना के लिए नायक की खोज शुरू की। एक दिन उन्होंने महर्षि नारद के सामने नायक सम्बन्धी जिज्ञासा प्रकट की—"को न्वस्मिन साम्प्रतं लोके..." सम्प्रति इस लोक में नायक होने लायक कौन है? नारद द्वारा राम का

नाम लेने के बाद उन्होंने 'रामायण' की रचना की और वाल्मीकि को 'आदिकवि' के विशेषण से विभूषित किया गया।

वाल्मीकि वाले इस प्रसंग से पता चलता है कि तात्कालिक घटनाएँ कविता के लिए प्रेरक होती हैं। लेकिन कविता की संवेदना तक पहुँचने में उसे वक़्त लगता है। प्रसाद, निराला, अज्ञेय, नागार्जुन आदि आधुनिक कवियों ने भी तात्कालिक घटनाओं पर कविताएँ लिखी हैं। वे बुरी भी नहीं हैं। उनका भी महत्त्व है। लेकिन इन कवियों की कीर्ति का मूलाधार वे कविताएँ हैं जिनमें प्रत्यक्ष किसी घटना का दवाब नहीं है। 'सम्राट अष्टम एडवर्ड के प्रति' या 'काले-काले बादल आये, न आये वीर जवाहर लाल' जैसी निराला की कविताएँ तत्कालीन घटनाओं से प्रभावित कविताएँ हैं, ये अच्छी हैं लेकिन 'तुलसीदास', 'सरोज स्मृति', 'राम की शक्तिपूजा' और 'बादल राग' का जब हम स्मरण करते हैं तो ये कविताएँ हमें नहीं याद आतीं। भारत विभाजन पर अज्ञेय ने दर्जन भर कविताएँ लिखी हैं। उन कविताओं के जरिए अज्ञेय के सेक्युलर मिजाज और उनके कविकर्म के विस्तार का पता चलता है, पर अज्ञेय को विशिष्ट कवि बनाने में उनकी दूसरी कविताओं की भूमिका है। राजनीतिक घटनाओं पर सर्वाधिक कविताएँ नागार्जुन ने लिखी हैं। लेकिन 'बादल को घिरते देखा है', 'कालिदास सच सच बतलाना', 'अकाल और उसके बाद', 'बहुत दिनों के बाद' आदि कविताओं की बात ही कुछ और है! बेलछी हत्याकांड पर नागार्जुन ने 'हरिजन गाथा' लिखी। ब्रिटेन की रानी के भारत आने की तैयारी में लगी नेहरु सरकार पर व्यंग्य करते हुए 'आओ रानी हम ढोएंगे पालकी' कविता लिखी। इन सबका महत्त्व है। लेकिन तात्कालिक प्रतिक्रिया 'जयप्रकाश पर पड़ी लाठियाँ लोकतन्त्र की' जैसी कविता में है जो जाहिर है उनकी अच्छी कविताओं में नहीं गिनी जाती।

'प्रार्थना गुरु कबीरदास के लिए' शीर्षक कविता में विजयदेव नारायण साही जिस 'दहाड़ते आतंक के बीच फटकार कर सच' बोलने की बात करते हैं उसके पीछे आपात्कालीन स्थितियों की मौजूदगी से इनकार नहीं किया जा सकता। यह कविता आज जो स्थिति है उसमें भी प्रासंगिक है। इससे पता चलता है कि किसी कविता का आधार कोई घटना हो सकती है पर वह दीर्घजीवी तभी होगी जब वह उस घटना के पार जायेगी। यानी उसकी गूँजें-अनुगूँजें अपने समय के साथ होने पर भी उसका अतिक्रमण करने में समर्थ होंगी।

रघुवीर सहाय और धूमिल दोनों राजनीतिक कवि हैं। दोनों ने अपने समय को अपनी कविता में ढाला। दोनों में अपने समय का दवाब तो है लेकिन दोनों

में कविता के जरिए तात्कालिकता के अतिक्रमण का कवि कौशल है। फिर भी धूमिल की तुलना में रघुवीर सहाय ज्यादा बड़ा प्रभाव पैदा करते हैं। उनकी कविता 'रामदास' को याद कीजिए—'रामदास उस दिन उदास था/अन्त समय आ गया पास था/उसे बता यह दिया गया था/उसकी हत्या होगी'। यह कविता आँखों देखे रामदास सरीखे किसी गरीब आदमी के जीवन प्रसंग से प्रभावित हो सकती है, लेकिन यह तात्कालिकता का अतिक्रमण करती है और युग व्यापी प्रभाव पैदा करते हुए लोकतन्त्र में निस्सहाय आम आदमी का प्रतीक बन जाती है जिसे एक हत्यारा बीच सड़क पर पर दिन दोपहर में मार सकता है। यह आज़ादी के बाद आम आदमी की हालत है। रघुवीर सहाय अपने समय के सच को अपने युग का सच बनाकर कविता में रूपांतरित करने में समर्थ होते हैं। इसलिए उनकी कविता समकालीन भी है और दीर्घजीवी भी। समय का सच हू-ब-हू कविता का सच नहीं होता। समय के सच को कविता का सच बना लेने का हुनर रघुवीर सहाय जैसे कवि के पास खूब है। 1960 के दशक का 'रामदास' हमारे समय में हत्यारे के चाकू से नहीं मारा जाता। व्यवस्था ने उसे मारने के बहुत ही सूक्ष्म हथियार विकसित कर लिए हैं। इस तरह की विषयवस्तु पर शोर मचाती हुई बहुतेरी कविताएँ मिलेंगी। लेकिन ऐसे भी कवि हैं जो उस समसामयिकता को युग के सच की तरह कविता में प्रस्तुत करते दिखाई देते हैं। इधर के कवि चन्दन सिंह की एक कविता पर इस प्रसंग में ध्यान जाता है। कविता का शीर्षक है : 'उसकी हत्या में हथियार शामिल नहीं होंगे'। इस कविता में रघुवीर सहाय के काव्य सच का सही अर्थो में विकास दिखाई देता है। यह कविता भी रामदास सरीखे आम आदमी के मारे जाने की कविता है। कविता के प्रारम्भिक अंश को देखें—

यह तय है कि वह मारा जायेगा
पर, उसकी हत्या में
हथियार शामिल नहीं होंगे
सब्जी काटने से भले ही गन्दा हो जाये कोई चाकू
उसके ख़ून से तो हरगिज नहीं...किसी दिन वह गाड़ी के नीचे
नहीं आयेगा बचकर बगल से गुजरता
उसकी ख़ूबसूरती से मारा जायेगा।

इस कविता में तात्कालिकता है लेकिन उसे अतिक्रमित करने का उपक्रम भी है। 'रामदास' या इस तरह की कविताएँ न तो कबीर के युग में लिखी जा

सकती थीं, न तो निराला के युग में। लेकिन इन कविताओं में तात्कालिकता को अतिक्रमित कर युगव्यापी बनाने की जो तड़प है वही इन्हें समकालीन बनाती है ओर विशिष्ट भी।

कविता प्रत्यक्ष की भी विधा है लेकिन वह प्रत्यक्ष से अधिक परोक्ष की विधा है। वह सामने से जितना कहती है उससे अधिक ओट से कहती है। यूँ तो यह बात साहित्य मात्र पर लागू होती है लेकिन सबसे अधिक कविता पर ही लागू होती है। इसका ध्यान दुनिया के पुराने-नये सभी कवियों ने रखा है। फैज़ का शेर है—'वो बात फ़साने में जिसका जिक्र' न था/वो बात उन्हें बहुत नागवार गुजरी है'। यह प्रत्यक्ष की तुलना में परोक्ष को शायरी में महत्त्व देने की ओर संकेत है। प्रत्यक्ष को परोक्ष बनने में कविता समय लेती है। इसलिए तात्कालिकता के दवाब में जो कविताएँ लिखी जायेंगी उनका अधिक जोर प्रत्यक्ष पर होगा। प्रत्यक्ष की कविता के बयान होने की संभावना है। यह अलग बात है कि कभी-कभी बयान भी कविता बन जाता है। ऐसी ही एक कविता राकेश रंजन की है—'क्या होऊँ'। हमारे समय की साम्प्रदायिक समस्या पर एक बयानधर्मी बात कैसे कविता बनती है इसका सुन्दर उदाहरण है यह कविता—

हरा होता हूँ
तो हिन्दू मारते हैं
केसरिया होता हूँ तो मुसलमान
हत्यारे और दलाल मारते हैं
सफ़ेद होने पर
तुम्हीं कहो मेरे देश
क्या होऊँ
जो बचा रहूँ शेष।

(2018)

जनकवि और जनकविता

कवि मुकुट विहारी सरोज के नाम से ग्वालियर में एक साहित्यिक सम्मान दिया जाता है—'जनकवि मुकुट विहारी सरोज सम्मान'। यहाँ 'जनकवि' विशेषण ने ध्यान आकृष्ट किया। मुकुट विहारी सरोज को क्या 'जनकवि' उपाधि से विभूषित करना उचित है? वे तो एक गौण कवि थे। तभी देखा कि कवि त्रिलोचन के लिए भी 'जनकवि' उपाधि किसी ने प्रयुक्त की है। विजय बहादुर सिंह की पुस्तक 'जनकवि' पर भी ध्यान गया, जिसमें केदारनाथ अग्रवाल, नागार्जुन, भवानीप्रसाद मिश्र, शमशेर, मुक्तिबोध और रघुवीर सहाय कुल छह कवि शामिल हैं। कवि नागार्जुन ने 'जनकवि' का प्रयोग अपने लिए किया है। नागार्जुन के प्रशंसक अक्सर उनके नाम में 'जनकवि' विशेषण जोड़ते रहे हैं। वैसे स्वयं नागार्जुन ने भारतेंदु के लिए 'जनकवि' विशेषण का प्रयोग किया है। इन कुछ दृष्टान्तों के अतिरिक्त लोग आदर के लिए जनकवि विशेषण का प्रयोग इधर के वर्षों में अपने प्रिय कवियों के लिए करने लगे हैं। जहाँ तक अनुमान है कि 'जनकवि' विशेषण के प्रयोग की प्रवृत्ति का चलन छायावाद के बाद की घटना है। मुझे लगता है कि पहले लोग किसी कवि को जब ख़ूब आदर देते थे तो उसके नाम के पहले 'महाकवि' शब्द जोड़ते थे। यूँ महाकवि उसे कहा जाता था जिसने कोई महाकाव्य लिखा है, जैसे—महाकवि तुलसीदास। सूरदास ने कोई महाकाव्य नहीं लिखा था, तब भी उन्हें महाकवि कहा गया। नन्ददुलारे वाजपेयी की पुस्तक ही है—'महाकवि सूरदास'। कहा गया कि सूर ने भले ही कोई महाकाव्य न लिखा हो, लेकिन वे महाकाव्यात्मक प्रभाव पैदा करने वाले कवि हैं। कबीर को महाकवि किसी ने कहा हो, इसकी याद नहीं। पहले वे समाज सुधारक या सन्त थे। कवि रूप में प्रतिष्ठा उन्हें बहुत बाद में मिली। जायसी, सूर और तुलसी की तरह वे भी अब महाकवि हैं। आधुनिक काल में मैथिलीशरण गुप्त, प्रसाद, निराला आदि के लिए भी महाकवि पद प्रयुक्त होता रहा है। अब यह विशेषण सुनने को नहीं मिलता।

अब किसी कवि को महाकवि कहने पर, चाहे जनवादी हो या गैरजनवादी। वह नाराज हो जायेगा। ऐसा कहना उसे अपना उपहास-सा लगेगा। लगता है उसकी जगह 'जनकवि' ने ले ली है। यह भी लगता है कि जनकवि कहना-कहलाना कवि-प्रशंसकों और कवियों को ज़्यादा अच्छा लगता है।

महाकवि एक सुपरिभाषित पद था। इसका प्रयोग उसी के लिए किया जाता था जो इसका अधिकारी हो। जिसने महाकाव्य न लिखा, लेकिन जो महान कवि हो, जैसे—निराला। आधुनिक काल में इसका बड़ा दुरुपयोग हुआ। हर ऐरा-गैरा कवि अपने को महाकवि कहलाना पसन्द करने लगा। कवि सम्मेलन का संचालक हर कवि को 'महाकवि' कहकर बुलाने लगा। अब उसकी जगह जनकवि प्रचलन में है, लेकिन 'जनकवि' वैसा सुपरिभाषित पद नहीं है जैसा महाकवि था। तब प्रश्न है कि जनकवि कौन? भारतेंदु, नागार्जुन, त्रिलोचन, मुकुट विहारी सरोज आदि तो जनकवि घोषित किये जा चुके हैं। इसकी परिभाषा स्पष्ट हो तो और भी नाम जुड़ेंगे। क्या जनकवि उसे कहेंगे जो जनता का कवि हो। तब प्रश्न उठेगा कि जनता का कवि कौन? जनता के लिए तो सबने लिखा है। प्रसाद, निराला, अज्ञेय, नागार्जुन, मुक्तिबोध, रघुवीर सहाय, धूमिल आदि सभी कवियों ने जनता के लिए लिखा है। तब प्रश्न उठेगा कि किस जनता के लिए? उच्च वर्ग के लोग हिन्दी कविता पढ़ते होंगे, इसमें सन्देह है। निम्न वर्ग से जो किसान मज़दूर हैं वे भी शायद ही कविता पढ़ते हों। उनकी जीवन-स्थितियाँ कविता के पढ़ने के अनुकूल नहीं है। ले-देकर मध्यवर्ग ही हिन्दी कविता का पाठक हो सकता है। वकील, पत्रकार, अध्यापक, छात्र, अधिकारी, क्लर्क आदि को ही हिन्दी कविता का पाठक माना जा सकता है। क्या इनके बीच जो लोकप्रिय है उसे जनकवि कहा जाय?

जनकवि शब्दकोश में नहीं है। इससे पता चलता है कि यह पुराना शब्द नहीं है। अनुमान किया जा सकता है कि स्वतन्त्रता आन्दोलन में जिन कविताओं को जनता गाती होगी, उनके रचयिताओं लिए जनकवि विशेषण चलता होगा। यूँ 1940 के दशक में लिखी अपनी कविता 'भारतेंदु' में नागार्जुन ने भारतेंदु हरिश्चन्द्र को 'जनकवि' कहा है। क्यों कहा है? उन्हीं से सुनिए :

हिन्दी की है असली रीढ़ गवारु बोली,
यह उत्तम भावना तुम्हीं ने हममें घोली...
हे जनकवि सिरमौर, सहज भाषा लिखवइया
तुम्हें नहीं पहचान सकेंगे, बाबू-भइया।

शिक्षित जन जिसे गवाँरु बोली समझते हैं, वही हिन्दी की असली ताक़त है। ऐसा उत्तम विचार भारतेंदु का था। उनकी जैसी सहज भाषा लिखने वाला व्यक्ति ही 'जनकवि सिरमौर' है। यही कारण है कि उन्हें बाबू भइया का यानी ऊँचे तबके का समर्थन नहीं मिला। नागार्जुन की नज़र में ऐसा ही व्यक्ति जनकवि हो सकता है। बाद में उन्होंने खुद अपने को जनकवि घोषित करते हुए लिखा :

जनता मुझसे पूछ रही है क्या बतलाऊँ
जनकवि हूँ, सत्य कहूँगा, क्यों हकलाऊँ?

यहाँ नागार्जुन के अनुसार जनकवि वह है जो जनता के जीवन-मरण के सवालों से परिचित हो, जो यथार्थ चित्रण करता हो और साफ़-साफ़ दो टूक कहता हो। नागार्जुन की परिभाषा के आधार पर भारतेंदु और नागार्जुन दोनों जनकवि हैं। यूँ नागार्जुन प्रेमी नागार्जुन को ही प्रायः जनकवि कहते रहे हैं। ऊपर उद्धृत पंक्तियों से पता चलता है कि नागार्जुन के लिए जनकविता और जनकवि का सवाल हमेशा सर्वोपरि रहा है।

जनप्रियता के आधार पर बात करें तो मैथिलीशरण गुप्त की काव्य पुस्तक 'भारत-भारती' (1912 ई.) की याद सहज रूप से आती है। स्वतन्त्रता आन्दोलन के दौरान यह काव्य पुस्तक ख़ूब पढ़ी गयी। यह कृति इतनी लोकप्रिय हुई कि गुप्त जी को 'राष्ट्रकवि' की लोकोपाधि मिली। 'भारत-भारती' में जनता की आज़ादी का प्रश्न केन्द्र में था। सुभद्रा कुमारी चौहान की 'झाँसी की रानी' शीर्षक कविता स्वतन्त्रता आन्दोलन के दौरान तो ख़ूब लोकप्रिय हुई ही, आज भी लोकप्रिय है। बच्चन की 'मधुशाला' (1935) की अपार लोकप्रियता को हम भूले नहीं हैं। जाति-धर्म निरपेक्ष समाज की रचना का सपना 'मधुशाला' की केन्द्रीय भाव-भूमि है। दिनकर की कविता इतनी लोकप्रिय हुई कि जन आन्दोलनों का नारा बन गयी। 1940 के दशक में यदि नेहरु राजनीति में युवा हृदय-सम्राट बन गये थे तो हिन्दी कविता के युवा हृदय-सम्राट दिनकर थे। सहज भाषा, स्पष्ट कथन, जनता और समाज के व्यापक सवालों के आधार पर गुप्त, बच्चन और दिनकर भी सच्चे अर्थों में जनकवि हैं। और भी कवि हैं जिनकी कवितायें जनता के बीच ख़ूब लोकप्रिय हुईं। 1960 के दशक में बिहार के हमारे अंचल के स्कूलों में एक गीत ख़ूब लोकप्रिय था : 'देश हमारा, धरती अपनी, हम धरती के लाल, नया संसार बनायेंगे, नया इनसान बनायेंगे।' यह किसकी कविता है, न हमें मालूम था, न शायद हमारे शिक्षकों को। बाद में पता चला कि प्रगतिशील कवि 'शील' का गीत है। दुष्यंत कुमार की ग़ज़ल-पंक्तियाँ अक्सर साधारण लोगों द्वारा उद्धृत

की जाती हैं। इन ग़ज़लों में जनता के सवाल भी हैं और भाषा का सहज रूप भी है। धूमिल की काव्य पंक्तियाँ भी अक्सर लोग दुहराते हैं। सवाल है कि ये सभी कवि जनकवि क्यों नहीं हैं और उनकी कविताएँ जन कविता क्यों नहीं हैं? कोई पूछ सकता है कि जनकविता किसे कहा जाये? जनकविता पद का प्रयोग किये बिना तुलसीदास ने वैसी कविता को 'मानस' में इस रूप में परिभाषित किया है कि आदर पाने योग्य वही कविता है जो सरल हो और जिसमें निर्मल चरित्र वाले व्यक्ति का वर्णन हो और जिसकी प्रशंसा शत्रु भी करें :

सरल कबित कीरति बिमल सो आदरहिं सुजान।
सहज बयर बिसराह रिपु जो सुनि करहिं बखान।।

कविता के इस आदर्श को लेकर चलने के कारण ही तुलसीदास जन-जन के कवि बने। बड़ी से बड़ी बात को सहज ढंग से कह देने की कला तो कोई तुलसीदास से सीखे। यही कारण है कि निराला ने उन्हें 'अशेष छविधर' कवि कहा तो त्रिलोचन ने उन्हें अपना आदर्श कवि घोषित किया- 'तुलसी बाबा, भाषा मैंने तुमसे सीखी, मेरी सजल चेतना में तुम रमे हुए हो।' तुलसीदास की सरलता दिनकर को इतनी प्रिय थी कि उन्होंने एक बार कहा था कि हम रिल्के की बात तुलसीदास की सफाई से कहना चाहते हैं। कविता में यह सरलता बड़ी बात है। इसके अभाव में प्रचण्ड पांडित्य के धनी और रामकथा लिखने वाले केशवदास जनता के बीच 'कठिन काव्य का प्रेत' बनकर रह गये।

कविताएँ जनता की जुबान पर दो कारणों से चढ़ती हैं। एक तो पाठ्यक्रमों में शामिल कवितायें प्रायः लोगों को याद हो जाती हैं। पाठ्यक्रमों में अनिवार्य रूप से शामिल होने के कारण प्रसाद, निराला, अज्ञेय, मुक्तिबोध आदि कवियों की कुछ एक पंक्तियाँ भी लोगों की ज़ुबान पर हैं। लेकिन भारतेंदु, मैथलीशरण गुप्त, सुभद्रा कुमारी चौहान, बच्चन, दिनकर नागार्जुन, धूमिल आदि की कविताएँ यदि लोगों की जुबान पर हैं तो इसका कारण इनके भीतर का वह काव्य-गुण है, जो उन्हें सहज ही स्मरणीय बना देता है। जनकवि वही है जिनकी काव्य-पंक्तियाँ सहज रूप में याद हों, जो जन आन्दोलनों का हिस्सा रही हों और जिन्हें समझने के लिए किसी आलोचक की ज़रूरत न हो। सच्चे अर्थ में तो हिन्दी भाषी क्षेत्र के जनकवि कबीर, सूर और तुलसीदास जैसे कवि ही माने जायेंगे। आधुनिक युग में साहित्यिकता के साथ लोकप्रियता की दृष्टि से मैथलीशरण गुप्त की 'भारत-भारती' और बच्चन की 'मधुशाला' का स्थान सबसे ऊपर है। बिना पाठ्यक्रम में शामिल हुए इन काव्य कृतियों का जादू पाठकों के ऊपर बना रहा।

जनकवि जैसा कोई प्रत्यय अंग्रेज़ी कविता में नहीं है। वहाँ शेक्सपियर के लिए भी इस तरह का कोई शब्द नहीं चलता। उर्दू में भी 'शायरे-इनकलाब' तो है पर 'शायरे अवाम' नहीं। हाँ, मीर और नजीर अकराबादी जैसे शायरों को कुछ लोग अवामी शायर कहते हैं। हिन्दी में भी यह कोई पद नहीं है। नागार्जुन ने जब अपने को जनकवि कहा तो भाव यह था कि वे जनता से प्रतिबद्ध कवि हैं। उनके भीतर अपनी कविता के जरिये जनता तक पहुँचने की बलवती चाह भी थी। इसलिए विषयवस्तु के साथ शिल्प शैली के प्रयोग में उन्होंने जन रूचि का ध्यान रखा। आज जो कविताएँ लिखीं जा रहीं हैं उनमें जनता के प्रति प्रतिबद्धता तो दिखती है, लेकिन संप्रेषणीयता के उस गुण का अभाव है, जो उसे जन प्रिय भी बनाता है। इसलिए हिन्दी कविता के सन्दर्भ में जन कविता का प्रश्न विचारणीय विषय होना चाहिए।

(2016)

गीत को देश निकाला

एक प्रश्न आजकल मुझे अक्सर परेशान करता है कि क्या हिन्दी कविता एक लुप्त होती हुई विधा है? इसका कारण यह है कि अभी जो कविता लिखी जा रही है, उसके पाठक नहीं हैं, जो हैं वे अपवाद स्वरुप हैं। कभी-कभी लगता है कि हिन्दी में कवि अधिक हैं और पाठक कम। कवि लिखते हैं, कवि पढ़ते हैं या वे लोग पढ़ते हैं जो साहित्य पढ़ने-पढ़ाने का धंधा करते हैं। समकालीन हिन्दी कविता वे पास अब प्रायः वैसे पाठक नहीं हैं, कविता जिनका धंधा न हो, फिर भी कविता वे आत्मिक सुख के लिए पढ़ते हैं। हिन्दी में बड़ी संख्या में कविता रची जा रही है, लेकिन छोटी मात्रा में भी उसकी खपत हिन्दी समाज में दिखाई नहीं पड़ती। ख़राब कविता की बात जाने दीजिए, हिन्दी में खूब बारीक, ख़ूब जटिल, ख़ूब कलात्मक कविताएँ लिखने वाले कवियों के पास भी नाम मात्र के पाठक हैं। मुख्य धारा के नाम पर जो कविताएँ लिखी जा रही हैं, छप रही हैं और प्रशंसित-पुरस्कृत हो रही हैं, वे सब हिन्दी पाठक की समझ से परे हैं। ऐसी स्थिति में क्या यह ठहरकर सोचने का समय नहीं आ गया है कि हिन्दी कविता की इस दशा के ज़िम्मेदार कारणों पर विचार किया जाय? गैं तो उस दिन कि कल्पना नहीं कर सकता जिस दिन हमारे साहित्य में कविता नामक विधा नहीं होगी!

वैसे तो हिन्दी समाज में साहित्य मात्र के पाठक कम हैं। जितना बड़ा हिन्दी क्षेत्र है, उसकी तुलना में पाठक वर्ग बहुत छोटा है। इसके सामाजिक, आर्थिक और साहित्यिक कारणों पर विचार होना चाहिए। लेकिन हिन्दी साहित्य की जिस विधा के लिए सबसे पहले और सबसे अधिक चिन्तित होने की जरुरत है वह कविता ही है। कविता मैं जब कह रहा हूँ तो उसका अर्थ तुकान्त-अतुकान्त सबसे है यानी सभी काव्य रूपों से। लेकिन अतुकान्त कविता के अलावा तुकान्त काव्य रूपों के लिए हिन्दी कविता की तथाकथित मुख्यधारा में कोई जगह नहीं है। तुकान्त काव्यरूपों में पहला स्थान गीत का है और दूसरा गजल का।

हिन्दी कविता ने प्रयोगवाद के साथ और उसके बाद जिस काव्य रूप को अवहेलित-उपेक्षित किया गया, वह गीत ही था। नयी कविता के दौरान यह भाव और तीव्र हुआ। क्या प्रगतिशील और क्या गैर प्रगतिशील, सबने गीत को हिन्दी कविता के देश से निकाला दे दिया। विजयदेव नारायण साही, नामवर सिंह, अशोक वाजपेयी आदि ने ऐसे काव्य-निकष बनाये और ऐसी कविताओं की पीठ ठोकी कि गीत लिखना दोयम दर्जे का कवि कर्म लगने लगा। गजल उर्दू का लोकप्रिय काव्य रूप है। हिन्दी कवियों ने भी इसे अपनाया। भारतेंदु, निराला, शमशेर, त्रिलोचन, जानकीवल्लभ शास्त्री आदि ने अच्छी गजलें लिखीं लेकिन गजल को हिन्दी आलोचना ने कभी स्वीकृति नहीं दी। हालाँकि हिन्दी में गजल लिखने वालों की एक बड़ी जमात है। हिन्दी में गजलें लिखी जा रही हैं। लेकिन हिन्दी ग़ज़लों को हिन्दी के आलोचक कभी उद्धृत नहीं करते। इस 'महादेश के वैज्ञानिक विकास के लिए समर्पित एक पत्रिका' ने तो लगभग घोषित कर रखा था कि उसके वहाँ गीत और गजल प्रकाशनार्थ न भेजें। इस घोषणा में गीत-गजल के लिए हिकारत का भाव है। दुष्यन्त कुमार की गजलें हिन्दी समाज में सबसे अधिक लोकप्रिय हुईं। लोग अक्सर उनके शेर उद्धृत करते हैं। लेकिन दुष्यन्त को प्रगतिशील-गैर प्रगतिशील किसी खेमे में गम्भीरता से नहीं लिया जाता। निष्कर्ष यह कि हिन्दी में गीत-गजल की रचना तो हुई पर उसे आलोचकों का प्रमाण पत्र नहीं मिला। एक धारणा-सी बना दी गयी कि गीत-गजल लिखने वाले प्रायः मीडियाकर हैं।

गीत हिन्दी का अपना एक लोकप्रिय काव्य रूप है। व्यक्ति सुख-दुःख में गीत गुनगुनाता है। माना जाता है कि गीत दिल का सीधा उद्गार है। उसमें विचार कम दिल की भावनाएँ अधिक व्यक्त होती हैं। हिन्दी में गीत लेखन की लम्बी परम्परा रही है। भारतेंदु से लेकर प्रसाद-निराला तक। महादेवी सिर्फ़ गीत लिखकर छायावाद का चौथा स्तम्भ हैं। निराला ने छन्द के बन्धन जरूर तोड़ें पर गीतों से उनका संग साथ कभी न छूटा। यदि गम्भीर पाठकों के लिए उन्होंने 'राम की शक्तिपूजा' और 'सरोज स्मृति' जैसी कविताएँ लिखीं, तो सामान्य पाठक के दिल को छूने वाली 'सरस्वती वन्दना' भी लिखी। हिन्दी में गीत भावना और विचार दोनों को वहन करने वाला सशक्त काव्यरूप रहा है।

गीत हिन्दी का जातीय काव्य रूप तो है ही, सबसे लोकप्रिय काव्य रूप भी रहा है। गीत एक तरह से हिन्दी कविता का लोकप्रिय चेहरा रहा है। भक्तिकाल में पद के नाम से यह गीत ही था, जो सूर, तुलसी, मीरा, कबीर आदि की अमरवाणी

का वाहक बना। महाकाव्य और खण्डकाव्य जैसे कठिन काव्य-दुर्ग में प्रवेश की गीत भूमिका तैयार करता रहा। कविता के कठिन दुर्ग में सभी प्रवेश नहीं करते। जो प्रवेश करते हैं उनको काव्य मर्मज्ञ बनाने में गीत प्राथमिक पाठशाला का काम करते रहे हैं। जो काव्य मर्मज्ञ नहीं हैं, साधारण जन हैं, वैसे पाठक के शुष्क हृदय को सरस बनाने में गीतों की सदियों से भूमिका रही है। इसलिए गीत की ताक़त को आधुनिक कल के पूर्व के कवि तो जानते ही थे, आधुनिक काल के भी बड़े कवियों ने भी इसे पहचाना। भारतेंदु, मैथिलीशरण गुप्त, प्रसाद, निराला आदि ने हिन्दी गीत को अमरता दी। गीत आधुनिक हिन्दी कविता की जमीन को उपजाऊ बनाने में हमेशा सहायक रहे। गीत लिखने वाले कवियों की ओर हिन्दी समाज हमेशा प्रेम और सम्मान से देखता रहा। जब तक हिन्दी कविता में गीत रचना होती रही और उसे प्रबुद्ध समाज का प्यार मिलता रहा, हिन्दी समाज कभी कविता विमुख नहीं हुआ, और कविता एवं कवियों के प्रति जनता में आदर बना रहा। गीत के प्रति उदासीनता का सिलसिला प्रयोगवाद -नयी कविता के साथ शुरू हुआ। पश्चिमी काव्य प्रतिमानों का थोड़ा प्रभाव तो छायावाद पर भी था, किन्तु प्रयोगवाद-नयी कविता के साथ हिन्दी कविता पश्चिमी काव्यादर्शों के सम्मुख खड़ी दिखाई देने लगी। क्षणवाद, व्यंग्य, विडम्बना, तनाव आदि हिन्दी कविता के मुख्य प्रतिमान बन गये। कविता-रचना छन्द से पूरी तरह मुक्त हो गयी। अज्ञेय, मुक्तिबोध आदि ने भले कभी-कभार गीत लिखे हों, उनकी मुख्य अभिव्यक्ति का माध्यम गीत नहीं थे। गीत के प्रति सम्मान और गम्भीरता का वह भाव जाता रहा, जो प्रयोगवाद के पूर्व था। नयी कविता के बाद कविता पूरी तरह छन्दमुक्त और अतुकान्त हो गयी। ऐसी स्थिति में गीत लिखने वाले कवियों की एक अलग जमात सामने आयी। शम्भुनाथ सिंह, ठाकुर प्रसाद सिंह आदि नयी कविता के सामानान्तर नवगीत के गीतकार कहे जाने लगे। इस तरह कवि और गीतकार की दो श्रेणियाँ पहली बार हिन्दी कविता में बनीं। कवि प्रथम श्रेणी के रचनाकार और गीतकार द्वितीय श्रेणी के, जैसी अघोषित धारणा विकसित होती गयी। कवियों में अपने लिए श्रेष्ठता बोध और गीतकारों के लिए उपेक्षा का भाव आता गया।कवि और गीतकार का यह विभाजन हिन्दी कविता और समाज के लिए शुभंकर नहीं हुआ।

कवि और गीतकार के विभाजन ने एक और काम किया। कवि सम्मेलनों में काव्यपाठ के जरिए कविता और जनता को जोड़ने का जो काम होता था,वह भी विभाजित हो गया। कवियों ने कवि सम्मेलनों में जाना एक तरह से बन्द

कर दिया। कवि सम्मलेन अब पूरी तरह गीतकारों के हवाले हो गया। नागार्जुन, भवानीप्रसाद मिश्र, जानकीवल्लभ शास्त्री आदि संभवतः अतिम पीढ़ी के कवि थे, जो कवि सम्मेलनों में जाते रहे और कविताएँ सुनते-सुनाते रहे। कवि सम्मेलनों में काव्यपाठ जनता के काव्य बोध को बनाए रखने और उसे विकसित करने का एक सशक्त माध्यम था, जिसकी हिन्दी की मुख्य धारा के कवियों ने उपेक्षा की। फल यह हुआ कि कवि-सम्मेलनों का मंच पूरी तरह सस्ते गीतकारों और फूहड़ हास्य कवियों के हवाले हो गया।

गीतों की रचना में बाधक बने वे काव्य निकष जो नयी कविता के दौरान विकसित हुए। क्षणवाद, व्यंग्य, विडम्बना, तनाव आदि को अच्छी और श्रेष्ठ कविता की कसौटी माना गया और इन्हें ही श्रेष्ठ काव्य मूल्य के रूप में प्रतिष्ठित किया गया। श्रव्यता को पुरानी कविता का गुण घोषित करके उसे पठ्य बनाने पर जोर दिया गया। अज्ञेय ने तो बाजाप्ता इस पर लिखा भी और आधुनिक कविता के लिए श्रव्यता को अच्छा गुण नहीं माना। उस दौर में प्रतिष्ठित और अत्यन्त लोकप्रिय कवि दिनकर 'रेटारिक' के कवि कहे जाते रहे।

हिन्दी कविता जब छन्द से मुक्त हुई थी तो कहा गया कि लय मुख्य है। बनावट-बुनावट की लय, भाषा की लय और भाव-विचार की लय के सहारे नयी कविता और उसके बाद की कविता लिखी जाती रही। इधर के वर्षों में वैचारिक लय की प्रधानता बढ़ी। बेशक ऐसी कविताओं ने यथार्थ के सूक्ष्म अंकन के सुन्दर उदाहरण पेश किये, लेकिन पाठक से उसकी दूरी कम नहीं हुई, कुछ बढ़ी ही। ऐसे में प्रश्न उठता है कि उर्दू कविता क्यों ग़ज़ल और नज़्म के अपने जातीय रूप विधान में आधुनिक और समकालीन बनी रही। उसको सराहने वाले भी बने रहे और उसका कोई-न-कोई शेर हम अब भी कभी-कभार उद्धृत करते रहते हैं। क्यों अहमद फराज समकालीन भी लगते हैं और शायरी प्रेमियों में लोकप्रिय भी हैं? हिन्दी के पास कोई अहमद फराज क्यों नहीं है?

उर्दू काव्य रूपों—ग़ज़ल और नज़्म-की तुलना में हिन्दी में अनेक काव्य रूप हैं। गीत उसका सफल और दिल को छूनेवाला शक्तिशाली काव्य रूप है। उसको तुक्कड़ कवि सम्मेलनी कवियों के भरोसे छोड़कर हिन्दी कविता का भला नहीं हो सकता। सम्प्रेषणीयता किसी कविता का दोष नहीं होती। व्यंग्य, विडम्बना, तनाव ही कविता के सार्वभौम और स्थायी निकष नहीं हैं। यूँ हिन्दी के अच्छे गीतकारों ने इस कसौटी की अनदेखी नहीं की। रमेश रंजक के एक गीत का टुकड़ा इस सन्दर्भ में द्रष्टव्य है :

अजगर के पाँव दिये जीवन को और समय को डैने,
ऐसा क्या पाप किया था मैंने।

समय की विडम्बना यहाँ भी है। ज़रूरत है गीत के प्रति आलोचना दृष्टि बदलने की। माना कि गीत में महाकाव्यात्मक संवेदना की समाही नहीं है, लेकिन उतना भी कम नहीं है, जितना कि समझ लिया गया है और समझा दिया गया है।

(2016)

कवि वेणु गोपाल

यहाँ अँधेरे में हो
इसलिए
अकेले हो
रोशनी में आओगे
तो कम से कम
अपने साथ
एक परछाई
तो
जुड़ी पाओगे।

1980 के दशक में वेणु गोपाल की यह कविता हमारी जुबान पर होती थी। इस कविता के जरिए हमने उस कवि को जाना था। तब हमारे मन में वेणु की बड़ी ही प्यारी क्रान्तिकारी छवि थी। नक्सलबाड़ी आन्दोलन का असर कहीं न कहीं हमारी चेतना पर था। कुमारेन्द्र, कुमार विकल, वेणु गोपाल, आलोकधन्वा आदि के नाम का शोर तब हिन्दी में ख़ूब था। नक्सलबाड़ी आन्दोलन ने हिन्दी कविता का मन-मिजाज़ बदलना शुरू किया था। वेणु और आलोक तो जैसे इस चेतना के हीरो कवि थे। कारण शायद यह हो या पटना में होने की भौगोलिक सुविधा, मैं कुमारेन्द्र और आलोक के बहुत करीब था। लगभग रोज का जीवन्त संग-साथ और गपशप हमारी दिनचर्या के ज़रूरी हिस्से थे। अकादमिक संसार से बाहर की साहित्यिक दुनिया के बड़े हिस्से से मेरा परिचय इनके जरिए ही सम्भव हो पाया। लेकिन वेणु हैदराबाद में रहते थे। चाहकर भी मैं तब के अपने प्रिय कवि से मिल न पाया। मिलना तभी हुआ जब मैं सेंट्रल यूनिवर्सिटी, हैदराबाद में अध्यापक होकर गया। वहाँ मैं आधे मन से गया था। एक अहिन्दी भाषी शहर में हिन्दी अध्यापक होकर जाने का भीतर बहुत उत्साह नहीं था। लेकिन एक ख़ुशी

ज़रूर थी कि वहाँ 'कल्पना' जैसी पत्रिका के संस्थापक-सम्पादक बदरीविशाल पित्ती हैं और मेरे प्रिय कवि वेणु गोपाल का भी वह गृह नगर है।

3 अक्टूबर, 2000 को मैंने सेंट्रल युनिवर्सिटी में योगदान किया। उसके अगले दिन हिन्दी विभाग के अध्यापक प्रो. सुवास कुमार से मैंने कहा कि वेणु गोपाल से मिलने की इच्छा है। उन्होंने मुस्कुराते हुए कहा कि हम अभी आपकी इच्छा पूरी किये देते हैं। हम विभाग के बाहर खड़े थे और गपशप कर रहे थे। उन्होंने हाथ से सामने की दिशा में यह कहते हुए इशारा किया—'ये रहे वेणु गोपाल!' मैंने उधर देखा। मझोले क़द का एक व्यक्ति कन्धे से झोला लटकाए और दाहिने हाथ में कुछ किताबें छाती से दबाये धरती को दबाता सधे कदमों से हमारी ओर आ रहा है। अगल-बगल विश्वविद्यालय के छात्र-छात्राओं की टोली। पास आने पर मैंने हाथ जोड़कर अपना परिचय देते हुए नमस्कार किया। वेणु ने अपना हाथ बढ़ाया और कहा—'वेणु गोपाल।' वे देर तक मेरा हाथ अपने हाथों में लिए रहे। मैंने ऊपर वाली कविता उन्हें सुनाई जो जुबानी याद थी। वे मुस्कुराते रहे।

वे कक्षा लेकर निकले थे। बौद्धिक थकान मिटाने के लिए उन्हें कॉफ़ी-सिगरेट की ज़रूरत थी। वे हमें लिए हिन्दी विभाग के पीछे की दुकान की ओर चल पड़े। दुकान के सामने एक पेड़ के नीचे पड़े पत्थरों पर हम बैठे तो काफी देर तक बैठे ही रहे। साहित्य, संस्कृति और राजनीति पर हमने लम्बी बातचीत की। कॉफी-चाय के कई दौर चले। उस दिन की हमारी कक्षाएँ समाप्त हो चुकी थीं। हम फुर्सत में थे। वेणु शाम को 'स्वतन्त्र वार्ता' हिन्दी दैनिक पत्र में फीचर पेज सँभालते थे। वहाँ वे पाँच-छह बजे जाते थे और दस साढ़े दस तक काम करते थे। सो वे भी इत्मीनान के मूड में थे। सम्भव है मेरे प्रति यह उनका शिष्टाचार हो। पहली मुलाक़ात थी। समय की कमी की शिकायत का कोई मौका वे मुझे नहीं देना चाह रहे हों। उस दिन ज़्यादातर वे ही बोले। मैं तो लगभग चुप ही था। सुनता रहा। सुवास जी यूँ भी कम बोलते हैं। सो वेणु ही बोलते रहे। उनका अध्ययन क्षेत्र बड़ा व्यापक था। देश-विदेश के साहित्य का बहुत कुछ वेणु को याद था। उस दिन की वह बैठक मेरे लिए बड़ी सुखकारी थी। हैदराबाद जाने का बेमन का मेरा जो फैसला था वह बुरा नहीं लगा। मुझे लगा कि जिस नगर में वेणु गोपाल जैसा सुशिक्षित हिन्दी का कवि रहता हो वह रहने लायक तो है ही।

उसके बाद तो मिलने-बैठने का लगभग रोज का सिलसिला-सा हो गया। सोमवार से शुक्रवार तक सप्ताह में पाँच दिन कक्षाएँ चलती थीं। वेणु तब गेस्ट फ़ैकल्टी के रूप में अध्यापन कार्य कर रहे थे; सो हमारी मुलाक़ात प्रायः होती

और हमारी जीवन्त रचनात्मक बातचीत जारी रहती। कमरों की कमी थी। इस कारण खाली समय में हम दोनों के बैठने की व्यवस्था एक ही कमरे में थी। यह व्यवस्था मेरे लिए बहुत ही सुखकारी साबित हुई। इस कारण बिना किसी कोशिश के हमारी नियमित मुलाक़ात अमूमन होती ही थी। कभी कमरे में और कभी पेड़ के नीचे कॉफ़ी पीते हुए हम घण्टों बतियाते। यह एक तरह की अड्डेबाजी थी, जो हमें ख़ूब पसन्द थी। दूसरे अध्यापक प्रायः इस तरह की अड्डेबाजी में कम ही शामिल होते थे। हाँ, कुछ साहित्य प्रेमी छात्र ज़रूर हमारी बैठक में शामिल रहते। मेरे द्वारा एक गेस्ट फैकल्टी को इतना महत्व दिया जाना बहुतों को शायद पसन्द नहीं था। हिन्दी के बहुतेरे अध्यापक हीनता ग्रंथि के शिकार होते हैं। इसे वे अपनी अतिरिक्त अकड़ से छिपाते हैं। रचनाकारों के संग अड्डेबाजी मेरा प्रिय शौक़ है। न जाने जीवन का कितना बड़ा हिस्सा ऐसी अड्डेबाजियों में मैंने ख़र्च किये हैं, और यह अब भी मुझे दीवानगी की हद तक प्रिय है। सो, मैं मुक्त-मन इस बैठकी में शामिल रहता। वेणु का संग-साथ पढ़ने-लिखने के लिए प्रेरक भी होता था और चुनौतीपूर्ण भी। कहना व्यर्थ है कि वह संग-साथ मेरे लिए मूल्यवान था। लेकिन सिलसिला ज़्यादा दिन नहीं चला। दिसम्बर में सत्रान्त हुआ और वेणु की छुट्टी हो गयी।

नियमित फ़ैकल्टी के अभाव में वेणु गेस्ट फ़ैकल्टी के तौर पर पिछले दो-ढाई साल से पढ़ा रहे थे। पगार आठ हज़ार रुपये थी। बेरोज़गार व्यक्ति के लिए आठ हज़ार की रकम ज्यादा नहीं थी, लेकिन यहाँ उससे अधिक कुछ और भी था, जो वेणु को बहुत प्रिय था। वह था अध्यापन का सुख, जो उनका पुराना सपना था। विश्वविद्यालय परिसर का बौद्धिक माहौल और छात्रों से नियमित संवाद उन्हें बहुत प्रिय था। इस सुख के लिए उन्होंने क्या नहीं किया! जिसका मुँह देखना भी उन्हें पसन्द नहीं था, उसके पीछे-पीछे हाथ बाँधकर खड़े रहना पड़ा। वेणु को हिन्दी के आचार्यों ने, ख़ासतौर से हैदराबादी आचार्यों ने, एक तरह से धोखा दिया। सारी शैक्षणिक योग्यता और बौद्धिक काबिलियत होते हुए वे किसी कॉलेज-युनिवर्सिटी में एक अदद लेक्चरार तक नहीं हो सके। इसका कारण यह था कि अपने क्रान्तिकारी भावावेश के दिनों में वे हिन्दी-आचार्यों की बौद्धिक हैसियत की ऐसी-तैसी कर चुके थे। जब इसका ज्ञान हुआ तब देर हो चुकी थी। आचार्यों ने उनके एक-एक पाप (?) का बदला लिया। अपनी ख़ुशामद कराते रहे, उनका शोषण करते रहे, लेकिन नौकरी नहीं दी। कहा जाता है कि हैदराबाद नगर की एक आचार्या का वे वर्षों तक भाषण लिखते रहे। भाषण देने

उस मोहतरमा को जाना होता और लाइब्रेरियों की ख़ाक वेणु गोपाल छानते! सुना कि उस 'विदुषी' की डी.लिट्. की थीसिस भी उन्होंने ही लिखी थी! प्रलोभन यह दिया गया था कि विश्वविद्यालय में नियुक्त हो जाओगे, लेकिन जब नियुक्ति हुई तो पैनल में वेणु कहीं नहीं थे। आर्थिक मज़बूरी में वे उन्हीं आचार्यों के पीछे-पीछे विनत भाव से चलने को मजबूर होते गये।

आख़िरी दिन का अन्तिम क्लास लेने के बाद वेणु कमरे में आये। चुप और उदास! थोड़ी देर बाद जैसे अपने आप बोले : "पिछले दो-ढ़ाई वर्षों से आठ हज़ार की नियमित आमदनी की आदत हो गयी थी। दस हज़ार के करीब 'स्वतन्त्र वार्ता' से मिलते हैं। जीवन जैसे-तैसे चल रहा था। अब आगे सिर्फ़ अँधेरा है। संघर्ष करने की भी एक उम्र होती है। साठ का होने जा रहा हूँ। अब कोई काम मिलने से रहा। लेकिन मित्रों की इतनी बड़ी जमात है! उस पर जब मैं नज़र डालता हूँ तो भविष्य जगमग लगता है।" वेणु आशा-निराशा के बीच की मनःस्थिति में थे। मुझे उनके दूसरे काव्य संग्रह 'हवाएँ चुप नहीं रहतीं' की 'देखना और सुनना' शीर्षक कविता याद आयी और देर तक दिमाग में बजती रही :

देखने के नाम पर
मेरे पास सिर्फ़ वह अँधेरा है
जो बढ़ता ही चला जा रहा है
लेकिन सुनने के नाम पर
ढ़ेर सारी किलकारियाँ हैं
घुटनों के बल
खिसक-खिसक कर आते हुए बच्चे भी।
मैं
जो कुछ भी देख पा रहा हूँ
वह आज है
लेकिन जो सुन रहा हूँ
वह आने वाला कल है'।

"चलिए कॉफ़ी पीते हैं!' वेणु ने कहा और हम आख़िरी बार अपने मयकदे में थे। मयकदा यानी हिन्दी विभाग के पीछे वाली कॉफ़ी की दुकान। हम साथ-साथ अन्तिम बार पेड़ के नीचे पड़े पत्थरों पर बैठकर कॉफी पी रहे थे। वेणु बीच-बीच में सिगरेट जलाते रहते थे। उस दिन भी हम देर तक बैठे रहे। दुनिया जहान की बातें करते रहे। वेणु पिछला भूल चुके थे और फॉर्म में थे। हमारी यह बैठक भी

पहली बैठक-सी थी। अधिकतर वे ही बोले। विश्वविद्यालय परिसर में हमारी वैसी बैठकी फिर नहीं हो पाई। हमारे साथ और कौन था यह तो याद नहीं, लेकिन इतना याद है कि उस दिन मैं वेणु को छोड़ने 'वार्ता' कार्यालय तक गया। हमारे साथ एम. फिल और पीएच.डी. के कुछ छात्र भी थे।

विश्वविद्यालय से छुट्टी के बाद 'स्वतन्त्र वार्ता' की नौकरी वेणु की जीविका का अन्तिम पड़ाव थी। वे शाम की शिफ्ट में वहाँ बैठते थे। उनके ज़िम्मे रविवार के विशेष पन्ने थे। उसके अलावा प्रतिदिन अख़बार में आचार्य रजनीश से लेकर अन्य बाबाओं के प्रवचनों के अंश होते थे जो प्रायः वेणु द्वारा तैयार किये जाते थे। प्रति सप्ताह जो राशिफल प्रकाशित होते थे, वे भी प्रायः वेणु लिखते थे। यह वेणु के नाम से नहीं, गोपालाचार्य के नाम से छपता था। एक बार दोपहर में जब मैं वेणु के घर गया तो वे राशिफल से सम्बन्धित उस स्तम्भ के लिए किसी को डिक्टेशन दे रहे थे। मेरे लिए उन्होंने चाय मँगाई। मैं बैठकर चुपचाप चाय पीता रहा और वे डिक्टेशन देते रहे। काम पूरा होने के बाद उन्होंने वेदना में डूबी आवाज़ में कहा कि "जीविका के लिए वह सब भी करना पड़ता है, जिसमें अपनी कोई आस्था नहीं होती।"

'स्वतन्त्र वार्ता' तेलुगु और हिन्दी में निकलने वाला हैदराबाद का प्रसिद्ध दैनिक पत्र है। तेलुगु संस्करण अधिक प्रसिद्ध है। वहाँ की तेलुगु पत्रकारिता की मुख्य धारा के पत्रों के साथ उसकी प्रतियोगिता है। लेकिन हिन्दी संस्करण की वैसी स्थिति नहीं है। इसका मुख्य कारण अहिन्दी भाषी शहर में उसका होना है। उसका मुख्य पाठक व्यवसायी और हिन्दी के अध्यापकों और अंग्रेजी कम जानने वाले हिन्दी भाषियों का एक वर्ग है। यह वह वर्ग है जो सोच में पिछड़ा और दकियानूस है। अध्यात्म और धर्म के पन्नों के कारण इस वर्ग में उसकी शायद बिक्री होती थी। उन पन्नों को सँभालने का मुख्य दायित्त्व वेणु गोपाल पर था, जिसका निर्वाह वे मन या बेमन से प्रतिष्ठान के अनुरूप करते थे।

वेणु गोपाल तो उनका साहित्यिक नाम था। असली नाम नन्द किशोर शर्मा था। वेणु के पूर्वज बहुत पहले राजस्थान से जीविका की खोज में हैदराबाद गये और वहीं के होकर रह गये। एक मन्दिर में पुजारी का काम शर्मा परिवार करता था। वेणु को पैतृक रूप में पुजारी का काम जीविका के लिए मिली, लेकिन मार्क्सवाद और नक्सलबाड़ी आन्दोलन के असर में वे पुजारी के काम से भागते रहे। तेलुगु के क्रान्तिकारी काव्य आन्दोलन का प्रभाव भी उनपर था। क्रान्तिकारी कवि वरवर राव, ज्वालामुखी, निखिलेश्वर आदि से परिचय-मित्रता भी थी। उस

आन्दोलन का ऐसा असर था कि वे घर-परिवार छोड़कर नक्सलबाड़ी आन्दोलन से प्रभावित साथियों के साथ इधर-उधर घूमते रहे। उसी दौरान उनकी गिरफ़्तारी हैदराबाद के पास के कस्बे काग़ज़ नगर में हुई। गिरफ़्तारी की ख़बर से देश के साहित्यिक जगत में वे एक चर्चित नाम हो गये। गिरफ़्तारी के दौरान उन्हें तरह-तरह की यातनाएँ दी गयीं। उन्हें एक ऐसे कमरे में बन्द रखा गया जिसमें जहरीले जीव-जन्तु थे। वहाँ से निकलने के बाद उनके जीवन को जैसे पंख लग गये। वे इस शहर से उस शहर घूमते रहे। कभी विदिशा-भोपाल, कभी पटना, कभी राँची, कभी कलकत्ता। यायावरी वेणु गोपाल का प्रिय शौक थी। इसी क्रम में उन्होंने विजय बहादुर सिंह के सहयोग से पीएच.डी. कर ली। उन्हें उम्मीद थी की इस डिग्री के आधार पर उन्हें किसी कॉलेज या विश्वविद्यालय में नौकरी मिल जायेगी, लेकिन उन्हें यह नौकरी नहीं मिलनी थी, सो नहीं मिली!

एक बार कवि कुमार अंबुज अपने बैंक के काम से हैदराबाद गये। उनके आग्रह पर मेरे यहाँ उनकी, सुवास कुमार और वेणु गोपाल की रात भर की बैठकी का प्रोग्राम बना। खाना खाने के बाद हम चारों जमीन पर गोलाकार बैठ गये और शुरू हुई देश-दुनिया और साहित्य-संस्कृति की बेशकीमती बातचीत। उसी बातचीत के क्रम में अंबुज ने वेणु के ऊपर थोड़े आक्षेप भी किये, थोड़ा दुःख भी प्रकट किया। कुमार अम्बुज का कहना था—वेणु तो हमारे हीरो थे, उन्हें पूजा-पाठ और ज्योतिष वगैरह का, बेमन से ही सही, काम करते हुए देखकर दुःख होता है। वेणु देर तक अम्बुज को सुनते रहे। जब अम्बुज चुप हुए तो उन्होंने इतना ही कहा—'किसी भी विचारधारा के लिए शहीद होने की जगह अपने परिवार और जीवन की रक्षा मेरे लिए अधिक ज़रूरी है।' वे बीच-बीच में उस मन्दिर में पूजा-पाठ भी संभालते थे जहाँ से वे पैतृक रूप से जुड़े थे और जहाँ उनकी पत्नी और बच्चे रहते थे। अंबुज का हमला शायद उनके इसी काम को लेकर था।

मैं जब हैदराबाद में था, तभी पटना के हमारे दो कवि मित्र—मदन कश्यप और कुमार मुकुल नौकरी छूट जाने से बेरोजगार हो गये। 'वार्ता' सम्पादक से मेरा परिचय था। मैंने उन दोनों के लिए उनसे बात की। वे तैयार हो गये। क्योंकि 'वार्ता' को उन दिनों अनुभवी पत्रकारों की ज़रूरत थी। दोनों के 'वार्ता' ज्वाइन करने के बाद एक दिन जब वेणु से मुलाक़ात हुई तो उन्होंने एक वाक्य कहा, जिससे मैं कई दिनों तक परेशान रहा। उन्होंने कहा : 'गोपेश्वर जी! ध्यान रखिएगा कि मेरी नौकरी पर किसी तरह का संकट न आये'। मुझे लगा कि मदन कश्यप और कुमार मुकुल के आने से वे असुरक्षित महसूस कर रहे थे। उन्हें

लगने लगा था कि सम्पादक उन्हें हटाकर उन दोनों को फीचर पेज का जिम्मा दे सकता है! हालाँकि ऐसी कोई बात नहीं थी। वेणु की यह चिन्ता निर्मूल थी। लेकिन असुरक्षाबोध से घिरे मन में इस तरह के ख़याल़ों का उठना स्वाभाविक था। उन्हीं दिनों एक ऐसी घटना घटी, जिसके लिए मैं अपने को जीवन भर माफ नहीं करूँगा। एक दिन शाम को वेणु से मिलने 'वार्ता' दफ्तर गया। मैं वेणु की ओर जा रहा था तभी सम्पादक मिल गये और मुझे लिए हुए अपने केबिन में चले गये। हम दोनों चाय पी रहे थे और बात कर रहे थे कि वेणु गोपाल अगले दिन छपने वाले अख़बार के एक पेज का ऑफ़ प्रिंट लेकर आये। उसमें तकनीकी त्रुटि थी जो शायद वेणु की असावधानी से छूट गयी थी। सम्पादक ने उन्हें बहुत ज़ोर से डांटा और अपने चेम्बर से निकल जाने को कहा। वेणु सॉरी बोलकर चुपचाप बाहर चले गये। मैं थोड़ी देर चुपचाप बैठा रहा। मन ख़राब हो गया। उठकर चला आया। लेकिन मन में वह घटना आती-जाती रही। मुझे अब भी लगता है कि वह ऐसी गलती नहीं थी कि वेणु को एक बाहरी व्यक्ति के सामने इस तरह डाँटा जाये! मुझे आज भी अफसोस है कि मैंने सम्पादक को मना क्यों नहीं किया कि मेरे सामने यह सब न करें!

'वार्ता' के सम्पादक शायद वेणु को बहुत पसन्द नहीं करते थे। इसका कोई कारण तो नहीं था, कारण था तो यह कि वे वेणु के कारण हीनताबोध के शिकार थे। वेणु का साहित्यिक सम्मान तो था ही, उनसे देश भर के बड़े-छोटे लेखक जब कभी हैदराबाद आते तो मिलने आते। नगर में भी वेणु की साहित्यिक प्रतिष्ठा थी। सम्पादक को अपने मातहत किसी व्यक्ति का इतना सम्मानित होना शायद अच्छा नहीं लगता था! इस कारण बाद में वेणु ने मिलने आये मित्रों से कार्यालय के बाहर मिलना शुरू किया, मित्रों को कम समय देना शुरू किया। हर हाल में उन्हें नौकरी बचानी जो थी!

कुछ दिनों बाद मालूम हुआ कि वेणु गोपाल को गैंग्रीन हो गया। यह शायद 2004 की जनवरी-फरवरी के महीने थे। हम अस्पताल गये। पैर काटने की बात चल रही थी। वेणु के किसी मित्र ने 'रामवाण-सा असर करने वाली' होम्योपैथिक दवा लाकर दी थी। वेणु को उस दवा पर भरोसा था, हम उन पर कोई दवाब देना नहीं चाहते थे। कुछ दिनों तक उस दवा का सेवन उन्होंने किया लेकिन उसका असर कुछ भी न हुआ। अन्ततः पैर काटना पड़ा और वेणु वैशाखी पर चलने लगे। आत्मविश्वास से भरा, जमीन को दबाते हुए चलने वाला एक कवि वैशाखी पर खड़ा था, लेकिन चेहरे पर कोई दैन्य भाव नहीं था। हमें लगा कि

'वार्ता' की नौकरी अब छूट जायेगी। हमलोगों ने सम्पादक से उनको नौकरी में जारी रखने का आग्रह किया। हमारा आग्रह था कि वेणु के साथ मानवीय व्यवहार किया जाय। लेकिन प्रबन्धन का रवैया ऐसा रहा कि वेणु ने एक दिन कहा—'गोपेश्वर जी, आप मानवीय व्यवहार की उम्मीद कर रहे थे, मेरे साथ तो दानवीय व्यवहार भी नहीं किया गया। इसके आगे मैं क्या कहूँ'। वे वैशाखी पर चलते हुए 'वार्ता' कार्यालय जाते और देर रात तक अपना काम करते रहते।

कवि के साथ वेणु अच्छे रंगकर्मी भी थे। उनकी एक छोटी-सी रंग मंडली थी। उसके जरिए वे कभी-कभार नाटकों का मंचन करते और जगह-जगह उसका प्रदर्शन करते। वे जितने अच्छे नाट्य निर्देशक थे, उतने ही अच्छे अभिनेता भी। उनके नाटक मैंने देखे थे और उनका यह रूप भी मुझे बहुत पसन्द था। अपने नाटक की एक भूमिका में जब वे बहुत शानदार अभिनय कर रहे थे तो हैदराबाद के हिन्दी के प्रोफ़ेसर ने ईर्ष्या भाव से कहा 'न जाने इसके कितने रूप हैं!' सचमुच वेणु के कई रूप थे। वे वास्तव में जीनियस थे। जीवन की मुश्किलों ने उन्हें किसी भी रूप में पूरी तरह खिलने न दिया!

जब वे भोपाल में ब. व. कारन्त के साथ नाटक करना सीख रहे थे तभी उनके जीवन में वीरां जी आई। दोस्ती प्रेम में और प्रेम शादी में बदलते देर नहीं लगी। वीरां जी से वेणु की एक प्यारी-सी बच्ची थी—कोंपल, जो बहुत अच्छी नृत्यांगना थी। वीरां जी बाद में हैदराबाद आ गई थीं और वहीं के जूनियर कॉलेज में पढ़ाने लगी थीं। वेणु गोपाल कभी वीरां जी के साथ होते, कभी मन्दिर वाली अपनी पहली पत्नी के साथ। दो घरों में बँटा हुआ उनका जीवन कितना तनावपूर्ण रहा होगा, इसकी मैं सिर्फ़ कल्पना भर कर सकता हूँ। इसी बँटे हुए जीवन के कारण वे शायद बिखर गये!

पहली पत्नी से एक लड़की और एक लड़का था। लड़की की शादी उसी मन्दिर वाले घर में हुई थी। हैदराबाद का साहित्यिक समाज उस दिन एकत्रित था। वेणु ने पिता के सारे धार्मिक कर्मकांड पूरे किये। शादी में आने वाले खर्च की व्यवस्था उन्होंने कैसे की यह तो वही जानते थे। बेटे के जब इंजीनियरिंग कॉलेज में दाखिले के समय भी वेणु को भयंकर अर्थ संकट से जूझना पड़ा। दिल्ली के एक कथाकार ने, जो पहाड़ से आता है और जो पम्फ़लेटनुमा एक मासिक पत्रिका निकालता है और जो खुद को भारी क्रान्तिकारी समझता है, वेणु की अपनी पत्रिका में खूब लानत-म-लामत की कि यह सेठों से अपने बेटे की पढ़ाई के लिए चन्दे उगाहता है।

जून 2004 में जब मैं हैदराबाद छोड़ रहा था तो वेणु से मिलने गया—वीरां जी के घर पर। उस दिन हमारी बातचीत न के बराबर हुई। हम चाय पीते रहे और लगभग चुप-चुप-सा रहे। दिल्ली आने के बाद हमने एक-दूसरे को चिट्ठियाँ लिखीं। दिल्ली से वेणु को अनेक शिकायतें थी। वे मुझे हिदायद दे रहे थे कि मैं दिल्ली की मानसिकता में आने से अपने को बचाऊँ!

कुछ समय बाद हम 'वार्ता' कार्यालय के बाहर मिले। मैं और अरुण कमल किसी सिलसिले में हैदराबाद में थे। फोन किया तो वेणु ने शाम को कार्यालय के बाहर बुलाया। हम सड़क किनारे खड़े थे। वेणु बैशाखी पर धीरे-धीरे आये। थोड़ी देर हमने बात की। यह वेणु से मेरी आख़िरी मुलाक़ात थी। कुछ समय बाद मैं बरेली में वीरेन डंगवाल के साथ बैठा हुआ था। वेणु की चर्चा चली। वीरेन ने फोन लगाया। उधर से वेणु ने कहा कि 'वे कैंसर से पीड़ित हैं। और ज्यादा दिन अब नहीं बचेंगे।' वीरेन डबराल ने उन्हें प्यार भरी डांट लगाई और कहा कि 'हमसे यह नाटक मत करो।' फिर फोन मेरी ओर बढ़ा दिया। हमने उस दिन यही समझा कि वेणु ने हमसे मज़ाक किया है। लेकिन वह सच था। गैंग्रीन के बाद वे सचमुच कैंसर से जूझ रहे थे। कुछ ही दिनों बाद 2 सितम्बर, 2008 की सुबह ख़बर मिली कि कवि वेणु गोपाल का कल निधन हो गया। लीलाधार मंडलोई और मेरे प्रयास से दिल्ली में वेणु गोपाल की स्मृति में सभा हुई, जिसमें बड़ी संख्या में लेखक-संस्कृतिकर्मी आये। अशोक वाजपेयी, मुरली मनोहर प्रसाद सिंह, मैनेजर पाण्डेय आदि साहित्यकारों ने उन्हें बहुत शिद्दत से याद किया। लीलाधार मंडलोई ने, जब मैं हैदराबाद में था, दूरदर्शन के लिए वेणु का एक इंटरव्यू कराया था। उसके बाद भी कुछ इण्टरव्यू कराए। वेणु को जो लोग बेइंतहा प्यार करते थे उनमें एक लीलाधर मंडलोई भी थे। वे वेणु की रचनाओं को एक जगह संपादित प्रकाशित करने में लगे थे। पता नहीं यह काम कहाँ तक पहुँचा!

वेणु गोपाल के तीन काव्य संग्रह प्रकाशित थे—'वे हाथ होते हैं' (1972), 'हवाएँ चुप नहीं रहती' और 'चट्टानों का जलगीत' (1980)। पत्र-पत्रिकाओं में अभी भी कई संग्रहों लायक कविताएँ बिखरी पड़ी हैं। कुछ पूरी-अधूरी कविताएँ अप्रकाशित भी होंगी। अन्तिम दिनों में वेणु ने बहुत अच्छी कहानियाँ भी लिखीं। कुछ संस्मरण भी लिखे। सम्भव है, नाटक भी लिखे हों! ये सारी रचनाएँ अप्रकाशित हैं। 'हवाएँ चुप नहीं रहती' संग्रह में 'सपना मेरा ही है' शीर्षक कविता है। यह कविता आपातकाल में लिखी गई थी। लेकिन आज जब मैं इसे पढ़ता हूँ तो लगता

है वेणु गोपाल ने गैंग्रीन और कैंसर जैसे अँधेरे से संघर्ष करते हुए यह कविता अभी-अभी लिखी है और लिखते-लिखते हमसे सदा के लिए दूर चले गये हैं–

"पहली बार ऐसा लग रहा है कि
इस बार लौटना
नहीं हो सकेगा
मंजिल पर
उतर जाऊँगा तो बस उतर ही जाऊँगा,
इस भीड़ के साथ
और
वह स्टेशन कभी नहीं
देख पाऊँगा जहाँ से,
मेरे पिछले सारे सफ़र शुरू होते थे
और ख़त्म भी वहीं।"

(2017)

कविता में मितकथन का सौन्दर्य

अगर यह सही है, जो अक्सर कहा जाता है कि हिन्दी की वास्तविक रचनाशीलता छोटे शहरों में दिखाई पड़ती है तो इसका एक सुन्दर उदाहरण, मुजफ्फुरपुर की कवयित्री रश्मिरेखा का पिछले दिनों प्रकाशित कविता संग्रह 'सीढ़ियों का दुख' पढ़कर मिला। पत्र-पत्रिकाओं में प्रकाशित उनकी कविताओं को पढ़ कर जो सकारात्मक प्रभाव मुझ पाठक पर था, वह संग्रह से गुजरने के बाद और गहरा हुआ। कविता में नयी स्त्री-छवि रचने में चुपचाप तल्लीन इस कवयित्री में वैसी ललकारती मुखरता नहीं, जिसका हिन्दी पाठक इन दिनों अभ्यस्त-सा हो चला है। स्त्री विमर्श के परिभाषित उपकरणों की जगह परिचित परिवेश और उपकरणों से निर्मित उनकी कविता में मितकथन की ऐसी सादगी है, जिसका गहरा प्रभाव पाठक पर पड़ता है।

स्त्री-जीवन के गहरे विषाद की हल्की रेखाओं से निर्मित रश्मिरेखा की कविताओं में अपने समय के साथ होने और समय से थोड़ा अलग होने की जो जद्दोजहद है, वह उनका अपना वैशिष्ट्य है। इस वैशिष्ट्य की बानगी संग्रह की पहली कविता 'चाभी' में मिलती है : 'उसे विरासत में नहीं मिला था/चाभियों का गुच्छा/हर जगह इजाद करनी थी अपनी एक चाभी/पिछली शताब्दी के कपाट बन्द किये बिना ही/जब लोग खोलने लगे थे/नयी शताब्दी का ताला/उसे ऐसा कोई दरवाजा नहीं खोलना था जिसे फिर से बन्द नहीं किया जा सके।' इस चाभी के कई रूप हैं। इससे कई विचित्र काम होते हैं : 'एक छोटी-सी चाभी उड़ा ले जाती है/अन्तरिक्ष में यान/एक छोटी-सी चाभी खोल देती हैं/स्मृतियों की तिजोरी/एक दिन यूँ ही पड़ी मिल गयीं/उसे कुछ चाभियाँ/जिनसे खोले जा सकते थे/जादुई ताले करिश्माई रास्ते के/वहाँ पास की चीजें दूर की नज़र आती थीं/और दूर की बहुत पास/खिलौनों को नचाने वाली चाभी/दिमागों में भी भरी जा रही थी/एक चुप्पी के ताले के पीछे दफन किया जा रहा था/इतिहास।' एक परिचित उपकरण

'चाभी' से हिन्दी कविता में नया द्वार खोलती इस कवयित्री के भीतर समय के बड़े विस्तार में इतने सहज और हल्की टीस जगाते अन्दाज़ में कंपन पैदा करने का जो शऊर है, वह दुर्लभ है।

रश्मिरेखा की बहुत-सी कविताओं का ताना-बाना दैनिक उपभोग की वस्तुओं से बना है, लेकिन उसकी अर्थ-छवि कई कोणों से कई दिशाओं से दीपित है। इसका एक बहुत अच्छा उदाहरण उनकी 'चश्मा' शीर्षक कविता है। चालीस-पचास की वय पार करने के बाद अक्सर हमारी आँखों की रोशनी क्षीण पड़ती है और आँखों पर चश्मा चढ़ जाता है। वयजनित इस छोटी-सी घटना को कवयित्री ने इतन प्यारे अन्दाज़ में 'चश्मा' शीर्षक कविता में चित्रित किया है कि वह अर्थ की अनेक घटाओं का पुंज बन जाती है। उसमें व्यंजना का हल्का-सा स्पर्श 'चश्मा' को अनेक प्रश्नों से घेर लेता है : 'चश्मे के पास की वह खास रोशनी/जो मेरी आँखों की गुम हो गयी थी...किसी चश्माघर से निकलकर/अनचाहे मेहमान-सा धमककर/सीधे चढ़ गया मेरी नाक पर/जिस पर मैंने कभी मक्खी भी नहीं बैठने दी...शब्दों की दुनिया से मुलाक़ात/कितना मुश्किल है किसी खास चश्मे से/चीजों को पहचानने की आदत डालना/भले ही वह चश्मा अपना हो।' इस 'चश्मा' की ही तरह 'कटोरी', 'झोली', 'लालटेन', 'झोला', 'लालटेन', 'ईख', 'पाँव–पोश', 'लुकाठी', 'आईना', 'चटाई', 'किताबें' आदि कविताएँ हमारे आसपास के परिवेश को नया अर्थ देती हैं।

सीढ़ियाँ क्या सिर्फ़ चढ़ने के लिए होती हैं? क्या यह सच नहीं कि हम जितनी सीढ़ियाँ चढ़ते हैं, उतनी उतरते भी हैं? सीढ़ियों पर चढ़ते-उतरते क्या हम ख़ुद सीढ़ियों में तबदील नहीं हो जाते और यह कि 'जो बनाते हैं सीढ़ियाँ/वे क्या कभी चढ़ पाते हैं उन्हें/सीढ़ियों पर चढ़ते/सीढ़ियों में उतरते/हम कहाँ समझ पाते हैं/सीढ़ियों का दुख।' इस तरह के कुछ दार्शनिक भावों को काव्यानुभूति में ढालते हुए कवयित्री प्रश्न-दर-प्रश्न खड़ा करती है : 'समय बनाता है सीढ़ियाँ/या सीढ़ियों से बनता है समय/अपने समय की सीढ़ियों से फिसलते हुए/क्या कभी जान पाये हम?' इस तरह से सीढ़ी के अनेक अर्थों को नया आयाम देती रश्मिरेखा की कविताएँ आत्मीय सहजता के साथ बहुत कम शब्दों में नया काव्यलोक रचती हैं। सीढ़ियों से चढ़ने-उतरने की आपाधापी में सभ्यता या आदमी खुद सीढ़ियों में तब्दील हो जाता है, उसे मालूम नहीं पड़ता : 'सीढ़ियों से उतरते हुए/हमने कब जाना/कि सीढ़ियों पर चढ़ने से/कहीं ज्यादा मुश्किल था/खुद को सीढ़ियों में तब्दील होते देखना।'

अपने समय और अपनी दैनंदिनी में उपस्थित वस्तुओं को दार्शनिक भावों का स्पर्श देना और फिर उसे काव्यानुभूति में बदलना रश्मिरेखा का वास्तविक काव्य संघर्ष है। प्रचलित या कथित बड़े विषयों पर कविता लिखना मुश्किल नहीं है, क्योंकि उनसे सम्बन्धित प्रतिक्रिया या विचार हमेशा उपलब्ध रहते हैं। लेकिन ऐसी रूढ़ अभिव्यक्तियों के पीछे न जाकर रश्मिरेखा वर्मा एक तरह से अपने लिए कविता खोजती हैं।

इसी के साथ प्रकृति और प्रेम को देखने की उनकी रचनाकार-दृष्टि भी बड़ी विलक्षण है। प्राकृतिक सौन्दर्य के सीधे साक्षात्कार से वंचित होते समय में 'चाँद की तरह' की ये पंक्तियाँ कितना सुकून देती हैं : 'चाँद को देखना था एक रात चाँद बनकर/नींद के आकाश में आँखों की उजास की तरह...ख़बरों के नक्शें में दिखा नहीं उसका कोई देश/लेकिन मेरे सपनों में था उसका घर।' प्रकृति के साथ ऐसे आत्मीय रिश्ते के कारण प्रकृति के अनेक दृश्य रश्मिरेखा की कविताओं में नये और नायाब बिम्बों में प्रकट होते हैं। जंगल के भीतर एक पहाड़ी नदी हिरनी एक अल्हण लड़की में बदल जाती है कि पूरा दृश्य एक खूबसूरत लैंडस्केप में बदल जाता है : ''ऊपर समझदार लड़की की तरह सलीके से/बही जा रही थी पहाड़ी पत्थरों पर हिरनी नदी/दिखी औचक बदलती हुई पाला/उछलकर कूद पड़ी नीचे की ओर/दौड़ा बचाने को पीछे से आता पानी का रेला।' इस तरह के खूबसूरत और आत्मीय बिम्बों में ढला प्रकृति का मनोहारी रूप रश्मिरेखा की प्रकृति सम्बन्धी कविताओं का निजी वैशिष्ट्य है।

(2012)

खण्ड-दो

हिन्दी गद्य के विविध रंग

महावीर प्रसाद द्विवेदी और हिन्दी नवजागरण के प्रश्न

महावीर प्रसाद द्विवेदी हिन्दी के पहले लेखक थे, जिन्हें जनता ने आचार्य की उपाधि दी। वे शंकराचार्य, रामानुजाचार्य, वल्लभाचार्य आदि की तरह न तो किसी मत के प्रवर्तक थे और न किसी महाविद्यालय के प्रधान अध्यापक। उन्होंने आचार्य की कोई परीक्षा भी पास नहीं की थी। फिर जनता ने उन्हें इस आचार्य विशेषण से क्यों नवाज़ा? गुरु, मत-प्रवर्तक आदि कोशगत अर्थों के साथ उसका अर्थ असाधारण पण्डित भी होता है और पूज्य पुरुष भी। इसी के साथ आचार्य का एक अर्थ आचरणीय भी होता है–ऐसा व्यक्ति जिसका अनुसरण किया जाये। मुझे लगता है कि जनता ने इसी अर्थ में उन्हें आचार्य की उपाधि दी। वे आसाधारण विद्वान और पूज्य पुरुष तो थे ही, ऐसे आचरणीय भी थे, जिनका लोगों ने अनुसरण किया। उनके बहुआयामी व्यक्तित्व में आचार्यत्व की जो आभा है, उसका गहरा सम्बन्ध हिन्दी नवजागरण से है। हिन्दी नवजागरण की जो चेतना उन्हें विरासत में भारतेंदु युग से मिली थी, उसे उन्होंने स्वाधीनता और स्वदेशी का मज़बूत आधार देकर और प्रखर बना दिया। आचार्य उनके इसी ऐतिहासिक कार्य का जनता द्वारा किया गया लोक सम्मान था।

एक तरफ़ यह लोकमत और लोक सम्मान था तो दूसरी ओर हिन्दी के आलोचक थे। रामचन्द्र शुक्ल, नन्दुलारे वाजपेयी और हज़ारी प्रसाद द्विवेदी जैसे आलोचकों के द्विवेदी सम्बन्धी मतों को देखने से पता चलता है की वे 'सरस्वती' के यशस्वी संपादक और भाषा परिष्कारक भर थे। शुक्ल जी का मत है कि "...लिखने की सफलता वे इस बात में मानते थे कि पाठक भी उससे बहुत कुछ समझ जायें। कई उपयोगी पुस्तकों के अतिरिक्त उन्होंने फुटकल लेख भी बहुत लिखे। पर इन लेखों में अधिकतर लेख 'बातों के संग्रह' के रूप में ही हैं। भाषा के नूतन शक्ति चमत्मकार के साथ नये-नये विचारों के उद्भावना वाले निबन्ध बहुत ही कम मिलते हैं। द्विवेदी जी के लेखों को पढ़ने से ऐसा जान पड़ता है

कि लेखक बहुत मोटी अक्ल के पाठकों के लिए लिख रहा है।'' ऐसी स्थिति में उनका ऐतिहासिक योगदान क्या है? शुक्ल के विचार है : ''...यदि द्विवेदी जी न उठ खड़े होते तो जैसा अव्यवस्थित, व्याकरण विरुद्ध और ऊटपटाँग भाषा चारों ओर दिखाई पड़ती थी, उसकी परम्परा जल्दी न रूकती।'' कुल मिला कर शुक्ल जी के विचार से द्विवेदी जी का महत्त्व भाषा सुधार के क्षेत्र में है और उनका साहित्य मोटी अक्लवालों के लिए है। कुछ ऐसे ही विचार हज़ारी प्रसाद द्विवेदी के भी है। 'हिन्दी साहित्य : उद्भव और विकास' (1932) नामक पुस्तक में उन्होंने लिखा है : ''पण्डित महावीर प्रसाद द्विवेदी के स्पष्टवादिता से भरे हुए और नयी प्रेरणा देने वाले निबन्ध यद्यपि बहुत गम्भीर नहीं कहे जा सकते, परन्तु उन्होंने गम्भीर साहित्य के निर्माण में बहुत सहायता पहुँचाई।''

एक तरफ़ आलोचकों की यह बँधी-बँधाई धारणा थी तो दूसरी तरफ़ वह लोकमत था जो महावीर प्रसाद द्विवेदी को आचार्य और बीसवीं सदी के प्रारम्भिक दो दशकों का नेता मानता था। कई बार विद्वानों की राय से लोकमत अधिक सही हुआ करता है और इतिहास की नयी प्रस्तावना का आधार बनता है। आलोचकों से अलग प्रेमचन्द, निराला और पन्त जैसे रचनाकार थे जो द्विवेदी जी को सही परिप्रेक्ष्य में देख रहे थे। प्रेमचन्द ने लिखा है : ''आज हम जो कुछ भी हैं, उन्हीं के बनाये हुए हैं...उन्होंने हमारे लिए पथ भी बनाया और पथ प्रदर्शक का काम भी किया।'' आगे है : ''हिन्दी के लिए उन्होंने अपना तन-मन-धन सबकुछ अर्पित कर दिया। हमारी उपस्थिति उपलब्धि उन्हीं के त्याग का परिणाम है।'' निराला ने भी लगभग इन्हीं शब्दों में आचार्य द्विवेदी के योगदान का आकलन किया है। उन्हें 'हिन्दी भाषा के सर्वश्रेष्ठ सम्पादक, समालोचक और लेखक' बताते हुए निराला ने 1933 में लिखा : ''वह आधुनिक हिन्दी के निर्माता हैं। विधाता हैं। सर्वस्व हैं। वह राष्ट्रभाषा हिन्दी के मूर्तिमान स्वरूप हैं। उन्हें लोग आचार्य कहते हैं—वह सचमुच आचार्य हैं। आधुनिक हिन्दी की उन्नति और विकास का अधिकांश श्रेय उन्हीं आचार्य को है।''

प्रेमचन्द, निराला आदि की आचार्य द्विवेदी सम्बन्धी धारणा के आलोक में डॉ. रामविलास शर्मा ने 'महावीर प्रसाद द्विवेदी और हिन्दी नवजागरण' (1977) लिख कर न सिर्फ़ उनकी युगान्तकारी भूमिका का विस्तार से वस्तुनिष्ठ आकलन किया, बल्कि यह भी बताया कि हिन्दी में भाषा, साहित्य और विचार की दृष्टि से नये युग को सम्भव बनाने वाले वे अद्वितीय योद्धा थे। डॉ. शर्मा ने हिन्दी नवजागरण को बंगाल, गुजरात और महाराष्ट्र के नवजागरण की शाखा न मानकर

1857 की स्वातन्त्र्य चेतना से जोड़ा और महावीर प्रसाद द्विवेदी तथा उनके काल को हिन्दी नवजागरण का तीसरा चरण बताया। पहला चरण 1857 का स्वाधीनता संग्राम और दूसरा चरण भारतेंदु युग है।

सन् 57 के प्रथम स्वतन्त्रता-संग्राम के भीतर सक्रिय चेतना की छह विशेषताओं की चर्चा रामविलास शर्मा ने की है—1. राष्ट्रीय एकता, 2. राज्यसत्ता का जनता के हित में होना, 3. सामन्त विरोधी रुख, 4. उच्च वर्ण ओर निम्न वर्ण के किसानों की भागीदारी, 5. असाम्प्रदायिक राष्ट्रीय रूप तथा 6. हिन्दी क्षेत्र का जातीय संग्राम। ये सारी विशेषताएँ द्विवेदी जी के व्यक्तित्व में तो थी हीं, तिलक और गाँधी के नेतृत्व में उनके समय में जारी स्वाधीनता आन्दोलन की व्यापकता, सक्रियता और स्पष्टता भी उनके व्यक्तित्व से जुड़ी। इस कारण वे हिन्दी जाति की चेतना को नयी भूमिका के लिए आन्दोलित करने में सफल हुए और युग नेता बने। 1900 से 1920 के हिन्दी साहित्य के कालखण्ड को 'द्विवेदी युग' की संज्ञा किसने दी, यह ठीक-ठीक कहना कठिन है। ऐसा सम्भव है कि हिन्दी समाज ने जैसे आचार्य उपाधि दी, वैसे ही 'द्विवेदी युग' भी कहना शुरू कर दिया हो और आलोचकों—इतिहासकारों को मानना पड़ा हो। वैसे नन्ददुलारे वाजपेयी ने 1933 में और रामविलास शर्मा ने 1976 में 'द्विवेदी युग' की चर्चा की है।

नन्ददुलारे वाजपेयी ने स्थायी और शाश्वत साहित्य के प्रणेता के रूप में उनके महत्व को स्वीकार नहीं किया था। उनकी दृष्टि में द्विवेदी जी का महत्व उनके द्वारा सम्पादित 'सरस्वती' के अंकों के कारण है। यद्यपि इतिहास ने वाजपेयी जी की इस धारणा को गलत साबित करते हुए 'सरस्वती' के सम्पादन-कार्य के साथ उनके तमाम लेखन के ऐतिहारिक महत्व को नये सिरे से उद्घाटित कर दिया है, फिर भी यहाँ यह दुहराने की जरूरत है कि द्विवेदी जी और 'सरस्वती' ने जो केन्द्रीयता और हैसियत अपने समय में हासिल की, वह न तो किसी दूसरे सम्पादक को मिली और न किसी दूसरी पत्रिका को। ऐसा यशस्वी और विद्वान सम्पादक हिन्दी में दूसरा न हुआ।

महावीर प्रसाद द्विवेदी ने अनेक विधाओं में रचना की। कविता, कहानी, आलोचना, पुस्तक समीक्षा, अनुवाद, जीवनी आदि विधाओं के साथ उन्होंने अर्थशास्त्र, विज्ञान, इतिहास आदि अन्य अनुशासनों में न सिर्फ़ विपुल मात्रा में महत्त्वपूर्ण लिखा, बल्कि अन्य लेखकों को भी इस दिशा में काम करने के लिए प्रोत्साहित किया। द्विवेदी जी सिर्फ़ कविता, कहानी, आलोचना आदि को ही साहित्य मानने के विरुद्ध थे। वे अर्थशास्त्र, इतिहास, पुरातत्व, समाजशास्त्र

आदि विषयों को भी साहित्य के ही दायरे में रखते थे। असल में स्वाधीनता, स्वदेशी और स्वावलम्बन को गति देने वाले ज्ञान-विज्ञान के तमाम आधारों को वे आन्दोलित करना चाहते थे। इसके लिए उन्होंने सिर्फ़ उपदेश नहीं दिया, बल्कि मनसा, वाचा, कर्मणा स्वयं लिखकर दिखा दिया। इसलिए उनके लिखे हुए को स्थायी और शाश्वत साहित्य के अपने तराजू से तौलने वाले आलोचक भूल गये कि द्विवेदी जी किसी एक विधा के लेखक नहीं हैं। उनका युगान्तकारी व्यक्तित्व अनेक प्रकारों से बना था। हिन्दी नवजागरण की एक बड़ी चिन्ता हिन्दी परिसर को साहित्य के साथ अन्य ज्ञानानुशासनों के मौलिक लेखन से समृद्ध करने की थी। इस अर्थ में हिन्दी नवजागरण के सबसे बड़े योद्धा महावीर प्रसाद द्विवेदी थे। उनके इस रूप का सबसे बड़ा प्रमाण 1906-7 में लिखी उनकी विख्यात पुस्तक 'सम्पतिशास्त्र' है। कहने की ज़रूरत नहीं कि हिन्दी को ज्ञानानुशासन के अनेक विषयों से समृद्ध करने की जो मशाल द्विवेदी जी ने जलाई, वह आज़ादी के बाद धीरे-धीरे बुझती गयी है। अब हिन्दी सिर्फ़ साहित्य और मनोरंजन की भाषा है। ज्ञान-विज्ञान और शासन की भाषा आज भी हिन्दी नहीं है। नवजागरण के सन्दर्भ में महावीर प्रसाद द्विवेदी के सम्पूर्ण रचना कर्म और उनकी चिन्ता को आज बार-बार रेखांकित करने की ज़रूरत है।

रामविलास शर्मा ने हिन्दी नवजागरण को जब सन् 57 की चेतना की उपज माना था तब उनके ध्यान में कन्धे से कन्धा मिलाकर एक लक्ष्य के लिए एक साथ लड़ने वाले हिन्दू-मुसलमान दोनों थे, दोनों की साझी भाषा हिन्दी-उर्दू की एकता भी थी। स्वतन्त्रता सेनानियों ने जो इश्तहार सन् 57 में निकाले थे, वह उर्दू-हिन्दी दोनों में थे। द्विवेदी जी नवजागरण के अग्रदूत इस अर्थ में भी है कि वे जहाँ हिन्दू-मुस्लिम एकता के पक्षधर हैं, वहीं हिन्दी-उर्दू की साझी विरासत के भी। वे अनेक भाषाओं के गहरे जानकार तो थे ही, उर्दू-फारसी भी ठीक से जानते थे। उनकी प्रारम्भिक शिक्षा अंग्रेजी, संस्कृत, उर्दू और फारसी में ही हुई थी। मराठी, गुजराती, बांग्ला आदि भाषाएँ तो उन्होंने स्वेच्छया सीखीं। उन्होंने, जिस हिन्दी में लिखा, वह तत्सम प्रधान हिन्दी नहीं, बल्कि भारतेंदु युग से प्राप्त सहज-सरल हिन्दी है। छायावाद के साथ हिन्दी कविता में तत्समता बढ़ी। इसका परिणाम यह हुआ कि हिन्दी-उर्दू की दूरी तो बढ़ी ही, हिन्दी कविता भी धीरे-धीरे जनता से दूर होती गयी। हिन्दी नवजागरण के सन्दर्भ में महावीर प्रसाद द्विवेदी की विरासत पर विचार करते हुए हिन्दू-मुस्लिम समस्या तथा हिन्दी-उर्दू समस्या जिस रूप में और जिस वजह से राष्ट्रीय एकता के लिए गम्भीर प्रश्न बन गयी है,

उस पर विचार करने की ज़रूरत है। यह इसलिए भी ज़रूरी है कि भारतेंदुयुगीन नवजागरण की चेतना से द्विवेदीयुगीन चेतना का पार्थक्य समझा जा सके।

कुरीतियों का विरोध और वैज्ञानिक चेतना का प्रसार द्विवेदीयुगीन नवजागरण का मुख्य एजेण्डा था। विज्ञान और वैज्ञानिकों पर द्विवेदी जी ने ख़ुद तो लिखा ही, अपने युग के लेखकों को भी लिखने के लिए प्रेरित किया। द्विवेदी जी द्वारा विज्ञान और वैज्ञानिकों पर लिखी गयी टिप्पणियों से ही उस युग की चेतना का पता चलता है। इस दृष्टि से उस काल की हिन्दी पत्र-पत्रिकाओं का अध्ययन दिलचस्प होगा। देखना चाहिए कि उस काल की पत्र-पत्रिकाओं में अन्धविश्वास अधिक है या नहीं। उसी तरह यह भी देखना चाहिए कि तकनीकी पिछड़ेपन के बावजूद तब की पत्रकारिता का वैज्ञानिक दृष्टिकोण पर जोर क्यों अधिक है?

भारत के विकास का अर्थ है—गाँवों का विकास, किसान का विकास। यह गाँधी के शब्द और कर्म की धुरी है तो महावीर प्रसाद द्विवेदी के भी शब्द और कर्म की। किसानों की हीन अवस्था की चर्चा करते हुए द्विवेदी जी लिखते हैं : "यह देश इने-गिने अंग्रेजी पढ़े हुए वकीलों, बैरिस्टरों, मास्टरों, इंस्पेक्टरों, दफ़्तर के बाबुओं, कौंसिल के मेंम्बरों, महाजनों ओर व्यवसायियों से ही आबाद नहीं। आबाद है वह उन लोगों से जिनकी संख्या फीसद 75 है, जो देहात में रहते हैं और जो विशेष करके खेती से अपना गुजर-बसर करते हैं। अब यदि जन-समुदाय की यह इतनी बड़ी संख्या दुख, दारिद्र और मूर्खता के पंक में पड़ी सड़ा करे और समर्थ देशवासी उनके उद्धार की चेष्टा न करें तो कितने परिताप की बात है। इन्हीं किसानों या काश्तकारों ही से तो देश आबाद है।" यह स्थिति कैसे बदले, इसके लिए वे किसानों के संगठन पर जोर देते हैं। वे मानते हैं कि संगठन में ही परिवर्तन की शक्ति है। वे हिन्दू-मुसलमान, शिया-सुन्नी, ब्राह्मण-गैर ब्राह्मण, शैव-शाक्त आदि के बीचे भेद ओर वैमनस्य को दूर कर जनता की एकता पर जोर देते हैं।

स्त्री-शिक्षा और स्त्री-स्वाधीनता नवजागरण का मुख्य एजेण्डा था। यह द्विवेदी जी के चिन्तन और लेखन का भी मुख्य एजेण्डा था। "स्त्रियों के कर्तव्य क्या हैं? परिवार और समाज में उनका दरजा कौन-सा है? पुराने ज़माने में उनकी स्थिति कैसी थी? अब कैसी है?" ऐसे सवाल द्विवेदी जी को अक्सर परेशान करते थे। स्त्री-शिक्षा सम्बन्धी उनके एक लेख पर बड़ी बहस हुई थी। पण्डितों ने द्विवेदी जी के स्त्री-शिक्षा और स्वाधीनता सम्बन्धी मतों का जबर्दस्त विरोध किया था। द्विवेदी जी ने उनको उत्तर देते हुए लिखा : "पढ़ने-लिखने में स्वयं

कोई बात ऐसी नहीं जिससे अनर्थ हो सके। अनर्थ का बीज इसमें हर्गिज नहीं। अनर्थ पुरुषों से भी होते हैं। अपढ़ों और पढ़े-लिखों, दोनों से। अनर्थ, दुराचार और पापाचार के कारण और ही होते हैं और व्यक्ति विरोष का चाल-चलन देखकर जाने भी जा सकते हैं। अतएव स्त्रियों को अवश्य पढ़ाना चाहिए। जो लोग यह कहते हैं कि पुराने ज़माने में स्त्रियाँ न पढ़ती थीं अथवा उन्हें पढ़ने की मुमानियत थी, वे या तो इतिहास से अनभिज्ञता रखते हैं या जान-बूझकर लोगों को धोखा देते हैं। समाज की दृष्टि में ऐसे लोग दण्डनीय हैं। क्योंकि स्त्रियों को निरक्षर रखने का उपदेश देना समाज का अपकार और अपराध करना है—समाज की उन्नति में बाधा डालना है।"

द्विवेदी जी राष्ट्र और राष्ट्रभाषा के प्रबल पक्षधर थे। उन्हें न तो देश की गुलामी पसन्द थी और न अपनी भाषा की। उनका सम्पूर्ण चिन्तन और लेखन स्वतन्त्र और मजबूत राष्ट्र तथा हिन्दी के विकास को समार्पित है। लेकिन इसका अर्थ यह नहीं कि वे अन्धराष्ट्रवादी थे। वे अन्धराष्ट्रवाद को बुरा मानते थे। वे यह मानकर नहीं चलते थे कि ज्ञान-विज्ञान और भाषा-साहित्य में जो कुछ अच्छा है, वह भारत का है। उन्हें अपनी विरासत पर गर्व था, अपनी विरासत के वे गहरे जानकार थे। इसलिए उन्हें विरासत की शक्ति का पता था तो उस की कमजोरी का भी। अपनी विरासत के साथ देश-दुनिया में जहाँ कहीं अच्छाई है, उसका वे स्वागत करते थे। इसीलिए उन्होंने संसार भर के वैज्ञानिकों-चिन्तकों का अध्ययन किया और उन पर लिखा भी। अन्धराष्ट्रवाद को उन्होंने 'विषाक्त स्वदेश-प्रेम' की संज्ञा दी और बताया कि यह योरप की उपज है। उन्होंने उसकी आलोचना करते हुए लिखा : "स्वदेश-प्रेम से मनुष्य के हृदय में एक मिथ्या अहंकार का उदय होता है, उसकी बुद्धि संकुचित हो जाती है, यहाँ तक कि उसके प्रत्येक कार्य में, उसकी प्रत्येक इच्छा में, एक घृणित स्वार्थ की दुर्गन्ध आने लगती है।" वे स्वस्थ राष्ट्रवाद के साथ अन्तर्राष्ट्रीयवाद में भरोसा करते थे। अन्धराष्ट्रवाद और राष्ट्रों के बीच गलत प्रतिस्पर्द्धाओं को नकारते हुए उन्होंने सभी देशों के बीच भ्रातृभाव पर जोर दिया : "संसार की वर्तमान विकट समस्या को हल करने के लिए हमें राष्ट्रीय प्रतिस्पर्द्धाओं और वैमनस्यों से हाथ खींच लेने पड़ेंगे। राष्ट्रों के परे भी कोई वस्तु है। राष्ट्रों का अस्तित्व उसी वस्तु के लिए है। और वह है मानव जातीयता। संसार के पुनर्निर्माण की नवीन समस्याओं पर हमें आदर्श अन्तर्राष्ट्रीयवाद की दृष्टि से ही विचार करना होगा। राष्ट्रों को अन्तर्राष्ट्रीय दृष्टि से अपने पथ पर अग्रसर होना होगा, तभी हम सार्वजनिक भ्रातृभाव स्थापित कर

सकेंगे और 'वसुधैव कुटुम्बकम' का आदर्श कार्य में परिणत हो सकेगा। संसार के उद्धार का एकमात्र यही साधन है।" (संचयन, पृ. 546)

महावीर प्रसाद द्विवेदी ने माधव राव सप्रे, महामहोपाध्याय रामावतार शर्मा और चन्द्रधर शर्मा गुलेरी जैसे अपने समकालीन विद्वान लेखकों को याद किया है। इसलिए कि ये सभी द्विवेदी जी की तरह बहुभाषाविद्, बहुज्ञ और विज्ञान एवं वैज्ञानिक दृष्टि को महत्त्व देने वाले लेखक थे। इन्हीं के प्रयासों से हिन्दी में नवजागरण संभव हो सका। द्विवेदी जी के बाद साहित्यिक विचाओं का तो विकास हुआ किन्तु हिंदी में ज्ञान-विज्ञान का अन्तरानुशासनिक परिसर वैसा नहीं बन सका जैसा सपना द्विवेदी जी ने देखा था। उनकी परम्परा में जिन लेखकों को याद किया जा सकता है, उनकी संख्या बहुत अधिक नहीं है। राहुल सांकृत्यायन, हजारी प्रसाद द्विवेदी, भगवतशरण उपाध्याय और रामविलास शर्मा जैसे थोड़े नाम हैं, जिनके लेखन की दुनिया द्विवेदी जी की तरह विस्तृत है।

सम्प्रदायवाद, जातिवाद और अन्धविश्वास के घनघोर विरोधी तथा वैज्ञानिक चेतना के समर्थक महावीर प्रसाद द्विवेदी ब्राह्मण जाति में पैदा जरूर हुए थे, लेकिन वे मनुवादी नहीं थे। द्विवेदी जी के जीवन, चिन्तन और लेखन को देखने पर पता चलता है कि उस समय पूरी दुनिया में विवेकवाद की जो लहर थी, उसके वे भारतीय रूप थे। लेकिन आज विमर्शकारों द्वारा उनके चिन्तन और लेखन को मनुवादी करार देने में तनिक भी देरी नहीं की जाती। विमर्शों के जरिए खण्डित मुक्ति की जो बहस जारी है, उसमें उनके द्वारा 'सरस्वती' में प्रकाशित की गयी हीरा डोम की कविता 'अछूत की शिकायत' भी दलित विमर्शकारों द्वारा उनका एक षड्यन्त्र बता दी जाती है। व्यक्ति, समाज, राष्ट्र और सम्पूर्ण मनुष्य जाति की मुक्ति का जो विराट स्वप्न द्विवेदी जी और उनके युग के विवेकशील लोग देख रहे थे, उसको विमर्शकार मुक्ति के खण्डित स्वप्न में बदलने में लगे हुए हैं। यह हिन्दी नवजागरण की मूल प्रतिज्ञा पर आघात-सा है।

(2014)

प्रेमचन्द की नज़र में राष्ट्र

रामविलास शर्मा ने 1936 ई. को इस अर्थ में विशिष्ट माना है कि इस वर्ष तीन ऐसी रचनाएँ प्रकाशित हुईं जिनमें भविष्य के भारत का सपना था। इनमें पहली रचना आधुनिक भारत के निर्माता जवाहर लाल नेहरू की 'आत्मकथा' है। दूसरी रचना लोकनायक जयप्रकाश नारायण की 'समाजवाद ही क्यों?' ('why socialism?') है, जबकि तीसरी रचना प्रेमचन्द का निबन्ध 'महाजनी सभ्यता' है। पहली दोनों रचनाएँ पुस्तक रूप में थीं और अंग्रेजी में लिखी गई थीं। 'आत्मकथा' सिर्फ़ नेहरू की निजी कथा न होकर स्वतन्त्रता आन्दोलन और स्वतन्त्र भारत के आधुनिक जनतांत्रिक सपने की भी कथा है। 'समाजवाद ही क्यों?' भारत में समाजवादी व्यवस्था की आवश्यकता पर जोर देने वाली पहली व्यवस्थित पुस्तक है। नेहरू और जे.पी. प्रसिद्ध स्वतन्त्रता सेनानी, अपने-अपने समय के युवा हृदय सम्राट तथा गाँधी के बाद देश के सर्वाधिक लोकप्रिय नेता थे। ऐसे महानों की अति प्रसिद्ध पुस्तकों के साथ रामविलास जी ने हिन्दी के लेखक प्रेमचन्द के एक निबन्ध को याद किया है तो इसका विशेष अर्थ है। वे ऐसे लेखक थे जिनकी नज़र वर्तमान के साथ बेहतर भविष्य पर भी थी। इसलिए यह अकारण नहीं है कि नेहरू और जे.पी. की पुस्तकों के साथ रामविलास शर्मा प्रेमचन्द के निबन्ध का नाम लेते हैं जो उनकी लेखकीय दृष्टि को समझने के ख़याल से बहुत ही महत्त्वपूर्ण है। महाजनी सभ्यता यानी पूँजीवादी सभ्यता। पूँजीवाद के पहले सामंती सभ्यता थी। ये दोनों सभ्यताएँ जनता के शोषण और सामजिक भेदभाव पर आधारित थीं। जो सभ्यता शोषण और भेदभाव पर आधारित हो वह प्रेमचन्द को किसी भी रूप में स्वीकार्य नहीं थी। उन्होंने उस सभ्यता का स्वागत किया जिसका सूर्य पश्चिम में उग रहा था। निस्संदेह पश्चिम के उस सूर्य से तात्पर्य रूस में स्थापित समाजवादी व्यवस्था से है। प्रेमचन्द ने पूँजीवादी सभ्यता की कठोरतम आलोचना करने के बाद लिखा : "परन्तु अब नयी सभ्यता का सूर्य सुदूर पश्चिम से उदय

हो रहा है जिसने इस नारकीय महाजनवाद या पूँजीवाद की जड़ खोदकर फेंक दी है जिसका मूल सिद्धान्त यह है कि प्रत्येक व्यक्ति, जो अपने शरीर या दिमाग़ से मेहनत करके कुछ पैदा कर सकता है, राज्य और समाज का परम सम्मानित सदस्य हो सकता है और जो दूसरों की मेहनत या बाप-दादों के जोड़े हुए धन पर रईस बना फिरता है वह पतीततम प्राणी है।''[1]

प्रेमचन्द भारतीय राष्ट्रीय आन्दोलन के गर्भ से पैदा हुए ऐसे लेखक थे जिसके लिए स्वतन्त्रता का अर्थ राजनीतिक मुक्ति के साथ सामजिक और आर्थिक मुक्ति भी है। वे पूँजीवादी व्यवस्था के जितने ख़िलाफ़ थे, उतने ही सामन्ती व्यवस्था के भी। जाति, संप्रदाय और गरीबी के सवाल उनके शब्द-कर्म के ज़रूरी एजेंडे थे। पुराना क्या है जो अप्रासंगिक हो चुका है और नया क्या है जो प्रासंगिक है, उसकी जितनी साफ़ समझ उनके पास थी, वैसी हिन्दी के उनके समकालीन किसी दूसरे लेखक के पास शायद ही हो! वे यदि 1936 में 'महाजनी सभ्यता' का क्रीटिक तैयार करते हैं तो इसका कारण यह है कि वे पुराने समय और नए समय में फ़र्क़ करना ठीक से जानते हैं। 1919 में प्रकाशित उनके 'पुराना जमाना : नया जमाना' शीर्षक निबन्ध को देखने से पता चलता है कि 1936 में वे ज़हाँ पहुँचे थे उसकी तैयारी वे बहुत पहले से कर रहे थे। अपने उस निबन्ध में वे लिखते हैं : ''आने वाला जमाना अब जनता का है, और वह लोग पछताएँगे जो ज़माने के कदम-से-कदम मिलाकर न चलेंगे।''[2]

ज़माने के कदम-से कदम मिलाकर चलने की जो सबसे बड़ी कसौटी प्रेमचन्द की थी वह थी किसानों की हालत। उनके सारे रचनात्मक और वैचारिक लेख के मूल में किसान जीवन की वास्तविकता और उनकी चिन्ता सर्वोपरि है। जैसे महात्मा गाँधी के 'स्वराज' के केन्द्र में गाँव था और गाँव के किसान थे, वैसे ही प्रेमचन्द के लेखकीय चिन्तन के केन्द्र में किसान हैं। 'पूस की रात' का हलकू हो या 'गोदान' का होरी या प्रेमचन्द का वैचारिक लेखन, किसान जीवन की दशा-दुर्दशा और उसका भविष्य उनकी सजग-सचेत नज़र से कभी ओझल नहीं होता। 'पुराना जमाना, नया जमाना' का एक अंश इस दृष्टि से देखा जा सकता है : क्या यह शर्म की बात नहीं कि जिस देश में नब्बे फीसदी आबादी किसानों की हो उस देश में कोई किसान सभा, कोई किसानों की भलाई का आन्दोलन, कोई खेती का विद्यालय, किसानों की भलाई का कोई व्यवस्थित प्रयत्न न हो... मगर नये ज़माने ने नया पन्ना पलटा है। आने वाला जमाना अब किसानों और मजदूरों का है। दुनिया की रफ़्तार इसका साफ़ सबूत दे रही है। हिन्दुस्तान इस

हवा से बेअसर नहीं रह सकता। हिमालय की चोटियाँ उसे इस हमले से नहीं बचा सकतीं। जल्द या देर से, शायद जल्द ही, हम जनता को केवल मुखर ही नहीं, अपने अधिकारों की माँग करने वाले के रूप में देखेंगे और तब वह आपकी किस्मतों की मालिक होगी।"[3]

प्रेमचन्द जिस आधुनिक भारत का सपना देख रहे थे वह ऐसा राष्ट्र-राज्य है जिसमें किसान-मज़दूर ख़ुद अपनी किस्मत के मालिक होंगे। वे यह तो मानते हैं कि 'वर्तमान सभ्यता का सबसे अच्छा पहलू राष्ट्रीयता की भावना का जन्म लेना है।'[4] लेकिन सच्ची राष्ट्रीयता उनकी नज़र में तब तक नहीं आ सकती जब तक कि सामजिक, आर्थिक और शैक्षणिक गैर बराबरी जनता में है। वे कहते हैं : "आपका आधुनिक शिक्षा से वंचित भाई आपको इस ठाट में देखता है और यह समझता है कि यह आदमी हममें नहीं है, हम उनके नहीं हैं। फिर चाहे आप कितनी बुलन्द आवाज़ से राष्ट्रीयता की हाँक लगाएँ।"[5] वे 'राष्ट्रीयता' को आधुनिक सभ्यता का सबसे अच्छा पहलू कहते हैं लेकिन वे यह भी बताते चलते हैं कि 'जनतांत्रिक' का समावेश 'आधुनिक सभ्यता का सबसे प्रधान गुण है।"[6] इससे पता चलता है कि प्रेमचन्द के लिए जो भविष्य का भारत है उसका ताना-बाना 'जनतान्त्रिकता' और 'आधुनिकता' के रेशे से निर्मित है जिसमें 'किसान-मज़दूर अपनी किस्मत के मालिक' हैं। लगभग सौ वर्ष पूर्व देखा गया भारतीय राष्ट्र-राज्य का प्रेमचन्द का सपना मुहावरे के अर्थ में अब भी सपना है! किसान मज़दूर अब भी अपनी किस्मत के मालिक नहीं हैं! हमारी जनतान्त्रिक आकांक्षाओं पर अब भी पहरेदारी है! आर्थिक और शैक्षणिक गैर बराबरी की तो बात ही मत पूछिए! किसानों की हालत और खराब है। गरीबों और अमीरों के बीच खाई और चौड़ी हो चुकी है। समाजवादी दुनिया बिखर चुकी है। ऐसे पूँजीवाद की उनके द्वारा की गयी आलोचना का महत्त्व और बढ़ गया है। इसलिए रामविलास शर्मा ने ठीक ही गणेश शंकर विद्यार्थी के बाद प्रेमचन्द को पूँजीवाद का सबसे महत्त्वपूर्ण आलोचक कहा है।[7]

भारत के राष्ट्रीय आन्दोलन में प्रेमचन्द सदेह शामिल नहीं थे। कुछ लोगों को आश्चर्य हो सकता है कि जनता की मुक्ति की बात करनेवाला लेखक जनता के मुक्ति-संघर्ष में सदेह शामिल क्यों नहीं होता? उस ज़माने में हिन्दी व विभिन्न भारतीय भाषाओं के अनेक लेखक स्वतन्त्रता संग्राम में सदेह शामिल थे और उस कारण उन्हें तरह-तरह की यातनाएँ भी झेलनी पड़ीं। ऐसे सभी लेखकों से भारत के मुक्ति-संग्राम को बल मिला। उनके कर्म से भी और उनके शब्द से

भी। लेकिन ऐसे भी बहुतेरे लेखक थे जो स्वतन्त्रता संग्राम में सदेह शामिल न होकर मनसा-वाचा शामिल थे। उनके लिखे से भारतीय राष्ट्र-राज्य का नया रूप बन रहा था। उनका एक-एक शब्द हजारों-लाखों को प्रेरित-प्रभावित कर रहा था। रवीन्द्रनाथ ठाकुर ऐसे ही लेखक थे जिनसे भारतीय स्वांतत्र्य संग्राम को नयी ऊर्जा मिलती थी। प्रेमचन्द भी ऐसे ही लेखक थे जो भारतीय समाज और राष्ट्र की मुक्ति के मार्ग में बाधक सभी तत्त्वों से लड़ते रहे। अमृत राय ने 'कलम का सिपाही' नाम से उनकी जीवनी लिखी है। सही अर्थों में वे कलम के सिपाही थे। वे कलम से स्वतन्त्रता की लड़ाई लड़ने वाले हिन्दी के सबसे बड़े लेखक थे।

कलम से जिस तरह जनता और राष्ट्र की मुक्ति की लड़ाई प्रेमचन्द लड़ रहे थे,उसका सही पता-ठिकाना तभी चलता है जब हम उनके रचनात्मक साहित्य के साथ उनके वैचारिक लेखन को भी देखते हैं। अपने लेखन काल के प्रारम्भ से लेकर मृत्यु पर्यंत लगभग तीन दशक का उनका जो वैचारिक लेखन है वह भारत की स्वतन्त्रता, स्वावलम्बन, आर्थिक-सामजिक गैरबराबरी और विश्व बन्धुत्व जैसी अनेक चिन्ताओं से मुठभेड़ का प्रतिफल है। हम अक्सर उन्हें आर्य समाजी, गाँधीवादी और मार्क्सवादी प्रभावों के सन्दर्भ में देखते-दिखाते हैं। उनके साहित्य पर इनके प्रभाव से किसी को इनकार भी नहीं है। लेकिन उनकी चेतना सबसे अधिक स्वतन्त्रता आन्दोलन के मूल्यों से संचालित है। विदेशी दासता से मुक्ति के लिए स्वशासन ज़रूरी था। लेकिन कैसा स्वशासन? वे सही अर्थों में जनता के शासन के पक्ष में थे और जनता का शासन तब आयेगा जब बेजबानों की ताक़त जाहिर होने लगेगी। उन्हीं के शब्द देखें...''अब एक फाकाकश मज़दूर भी अपनी अहमियत समझने लगा है और धन-दौलत की ड्योढ़ी पर सर झुकाना पसन्द नहीं करता। उसे अपने कर्त्तव्य चाहे न मालूम हों लेकिन अपने अधिकारों का पूरा ज्ञान है। वह जानता है कि इस सारे राष्ट्रीय वैभव और प्रभुत्व का कारण मैं हूँ। यह सारा राष्ट्रीय विकास और उन्नति मेरे ही हाथों का करिश्मा है। अब वह मूक सन्तोष और सर झुकाकर सब कुछ स्वीकार कर लेने में विश्वास नहीं रखता।''[8] प्रेमचन्द इसी मज़दूर की हिस्सेदारी 'स्वशासन' में सुनिश्चित करना चाहते थे।

'स्वदेशी आन्दोलन' स्वतन्त्रता संग्राम का एक बड़ा एजेंडा था। स्वदेशी के बिना भारत राष्ट्र के रूप में खड़ा नहीं हो सकता था। स्वतन्त्रता आन्दोलन में महात्मा गाँधी के प्रवेश के बहुत पहले स्वदेशी की माँग जोर-शोर से उठने लगी थी। महात्मा गाँधी के आने के बाद इस आन्दोलन ने और जोर पकड़ा जब वे 1915 में भारत आये। प्रेमचन्द 1905 में 'देशी चीजों का प्रचार कैसे बढ़ सकता

है"[9] शीर्षक निबन्ध लिखकर घरेलू उद्योग-धंधों के विकास और उनकी मार्केटिंग के मार्ग में आने वाली बाधाओं की चिन्ता करते हैं। वे उसी वर्ष 'स्वदेशी आन्दोलन' की वकालत करते हैं और उसे 'देशभक्तिपूर्ण आन्दोलन'[10] की संज्ञा देते हैं। 'स्वराज से किसका अहित होगा?' (1930) शीर्षक अपने निबन्ध में वे निर्भय होकर इस संग्राम में सम्मिलित होने की माँग करते हैं। 1931 में 'देश की वर्त्तमान परिस्थिति' की चर्चा करते हुए वे किसानों से अपील करते हैं कि 'महात्मा जी के मार्ग' से यदि वे हटे तो उन्हें पछताना पड़ेगा। 'स्वदेशी आन्दोलन' का जबर्दस्त समर्थन करने के साथ प्रेमचन्द भारत और पूरी दुनिया में गोरी जातियों की सभ्यता के अन्यायपूर्ण आचरण और दमन-शोषण की आलोचना करते हैं और उनके पाखण्ड पर चोट करते हैं। 'गोरी जातियों का प्रभाव क्यों कम है' (1931) शीर्षक निबन्ध में वे लिखते हैं कि "...गोरों ने आदि से ही प्रेम के बल पर नहीं, आतंक के बल पर संसार पर प्रभुत्व जमाया है। वह कालों की नज़रों से अपने ऐबों को छिपाकर अपनी नीतिमता की साख बिठाये थे।"[11] अंग्रेजों की अन्यायपूर्ण नीति और गरीब जनता को टैक्स के जरिए लूटने की उनकी आदत के कारण प्रेमचन्द को 'स्वराज की कामना' का भारतीय जन में 'जन्म लेना' स्वाभाविक जान पड़ता है।

प्रेमचन्द के लिए राष्ट्र का अर्थ सिर्फ़ कोई निश्चित भू-भाग ही नहीं, उसके आगे भी बहुत कुछ है। उनके लिए राष्ट्र का अर्थ सबसे पहले उस भू-भाग की शोषित, पीड़ित जनता है। 'नवयुग' (1932) शीर्षक अपने एक निबन्ध में राष्ट्र और राष्ट्रीयता की ओर संकेत करते हुए वे लिखते हैं : 'राष्ट्र केवल एक मानसिक प्रवृत्ति है। जब यह प्रवृत्ति प्रबल हो जाती है तो किसी प्रांत या देश के निवासियों में भ्रातृभाव जागरित हो जाता है। तब उनमें रुढियों से पैदा होने वाले भेद, पुराने संस्कारों से उत्पन्न होनेवाली विभिन्नताएँ और ऐतिहासिक तथा धार्मिक विषमताएँ, एक प्रकार से मिट जाती हैं।"[12] जब तक 'विविधताएँ' और 'विषमताएँ' किसी राष्ट्र में मौजूद हैं तब तक वह सही अर्थों में राष्ट्र नहीं है। जनता का जिस तरह शोषण है, गरीबी का जैसा साम्राज्य है, गाँवों की जो हालत है, उस पर वे 'दमन की सीमा' (1932) शीर्षक निबन्ध में गम्भीर और तल्ख़ टिप्पणी करते हैं। ब्रिटिश सरकार, प्रशासन और जमींदारों को कठघरे में खड़ा करते हुए कहते हैं : "देहात से, सुधार और सहयोग और शिक्षा और स्वास्थ्य और सभी आयोजनाएँ, जिनसे राष्ट्र बनता है, जिनसे उसका विकास होता है, लापता हैं।"[13] इसीलिए औरों के लिए राष्ट्र और राष्ट्रीयता का जो भी अर्थ हो,

प्रेमचन्द के लिए उसका ठेठ भारतीय अर्थ है। उनकी दो टूक राय है, 'राष्ट्रीयता की पहली शर्त वर्ण-व्यवस्था, ऊँच-नीच के भेदभाव और धार्मिक पाखण्ड की जड़ खोदना है।"[14]

जाति भेद की समस्या को भारतीय राष्ट्रीयता की केन्द्रीय समस्या मानते हुए ऐसे लोगों पर प्रेमचन्द जोरदार हमला करते हैं जो जाति की श्रेष्ठता और धार्मिक विद्वेष की भावना से भरे हुए हैं। राष्ट्र, राष्ट्रीयता और राष्ट्रवाद के नकली प्रवक्ताओं को 'क्या हम वास्तव में राष्ट्रवादी हैं?' (1934) शीर्षक निबन्ध लिखकर वे कठघरे में खड़ा करते हैं। वे लिखते हैं : "हम अभी तक केवल मुँह से राष्ट्र-राष्ट्र का गुल मचाते हैं, हमारे दिलों में अभी वही जाति भेद अन्धकार छुपा हुआ है। और यह कौन नहीं जानता कि जाति भेद और राष्ट्रीयता दोनों में अमृत और विष का अन्तर है।"[15] इसलिए जो पुजारी, पुरोहित और पंडे जातिभेद करते हैं उन्हें वे 'टके पन्थी' और 'हिन्दू जाति का कलंक' कहकर सम्बोधित करते हैं।

भारत का विशाल भू-भाग, शस्य श्यामला धरती और यहां की पुरानी अच्छी बातें उन्हें भाती हैं। इस अर्थ में वे सच्चे देश-प्रेमी हैं। इसलिए वे औपनिवेशिक गुलामी से मुक्ति की बात जोरदार ढंग से उठाते हैं। काँग्रेस और महात्मा गाँधी के नेतृत्व में चलने वाले राष्ट्रीय आन्दोलन की जोरदार वकालत करते हैं। इस विषय पर लिखते हुए उनका राष्ट्रवादी रुझान और उनकी राष्ट्रीयता पूरी बुलन्दी पर है। इसलिए, 'दुनिया का सबसे अनमोल रतन' जैसी भावना प्रधान देशभक्तिपूर्ण कहानी हो या 'कर्मभूमि' जैसा स्वाधीनता संग्राम के झंझावतों से भरा उपन्यास, 'देशी चीजों का प्रसार कैसे बढ़ सकता है' (1905) और 'स्वदेशी आन्दोलन' (1905) जैसे प्रारम्भिक वैचारिक लेख हों या आर्य समाज, गाँधीवाद और मार्क्सवाद जैसी विचारधाराओं के प्रभाव से गुजरने के बाद अन्तिम दिनों के लेख, प्रेमचन्द साम्राज्यवाद से भारत की मुक्ति के हमेशा पक्षधर हैं। लेकिन मुक्ति से प्रेरित उनकी राष्ट्रीयता सिर्फ़ कुछ प्रतीकों तक सीमित नहीं है। वे सिर्फ़ अपनी सरकार बन जाने से सन्तुष्ट होने वाले राष्ट्रप्रेमी नहीं हैं। राष्ट्र, जो मेहनतकश जनता से बनता है, वे उस राष्ट्र की मुक्ति के पक्षधर हैं। इसलिए ऐसे राष्ट्रवादियों को जिनके एजेंडे में भेदभाव मिटाना नहीं है, फटकार लगाते हुए वे कहते हैं "राष्ट्रीयता की पहली शर्त है, साम्य का दृढ होना। इसके बिना राष्ट्रीयता की कल्पना ही नहीं की जा सकती।"[16]

सच्ची राष्ट्रीयता का विकास कब होगा? जब समतामूलक समाज बनेगा, जब

जाति भेद न होगा। प्रेमचन्द हिन्दी के इस अर्थ में अकेले लेखक हैं जो जीवन भर जातिप्रथा का विरोध करते रहे। उनका सारा साहित्य जातिप्रथा के विरुद्ध सतत संघर्ष का साहित्य है। सामजिक समता के लिए संघर्ष करते हुए वे कभी आर्थिक गैर बराबरी को नहीं भूलते। इसीलिए वे 'स्वराज्य' के साथ-साथ 'आर्थिक स्वराज्य' का प्रश्न उठाते हैं। अपनी एक टिप्पणी 'आर्थिक स्वराज्य' (1933) में वे आर्थिक और राजनैतिक स्वराज्य दोनों को एक-दूसरे का पूरक मानते हुए दिखाई देते हैं। उसी वर्ष की अपनी एक दूसरी टिप्पणी 'अविश्वास' में वे यही बात और साफ़ तरीके से कहते हुए दिखाई देते हैं। वे लिखते हैं "अधिकांश भारतीय स्वराज्य इसलिए नहीं चाहते कि अपने देश के शासन में उनकी आवाज़ ही पहले सुनी जावे, पर स्वराज्य का अर्थ उनके लिए आर्थिक स्वराज्य होता है। अपने प्राकृतिक साधनों पर अपना अधिकार, अपनी प्राकृतिक उपजों पर अपना नियंत्रण, अपनी वस्तुओं का स्वच्छन्द उपभोग और अपनी पैदावार पर अपनी इच्छानुसार मूल्य लेने का स्वत्व- यही उनकी सबसे बड़ी, सबसे पहली, सबसे उत्कृष्ट माँग है। यह माँग स्वराज्य का अंग नहीं, स्वराज इसी माँग का अंग है।"[17] इस तरह प्रेमचन्द का स्वराज्य, उनके भारत का सपना, आर्थिक आत्मनिर्भरता से अलग नहीं था। भारत में आज भी किसानों-मजदूरों और आदिवासियों की आर्थिक पर-निर्भरता, उनके अपने ही साधनों पर अपने अधिकार न होने पर हिन्दी के कितने लेखक चिन्तित दिखाई देते हैं? प्रेमचन्द स्वराज्य के साधन के रूप में सबसे पहला स्थान इसीलिए 'स्वावलंबन' को देते हैं।[18]

यह सही है कि प्रेमचन्द भारत के लिए जिस स्वराज्य का स्वप्न देखते थे, वह 'आर्थिक स्वराज्य' से भिन्न न था। लेकिन वे उसके आगे सोशलिज्म का समर्थन करते हुए भी देखे जाते हैं। अपनी एक टिप्पणी 'रूस में समाचार पत्रों की उन्नति' (1933) में जहाँ वे सोवियत संघ की प्रशंसा करते हैं, वहीं वे भारत के नेताओं में जवाहरलाल नेहरू की उनके समाजवादी विचारों के लिए खुलकर तारीफ़ करते हैं। नेहरू के एक व्याख्यान की चर्चा करते हुए लिखते हैं, जैसे नेहरू उनके ही मन की बात कह रहे हों। प्रेमचन्द के शब्द हैं, "श्री जवाहर लाल नेहरू ने अपने व्याख्यानों में वैज्ञानिक साम्यवाद (साइंटिफिक सोशलिज्म) शब्द का प्रयोग किया। आपका अभिप्राय यह था कि वर्तमान समाज में मनुष्य-मनुष्य में जो भीषण असमानता है, वह दूर हो। यह ठीक नहीं है कि एक मनुष्य के पास अथाह धन भरा पड़ा हो और दूसरा मनुष्य भूखा मरता हो। समाज का इस प्रकार संगठन होना चाहिए जिससे कोई मनुष्य भूखा न रहने पावे, सबको

पर्याप्त अन्न और वस्त्र मिले और सबको उन्नति करने का समान अवसर हो।"[19] 1930 के दशक में जवाहर लाल नेहरू की जो छवि जनता में थी वह प्रेमचन्द के उक्त कथन में दिखती है।

प्रेमचन्द की राष्ट्रीय भावना कभी अंध-राष्ट्रवाद का रूप ग्रहण नहीं करती। वे अपने राष्ट्र से प्रेम तो करते हैं, पर विश्वबन्धुत्व की भावना को तिलांजलि देकर नहीं। वे राष्ट्रीय आन्दोलन के समर्थक हैं, लेकिन उस अंध-राष्ट्रवाद के समर्थक नहीं हैं जो विश्वबन्धुत्व का शत्रु है। इसीलिए वे अंध-राष्ट्रवाद की आलोचना करते हैं और अंतरराष्ट्रीयता को भारत के पुरातन सन्देश 'वसुधैव कुटुम्बकम्' से जोड़कर देखते हैं। राष्ट्र की सेवा, उसकी स्वतन्त्रता आदि सवालों को वे राष्ट्रीय भावना के अन्तर्गत रखते हैं, लेकिन जब हमारा राष्ट्रीय हित पड़ोसी मुल्क के हित के ख़िलाफ़ हो जाये, दूसरे देशों के अस्तित्व के लिए ख़तरा हो जाये तो वह अंध-राष्ट्रवाद में बदल जाता है। प्रेमचन्द ऐसी अन्ध-राष्ट्रीयता के विरोध में हैं। अपनी एक टिप्पणी "राष्ट्रीयता और अंतरराष्ट्रीयता' (1933) में वे अंध-राष्ट्रीयता की तुलना मध्ययुगीन साम्प्रदायिकता से करते हैं। वे लिखते हैं : "राष्ट्रीयता वर्त्तमान युग का कोढ़ है, उसी तरह मध्यकालीन युग का कोढ़ साम्प्रदायिकता थी। नतीजा दोनों का एक है। साम्प्रदायिकता अपने घेरे के अन्दर पूर्ण शांति और सुख का राज्य स्थापित कर देना चाहती थी, मगर उस घेरे के बाहर जो संसार था उसको नोचने-खसोटने में उसे जरा भी मानसिक क्लेश न होता था। राष्ट्रीयता भी अपने अपरिमित क्षेत्र के अन्दर रामराज्य का आयोजन करती है। उस क्षेत्र के बाहर का संसार उसका शत्रु है। सारा संसार ऐसे ही राष्ट्रों या गिरोहों में बँटा हुआ है और सभी एक-दूसरे को हिंसात्मक संदेह की दृष्टि से देखते हैं और जब तक इसका अंत न होगा संसार में शान्ति का होना असम्भव है। जागरुक आत्माएँ संसार में अंतरराष्ट्रीयता का प्रचार करना चाहती है और कर रही हैं। लेकिन राष्ट्रीयता के बंधन में जकड़ा हुआ संसार उन्हें ड्रीमर या शेखचिल्ली समझकर उनकी उपेक्षा करता है।"[20] उसके आगे वे लिखते हैं : "इसमें तो कोई संदेह नहीं कि अंतरराष्ट्रीयता मानव संस्कृति और जीवन का बहुत ऊँचा आदर्श है और आदि से संसार के विचारकों ने इसी आदर्श का प्रतिपादन किया है। 'वसुधैव कुटुम्बकम्' इसी आदर्श का परिचायक है।"

अंतरराष्ट्रीयता के सम्बन्ध में प्रेमचन्द की यह धारणा अचानक नहीं बनती है। देश में जो स्वाधीनता संघर्ष चल रहा था उसका लक्ष्य निश्चित रूप से स्वतन्त्रता की प्राप्ति था। लक्ष्य की प्राप्ति के लिए भारतवासियों में राष्ट्रीय भावना

का जागरण आवश्यक था। किन्तु हमारे राष्ट्र नायकों ने दूसरे राष्ट्रों की कीमत पर अपने राष्ट्र की मुक्ति और उन्नति की कामना नहीं की। उसका प्रभाव भारतीय साहित्य और हिन्दी साहित्य पर भी पड़ा। हिन्दी साहित्य की चेतना स्वस्थ राष्ट्रीयता के साथ उदार अंतरराष्ट्रीयता से निर्मित हुई। प्रेमचन्द की राष्ट्रीयता और अंतरराष्ट्रीयता उसी चेतना की उपज है। इस सम्बन्ध में प्रेमचन्द के पूर्ववर्ती महावीर प्रसाद द्विवेदी के भी विचारों को देखना उचित होगा। राष्ट्र-प्रेम जब संकुचित होकर दूसरे देश के विरोध में चला जाये, इसको द्विवेदी जी 'धूर्तों के भयंकर ढोंग' के अन्तर्गत रखते हुए अंतरराष्ट्रीयता को प्रमुखता से रेखांकित करते हैं और 'वसुधैव कुटुम्बकम' के प्राचीन भारतीय आदर्श को आधुनिक सन्दर्भ में प्रासंगिक बताते हैं।[21] द्विवेदी जी ने ठीक ही इस सम्बन्ध में रवीन्द्रनाथ ठाकुर को भी याद किया है जिनका चिन्तन राष्ट्रीयता के साथ अन्तरराष्ट्रीयता के विचारों को पुष्ट करता है। द्विवेदी जी अन्धराष्ट्रीयता को यूरोप की देन मानते हैं और इसे भारत की स्वाभाविक वृत्ति नहीं मानते। कहने की जरुरत नहीं कि प्रेमचन्द उसी धारा से निकले हिन्दी चेतना के मुखर स्वर हैं।

एक तरफ़ काँग्रेस के नेतृत्व में राष्ट्रीय मुक्ति आन्दोलन चल रहा था तो दूसरी तरफ़ मुस्लिम लीग और हिन्दू महासभा की साम्प्रदायिक राजनीति थी। प्रेमचन्द लीग और सभा दोनों की साम्प्रदायिक राजनीति का विरोध करते हैं और कांग्रेस के नेतृत्व में चलने वाले मुक्ति संघर्ष के पक्ष में खड़े रहते हैं। साम्प्रदायिकता को वे राष्ट्रीयता का शत्रु मानते हैं और सभी सम्प्रदायों के बीच मेल मोहब्बत का माहौल बनाने में अपनी सारी लेखकीय ऊर्जा झोंक देते हैं। वे धर्म के आधार पर आधुनिक राष्ट्र-राज्य की कल्पना के विरुद्ध हैं। अपनी एक टिप्पणी 'पाकिस्तान की नयी उपज' (1933) में वे न सिर्फ़ मुहम्मद इकबाल के धर्म के आधार पर पाकिस्तान के निर्माण सम्बन्धी प्रस्ताव का विरोध करते हैं, बल्कि यह भी कहना नहीं भूलते कि धर्म राष्ट्र निर्माण का आधार नहीं हो सकता।''[22] वे धर्म के ऊँचे भावों का सम्मान करते हैं, उसे जीवन में उतारने की बात करते भी हैं, लेकिन उसके संकीर्ण अर्थ का हमेशा विरोध करते हैं।

साम्प्रदायिक दंगों पर, हिन्दू-मुस्लिम समस्याओं पर उन्होंने जितनी अधिक संख्या में जोरदार टिप्पणियाँ लिखी हैं, उतनी और वैसी हिन्दी के किसी दूसरे लेखक ने शायद ही लिखी हों। साम्प्रदायिकता को 'विष' समझनेवाले प्रेमचन्द साम्प्रदायिक राजनीति के पीछे की उस चतुराई को भी बेनकाब करते हैं जो संस्कृति का रूप धारण कर तरह-तरह से राष्ट्रीय जीवन में जहर घोलने का काम करती है।

'साम्प्रदायिकता और संस्कृति' (1934) नामक अपने प्रसिद्ध निबन्ध में उन्होंने साफ़ शब्दों में कहा है : ''साम्प्रदायिकता सदैव संस्कृति की दुहाई दिया करती है। उसे अपने असली रूप में निकलते शायद लज्जा आती है, इसलिए वह गधे की भाँति जो सिंह की खाल ओढ़कर जंगल के जानवरों पर रौब जमाता फिरता था, संस्कृति का खोल ओढ़कर आती है। अब संसार में केवल एक संस्कृति है और वह है आर्थिक संस्कृति मगर हम आज भी हिन्दू और मुस्लिम संस्कृति का रोना रोए चले जाते हैं।''[23] साम्प्रदायिकता, अंधविश्वास आदि की आलोचना करते हुए वे आगे लिखते हैं : ''ये जमाना साम्प्रदायिक अभ्युदय का नहीं है। ये आर्थिक युग है और आज वही नीति सफल होगी जिससे जनता अपनी आर्थिक समस्याओं को हल कर सके, जिससे ये अंधविश्वास और ये धर्म के नाम पर किया गया पाखंड या नीति के नाम पर गरीबों को दुहने की कथा मिटाई जा सके।''[24]

प्रेमचन्द का एक प्रसिद्ध वाक्य कहावत की तरह हिन्दी समाज में लोगों की जुबान पर है, जो उनकी कहानी 'आहुति' का है : ''ऐसे स्वराज का आना व्यर्थ है जिसमें जॉन की जगह गोविन्द गद्दी पर बैठ जाये।'' इसीलिए ठीक ही रामविलास शर्मा ने उन्हें 'स्वाधीनता-संग्राम के सैनिक साहित्यकार'[25] के रूप में याद किया है। उनके मन में 'स्वराज' और 'राष्ट्र' का जो चित्र था वह बहुत साफ था। वे सिर्फ़ पात्र परिवर्तन के नहीं, व्यवस्था परिवर्तन के हिमायती थे। वे जाति-भेद के सवाल पर अम्बेडकर की तरह, संप्रदाय-भेद पर गाँधी की तरह और अमीरी-गरीबी के सवाल पर एक समाजवादी की तरह सोचते थे। जीवन, समाज और राष्ट्र के इतने व्यापक धरातल को छूने वाले वे हिन्दी के सबसे बड़े लेखक थे। गाँधी के नेतृत्व में काँग्रेस ने प्रस्ताव पारित कर स्वराज के जिस रूप का संकल्प लिया था, उस पर प्रेमचन्द ने अपनी एक टिप्पणी 'काँग्रेस' (1931) में लिखा : ''अब काँग्रेस का ध्येय राष्ट्र के सामने है। वह गरीबों की संस्था है, गरीबों के हितों की रक्षा उसका प्रधान कर्तव्य है। उसके विधान में मजदूरों, किसानों और गरीबों के लिए वही स्थान है जो अन्य लोगों के लिए। वर्ग, जाति, वर्ण आदि के भेदों को उसने एकदम मिटा दिया है।''[26] प्रेमचन्द की नज़र में 'स्वराज्य' के लिए लड़ने वाली काँग्रेस का यही रूप था! अफसोस यह है कि यह देखने के लिए वे जीवित न रहे! 'स्वराज्य' तो आया किन्तु भारत वैसा राष्ट्र-राज्य नहीं बन सका जिसका वे सपना देखते थे।

सन्दर्भ

1. Anavaratblogspot.in
2. विविध प्रसंग; भाग-1, पृ. 269
3. वही, पृ. 268
4. वही, पृ. 259
5. वही
6. वही
7. भारत में अंग्रेजी राज और मार्क्सवाद, पृ. 275
8. वही, पृ. 264
9. वही, पृ. 15
10. वही, पृ. 20
11. विविध प्रसंग; भाग-2, पृ. 77-78
12. वही, पृ. 98
13. वही, पृ. 92
14. वही, पृ. 476
15. वही, पृ. 470
16. वही, पृ. 471
17. वही, पृ. 152
18. वही, पृ. 272
19. वही, पृ. 222
20. वही, पृ. 334
21. महावीर प्रसाद द्विवेदी रचना संचयन; संपादकः भरत यायावर, 'समस्या' शीर्षक निबन्ध।
22. विविध प्रसंग; भाग-2, पृ. 409-10
23. Krantiswarblogspot.in
24. वही
25. प्रेमचन्द और उनका युग, पृ. 122
26. वि.प्र.,भाग-2, पृ. 75

(2017)

आलोचना के शुक्ल पक्ष पर प्रश्न

यह निरा संयोग है कि शुक्ल 'सरनेम' रामचन्द्र शुक्ल के साथ जुड़ा है। लेकिन वे हिन्दी आलोचना के शुक्ल पक्ष हैं, यह संयोग नहीं है। यह उनका अर्जित किया हुआ आलोचनात्मक विवेक है, अंधे के हाथ लगी बटेर नहीं। किसी जाति, धर्म, कुल, क्षेत्र आदि के कारण महिमान्वित होने वालों में वे नहीं हैं। उनके मानस का निर्माण बीसवीं सदी की वैज्ञानिक उपलब्धियों की रोशनी में हुआ है। वे ज्ञान-विज्ञान के नये विचार का स्वागत करते हैं, चाहे वह पश्चिम से ही क्यों न आते हों। वे न अपना सर्वोत्तम छोड़ते हैं और न पश्चिम के सर्वोत्तम से मुँह मोड़ते हैं। यही कारण है कि हिन्दी की परलोकवादी साहित्य-समझ को बदलकर लोक के धरातल पर प्रतिष्ठित करने में वे सफल होते हैं और आलोचना का शुक्ल पक्ष निर्मित करते हैं।

लेकिन आलोचना के इस शुक्ल पक्ष को कृष्ण पक्ष मानने वालों की भी कमी नहीं है। शुक्ल जी की इतिहास दृष्टि और आलोचना उनके जीवन काल में और उसके बाद के समय में भी प्रश्नांकित होती रही है। हजारीप्रसाद द्विवेदी ने उनकी इतिहास दृष्टि पर प्रश्न उठाया। मुसलमानी राज्य की स्थापना के प्रतिक्रियास्वरूप भक्ति आन्दोलन के उद्‌भव के शुक्ल जी के प्रस्ताव को खारिज करते हुए उन्होंने उसका सम्बन्ध दक्षिण की आलवार भक्ति से जोड़ा। जिन निर्गुणपन्थी संतों को शुक्ल जी ने कोई ख़ास महत्त्व नहीं दिया था, उसे उन्होंने 'भारतीय चिन्ता का स्वाभाविक विकास' कहा। नामवर सिंह ने उनके द्वारा रेखांकित धारा को 'दूसरी परम्परा की खोज' की संज्ञा दी। इतिहास-दृष्टि और आलोचना सम्बन्धी शुक्ल जी के महान प्रदेय को खारिज करने का यह एक बड़ा प्रयत्न था। इन दोनों ने उनके द्वारा तथाकथित शास्त्र समर्थन के समानांतर लोक धारा को प्रतिष्ठित करने का काम किया। नलिन विलोचन शर्मा ने 'साहित्य का इतिहास दर्शन' नामक अपनी प्रसिद्ध पुस्तक में शुक्ल जी पर 'विधेयवादी' होने का आरोप लगाया। नन्ददुलारे

वाजपेयी ने भी शुक्ल जी की आलोचनात्मक मान्यताओं का कई प्रसंगों में खंडन किया। शुक्ल जी की इतिहास-दृष्टि और आलोचना-दृष्टि पर प्रश्न उठानेवाले इन आलोचकों में से किसी ने उन्हें मनुवादी नहीं कहा। 'मध्यकालीन भक्ति आन्दोलन का एक पहलू' (1955) नामक अपने प्रसिद्ध और मध्यकाल सम्बन्धी एकमात्र लेख में मुक्तिबोध ने सगुण धारा की तुलना में निर्गुण भक्ति और खासकर तुलसी की तुलना में कबीर को अधिक आधुनिक माना और सगुण एवं तुलसी को अधिक महत्त्व देने के कारण शुक्ल जी को 'पुराणमतवादी' कहा. मनुवादी उन्होंने भी नहीं बताया। मार्क्सवादी लेखकों में से एक रांगेय राघव ने अवश्य ही तुलसी पर और तुलसी समर्थक होने के कारण शुक्लजी पर तीखे प्रहार किये पर सीधे मनुवादी उन्होंने भी नहीं कहा—कहने का अर्थ यह कि शुक्ल जी की आलोचना होती रही, वैचारिक विकास का तकाजा है कि आलोचना होनी चाहिए, पर उनके चिन्तन को जातिवादी विमर्श में घसीटने की घटना हाल-फिलहाल की है। इधर के वर्षों में कुछ उत्साही मार्क्सवादी और कुछ दलित लेखक उन्हें सीधे-सीधे मनुवादी कहने लगे हैं।

प्रश्न है कि मनुवाद क्या है? कोई उसका समर्थक हो तो वह क्यों निन्दनीय हैं? क्या रामचन्द्र शुक्ल मनुवादी हैं? कहीं ऐसा तो नहीं कि अपने निहित राजनीतिक स्वार्थ के चलते शुक्ल उपनामधारी रामचन्द्र को मनुवादी कहा जा रहा है? इधर के वर्षों में राजनीतिक दलों की चुनावी गठजोड़ की तर्ज पर साहित्य में भी जातीय गठजोड़ की कोशिशें तेज हुई हैं। जिस तरह चुनावी गठजोड़ का आधार कोई विचारधारा, आदर्श आदि न होकर येन-केन-प्रकारेण चुनाव जीतना होता है, उसी तरह कुछ लेखक अपने को बहुजन और बाकी को 'मनुवादी' या 'द्विजजाति' कहने लगे हैं। वे अपने बीच या भीतर के मनुवाद पर बात नहीं करते हैं और भारतीय समाज की जटिलता की प्रायः अनदेखी करते हैं। क्या साहित्य में मनुवाद और मनुवाद विरोध इतना स्याह-सफ़ेद होता है? जो भी हो, इसकी छान-बीन तो होनी ही चाहिए कि शुक्ल जी की इतिहास-दृष्टि और आलोचना-दृष्टि में मनुवादी तत्त्व हैं भी या नहीं. ऐसा इसलिए जरूरी है, क्योंकि हिन्दी साहित्य के इतिहास और आलोचना का जो मजबूत आधार है वह उन्हीं द्वारा निर्मित है। उन्हें मनुवादी मानने का मतलब है उस आधार पर प्रहार और उसको कमज़ोर साबित करना।

मनुवाद सुपरिभाषित पद नहीं है। इसका चलन हाल की घटना है। हिन्दी रचना-आलोचना में इस पद का व्यवहार पहले से नहीं होता रहा है। जिस

धार्मिक-सामाजिक प्रवृत्ति के आधार पर इसे मनुवाद कहा जाता है उसे ही दलित नेता कांशीराम-मायावती 'मनुवाद' कहते रहे हैं। समाजवादी चिन्तक किशन पटनायक उस तरह की प्रवृत्ति के लिए 'मनुवाद' जैसे पद को ज़्यादा उपयुक्त मानते हैं। कुछ लोगों का मानना है और मुझे भी इस तर्क में दम नज़र आता है कि मनुवाद कहने से जाने-अनजाने एक जाति विशेष को हम लक्षित करते हैं, जबकि उस तरह की प्रवृत्ति को माननेवाले गैर द्विज जातियों में भी हैं और बहुतेरे सवर्ण उस तरह की प्रवृत्ति के गहरे आलोचक रहे हैं और आज भी हैं। आख़िर हम पूँजीवाद को 'बनियावाद' या 'वैश्यवाद' तो नहीं कहते! इसलिए 'मनुवाद' ज़्यादा उपयुक्त संज्ञा है। लेकिन समाज-विज्ञानियों के बीच 'मनुवाद' शब्द अधिक प्रचलित है और लगता है कि हिन्दी में यह समाज-विज्ञान से ही आया है। बहरहाल, 'मनुवाद' को अधिक उपयुक्त मानते हुए भी यहाँ 'मनुवाद' जैसे पद का बार-बार प्रयोग इसलिए किया गया है, क्योंकि इसी पद से शुक्ल जी पर प्रहार होते रहते हैं।

जिसे मनुवाद कहते हैं, उसे ठीक-ठीक कहीं परिभाषित किया गया हो, उसकी जानकारी इन पंक्तियों के लेखक को नहीं है। लेकिन जिस तरह की प्रवृत्तियों को लेकर मनुवाद संज्ञा चलती है उसे समझने की कोशिश की जा सकती है। मनुवाद के मुख्य रूप से चार आधार कहे जा सकते हैं :

1. वर्ण व्यवस्था
2. अवतारवाद
3. पुनर्जन्म
4. कर्मकांड

इन्हीं चार प्रवृत्तियों को जो माने और इनमें जिनका अटूट भरोसा हो, वह मनुवादी कहा जायेगा। ऐसा व्यक्ति जाति से ब्राह्मण भी हो सकता है और गैर ब्राह्मण भी। वह ब्राह्मण के अलावा क्षत्रिय, वैश्य, पिछड़ा और दलित किसी भी जाति का हो सकता है। यूँ वर्ण व्यवस्था के अलावा बाकी तीन में कमोबेश भरोसा बौद्ध धर्म के अनुयायियों का भी है। बौद्ध धर्म को प्रगतिशील माननेवाले हिन्दी के शुक्ल-विरोधी बहुतेरे लेखक सिर्फ़ वर्णव्यवस्था तथा मुसलमानी राज की स्थापना तक ही अपने को सीमित रखते हैं और अन्य आधारों पर बात नहीं करते।

जिसे मनुवाद कहा जाता है वह इस देश की वर्चस्वशाली विचारधारा रही है और आज भी है। इसे भारत का प्रमुख 'मोड ऑफ़ थिंकिंग' कहा जा सकता है। इस 'मोड ऑफ़ थिंकिंग' से प्रभावित भारत की बहुसंख्यक आबादी का जिस

भाववादी (Idealistic) जीवन-दर्शन में अटूट भरोसा है, उसका प्रकट रूप मनुवाद ही है। हिन्दुओं में नास्तिक दर्शन भी लोकप्रिय रहा है। आस्तिक या भाववादी दार्शनिक परम्परा के समानांतर नास्तिक या पदार्थवादी दार्शनिक परम्परा भी भारत में हमेशा विद्यमान रही है। थोड़ी ही, पर नास्तिकों की भी आबादी हिन्दुओं में हमेशा से रही है। इसे 'लोकायत', 'चार्वाक' आदि नामों से जाना जाता है। भारतीय संस्कृति के निर्माण में इस दार्शनिक परम्परा की भी बड़ी भूमिका है। भाववादी दार्शनिक परम्परा के साथ नास्तिक परम्परा के संघर्ष और संवाद का लम्बा इतिहास है। चूँकि परिवर्तनशीलता का स्वीकार भारतीय संस्कृति का प्रधान गुण है, इसलिए दोनों दार्शनिक परम्पराएँ संघर्ष और संवाद के लम्बे इतिहास के साथ परिवर्तनशील बनी रही हैं।

भारतीय सामन्तवाद को वैचारिक आधार देने में मनुवाद की महत्त्वपूर्ण भूमिका रही है। कहा जा सकता है कि भारतीय सामंतवाद का इतिहास जितना लम्बा है उतना ही मनुवाद का भी है। कहा यह भी जा सकता है कि यह यथास्थिति का समर्थक और सामाजिक प्रगति का विरोधी है। इस कारण समय-समय पर इसे चुनौतियाँ भी मिली हैं, कभी जैन धर्माचार्यों द्वारा तो कभी बौद्धों द्वारा, लेकिन मनुवाद बना रहा। जैन और बौद्ध अपने धर्म का मार्ग इससे अलग बनाने में सफल हुए, लेकिन इसको अपदस्थ नहीं कर सके। भारतीय समाज की मुख्य धारा का 'मोड ऑफ़ थिंकिंग' मनुवाद ही बना रहा। इसे वेद-शास्त्रों का समर्थन तो मिला ही, सत्ता का भी संरक्षण रहा—वह क्षत्रियों की सत्ता हो, मुसलमानों की हो या अंग्रेजों की। मुख्य धारा की इस वैचारिक-जीवन-पद्धति के समानान्तर हाशिए के समाज के बीच अपनी-अपनी साधना-पद्धतियाँ अस्तित्व ग्रहण करती रही हैं और अपने लोगों के बीच लोकप्रिय भी होती रही हैं—जैसे, कबीरपन्थ, रैदासीपन्थ, दादूपन्थ आदि। लेकिन मनुवाद का स्थान लेने में असफल रही हैं। आख़िर वह कौन-सी बात है जिसकी वजह से मनुवाद बना हुआ है?

हिन्दू जीवन-दर्शन हमेशा एक नहीं रहा। वह बाहर की चुनौतियों, मसलन जैन, बौद्ध, सिद्ध-नाथ, निर्गुण पन्थ, इस्लाम, ईसाइयत आदि के कारण जितना परिवर्तित हुआ, उससे अधिक उसके भीतर की चुनौतियाँ उसे परिवर्तन की ओर ठेलती रही हैं। इसलिए शंकराचार्य से रामानुज, वल्लभ, रामानन्द, विवेकानन्द, गाँधी तक आते-आते सनातनपंथियों को नयी-नयी चुनौतियाँ मिलती रहीं। शंकराचार्य के समय में हिन्दू जीवन-दर्शन का जो रूप था, उसे रामानुज, वल्लभ, रामानन्द आदि आचार्यों ने बहुत अर्थों में बदला। विवेकानन्द और गाँधी तक आते-आते

हिन्दू जीवन-दर्शन आधुनिक अर्थ ग्रहण करने लगा और सनातनपंथियों से उसका संघर्ष होता रहा। विवेकानन्द जब कहते हैं भारत शूद्रों का है या भविष्य शूद्रों का है और जब गाँधी दरिद्रनारायण की सेवा को ही सबसे बड़ा धर्म कहते हैं; तब हिन्दू जीवन-दर्शन नये रूप और स्वर में परिभाषित होता हुआ दिखाई देता है। क्या इसे मनुवाद कहा जायेगा? हिन्दू धर्म के भीतर मनुवादी जड़ता को चुनौती देती हुई यह नयी चेतना है जो नवजागरण की देन है। विवेकानन्द और गाँधी का पूरा जीवन-दर्शन हिन्दू धर्म-दर्शन के छाते के जितना भीतर है उतना बाहर भी। जिस वेदान्त दर्शन की व्याख्या के जरिए शंकराचार्य अपने दर्शन का विकास करते हैं, उसी वेदान्त की व्याख्या रामानुज, वल्लभ आदि भी करते हैं और उनके सामाजिक अर्थ भिन्न हो जाते है। विवेकानन्द और गाँधी भी उसी वेदान्त का सहारा लेते हैं, और उनकी व्याख्या में बीसवीं सदी का सामाजिक अर्थ ध्वनित होने लगता है। इसलिए हिन्दू धर्म-दर्शन कोई स्थूल इकाई नहीं है, उसकी कोई एक किताब और एक ही देवी-देवता या एक ही तरह की उपासना-पद्धति नहीं जिसे कुछ प्रतीकों तक सीमित किया जा सके। सैकड़ों किताबों, देवी-देवताओं और उपासना-पद्धतियों के कारण वह दूसरे धर्मावलम्बियों के लिए भले कौतुहल आलोचना का विषय हो, उसके छाते के भीतर आने वाले जन समाज के लिए जीवन-पद्धति और उपासना-पद्धति का एक ख़ूब लचीला एवं व्यापक स्पेस रहा है। उसका मुख्य अन्तर्विरोध जाति-व्यवस्था का श्रेणी क्रम है। सभी प्राणियों को समान माननेवाली दार्शनिक अवधारणा व्यवहार में जब ज़मीन पर उतरती है तो जातिमूलक भेद-भाव में बदल जाती है। इसलिए रामानुज से लेकर गाँधी तक सभी दार्शनिकों-समाज सुधारकों ने जाति-व्यवस्था को लचीला बनाया, उसे झकझोरा और उसकी आलोचना की, क्योंकि जाति व्यवस्था सामाजिक प्रगति में बड़ी बाधा थी और आज भी है। हालाँकि कहा यह भी जाता है कि लोकतांत्रिक समाज में जाति-व्यवस्था धीरे-धीरे शिथिल हुई है, खान-पान और शादी-सम्बन्धों में जातिगत भेद-भाव कम हुआ है। जो लोग इन परिवर्तनों की अनदेखी करके जातिगत भेद-भाव की बात करते हैं वे दरअसल जाति की राजनीति करने वाले लोग हैं। वे यह मानकर चल रहे हैं कि मनुवाद अपरिवर्तनीय विचारधारा बनकर आज भी ज्यों का त्यों बरकरार है। शुक्ल जी को मनुवादी ऐसे ही लोग कहते हैं। सवाल यह है कि इस आरोप में कुछ सचाई है या यह निराधार है?

रामचन्द्र शुक्ल को मनुवादी माननेवालों का मुख्य आरोप उनका वर्ण-व्यवस्था समर्थन है। विज्ञान समर्थक माने जानेवाले शुक्ल जी को यह आरोप विज्ञान-विरोधी

और प्रगति-विरोधी साबित करता है। ऐसा कहना कितना सही है? शुक्ल जी को मनुवादी कहनेवाले लोग अपने पक्ष में जो तर्क देते हैं, उनमें कुछ प्रमुख हैं–

1. वर्णव्यवस्था के पोषक तुलसीदास का समर्थन करना
2. लेनिन की निन्दा करना
3. मुसलमानी राज्य की प्रतिक्रिया में भक्ति आन्दोलन को देखना

'गोस्वामी तुलसीदास' नामक अपनी पुस्तक के 'लोकनीति और मर्यादावाद' शीर्षक अध्याय में शुक्ल जी का यह कथन है : "गोस्वामी जी का समाज का आदर्श वही है जिसका निरूपण वेद, पुराण, स्मृति आदि में है; अर्थात् वर्णाश्रम की पूर्ण प्रतिष्ठा"[1]। जिस वर्णाश्रम की प्रतिष्ठा तुलसीदास करना चाहते थे, वह आधुनिक दृष्टि से भेदभावकारी है, यह शुक्ल जी जानते हैं। उसी अध्याय में वे लिखते हैं; "जिस वर्णाश्रम धर्म का पालन प्रजा करती थी, उसमें ऊँची-नीची श्रेणियाँ थीं, उसमें कुछ काम छोटे माने जाते थे, कुछ बड़े। फावड़ा लेकर मिट्टी खोदनेवाले और कलम लेकर वेदान्त सूत्र लिखनेवाले के काम एक ही कोटि के नहीं माने जाते थे। ऐसे दो काम अब भी एक दृष्टि से नहीं देखे जाते। लोकदृष्टि उसमें भेद कर ही लेती है। इस भेद को किसी प्रकार की चिकनी-चुपड़ी भाषा या पाखण्ड नहीं मिटा सकता"[2]। ऐसा कहने वाले शुक्ल जी को 'भेद करने वाली लोक-दृष्टि' का ज्ञान है और उनकी आधुनिक दृष्टि को यह बात खटकती है। इसलिए वे मानस के रामराज्य प्रसंग में वर्णित वर्ण-व्यवस्था के उदार होने की बात करते हैं। वर्णाश्रम धर्म की भेदकारी नीति से वे आँख नहीं चुराते, उसकी अपने ढंग से व्याख्या करते हैं। रामराज्य प्रसंग में तुलसीदास का प्रसिद्ध दोहा है :

बरनाश्रम निज निज धरम निरत वेद पथ लोग।
चलहिं सदा पावहिं सुखहिं नहीं भय सोक न रोग।।

संक्षेप में इस दोहे का सार यही है कि वर्ण व्यवस्था रामराज्य में मजबूती से कायम है और सभी अपने वर्ण के लिए निर्धारित काम ईमानदारी से करते हैं और सुखी हैं। रामचन्द्र शुक्ल इसकी व्याख्या करते हुए लिखते हैं: "छोटे समझे जानेवाले काम करनेवाले बड़े काम करनेवालों को ईर्ष्या और द्वेष की दृष्टि से क्यों नहीं देखते थे? वे यह क्यों नहीं कहते थे कि 'हम क्यों फावड़ा चलावें, क्यों दुकान पर बैठें?'"[3] यह प्रश्न उठाने के बाद वे यह व्याख्या करते हैं कि नीची श्रेणियों में समाज के प्रति कर्त्तव्य का भार कम था और ब्राह्मण-क्षत्रियों में लोकहित के लिए प्राणों को उत्सर्ग करने का भाव था। उनके शब्दों में : "उच्च वर्ग में अधिक मान या अधिक अधिकार के साथ कठिन कर्तव्यों की योजना और निम्न वर्गों

में कम मान और कम सुख के साथ अधिक अवस्थाओं में आराम की योजना जीवन-निर्वाह की दृष्टि से सामंजस्य रखती थी"[4]। जीवन धारण करने के लिए जो कठिन काम हैं वे उच्च श्रेणी के और जो कम कठिन हैं वे निम्न श्रेणी के, यह सिद्धान्त जब तक ठीक से काम करेंगे तब तक निम्न श्रेणी में ईर्ष्या भाव नहीं आयेगा। यह बताने के बाद शुक्ल जी की टिप्पणी है : "वर्ण व्यवस्था की छोटाई बड़ाई का यह अभिप्राय नहीं था कि छोटी श्रेणी के लोग दुःख में ही समय काटें और जीवन निर्वाह के सारे सुभीते बड़ी श्रेणी के ही रहें"[5]।

ऊँची श्रेणियाँ जब अपने कर्त्तव्य यानी निजी सुख का त्याग और लोकहित के लिए तत्पर नहीं रहतीं, तभी नीची श्रेणियों में ईर्ष्या-असंतोष के भाव आते हैं। इस तरह की व्याख्या करने के बाद शुक्ल जी की वह विवादित टिप्पणी है जो उन्हें साम्यवाद विरोधी करार देती है। वह टिप्पणी है : "ऊँची श्रेणियों के कर्त्तव्य की पुष्ट व्यवस्था न होने से ही यूरोप में नीची श्रेणियों में ईर्ष्या-द्वेष और अहंकार का प्राबल्य हुआ जिससे लाभ उठाकर लेनिन अपने समय में महात्मा बना रहा। समाज की ऐसी वृत्तियों पर स्थित 'महात्म्य' का स्वीकार घोर अमंगल का सूचक है"[6]। यह कथन बताता है कि शुक्ल जी लेनिन द्वारा सम्पन्न क्रान्ति के समर्थक नहीं हैं। अपने विवेचन के क्रम में वे इस तरह की बात करने वाली जनता को 'मूर्ख' और 'जड़' कहने से भी परहेज नहीं करते। वे तुलसीदास की लोक मर्यादा की व्याख्या उदारतापूर्वक करते हुए उच्च श्रेणी के लोगों द्वारा निम्न श्रेणी की जनता के सुख की सुरक्षा के लिए त्याग किये जाने की बात करते हैं पर स्पष्ट रूप से यह नहीं कहते कि वर्ण व्यवस्था सामाजिक भेद उत्पन्न करती है। वे आधुनिक काल में वर्ण व्यवस्था के विरोधी हैं लेकिन तुलसी प्रसंग में वर्ण व्यवस्था को लेकर उनका रवैया महात्मा गाँधी-सा है। यद्यपि वे गाँधी जी के समर्थक नहीं हैं। गाँधी जाति भेद नहीं मानते थे लेकिन वर्ण व्यवस्था के विरोध में भी नहीं बोलते थे। तुलसीदास प्रसंग में यह भी लगता है कि शुक्ल जी सामाजिक परिवर्तन के लिए बोल्शेविक क्रान्ति सरीखे अभियान को भी ठीक नहीं मानते क्योंकि उन्हें लगता है कि देर सबेर इसका परिणाम जनता को भुगतना पड़ता है।

शुक्ल जी पर दूसरा आरोप कबीर आदि निर्गुणपन्थी कवियों की कविता को कला से हीन मानने का है। वे सिद्धों-नाथों की वाणी को 'साम्प्रदायिक शिक्षा मात्र' मानते हैं, उसमें उन्हें कविता नहीं दिखाई देती. वे कबीर की 'प्रतिभा' की प्रशंसा करते हैं लेकिन साथ ही उन्हें 'दर्पोक्तियाँ हाँकनेवाला' भी कहते हैं। कुल

मिलाकर वे निर्गुण भक्त कवियों द्वारा लिखे गये साहित्य को कला की दृष्टि से हीन समझते हैं। उनकी काव्य रूचि में तुलसी, सूर, जायसी तो ऊँचे आसन के हकदार हैं, लेकिन निर्गुणपन्थी नहीं। वे कबीर को या दूसरे निर्गुणपंथियों को जाति के कारण कम महत्त्व देते हैं या अपनी कसौटी पर कवित्व की कमी के कारण? जाति-धर्म के कारण महत्त्व देना था तो जायसी को भी नहीं देते? प्रश्न है कि अपनी काव्य-कसौटी पर किसी कवि को महत्त्व देना या न देना, चाहे वह जिस जाति-धर्म का हो, जातिवाद या मनुवाद कैसे है?

शुक्ल जी को पता है कि वर्ण व्यवस्था पिछले जमाने की चीज है। आधुनिक समाज-व्यवस्था जाति के सहारे नहीं चल सकती। इसलिए अपने प्रिय कवि तुलसीदास की वर्ण व्यवस्था समर्थक बातों की वे उदारतापूर्वक यथासम्भव आधुनिक व्याख्या करने की कोशिश करते हैं, लेकिन जहाँ उनके तर्क चूक जाते हैं, वहाँ वे मासूम-सा तर्क देते हैं : "जातीय पक्षपात से उस विरक्त महात्मा को क्या मतलब हो सकता है!"[7] उसके बाद वे तुलसी की जाति-विरोधी दो पंक्तियाँ उद्धृत करते हैं :

लोग कहे पोचु सो न सोचु न संकोचु मेरे,
ब्याह न बरेखी जाति पाँति न चहत हौं..

अन्यत्र भी स्त्री प्रसंग में वे ऐसा ही मासूम-सा तर्क देते हैं : "वैरागी समझकर उनकी बात का बुरा नहीं मानना चाहिए"[8]। इससे पता चलता है कि तुलसी के वर्ण व्यवस्था समर्थन और नारी निन्दा को वे ठीक नहीं मानते, पर उन्हें भक्तिकाल का सुमेरु कवि भी मानते हैं। तुलसी के कवित्व की असाधारणता और उनके वर्ण व्यवस्था समर्थन के बीच चुनाव का वक़्त आने पर अन्ततः वे उनकी काव्य-कला पर ही रीझते हैं, वर्ण-व्यवस्था वाले पक्ष की लीपापोती करके आगे बढ़ जाते हैं। तुलसी के यहाँ वर्ण व्यवस्था समर्थन है तो भक्ति के धरातल पर वर्ण व्यवस्था विरोध भी है। शुक्ल जी तुलसी के इस अन्तर्विरोध के बावजूद उन्हें बड़ा कवि मानते हैं, क्योंकि उन्हें मालूम है कि अन्तर्विरोध की अनदेखी न करने पर संसार का कोई भी महान कवि आलोचना से परे नहीं बचेगा। यह सही है कि जाति प्रथा पर शुक्ल जी अपने समय के और बाद के दूसरे नेताओं मसलन भगत सिंह, अम्बेडकर, लोहिया आदि की तरह या आज के जाति-प्रथा विरोधी लेखकों की तरह नहीं बोलते हैं। यूँ तुलसी प्रसंग में उनकी नरमी या अनदेखी या लीपापोती से अलग देखें तो जाति व्यवस्था विरोध के सवाल पर वे बहुत तीखे और स्पष्ट हैं।

'गोस्वामी तुलसीदास' (1923) पुस्तक के प्रकाशन के कुछ महीनों बाद उन्होंने 'जाति व्यवस्था' (19५4) शीर्षक एक जबर्दस्त टिप्पणी लिखी, जिसमें उन्होंने जाति प्रथा पर ज़ोरदार हमला किया था। वह टिप्पणी चूँकि अंग्रेजी में थी और उनकी किसी पुस्तक में नहीं थी, इसलिए उस ओर किसी का ध्यान नहीं गया था और शुक्ल विरोधियों को उन्हें वर्ण व्यवस्था समर्थक आलोचक कहने में सुविधा हुई। अपनी इस टिप्पणी में शुक्ल जी का मत है कि जाति व्यवस्था संसार में कहीं नहीं है, यह सभ्य समाज की चीज नहीं, यह भारतीय संस्कृति के प्रतिकूल है, इसे हटाना जरूरी है नहीं तो देशभक्ति की मृत्यु निश्चित है। टिप्पणी का प्रारम्भ इस प्रकार होता है : "जाति संस्था ने प्रजाति की शुद्धता को सुरक्षित रखने का असफल प्रयत्न किया है। इतिहास का हर छात्र जानता है कि भारतीय रक्त शक, यवन, यूची, हूण, मंगोल, आर्य तथा द्रविण रक्तों का मिश्रण है। जाति व्यवस्था के विरुद्ध सबसे बड़ी आपत्ति यह है कि इसने मनुष्य का स्तरों और श्रेणियों में रूढ़ विभाजन कर दिया है।..कुलीन और ऊपर से दैवीय कहे जाने वाले ब्राह्मण अन्य सबको हेय दृष्टि से देखते हैं। क्रमशः प्रत्येक जाति अपने से नीची जाति को तुच्छ समझती है। इस तरह हम हतभाग्य अस्पृश्यों और वर्गहीन जाति बहिष्कृतों के विशाल जन समूह तक नीचे उतरते हैं। इस प्रकार जाति व्यवस्था हार्दिक सहयोग या प्रतिक्रिया, प्रेम, विश्वास, पारस्परिक प्रभाव या आचरण की स्वतन्त्रता के अवरोध का कारण बनती है"[9]।

यहाँ ध्यान देने की बात है कि हमलोग जातिगत रक्त की शुद्धता के प्रश्न पर अक्सर हजारी प्रसाद द्विवेदी के निबन्ध 'अशोक के फूल' (1948) का हवाला देते हैं और उनका यह कथन दुहराते है : "रवीन्द्रनाथ ने इस भारतवर्ष को 'महामानवसमुद्र' कहा है—विचित्र देश है यह। असुर आये, आर्य आये, शक आये, हूण आये, नाग आये, यक्ष आये, गंधर्भ आये न जाने कितनी मानव जातियाँ यहाँ आयीं और आज के भारतवर्ष बनाने में अपना हाथ लगा गयीं। जिसे हम हिन्दू रीति-नीति कहते हैं—वह अनेक आर्य और आर्येत्तर उपादानों का अद्भुत मिश्रण है...हमारे सामने समाज का आज जो रूप है, वह न जाने कितने ग्रहण और त्याग का रूप है। देश और जाति की विशुद्ध संस्कृति केवल बाद की बात है। सब कुछ में मिलावट है, सबकुछ अविशुद्ध है। शुद्ध है केवल मनुष्य की दुर्दम जिजीविषा (जीने की इच्छा) वह गंगा की अबाधित अनाहत धारा समान सब कुछ को हजम करने के बाद भी पवित्र है"। हजारी प्रसाद द्विवेदी के बहुत पहले यह बात शुक्ल जी कह चुके हैं। इस विषय पर यदि हम लोग द्विवेदी जी

को उद्धृत करते हैं तो अवश्य करें, लेकिन इतना तो ध्यान रखें कि शुक्ल जी को गलत सन्दर्भ में उद्धृत न करें।

शुक्ल जी को वर्ण व्यवस्था समर्थन के साथ साम्प्रदायिक चेतना सम्पन्न इतिहासकार कहने का भी उत्साह इधर के वर्षों में दिखाई देने लगा है। हजारी प्रसाद द्विवेदी ने तो इतिहास के सन्दर्भ में मुसलमानी राज्य की स्थापना से पैदा हुई निराशा के फलस्वरूप भक्ति के जन्म लेने वाली शुक्ल जी की स्थापना को तथ्य से परे बताया था और उसे सिद्धों-नाथों की परम्परा का विकास कहा था, लेकिन आगे चलकर शुक्ल विरोधियों ने उन्हें साम्प्रदायिकता के घेरे में ला दिया। ऐसा कहते हुए यह भुला दिया जाता है कि जायसी को 'डिसकवर' करने का काम शुक्ल जी ने किया था और उन्हें सूर और तुलसी के बराबर रखा था। वे यदि मुसलमान विरोधी थे तो यह सब क्यों कर रहे थे? शुक्ल जी आत्यंतिक रूप से नास्तिक थे या नहीं, यह तो नहीं मालूम, लेकिन यह तय है कि साहित्य के मूल्यांकन में धर्म और ईश्वर का आधार वे जरा-सा भी नहीं लेते। धर्म के बारे में उनके विचार क्या थे, यह जानने की फुर्सत विरोधियों को नहीं है। शुक्ल जी का 1924 में ही अंग्रेजी में लिखा हुआ एक निबन्ध है–'सभ्य संसार का भावी धर्म'। अपने इस निबन्ध में वे विज्ञान सम्मत नये धर्म की वकालत करते हैं। जो भी धर्म दुनिया में हैं, वे सब अपर्याप्त हैं। वे कहते हैं कि पुराने धर्मों के युग का अन्त हो रहा है और विज्ञान सम्मत नये धर्म का युग प्रारम्भ होने वाला है। उनका कथन है : ''जिनका विश्वास है कि मानव-स्वभाव में मानवीय दुर्बलताओं के साथ साथ मानवोचित उन्नतिशीलता भी मौजूद है और तमाम कठिनाइयों के होते हुए भी कभी न कभी मनुष्य उन पर विजय प्राप्त करेगा ही। ऐसे लोगों में इस समय इस बात की खास तलाश है कि इस वर्तमान अस्त-व्यस्त अवस्था का अन्त कैसे होगा। इन तमाम घटनाओं का रुख किस ओर है। इन्हीं लोगों का एक दल यह समझता है कि इस व्यापक विप्लव का प्रभाव संसार के धार्मिक जीवन पर भी पड़ेगा और उसमें एक गहरा परिवर्तन होगा। उनका ख्याल है कि जहां संसार में, लोगों में विरोधी दलों के प्रति अविश्वास बढ़ता जाता है, वहाँ साथ ही संसार की वर्तमान अवस्था का एक लक्षण यह भी है कि संसार भर के सभी देशों की दलित जातियों में एक प्रकार की पारस्परिक सहानुभूति भी है। मजदूर, अराजकतावादी, स्त्रियाँ, स्काउट्स, काली जातियां-सभी अपने संगठनों का अन्तर्जातीय रूप देना चाहती हैं, भौगोलिक हद्दों की अवहेलना करके पारस्परिक सहयोग करने के लिए तैय्यार हैं। 'संघे शक्ति कलियुगे' के सिद्धान्त को लोग

चरितार्थ करके दिखा रहे हैं। रेल, तार, छापेखाने और अख़बारों ने दुनिया को इतना तंग और सन्निकट कर दिया है कि एक दूसरे के आदर्शों को अब थोड़ी-सी चेष्टा करने पर सहज ही समझ सकते हैं"[10]। नये संसार का सपना देखनेवालों को शुक्ल जी ने आशावादी कहा है। उन्होंने आशावादियों का ज़ोरदार पक्ष लिया है और लिखा है, "इन सभी बातों को वे आशावादी निरीक्षक संसार के धार्मिक जीवन के लिए शुभ लक्षण समझते हैं। यद्यपि वे इस बात से भी अपरिचित नहीं हैं कि इन सब बातों के होते हुए भी संसार के वर्त्तमान संगठित धर्म के अधिकारी, चाहे वे ईसाई पादरी हों अथवा हिन्दू पंडित, मुसलमान मुल्ला या बौद्ध भिक्षु, अपने पुराने ढंग पर ही चले जाते हैं, नयी आकांक्षाओं और नये उत्साह से लाभ नहीं उठाते और उन्नतशील उदार व्यक्तियों को उच्छृंखल कहकर अपने-अपने मंडल से निकालने पर उद्यत हो जाते हैं। पुरोहितों, पुजारियों और पंडितों की इस अदूरदर्शिता पर खेद प्रकट करते हुए भी आशावादी घबराते नहीं, बल्कि इसे भी परिवर्तन का एक प्रामाणिक लक्षण ही समझते हैं, क्योंकि वे कहते हैं कि धार्मिक संस्थाओं की यह कट्टरता भी इस बात की सूचना देती है कि एक धार्मिक युग का अन्त हो रहा है और दूसरे का आरम्भ"[11]।

रामचन्द्र शुक्ल को मनुवादी कहते हुए यह विचार नहीं किया जाता कि वे विज्ञान के समर्थक और रहस्यवाद के विरोधी थे। विज्ञान और वैज्ञानिक चिन्तन के समर्थन में उन्होंने भरपूर लेखन किया. वे साहित्य को अध्यात्म से जोड़े जाने के भी विरोधी थे। किसी भी धार्मिक कसौटी को साहित्य के मूल्यांकन का आधार बनाए जाने के वे विरुद्ध थे। वे यदि सिद्धों, नाथों और निर्गुण पंथियों के योग कुण्डलिनी, रहस्यवाद के विरोधी थे तो छायावादियों के रहस्यवाद के भी। रहस्यवाद की तरह साहित्य में कलागत चमत्कार को भी वे नापसन्द करते थे। उन्हें केशव और बिहारी दोनों की कविताओं में जो शिल्पगत चमत्कार है, पसन्द नहीं था। उन्हें मनुवादी कहकर जब लांछित किया जाता है तब जानबूझकर इस बात की अनदेखी की जाती है। इस बात की भी अनदेखी की जाती है कि जर्मन दार्शनिक-वैज्ञानिक हैकल की प्रसिद्ध पुस्तक 'रिडल्स ऑफ़ यूनिवर्स' का 'विश्व प्रपंच' (1920) नाम से उन्होंने अनुवाद किया था और उसकी लम्बी भूमिका लिखी थी। हैकल की इस पुस्तक के कारण यूरोप में तहलका तो मचा ही,पादरियों के बीच हड़कंप मच गया। इस किताब की ख़ूब बिक्री हुई और इसके अनुवाद भी ख़ूब हुए। शुक्ल जी के शब्दों में : 'अकेले जर्मनी में दो महीने के भीतर इसकी नौ हज़ार प्रतियाँ खप गयीं। यूरप की सब

भाषाओं में इसके अनुवाद निकले। अंगरेजी की तो लाखों कॉपियाँ पृथ्वी के एक कोने से लेकर दूसरे कोने तक पहुँच गयीं। इस पुस्तक ने सबसे अधिक खलबली पादरियों के बीच डाली जिनकी गालियों से भरी हुई सैकड़ों पुस्तकें इसके प्रतिवाद में निकलीं'[12]।

यह पुस्तक ईश्वरीय सत्ता, धर्म और धार्मिक पाखण्ड पर चोट करती है और जीवन और जगत की उत्पत्ति के तार्किक और वैज्ञानिक आधार का समर्थन करती है। शुक्ल जी चाहते थे कि हिन्दी समाज में भी इस चेतना का विकास हो। इसलिए उन्होंने इसका अनुवाद किया औरं लम्बी भूमिका भी लिखी। अपनी भूमिका में उन्होंने ज़ोरदार ढंग से वैज्ञानिक दृष्टि के विकास पर ज़ोर दिया। एक जगह वे धर्मों के बीच लड़ाई-झगड़े की व्यर्थता बताते हुए और ईश्वर सम्बन्धी विभिन्न मत-मतान्तर का खंडन करते हुए लिखते हैं : ''अब तक जो कुछ लिखा गया उससे शिक्षित जगत के ज्ञान की वर्त्तमान स्थिति का कुछ आभास मिला होगा और यह स्पष्ट हो गया होगा कि नाना मतों और मजहबों की विशेष स्थूल बातों को लेकर झगड़ा टंटा करने का समय अब नहीं है। सब मतों और साम्प्रदायों में धर्म और ईश्वर की जो सामान्य भावना है उसी का पक्ष अब शिक्षित पक्ष के अन्तर्गत आ सकता है। ईश्वर साकार है कि निराकार, लम्बी दाढ़ी वाला है कि चार हाथ वाला, अरबी बोलता है कि संस्कृत, मूर्ति पूजने वालों से दोस्ती रखता है कि आसमान की ओर हाथ उठानेवालों से, इन बातों पर विवाद करने वाले अब केवल उपहास के पात्र होंगे. इसी प्रकार सृष्टि के जिन रहस्यों को विज्ञान खोल चुका है उनके सम्बन्ध में जो प्राचीन पौराणिक कथाएँ और कल्पनाएँ (6 दिन में सृष्टि की उत्पत्ति, आदम हौवा का जोड़ा, चौरासी लाख योनि इत्यादि) हैं वे अब ढाल तलवार का काम नहीं दे सकतीं। अब जिन्हें मैदान में जाना हो वे नाना विज्ञानों से तथ्य संग्रह करके सीधे उस सीमा पर जायें जहाँ दो पक्ष अड़े हुए हैं—एक ओर आत्मवादी, दूसरी ओर अनात्मवादी, एक ओर जड़वादी, दूसरी ओर नित्य चैतन्यवादी। यदि चैतन्य की नित्य सत्ता सर्वमान हो गयी तो फिर सब मतों की भावनाओं का समर्थन हुआ समझिए, क्योंकि चैतन्य सर्वस्वरुप है। नाना भेदों में अभेद दृष्टि ही सच्ची तत्त्व दृष्टि है। इसी के द्वारा सत्य का अनुभव और मतमतान्तर के राग द्वेष का परिहार हो सकता है'' ।[13] भूमिका के साथ 'जाति व्यवस्था' और 'सभ्य संसार का भावी धर्म' शीर्षक निबन्ध यदि कोई पढ़ ले तो उससे उनके वास्तविक रूप का पता चलेगा। मैनेजर पाण्डेय ने इस तरह की सामग्री का

अध्ययन किये जाने पर ज़ोर देते हुए यह ठीक ही लिखा है—"जो लोग रामचन्द्र शुक्ल को रोज-रोज मनुवादी घोषित करते रहते हैं वे अगर अपने पूर्वग्रहों से मुक्त होकर इस निबन्ध को पढ़े तो शुक्ल जी के बारे में उनकी राय बदल सकती है, लेकिन आज के समय में मुश्किल ही लगता है"[14]।

रामचन्द्र शुक्ल ने हिन्दी के नये साहित्यशास्त्र की नींव रखी। यह नया साहित्यशास्त्र, धर्म, जाति, साम्प्रदायिकता आदि सामाजिक बुराइयों के विरोध और लोक के गहरे स्वीकार से तैयार हुआ। उन्होंने साहित्य की किसी भी परलोकवादी, चमत्कारवादी, रहस्यवादी आधार का विरोध किया और हिन्दी साहित्य को लोक की ठोस धरती पर प्रतिष्ठित किया। उन जैसा पाठ का मास्टर हिन्दी आलोचना में दूसरा न हुआ। उन्होंने यदि कहा कि 'केशव को कवि हृदय नहीं मिला था' तो कोई दूसरा आलोचक लाख मेहनत के बावजूद केशव को कवि हृदय नहीं दिला सका। उन्हें तुलसी के राम इसलिए प्रिय नहीं हैं कि वे वर्णाश्रम व्यवस्था कायम करनेवाले राजा हैं, वे इसलिए प्रिय हैं कि वे प्रजा रक्षक और प्रजा वत्सल हैं तथा उनमें कर्म का सौन्दर्य है। इस तरह शुक्ल जी जिन साहित्यिक प्रतिमानों को प्रतिष्ठित करते हैं क्या वे मनुवाद को मजबूत करनेवाले साहित्यिक प्रतिमान हैं?

ऊपर भाववादी हिन्दू दार्शनिक परम्परा के बदलते हुए स्वरुप की चर्चा की गयी है। कहा गया है कि शंकराचार्य से लेकर विवेकानन्द-गाँधी तक भाववादी धर्म-दर्शन परिवर्तनशील रहा है और युग के अनुरूप अपने को ढालता रहा है। भाववादी हिन्दू दार्शनिक परम्परा के भीतर परिवर्तनशीलता के जो तत्त्व हैं उनका जड़वादी लोग हमेशा विरोध करते रहे हैं। बीसवीं शताब्दी के पूर्वार्द्ध में, जो रामचन्द्र शुक्ल का रचनाकाल है, इस भाववादी हिन्दू समाज के छाते के भीतर भी दो तरह के लोग हैं—

(1) वे जो लकीर के फ़क़ीर-जड़वादी हैं और परिवर्तन को नकारते हैं।

(2) वे जो परिवर्तन के साथ है, जो ज्ञान-विज्ञान की नयी उपलब्धियों से परिचित हैं और उससे प्रसूत नयी चेतना से संचालित हैं और जड़ता के विरोधी हैं।

किसी को मनुवादी कहते वक़्त इस फ़र्क़ को ध्यान में रखना जरूरी है। इस फ़र्क़ को ध्यान में रखे बिना दोनों—परिवर्तन विरोधियों और परिवर्तन के समर्थकों—को मनुवादी कह दिया जाता है। मनुवादी या मनुवादी उपर्युक्त पहली श्रेणी के लोगों को ही कहा जाना चाहिए। दूसरी तरह के लोगों में विवेकानन्द,

गाँधी आदि को रखा जा सकता है और हिन्दी लेखकों में महावीरप्रसाद द्विवेदी, प्रेमचन्द, रामचन्द्र शुक्ल आदि को। यहाँ यह ध्यान रखने की ज़रूरत है कि शुक्ल जी आत्यंतिक रूप से नास्तिक नहीं हैं, पर पदार्थवादी जीवन-दर्शन के बहुत करीब हैं। उनका जन्म निश्चित रूप से हिन्दू परिवार में हुआ था लेकिन आधुनिकता और विज्ञान सम्मत दृष्टि उन्होंने अर्जित की थी। उनके कुछ अन्तर्विरोध भी हैं, जैसे वे तुलसी की वर्ण व्यवस्था का खुलकर विरोध नहीं करते। लेकिन सिर्फ़ इस वजह से उन्हें मनुवादी नहीं कहा जा सकता। अन्तर्विरोध पिछड़ेपन के ही सूचक नहीं, कई दफ़ा विकास के भी सूचक होते हैं। शुक्ल जी के प्रसंग में भी यही बात कही जा सकती है। वे हिन्दी में आधुनिकता और विज्ञान सम्मत दृष्टि के अगुआ लेखक हैं।

'विश्व प्रपंच' और उसकी भूमिका तथा शुक्ल जी को मनुवादी कहने वालों को ध्यान मंग रखते हुए मैनेजर पाण्डेय ने एक मजेदार बात कही है। यह कथन शुक्ल जी के महत्त्व का आकलन तो है ही, शुक्ल जी को मनुवादी कहनेवालों पर व्यंजक टिप्पणी भी है। उनका कथन है : "विश्व प्रपंच से यह सिद्ध होता है कि हिन्दी नवजागरण के विचारक और लेखक केवल वेदों और उपनिषदों का न सारांश लिखते रहे हैं और न समर्थन ही करते रहे हैं। उन्होंने ऐसे विचारों को भी हिन्दी में लाने और फ़ैलाने की कोशिश की थी जो अध्यात्मवाद और धार्मिक मकड़जाल को छिन्न भिन्न करते थे। लेकिन उनके इन कामों पर ध्यान देनेवाले लोग आजकल बहुत कम हैं। यहाँ तो ऐसे लोग हैं जो यह कहते रहते हैं कि एक तो हिन्दी नवजागरण जैसा कुछ कभी था ही नहीं, और अगर वह कुछ था भी तो हिन्दू नवजागरण था। शिक्षित समाज में अपने ज्ञान पर भी गर्व करना अच्छा नहीं समझा जाता, लेकिन आजकल हिन्दी में ऐसे बुद्धिजीवी हैं जो अपने अज्ञान पर गर्व करते दिखाई देते हैं"[15]।

इसलिए यह कहने की ज़रूरत है कि रामचन्द्र शुक्ल को मनुवादी कहने का अर्थ अपनी विरासत को कमज़ोर करने के साथ वैज्ञानिक और वस्तुवादी दृष्टि से वर्तमान और भावी पीढ़ी को वंचित करना है। उन्हें मनुवादी कहने का अर्थ हिन्दी की आधुनिक और विवेकवादी परियोजना पर पाटा चलाने के समान है। और अन्तिम बात यह कि मनुवादी और साम्प्रदायिक कहने का एक बड़ा अर्थ उन्हें हिन्दुत्ववादी राजनीति के हवाले करना भी है।

सन्दर्भ

1. आचार्य रामचन्द्र शुक्ल ग्रन्थावली; भाग-1, सं. ओमप्रकाश सिंह, पृ. 372
2. वही, पृ. 374
3. वही, पृ. 374-375
4. वही, पृ. 375
5. वही
6. वही
7. वही, पृ. 377
8. वही, पृ. 380
9. वही, खंड-4, पृ. 203
10. वही, पृ. 193
11. वही, पृ. 194
12. विश्व प्रपंच प्रथम संस्करण का वक्तव्य, ग्रन्थावली खंड-6, सं. ओमप्रकाश सिंह; पृ. 5
13. वही, पृ. 81-82
14. आचार्य रामचन्द्र शुक्ल; वैचारिक परिभूमि, सं. ओमप्रकाश सिंह, पृ. 294
15. वही, पृ. 298

(2018)

रामविलास शर्मा : अपनी जनता का आलोचक

सन् 2012 हिन्दी के महान आलोचक ओर विचारक डॉ. रामविलास शर्मा का जन्मशती वर्ष है। लेकिन कुछ अपवादों को छोड़कर अब तक हिन्दी समाज में इसे लेकर कोई विशेष सक्रियता दिखाई नहीं पढ़ी। न सिर्फ़ हिन्दी बल्कि भारतीय वाङ्मय के अप्रतिम विद्वान आलोचक के प्रखर तेज़ को प्रणाम करने का यह मुख्य अवसर है। यह अवसर है जब हम अपनी विरासत की प्राणधारा की गतिशीलता की परख करें, वर्तमान की चुनौतियों से संघर्ष के लिए शक्ति अर्जन करें और भविष्य की जनोन्मुखी दिशाओं के सन्धान में अग्रसर हों। डॉ. शर्मा का सम्पूर्ण लेखन और जीवन जनता की मुक्ति के जिन प्रश्नों से संचालित रहा है उनसे दो चार होने का तो यह अवसर है ही, उनके प्रति कृतज्ञता ज्ञापन का भी समय है। हिन्दी की बौद्धिकता को शिक्षित-प्रशिक्षित करने और उसके बौद्धिक क्षितिज के विस्तार के लिए जितना लम्बा संघर्ष उन्होंने किया उसे एक पुराने किन्तु पवित्र शब्द के जरिए सिर्फ़ 'साधना' ही कहा जायेगा, भले ही आज कोई उस शब्द का अर्थ भ्रष्ट करते हुए उसके जरिये उनका मजाक उड़ाए। वैसे अपने प्रिय कवि निराला पर तीन खण्डों में जो ग्रन्थ उन्होंने लिखा उसका नाम 'निराला की साहित्य साधना' ही रखा इसलिए उनकी अभ्यर्थना का अर्थ है, उनकी साधना को प्रणाम। एक कवि के शब्दों में कहें तो उसका अर्थ होगा—'चरण धूलि दो शीश चढ़ा लूँ, जीवन का बल तेज़ जगा लूँ।'

आचार्य रामचन्द्र शुक्ल, आचार्य हजारीप्रसाद द्विवेदी और डॉ. रामविलास शर्मा को डॉ. नामवर सिंह ने अपने एक वक्तव्य में हिन्दी आलोचना की 'त्रयी' कहा था और सही कहा था। इस त्रयी के प्रयासों से ही हिन्दी आलोचना अपने पूरे वितान में फैली। इनका अध्ययन तथा ज्ञान जितना बड़ा था, जीवन और जगत को देखने की दृष्टि भी उतनी ही बड़ी थी। किसी ने कहा है, शायद शंभुनाथ ने कि यह बहुज्ञता वाली पीढ़ी थी, विशेषज्ञता वाली नहीं। यही कारण है कि उनकी

आलोचना और उनके लेखन का धरातल इतना उन्नत और विस्तृत है कि विश्व की किसी भी भाषा के साहित्य से होड़ कर सके।

पुराने साहित्य शास्त्र की वैशाखी पर चलती हिन्दी आलोचना को आचार्य शुक्ल ने लोकमंगल की आधार भूमि पर स्थापित किया। हज़ारों वर्षों की शास्त्रीय परिपाटी को इस आचार्य आलोचक ने झटके से खत्म किया और उसकी प्राण-प्रतिष्ठा सामाजिकता से की। इस सामाजिकता के ही आधार पर उन्होंने अपनी विरासत को पहचाना और हिन्दी साहितय को जांचा-परखा। आचार्य द्विवेदी ने सिद्धों-नाथों के दाय को हिन्दी साहित्य के विकास में पहचान दी और लोक को प्रतिष्ठित किया। डॉ. शर्मा ने आचार्य शुक्ल की आलोचना दृष्टि का विकास किया और वर्ग दृष्टि दी। भक्ति आन्दोलन के केन्द्र में प्रेम की केन्द्रीयता को उन्होंने स्वीकारा। उनका विशाल लेखन किसानों-मज़दूरों की पक्षधरता का साहित्य है। हिन्दी आलोचना में दूसरे लोग इन तीनों के बाद ही आते हैं। नन्ददुलारे वाजपेयी, नगेन्द्र, नलिनविलोचन शर्मा, नामवर सिंह आदि का भी योगदान है, किन्तु इनके लेखन का क्षितिज उतना विस्तृत नहीं है।

भक्त कवियों में तुलसीदास, आधुनिक कवियों में निराला, कथाकारों में प्रेमचन्द और आलोचकों में रामचन्द्र शुक्ल डॉ. शर्मा के आलोचना–संघर्ष में पाथेय रहे। उनकी आलोचना-दृष्टि के विकास में जिन रचनाकारों की भूमिका है, उनमें ये मुख्य हैं। डॉ. शर्मा ने ऋग्वेद से लेकर आधुनिक साहित्य तक, दर्शन से लेकर इतिहास तक, भाषा विज्ञान से लेकर संगीत तक न जाने कितने अनुशासनों तक अपनी लेखनी चलाई। विविध विषयों पर उनके विस्तृत-विपुल लेखन को देखकर आश्चर्य होता है कि एक व्यक्ति ने हमारे ही भाग-दौड़ वाले समय में यह सम्भव कर दिया। इतिहास, दर्शन, संगीत, समाज आदि पर लिखने के बावजूद डॉ. शर्मा प्रथमतः और अन्तिम रूप से आलोचक ही हैं। ऐसा आलोचक जिसकी स्थापनाएँ और मान्यताएँ कुछेक अपवादों को छोड़ दें तो आज हिन्दी पाठक का 'कॉमनसेंस' बन चुकी हैं। आज हमारे मानस में तुलसीदास, भक्तिकाल, भारतेंदु, महावीर प्रसाद द्विवेदी, निराला, प्रेमचन्द, रामचन्द्र शुक्ल आदि की जो छवि है, वह डॉ. शर्मा की बनाई हुई है। इस तरह वे एक ऐसे आलोचक के रूप में हमारे सामने आते हैं जिसने हमारे बोध का निर्माण किया। लेकिन उनकी बताई कुछ छवियों को हिन्दी पाठकों ने स्वीकार नहीं किया। हजारी प्रसाद द्विवेदी, मुक्तिबोध, अज्ञेय, यशपाल, जैनेन्द्र, रांगेय राघव, रेणु आदि के बारे में उनका लिखा हिन्दी पाठक के सामान्य बोध का हिस्सा नहीं बन सका। ये सारे लेखक उनकी प्रतिकूल

आलोचना के बावजूद खड़े रहे। यह डॉ. शर्मा की आलाचना का धवल पक्ष नहीं कहा जा सकता। इसके बावजूद वे हिन्दी के बढ़े आलोचक हैं, हिन्दी आलोचना की त्रयी में से एक।

साहित्य के अलावा दर्शन, इतिहास, भाषा विज्ञान, समाज आदि पर लिखे उनके ग्रन्थों को कुछ लोग वह महत्त्व नहीं देते। कुछ लोग कहते हैं कि उन्होंने पद्धति का पालन नहीं किया। विष्णु खरे जैसा बड़बोला व्यक्ति उन्हें 'गपोड़िया' कह देता है। असल में यह लेखन के उद्देश्य का प्रश्न है। डॉ. शर्मा 'अकादमिक' लेखन नहीं कर रहे थे। साहित्य के साथ विविध अनुशासनों में उन्होंने जो लेखनी चलाई, उसका उद्देश्य जनता के बोध का विकास था, न कि अकादमिक जगत की शोभा बढ़ाना। वे जनता के लेखक थे और जनता के लिए लिख रहे थे। निराला पर लिखी अपनी प्रसिद्ध कविता में उन्होंने लिखा हैं—'ढहा और तन टूट चुका है/पर जिसका माथा न झुका है/शिथिल त्वचा, ढलमल है छाती/लेकिन अभी सम्हाले थाती/और उठाये विजय पताका/यह कवि है अपनी जनता का।' उनकी ही लिखी इस कविता की अन्तिम पंक्ति परिवर्तित करके पूरी कविता डॉ. शर्मा को ध्यान में रखकर पढ़ी जा सकती है और अन्त में यह भी पढ़ा जा सकता है : '...आलोचक अपनी जनता का।' रामविलास शर्मा की अन्तिम दिनों की जीवित मूर्ति ध्यान में रखें और उस कविता का पाठ करें तो—'यह कवि है अपनी जनता का' के साथ यह भाव भी उठता है कि '...आलोचक अपनी जनता का' और कहीं लय भी नहीं टूटती।

लखनऊ विश्वविद्यालय से अंग्रेज़ी में एम.ए., पीएच.डी. करने के बाद उनकी इच्छा थी, उसी विश्वविद्यालय में अध्यापक बनने की। लेकिन यह इच्छा पूरी नहीं हुई। बलवन्त राजपूत कॉलेज, आगरा में अध्यापकी मिली तो मान लिया कि दाल-रोटी का प्रबन्ध हो गया, मुख्य काम अध्ययन और लेखन है और अपनी साधना में डूब गये। फिर आगे कैरियर को और ऊपर और ऊपर ले जाने का ख्याल तक न आया। किताबे आतीं और 'विनोद पुस्तक मन्दिर आगरा' से या ऐसे ही प्रकाशकों के यहाँ छपतीं जो कायदे से साहित्य के प्रकाशक नहीं थे। अपनी किताबों को लेकर वैसी आत्ममुग्धता उनमें कभी नहीं रही, जैसी आज कुछ आलोचकों में दिखती है। अपनी किताब का कई-कई बार लोकार्पण कराया जाये, पुरस्कार की व्यवस्था की जाये, पद के कारण गुरुओं—मित्रों—शिष्यों को उस मुकाम पर ला दिया जाये, कि सब कह उठें—न भूतो न भविष्यति। योजना बद्ध ढंग से किताबें आती रहीं। आगरा से डॉ. शर्मा हिले नहीं। चिमटा गाड़

दिया तो गाड़ दिया। देश-विदेश कहीं भी जा सकते थे। ज्ञान था लोग उन्हें जानते भी थे। राजनीति में भी—अकादमिक जगत में भी, लेकिन चिमटा आगरा में ही गड़ा रहा। अन्तराष्ट्रीय विद्वान और बुद्धिजीवी बनने की दौड़ और होड़ में शामिल नहीं हुए। तभी तो मौलिक, अनूदित और सम्पादित ग्रन्थों की संख्या नब्बे के पार लगभग सौ तक जाती है। इनमें से बहुतेरी पुस्तकों के लिए ग्रन्थ कहना ही शोभा देता है।

आचार्य शुक्ल और आचार्य द्विवेदी की तरह डॉ. शर्मा ने हिन्दी साहित्य का इतिहास ग्रन्थ नहीं लिखा, लेकिन मैनेजर पाण्डेय के शब्दों में कहें तो वे तीसरे इतिहासकार थे। इतिहासकार वहीं नहीं होता जो इतिहास ग्रन्थ लिखता है। वह भी होता है जो अपनी आलोचना से साहित्य के ऐतिहासिक क्रम को नयी व्यवस्था देता है। डॉ. शर्मा का आलोचनात्मक लेखन यह काम करता है, इसलिए वे तीसरे इतिहासकार हैं। वे मात्र आचार्य शुक्ल के समर्थक और आचार्य द्विवेदी के विरोधी भर नहीं हैं। हिन्दी साहित्य का नया क्रम और नयी व्यवस्था उनके लेखन से उभरती हुई दिखाई देती है। इसलिए 'आलोचनात्मक', 'नया', 'वैज्ञानिक', 'दूसरा' आदि विशेषणों के साथ जो इतिहास ग्रन्थ दिखाई देते हैं, वे सभी छात्रोपयोगी नोट्स भर हैं। उनमें दो-चार अतिरिक्त सूचनाओं के और कोई नयी बात नहीं दिखाई देती। वह नयी बात और स्थापना जो डॉ. शर्मा की आलोचना में मिलती है।

कुछ तथ्य जुटाकर, टीका करके रचना और रचनाकारों पर धड़ाधड़ प्रतिवर्ष आलोचना संज्ञाधारी किताबों की वर्षा करने का नाम आलोचना नहीं है। उसके लिए सबसे बड़ी चीज़ अर्न्तदृष्टि है। आज ऐसे आलोचक हैं जो इस अंतर्दृष्टि के बिना धड़ाधड़ लिखे जा रहे हैं। वे असल में आलोचना के क्लर्क हैं, जो सुबह से शाम तक लिखते जाने को ही आलोचनात्मक संघर्ष मानते हैं। ज़रूरी फैसले लेने की कूबत उनके भीतर नहीं है। वे भी अपनी आलोचनात्मक क्लर्की को 'साधना' ही मानते हैं। अब डॉ. शर्मा कि साधना को ध्यान में रखें तो इस सादगी पर मरने की इच्छा होती है। दूसरी तरफ़ कुछ टिप्पणीकार हैं जो विदेशी विचारों को सूंघकर आलोचक बने हुए हैं। ऐसे माहौल में डॉ. शर्मा को याद करने का मतलब है, उस अंतर्दृष्टि को पहचानना जो जोखिम उठाने और अवसरवाद रहित साधना से पैदा होती है।

आख़िर हिन्दी आलोचना को डॉ. शर्मा की देन क्या है? वे कौन-सी बातें-मान्यताएँ हैं जो उन्हें हिन्दी का सिरमौर बनाती हैं? वे कौन-सी बातें हैं जो

हिन्दी साहित्य के सन्दर्भ में पाठक का 'कॉमनसेंस' बन चुकी हैं? डॉ. शर्मा के पहले हिन्दी पट्टी बंगाल और महाराष्ट्र की नचजागरणकालीन चेतना का बौद्धिक उपनिवेश भर थी। यह डॉ. शर्मा की आलोचना की सामर्थ्य और 'विजन' था, जिसने उसे 'हिन्दी नवजागरण' की नयी और मौलिक उद्भावना के आलोक में देखा और आज हिन्दी पाठक वैसा ही देखता है। उन्होंने उसे बंगाल-महाराष्ट्र से आयत चेतना की जगह 1857 के स्वतन्त्रता संग्राम के दौरान पैदा हुई जनता की मुक्ति चेतना से जोड़कर देखा और आज कौन कहेगा कि आधुनिक हिन्दी साहित्य का इतिहास उससे उद्भासित नहीं है। 1857 के महासंग्राम का केन्द्र तो आख़िर हिन्दी क्षेत्र ही था। इसी क्षेत्र के किसानों और मजदूरों ने उस महासंग्राम में आहुति दी थी। भारतेंदु काल से लेकर द्विवेदी युग–छायावाद युग तक जो आधुनिक और नयी चमक दिखाई देती है, उसकी आग महासंग्राम के गर्भ से ही निकली थी।

आधुनिक हिन्दी साहित्य को डॉ. शर्मा यदि हिन्दी नवजागरण के सन्दर्भ में देखते हैं तो उसके पूर्व के हिन्दी साहित्य को लोगजागरण के आलोक में और उसे एक निरन्तरता देते हैं। 'हिन्दी जाति' की अवधारणा का विकास लोकजागरण के ही कारण सम्भव हो पाता है। व्यापारिक पूँजी के उदय और हिन्दी की जनपदीय भाषाओं में साहित्य-सृजन ने भारत में जातियों के निर्माण की भूमिका तैयार की और 'हिन्दी जाति' की अवधारणा भी सामने आयी। इस तरह पहली बार हिन्दी पट्टी सांस्कृतिक रूप से एक ठोस और शाक्तिशाली इकाई के रूप में दिखाई पड़ती है। इस 'हिन्दी जाति' को लेकर कई तरह की व्यावहारिक आपत्तियों लोगों ने उठायी हैं। लेकिन इनके बावजूद इस सचाई से कौन मुह मोड़ेगा कि हिन्दी-चेतना के विकास का सम्बन्ध लोकजागरण और हिन्दी नवजागरण से नहीं है।

साम्राज्यवाद, पूँजीवाद और सामन्तवाद विरोधी चेतना डॉ. शर्मा के चिन्तन के केन्द्र में है। शुरू से अन्त तक उनका सम्पूर्ण लेखन इस चेतना से संचालित है। वे अवैज्ञानिकता और रहस्यवाद का उसी तरह विरोध करते हैं जैसे आचार्य शुक्ल ने किया था। प्राचीन भारत से लेकर आधुनिक भारत तक के साहित्य पर विचार करते वे हुए पुरोहितवाद का विरोध करते हैं और विकास में किसानों-मजदूरों की भागीदारी को जोरदार ढंग से उठाते हैं। आश्चर्य है कि इसके बावजूद कुछ संकीर्ण मार्क्सवादी, दलित विमर्शकार और जुबानी जमा खर्च क्रान्तिकारी कहलाने के शौकीन लोग उन्हें मनुवादी घोषित करने में जरा भी देर नहीं करते। ऐसा वे लोग और अधिक करते हैं जिनका त्याग और कर्म डॉ. शर्मा के पासंग में भी

नहीं है। साम्राज्यवाद, पूँजीवाद और सामन्तवाद विरोधी चेतना के साथ यथार्थवाद उनकी आलोचना का मुख्य निकष है। इस निकष पर ही उनकी आलोचना का विशाल भवन खड़ा है। हर जगह यह निकष निर्दोष ही हो, यह ज़रूर नहीं। उसकी सीमाएँ भी उजागर हुई हैं। लेकिन यह भी ध्यान रखना चाहिए की उनकी यथार्थ चेतना ने प्रगतिशील आन्दोलन की प्रारम्भिक संकीर्णताओं से संघर्ष किया और भारतीय वाङ्मय को देखने-परखने की वस्तुवादी दृष्टि विकसित की।

आर्य बाहर से भारत में आये थे और वे 'बर्बर' थे इस धारणा का डॉ. शर्मा ने खण्डन किया और बताया कि ऐसा मानना आर्य-द्रविण के बीच भेद करना है। उन्होंने लिखा है : 'यह धारणा कि आर्य बाहर से आये थे, अंग्रेजों द्वारा फैलाई गयी थी और एक बढ़ी सोची-समझी चाल थी।' इस तरह उन्होंने भाषा विज्ञान की दुनिया में बहुप्रचलित इस मत का भी खण्डन किया जो यह बताता है कि भारतीय आर्य भाषाओं का विकास उस आर्य भाषा से हुआ जो भारत-ईरान शाखा का विस्तार है। डॉ. शर्मा ने इसे भी औपनिवेशिक दिमाग की उपज माना और इस मत का ज़ोरदार खण्डन किया कि 'सभी भारतीय भाषा-परिवारों के स्रोत भारत से बाहर हैं और भारत की कोई भी अपनी प्राचीन भाषा-सम्पदा नहीं है।' इसके साथ उन्होंने एक बुनियादी काम यह किया कि 'ऐतिहासिक भाषा विज्ञान के पुराने पन्थ को' त्यागने और भारतीय सच्चाई के आलोक में उसे देखने की उत्तेजना पैदा की।

डॉ. शर्मा की अटूट आस्था मार्क्सवाद में थी। लेकिन वे पार्टी लाइन के कायल नहीं थे। उन्होंने वहाँ से 'वस्तुवादी' और 'वर्गवादी' दृष्टि ली और उसके आलोक में ऋग्वेद से लेकर आधुनिक काल तक के साहित्य का मूल्यांकन किया। ऋग्वेद और तुलसीदास का नाम सुनते ही उन पर मनुवाद का आरोप लगाने वाले उतावले क्रान्तिकारी यह नहीं देखते कि वे किसान-मज़दूरों के पक्ष में हैं या पंडा पुरोहितों के पक्ष में। असल में डॉ. शर्मा उन सभी विभेदकारी दृष्टियों के ख़िलाफ़ थे जो लोकजागरणवादी और नवजागरणकालीन चेतना का खण्ड-खण्ड करती हैं। वे सगुण-निर्गुण विवाद को व्यर्थ मानते थे। इसी तरह आर्य-द्रविण विवाद को भी। साहित्य, संस्कृति और समाज के भीतर वे भारतीय जन की एकता के सूत्रों का सन्धान करने वाले महावृत्तान्तकार थे। इस महावृत्तान्त की रचना के ही क्रम में उन्होंने गाँधी, आम्बेडकर और लोहिया को भी समझने की कोशिश की। साहित्य-संस्कृति के क्षेत्र में भारतीय जनता की मुक्कमल मुक्ति का महास्वप्न देखने वाले वे बीसवीं सदी की भारतीय मनीषा के सबसे विराट विस्फोट थे।

साहित्य-संस्कृति के क्षेत्र में उनकी भूमिका का वही महत्त्व है जो महत्त्व भारतीय राजनीति और समाज में महात्मा गाँधी का है। मुक्कमल मुक्ति का महास्वप्न गाँधी भी देखते हैं और डॉ. शर्मा भी। वैचारिक दृष्टियाँ दोनों की अलग-अलग हैं, लेकिन स्वप्न में अदभुत साम्य है। भारतीय जन की एकता तथा सामाजिक एवं सांस्कृतिक निरन्तरता में दोनों की अटूट निष्ठा है। भारतीय भाषाओं की एकता और हिन्दी के विकास पर जोर दोनों का है। सादगी-ईमानदारी का पारदर्शी जीवन जीते हुए किसानों-मज़दूरों की दृष्टि से सभी कार्यों के संचालन को महत्त्व दोनों देते हैं। श्रम संस्कृति को प्रतिष्ठित करने और उसे महत्त्व प्रदान करने की बेचैनी दोनों के भीतर एक सामान है। बीसवीं सदी के पूर्वार्ध में भारतीय समाज में भारतीय जन की मुक्कमल मुक्ति का जैसा महास्वप्न गाँधी ने देखा, आजादी के बाद साहित्य-संस्कृति के क्षेत्र में वैसा ही महास्वप्न रामविलास शर्मा ने देखा।

(2012)

आलोचक नलिन विलोचन शर्मा

नलिन विलोचन शर्मा (18 फ़रवरी 1916-12 सितम्बर 1961) बहु-उद्धृत आलोचक नहीं हैं, न प्रगतिशील खेमे में और न गैर-प्रगतिशील खेमे में। हिन्दी आलोचकों की जो सूची अक्सर जारी होती है उसमें उनका नाम नहीं होता। वे बहुत कम उपलब्धियों के लिए याद किये जाते हैं। अधिक-से-अधिक तब के गुमनाम से उपन्यास 'मैला आँचल' को कालजयी उपन्यास के रूप में पहचान दिलाने वाले आलोचक के रूप में याद किये जाते हैं। हिन्दी के इतिहास दर्शन की चर्चा जब न के बराबर थी तब 'साहित्य का इतिहास दर्शन' जैसी किताब लिखने वाले आलोचक के रूप में भी उनका नामोल्लेख होता है। और किसी प्रसंग में उन्हें याद करते या उन्हें उद्धृत करते प्रायः नहीं देखा-सुना जाता। ऐसा क्यों है, जबकि वे हिन्दी के 'सिगनिफिकेंट' आलोचक हैं?

नलिन जी के आलोचनात्मक लेखन का समय 1940-1960 के बीच का है। यह शीतयुद्ध की छाया का दौर है। दुनिया सोवियत और अमेरिकी शिविर में बँटी हुई थी। राजनीतिक रूप से दो सिरों में विभाजित विचारधारा का प्रभाव दुनिया के साहित्य पर भी था। माना जाता था कि या तो आप प्रगतिशील हैं या गैर-प्रगतिशील। इस प्रभाव से हिन्दी साहित्य भी अछूता नहीं था। हिन्दी का समूचा वातावरण प्रगतिवाद बनाम आधुनिकतावाद का बना हुआ था। नलिन विलोचन शर्मा आलोचना का एक तीसरा पक्ष लेकर सामने आये। वे न प्रगतिवादी शिविर में शामिल हुए न गैर-प्रगतिवादी शिविर में। दोनों से उनकी दूरी समान बनी रही। उन्होंने आलोचना के इन दोनों धरातलों को अपर्याप्त माना और तीसरे धरातल के रूप में नये मान निर्मित करने की कोशिश की। जैसे शीतयुद्ध काल में दो शिविरों में बँटी हुई दुनिया में गुटनिरपेक्ष आन्दोलन एक तीसरा शिविर बनकर उभरा, वैसी ही स्थिति लगभग नलिन विलोचन शर्मा की आलोचना की भी है। दो महाशक्तियों के बीच गुटनिरपेक्ष आन्दोलन जैसे उपेक्षित रहा वैसी ही स्थिति

नलिन विलोचन शर्मा की भी रही। आज जबकि दुनिया शीतयुद्ध की छाया से मुक्त है, हिन्दी में भी प्रगतिशीलता और गैर-प्रगतिशीलता की वैसी 'फौजदारी' नहीं है, तब उनकी आलोचना का महत्त्व पहचानने की ज़रूरत है। आख़िर वे कौन-से मान हैं जिनके जरिए नलिन जी हिन्दी आलोचना के विकास में ज़रूरी हस्तक्षेप करते हैं?

नलिन विलोचन शर्मा ऐसी आलोचना के पक्षधर थे जो रचना का पुनः निर्माण करे। वे ऐसी आलोचना को महत्त्व देते थे जो रचना की निर्माण प्रक्रिया और उसकी कला की भास्वरता को रेखांकित करे। उनकी दृष्टि में आलोचना 'सृजन' है। लेकिन ऐसा 'सृजन' जो किसी 'कृति का निर्माण' करे। वे आलोचना को किसी कृति की व्याख्या न मानकर यह मानते थे कि 'आलोचना कला का शेषांश' है। वे 'कला के धरातल पर उन्नीत' हो जाने वाली आलोचना के समर्थक थे। वे किसी कृति की विषय-वस्तु से अधिक उसकी भाषा, शिल्प, अभिव्यंजना शैली आदि को अधिक महत्त्व देते थे। उनके लिए साहित्य में 'क्या है' से अधिक 'कैसे है' पर ज़ोर अधिक है। इस कारण कुछ लोग उन्हें रूपवादी आलोचक कहते हैं। लेकिन उनका रूपवाद समाज सापेक्ष आलोचना दृष्टि का अनुपम उदाहरण प्रस्तुत करता है। उन्होंने लिखा है : "कोयल और पपीहे की सुरीली तान पर भी भावुकतापूर्ण तथा थोथी कविता हो सकती है। फैक्ट्री की सिटी पर भी प्राणवंत पद्य लिखे गये हैं। साहित्य का विषय गाँधीवाद भी हो सकता है और समाजवाद भी, पर साहित्य उत्कृष्ट या निकृष्ट विषय के कारण नहीं, विषय के बावजूद होगा"। रचना में इस 'बावजूद' की खोज ही नलिन जी की आलोचना का उद्देश्य है।

नलिन विलोचन शर्मा का प्रगतिशील आलोचना से द्वंद्वात्मक सम्बन्ध है। यद्यपि वे मार्क्सवादी नहीं हैं, वे गाँधीवादी भी नहीं हैं। विचारधारा की दृष्टि से देखना हो तो वे एम.एन. राय के 'रेडिकल ह्युमिनिज्म' से प्रभावित लगते हैं। उन पर टी.एस. इलियट का प्रभाव देखा गया है, लेकिन कई मुद्दों पर वे टी.एस. इलियट की कई मान्यताओं से असहमत हैं। टी.एस. इलियट राजतन्त्र के समर्थक थे, जबकि नलिन जी लोकतन्त्र को जरूरी मानते हैं; इलियट धर्म पर विश्वास करते थे, जबकि नलिन जी विज्ञान सम्मत आधुनिक दृष्टि के समर्थक थे। वे कविता को विज्ञान का पूरक मानते थे। वे परम्परा के मूल्यांकन में टी.एस. इलियट की धारणा के करीब हैं। इलियट की तरह नलिन जी साहित्य को सबसे पहले साहित्य की कसौटी पर रखकर देखते हैं और इस अर्थ में वे

इलियट के करीब हैं। साहित्य सम्बन्धी मान्यताओं के लिए उन्होंने मार्क्स, एंगेल्स और लेनिन की प्रशंसा की है। साथ ही परम्परा के सम्यक मूल्यांकन के लिए हिन्दी की प्रगतिशील आलोचना की भी प्रशंसा की है,लेकिन उन्होंने प्रगतिवादी साहित्य चिन्तन और आन्दोलन में उभरती हुई संकीर्ण प्रवृत्तियों पर हमला भी किया है। इसलिए हिन्दी में प्रगतिशील और गैर-प्रगतिशील दो तरह के शिविरों की जो अक्सर चर्चा होती है उसमें नलिन जी नहीं आते हैं। वे हिन्दी आलोचना का तीसरा पक्ष निर्मित करते हैं।

बीसवीं सदी का चौथा-पाँचवाँ दशक भारत में प्रगतिशील आन्दोलन के उत्कर्ष का काल है। इसी दौरान नलिन विलोचन शर्मा का महत्त्वपूर्ण आलोचनात्मक लेखन प्रकाशित होता है। यही समय है जब अज्ञेय और इलाहाबाद की संस्था 'परिमल' की ओर से साहित्य चिन्तन और मूल्यांकन के भिन्न धरातल खोजे जाते हैं। यही समय है जब भारतीय राजनीति में राम मनोहर लोहिया का धमाकेदार प्रवेश होता है और उनके चिन्तन का प्रभाव साहित्य पर लक्षित किया जाता है। निश्चित रूप से देश-विदेश से उठने वाले इन वैचारिक झंझावातों का प्रभाव नलिन जी पर भी पड़ा होगा। लेकिन वे किसी एक शिविर में जाना पसन्द नहीं करते, वे असल में साहित्य में शिविरबद्धता के विरुद्ध थे। उन्हें साहित्यकार का किसी राजनीतिक दल का 'पिछलग्गू' होना पसन्द नहीं था। वे भारतीय और पश्चिमी साहित्य के गम्भीर अध्येता थे, उनके सामने भारतीय साहित्य की महान परम्पराएँ भी थीं और पश्चिम से आने वाले मार्क्सवादी और आधुनिक साहित्यिक मूल्य भी। नलिन जी संग्रह-त्याग के विवेक का विरल उदहारण प्रस्तुत करते हैं। वे न तो भारतीयता की आँधी में बहते हैं और न मार्क्सवाद-आधुनिकतावाद का कीर्तन करते हैं। मार्क्सवादी और आधुनिकतावादी दोनों प्रतिमानों को नकारते हुए वे साहित्य के मूल्यांकन के लिए 'मुक्ति' और 'स्वच्छंता' दो आधार निर्मित करते हैं। मुक्ति और स्वच्छंदता में भी वे 'मुक्ति' को नये और उत्कृष्ट साहित्य का आधार मानते हैं। वे मानते हैं कि साहित्यिक रुढियों से मुक्ति के बिना नये साहित्य का सृजन नहीं हो सकता।

नलिन जी के अनुसार मुक्ति दो तरह की होती है-विषयगत और रूपगत। लेखक जब नये विषय को लेकर आता है तब विषयगत मुक्ति सम्भव होती है जो वस्तुतः स्वच्छन्दता है। नलिन जी के अनुसार अंग्रेजी के लेखक बर्नार्ड शॉ और हिन्दी के पाण्डेय बेचन शर्मा 'उग्र' में यही विषयगत स्वच्छन्दता है। उनके अनुसार ये दोनों लेखक अपने युग की अलस-ऊँघती हुई चेतना को विषयगत

परिवर्तन के जरिए ठोकर मारकर जगाते हैं। लेकिन वे साहित्य के रूपगत ढाँचे में कोई मौलिक परिवर्तन नहीं करते हैं। नलिन जी के अनुसार डी.एच. लारेंस मुक्त और स्वच्छन्द रचनाकार हैं और इसी अर्थ में अधिक महत्त्वपूर्ण भी। लारेंस पर लिखते हुए उन्होंने लिखा है—लारेंस ने "मनुष्य की यौन समस्यायों का मुक्त तथा स्वच्छन्द विवेचन कुछ ऐसी गहराई और तलस्पर्शिता के साथ किया है कि वह अपनी पूर्णता में आश्चर्यजनक रूप से उदात्त हो गया है"। नलिन जी के कथन का तात्पर्य यह है कि बर्नार्ड शॉ ने अपने नाटकों के शिल्प में वैसी कोई क्रांति नहीं की, इस क्षेत्र में उन्होंने परम्परागत नियमों का ही पालन किया। लारेंस उनकी दृष्टि में अधिक महत्त्वपूर्ण इसलिए हैं कि उनके उपन्यास न केवल विषय की दृष्टि से बल्कि भाषा और शिल्प की दृष्टि से भी रूढ़ि-मुक्त है। नलिन जी के अनुसार मुक्ति और स्वच्छंदता की कसौटी पर हिन्दी में निराला और अंग्रेजी में वाल्ट व्हिटमैन विराट् व्यक्तित्व के कवि-रचनाकार हैं, क्योंकि वे दोनों अपनी रचनाओं में भीतर-बाहर दोनों जगह क्रान्ति उपस्थित करते हैं।

हिन्दी आलोचना में मुक्ति सम्बन्धी नलिन विलोचन शर्मा की अवधारणा का नयापन समझने की जगह कुछ मार्क्सवादी आलोचकों ने उन्हें रूपवादी आलोचक माना है। नलिन जी आत्यंतिक रूप से नवीनता के आग्रही आलोचक थे। वे तात्कालिक यथार्थवाद और रुपवाद जैसे आलोचनात्मक प्रत्ययों से इत्तेफाक नहीं रखते। 'मुक्तता' और 'स्वच्छन्दता' की अपनी कसौटी पर वे प्रगतिशीलों की भी आलोचना करते हैं तो इनकी कमी के कारण अज्ञेय और अज्ञेय-पंथियों की भी।

नलिन विलोचन शर्मा की आलोचना में 'मुक्ति' और 'स्वच्छन्दता' सम्बन्धी धारणा के कारण एक तरह का खुलापन है। वे प्रगतिवाद की आलोचना करते हैं तो मार्क्स और प्रमुख मार्क्सवादी सिद्धान्तकारों की साहित्य सम्बन्धी विचारों की प्रशंसा भी करते हैं। बर्नार्ड शॉ और डी.एच. लारेंस तथा प्रेमचन्द और जैनेन्द्र जैसे सर्वथा विरोधी स्कूल के माने जाने वाले लेखकों को एक साथ पसन्द करने वाले नलिन जी की आलोचना दृष्टि वैसी सरल नहीं है जैसी आम तौर पर समझ ली जाती है।

नलिन जी आलोचना में रामचन्द्र शुक्ल के प्रशंसक हैं और उनकी परम्परा का विकास करते हैं। वे मानते हैं कि "शुक्ल जी वैसे आलोचक हैं, जिनके विवरण तो पुराने पड़ सकते हैं, किन्तु सिद्धान्त और मीमांसा महार्घ बनी रहती है"। इसीलिए वे शुक्ल को शास्त्र का विद्वान आलोचक ही नहीं, बल्कि एक महान कलाकार कहने में संकोच नहीं करते। प्रगतिवाद से असहमति के बावजूद

वे प्रगतिशील आलोचक डॉक्टर रामविलास शर्मा द्वारा लिखित 'हिंदी आलोचना और रामचन्द्र शुक्ल' नामक पुस्तक की वे प्रशंसा करते हैं। नलिन जी के लिए यह महत्त्वपूर्ण नहीं था कि यह किताब किसी प्रगतिशील आलोचक ने लिखी है, उनके लिए महत्त्वपूर्ण यह था कि इससे शुक्ल जी की आलोचना-पद्दति का विकास होता है। आलोचना की यह पद्धति विवेकवादी समझ और दृष्टि से बनी थी। नलिन जी भी इसी विवेकवाद के कायल थे। परम्परा के सातत्य में उनका विश्वास था और विज्ञान द्वारा प्राप्त निष्कर्षों का वे समर्थन करते थे। वे शुक्ल जी की ही तरह जीवन और साहित्य में रहस्यवाद के विरोधी थे। किसी अलौकिक सत्ता में उनका विश्वास नहीं था। वे अनीश्वरवादी और वैज्ञानिक चेतना के आलोचक थे। लेकिन वे मार्क्सवाद को विवेकवाद की एकमात्र राह नहीं मानते थे। बाहरी सत्य के साथ आतंरिक सच की वास्तविकता को भी वे स्वीकार करते थे। इसलिए सिगमन फ्रायड के वैज्ञानिक सिद्धान्तों के आधार पर मानव चरित्र का विवेचन-विश्लेषण आवश्यक मानते थे।

प्रेमचन्द, रामचन्द्र शुक्ल और निराला को नलिन विलोचन शर्मा आधुनिक हिन्दी साहित्य का शिखर मानते थे। उनको शिखरासीन करने में रामविलास शर्मा के साथ सबसे पहले जो याद किये जायेंगे, वे नलिन विलोचन शर्मा ही होंगे। यद्यपि नलिन विलोचन शर्मा की कसौटी रामविलास शर्मा से भिन्न है। उनके अनुसार प्रेमचन्द, शुक्ल जी और निराला आधुनिक हिन्दी साहित्य के महान लेखक ही नहीं, महान कलाकार भी थे।

नलिन विलोचन शर्मा को लिखने के लिए पर्याप्त उम्र नहीं मिली। फिर भी उन्होंने हिन्दी के अतिरिक्त संस्कृत और अंग्रेज़ी के बड़े लेखकों पर प्रचूर मात्रा में लेखन -कार्य किया। उनकी आलोचनात्मक कसौटी का मुख्य आधार 'स्वच्छन्दता' और 'मुक्ति' ही है। इसी आधार पर वे साहित्य का मूल्यांकन करते हैं और उस लेखक की कला का वह पक्ष उद्‌घाटित करते हैं जो बहुतों के लिए कठिन था। वे सच में कृति का निर्माण करने वाले आलोचक थे।

नलिन जी ने कई विषयों पर लिखा है, लेकिन उनकी सबसे बड़ी देन कथा साहित्य की आलोचना को है। कथा साहित्य में भी प्रेमचन्द की उपन्यास कला और कहानी कला के वे बड़े आलोचक हैं। रामविलास शर्मा ने आधुनिक हिन्दी का महान लेखक प्रेमचन्द को तो बना दिया था लेकिन यह कार्य उन्होंने उनकी सामाजिक चेतना के आधार पर किया था। इस कारण बहुतेरे कलावादी लोग प्रेमचन्द को महान लेखक मानने को तैयार नहीं थे। नलिन विलोचन शर्मा ने

हिन्दी आलोचना की उस रिक्त स्थान की पूर्ति की जो प्रगतिशील आलोचना की अतिशय समाजशास्त्रीयता से पैदा हुई थी। कहा जा सकता है कि इस अर्थ में हिन्दी आलोचना के विकास में उनका योगदान ऐतिहासिक महत्त्व का है। उन्होंने कला विहीन मानने वाले आलोचकों के आरोपों का उत्तर तो दिया ही, प्रेमचन्द को कला की ऊँचाई पर भी प्रतिष्ठित किया। जितने विस्तार और जितने मनोयोग से उन्होंने प्रेमचन्द की कला का विवेचन-विश्लेषण किया वह उनके पूर्व तो हुआ ही नहीं था, अब तक नहीं हो पाया है।

हिन्दी उपन्यास की आलोचना के विकास में नलिन विलोचन शर्मा का महत्त्वपूर्ण स्थान है। वे हिन्दी के पहले आलोचक थे जिसने उपन्यास के शास्त्र के निर्माण की दिशा में महत्त्वपूर्ण कोशिश की। वे उपन्यास को आधुनिक विधा मानते थे। इसलिए नहीं कि उनका जन्म आधुनिक काल में हुआ, बल्कि इसलिए कि आधुनिकता एक सामाजिक और मानवीय मूल्य की तरह है जो उपन्यास नामक विधा में समग्रता में प्रकट हुई है। वे उपन्यास को साहित्य का 'अंत्यज' मानते थे। 'अंत्यज' भारतीय सन्दर्भ में दलित जातियों को कहा जाता था। कविता, नाटक, कथा साहित्य आदि विधाओं की तुलना में यह अन्त में पैदा हुई साहित्यिक विधा भी थी। इसलिए नलिन जी का उपन्यास को 'अंत्यज' कहना बहुत ही अर्थ-व्यंजक है। यह काल सूचक तो है ही, इस विधा के समाज से जुड़ाव और वैशिष्ट्य को भी परिभाषित करता है। नलिन जी मानते थे कि आधुनिक युग की विषमता, जटिलता और जीवन संघर्ष ने उपन्यास नामक विधा को जन्म दिया। पाश्चिमी उपन्यासों की तुलना में हिन्दी उपन्यास पिछड़े हुए हैं, इसका क्या कारण है? नलिन जी के अनुसार इसका मुख्य कारण हमारी आज की सभ्यता का कम जटिल होना है। उन्होंने लिखा है "हिन्दी उपन्यास का इतिहास किसी भी देश के इतिहास की तरह हिन्दी भाषी क्षेत्र की सभ्यता और संस्कृति के नवीन रूप के विकास का साहित्यिक प्रतिफल है। समृद्धि और ऐश्वर्य की सभ्यता महाकाव्य में अभिव्यंजना पाती है, जटिलता, वैषम्य और संघर्ष की सभ्यता उपन्यास में।...हमारे उपन्यास यदि आज पश्चिमी उपन्यासों के समकक्ष सिद्ध नहीं होते तो मुख्यतः इसलिए कि हमारी वर्त्तमान सभ्यता आज भी कम जटिल, कम उलझी हुई और कहीं ज़्यादा सीधी-सादी है"। नलिन जी उपन्यास को जब 'अंत्यज' विधा कह रहे थे तब महाकाव्यों के समक्ष उसकी स्थिति अंत्यज जैसी ही थी। उन्होंने इस अंत्यज विधा द्वारा महाकाव्य के अपदस्थ किये जाने का स्वागत किया। उन्होंने लिखाः "शताब्दियों की प्रतीक्षा के बाद साहित्य का

यह अंत्यज अपने छिपी संभावनाओं को लेकर अपनी सामर्थ्य का परिचय दे सका है। और अब तो अभिजात्य का भी दावा कर सकता है''।

नलिन जी हिन्दी में जिस तरह से उपन्यास का शास्त्र तैयार करने की कोशिश कर रहे थे उसी तरह उन्होंने तरह प्रेमचन्द की उपन्यास- कला के वैशिष्ट्य को भी रेखांकित करने की कोशिश की। वे कहते थे कि प्रेमचन्द ने हिन्दी उपन्यास के स्थापत्य को क्रान्तिकारी ढंग से परिवर्तित कर दिया। वे यह भी मानते थे कि यह क्रांति अहिंसक किस्म की थी। 'गोदान' के बाद उन्होंने 'मैला आँचल' को मन से पसन्द किया। 'मैला आँचल' को डिस्कवर करने का श्रेय नलिन विलोचन शर्मा को ही जाता है। जब 'मैला आँचल' पर किसी का ध्यान नहीं गया था, तब उन्होंने उसकी ओर हिन्दी संसार का ध्यान दिलाते हुए लिखा कि 'गोदान' के बाद हिन्दी उपन्यास में जो गत्यवरोध था वह 'मैला आँचल' के प्रकाशन से दूर हुआ।'' उनकी यह भविष्यवाणी सच हुई और हिन्दी संसार ने रेणु को सिर माथे पर बिठा लिया। नलिन जी के उपन्यास सम्बन्धी चिन्तन परक लेख और टिप्पणियाँ उनकी पुस्तक 'हिंदी उपन्यासः विशेषतः प्रेमचन्द' में संकलित है। इन पंक्तियों के लेखक द्वारा संपादित 'नलिन विलोचन शर्मा : रचना संचयन' में भी उनकी आलोचनात्मक टिप्पणियों को देखा जा सकता है।

नलिन विलोचन शर्मा हिन्दी के ऐसे आलोचक हैं जो जाने तो गये, पर माने नहीं गये। इसके मुख्य तीन कारण हैं। पहला कारण है—हिन्दी साहित्य में शीतयुद्ध की छाया का प्रभाव और हिन्दी संसार का दो शिविरों में बँटा होना जिनसे नलिन जी की आलोचना समान दूरी बनाकर चल रही थी। दूसरा कारण है छियालीस वर्ष की अल्पायु में मृत्यु के कारण एक आलोचक के रूप में फैलने और स्थापित होने का कम समय मिलना। और तीसरा कारण है—उनकी रचनाओं का आज भी अनुपलब्ध होना। वे 'सिग्निफिकेंट' आलोचक तो थे ही, नया आधार तैयार करने वाले हिन्दी आलोचना के जरूरी अध्याय भी थे।

(2016)

भीष्म साहनी : सादगी का सौन्दर्य

भीष्म साहनी की कहानियों में चमक नहीं है, यह कथन क्या किसी कथाकार की छवि और विशिष्टता में बाधक बनता है?

प्रेमचन्द, जैनेन्द्र, यशपाल आदि की कहानियों के पाठक को निर्मल वर्मा, मोहन राकेश, कमलेश्वर, कृष्णा सोबती आदि की कहानियों के भाषागत, शिल्पगत और विषयगत जिस नयेपन ने चौंकाया था और एकबारगी कहानी की नयी ज़मीन पर ला खड़ा किया था, उसकी कुछ कमी-सी भीष्म साहनी की कहानियों में लगती रही।

लेकिन इससे उनकी लोकप्रियता प्रभावित नहीं हुई। नहीं हुई तो क्यों?

भीष्म साहनी की कहानियों पर सोचते हुए सबसे पहले ये बातें ध्यान में आईं। तभी उनकी समकालीन और महत्त्वपूर्ण कथाकार कृष्णा सोबती के एक लेख की याद आई।भीष्म जी पर लिखते हुए उन्होंने कुछ ऐसा ही लिखा है, हालाँकि उन्होंने अपने कथन को दोस्तों के हवाले से कहा है : "कुछ दोस्तों को भीष्म के साफ-सुथरे शिल्प और शैली में उस अतिरिक्त की कमी खटकती है जो ख़ुद ही रचना को चमकाती-दमकाती है।"

इस 'अतिरिक्त की कमी' उनके कथा-साहित्य में तो देखी ही गयी, उनके जीवन में भी देखी गयी। अपने उसी लेख में कृष्णा जी ने लिखा है : "भीष्म के रहन-सहन और सलीके में भी आप अन्दाज़ देख सकते हैं। लेखक के व्यक्तित्व को रूमानी बनाने वाले चोंचले और किसी हद तक ज़रूरी साज-सामान भीष्म के यहाँ गैरहाज़िर हैं।" उन्होंने आगे लिखा है : "मिसाल के तौर पर भीष्म की साफ़-सुथरी गृहस्थी में दूर-दूर तक भीष्म की किसी असली या काल्पनिक महबूबा का नाम हवा में नहीं लहराया। दरअसल भीष्म की बीवी ही इस सांझे आसन पर विराजमान है। दोस्तों का कहना है कि भीष्म को 'एक में तीन' जैसी बेनयाज बीवी मिली हुई है। बीवी, प्रेमिका और पाठिका-थ्री इन वन।"

स्वाभाविक है कि जब न रचना में कुछ अतिरिक्त-सा चमक-दमक लाने

वाला गुण हो और न 'रूमानी बनाने वाले चोंचले' हों तो नयी कहानी के धमाकेदार जलसे में शामिल होकर भी वे देर से आये पिछली पंक्ति के मेहमान मान लिए जायें। नयी कहानी दौर में भले ऐसा समझ लिया गया हो या समझाया गया हो, लेकिन ऐसा है नहीं। कृष्णा सोबती ने इस 'अतिरिक्त की कमी' के बावजूद उन्हें विशिष्ट कथाकार माना है।

भीष्म साहनी नयी कहानी के समय और उसके बाद भी सबसे अधिक पढे गये कहानीकार हैं। उनकी कहानियाँ शहर से लेकर गाँव तक और शिक्षित समाज से लेकर सामान्य कथा प्रेमियों के बीच समान रूप से पसन्द की गयीं-पढ़ी गयीं। उनके पास नयी कहानी वालों की तरह न तो भाषागत और न शिल्पगत सचेत रूप से पैदा की गयी चमक थी और न व्यक्तित्व को बनाने और चमकाने वाले अपने इर्द-गिर्द मडराते कुछ सच—कुछ झूठ रोमानी किस्सें थे जो नयी कहानी वालों ने अपने लिए चला रखें थे। किस्सा कोताह यह कि बिना किसी अतिरिक्त चमक के भीष्म साहनी ने नयी कहानी और उसके बाद के दौर में वह मुकाम हासिल किया जो हिन्दी कहानी में क्लासिकल मिजाज का दर्जा है, जो प्रेमचन्द को बड़े पैमाने पर हासिल है। लिखने को उन्होंने उपन्यास भी लिखा, 'तमस' को पुरस्कार भी मिला और अपार लोकप्रियता भी मिली, पर मुझे लगता है कि उनकी बड़ी देन कहानी के क्षेत्र में है। वे धीरे-धीरे स्थायी प्रभाव पैदा करने वाले कहानीकार बने।

भीष्म साहनी और फणीश्वर नाथ रेणु वय में बड़े थे ,लेकिन कहानी-लेखन का उनका सिलसिला शुरू हुआ नयी कहानीकारों के साथ। साथ का मतलब कदम ताल करते हुए—से नहीं, सामानान्तर चलते हुए-से है। एक की कथा भूमि गाँव है और दूसरे की शहरी मध्यवर्गीय-निम्न मध्यवर्गीय जीवन, लेकिन दोनों में एक चीज़ समान है वह है कहानी को क़िस्सा बनाने की कला। 'मैला आँचल' के प्रकाश का तेज इतना प्रखर था कि रेणु का कहानीकार पक्ष उसके सामने दब-सा गया, साथ ही नयी कहानी के शोर-शराबे से वे असम्पृक्त भी रहे। वे जब कहानी लेखन के क्षेत्र में आये तो वय में उनसे छोटे निर्मल वर्मा, शिवप्रसाद सिंह, अमर कान्त, मार्कंडेय, शेखर जोशी आदि के साथ मोहन राकेश, कमलेश्वर और राजेन्द्र यादव हिन्दी कहानी में अपनी सक्रिय, साथ ही रचनात्मक उपस्थिति दर्ज़ करा चुके थे। उनके पास न निर्मल जैसी चमकदार भाषा थी, न शिल्प, न अन्यों की तरह यथार्थ को फैंटेसी बनाने का हुनर था और न लोक कथा के समान्तर नयी जीवन-स्थितियों की कहानी बुनने की कला। उनके पास प्रेमचन्द और यशपाल

जैसी सादगी से भरी भाषा थी और था कहानी कहने का वही सादा ढंग। लेकिन इन सबके ऊपर जो चीज़ उनके पास थी, वह था विशाल जीवन-अनुभव जो अनेक तरह के विस्थापनों और जीवन-स्थितियों से बना था। कहानीकार भीष्म साहनी की संवेदना का जो विस्तार है,उसकी तुलना में दूसरा नाम खोजना कठिन-सा है। यही कारण है कि जो कहानीकार 'चीफ़ की दावत' और 'समाधि भाई राम सिंह' जैसी कहानी लिख सकता है, जो कहानीकार 'अमृतसर आ गया है' और 'पाली' जैसी कहानी लिख सकता है, वही 'वांगचू' भी लिख सकता है। इनसे एक कहानीकार के विस्तृत जीवन-बोध और वर्गों, सम्प्रदायों और देश-देशान्तर की सीमाओं का अतिक्रमण करती उस कथा-संवेदना का पता चलता है जो हिन्दी कहानी के क्षितिज का चुपचाप विस्तार करती है।

कवि अरुण कमल ने भीष्म साहनी के सन्दर्भ में धोखा देने वाली सादगी' की चर्चा की है। इसका अर्थ यह है कि भीष्म जी में जो सादगी है, वह अंधे के हाथ बटेर लगने की तरह नहीं है। अरुण कमल के ही शब्दों में वह 'भाषा के गहन संस्कार का फल है'। अपनी कहानी कला के लिए उन्होंने उस सादगी को सचेत रूप से अपनाया है। सादगी में भी सौन्दर्य होता है, इसका सुन्दर उदाहरण भीष्म जी की कहानियाँ हैं। कोई नायाब प्लाट खोज लेने की महत्त्वाकांक्षा और उसे नये शिल्प में प्रस्तुत करने के कथा-कौशल के लिए हलकान होने वाले कहानीकार नहीं है भीष्म साहनी। उनको पढ़ते हुए नयी कहानी के किसी कहानीकार को पढने का भाव मन में नहीं आता। आधुनिकता बोध को नयी कहानी के कुछ लेखक जीवन-मूल्य की तरह प्रचारित करते थे। भीष्म जी आधुनिकता-बोध की उस अवधारणा से सहमत नहीं थे। उन्होंने 'मेरी प्रिय कहानियाँ' की भूमिका में इस पर लिखा भी है। वे लिखते हैं : ''आधुनिकता-बोध की जिस कसौटी पर कहानी को परखा जाने लगा है उससे मैं सहमत नहीं हूँ। जहां कहानी जीवन का साक्षात्कार कराती है,उसके भीतर पाये जाने वाले अन्तर्विरोधों से साक्षात्कार कराती है, वहाँ वह अपने आप ही समय और युग का बोध भी कराती है। पर आधुनिक–'भाव बोध' को साहित्य का विशिष्ट गुण मान लिया जाये तो हम दिग्भ्रमित ही होंगे। यदि कहानी में अवसाद है, मूल्यहीनता का भाव है, अनास्था है तो वह आधुनिक, और ...चूँकि आधुनिक है, इसलिए उत्कृष्ट है , इस प्रकार का तर्क मुझे प्रभावित नहीं करता। अपना भाग्य ढोते हुए इनसान का चित्र आधुनिक है, पर अपने भाग्य से जूझते हुए इनसान का चित्र असंगत है, अनास्था आधुनिक है, आस्था असंगत है, मृत्युबोध आधुनिक है और जीवन-बोध

असंगत और निरर्थक है, इस प्रकार के तर्क के आधार पर साहित्य को परखना और उसके गुण-दोष निकालना जिन्दगी को भी और साहित्य को भी टेढ़े शीशे में देखने की कोशिश है।''

कहानी को लेकर भीष्म साहनी की यह जो दृष्टि है, वह उन्हें अपने दौर के कहानीकारों से भिन्न और विशिष्ट बनाती है। यह भिन्नता और विशिष्टता ही उन्हें अपने दौर में अलग जगह भी दिलाती है, लेकिन ठीक से और सही जगह न रखे जाने का आधार भी बनती है। इसलिए यह अकारण नहीं है कि नयी कहानी सम्बन्धी उस समय की चर्चा में भीष्म साहनी कहीं नहीं हैं या कम हैं। ऐसी दुर्घटना रेणु के साथ भी घटती है।

साम्प्रदायिक मानस की अचूक पहचान के लिए भीष्म जी की कहानियाँ हमेशा याद की जाती हैं और की जानी चाहिए। विभाजन को लेकर हिन्दी-उर्दू में दर्जनों कहानियाँ हैं। सबकी अपनी विशिष्टता है। लेकिन 'अमृतसर आ गया है' में साम्प्रदायिकता का बहुसंख्यक आबादी से क्या सम्बन्ध है, इसका जैसा सूक्ष्म रेखांकन इस कहानी में है वैसा अन्यत्र कम है। यह कहानी बोलती कम है पर प्रभाव ज़्यादा पैदा करती है। अपनी जमात का संख्या बल किस तरह एक कायर-कमज़ोर को भी क्रूर चेहरे में बदल देता है, इसकी जबरदस्त पहचान यह कहानी करती है। 'अमृतसर आ गया है' भीष्म जी की और हिन्दी की लोकप्रिय कहानियों में से एक है। इसकी चर्चा भी ख़ूब हुई है। लेकिन साम्प्रदायिक मानस की उनकी दूसरी कहानी 'पाली' पर इस दृष्टि से कम ध्यान दिया जाता है। 'अमृतसर आ गया है' में जो कुछ सामने है उसका प्रत्यक्ष चित्रण है, पर 'पाली' में परस्पर विरोधी साम्प्रदायिक मानसिकता के कारण एक बच्चे की मनःस्थिति का जो सूक्ष्म और मार्मिक अंकन है, वह देखने लायक है।

किसी पाठक को कोई कहानी क्यों अच्छी लगती है? इस 'क्यों' के अनेक कारण हो सकते हैं। लेकिन जो मुख्य कारण है वह पाठक के भरोसे को कहानी द्वारा जीत लिया जाना ही है। पाठक कहानी पर भरोसा तभी करता है जब उसमें सच्चाई का प्रामाणिक आधार मिलता है। इस प्रामाणिकता के कारण ही कोई कहानी पाठक का भरोसा अर्जित करती है। भीष्म जी की कहानी-कला की सबसे बड़ी ख़ूबी इस प्रामाणिकता की खोज है जो उनकी प्रायः हर कहानी में मौजूद है। उन्होंने लिखा भी है : ''कहानी का सबसे बड़ा गुण मेरी नज़र में उसकी प्रामाणिकता ही है, उसके अन्दर छिपी सच्चाई जो हमें जिन्दगी के किसी पहलू की सही पहचान कराती है। और यह प्रामाणिकता उसमें तभी आती है जब वह जीवन के अन्तर्द्वंद्वो

से जुडती है। तभी वह जीवन के यथार्थ को पकड़ पाती है।कहानी का रूप-सौष्ठव, उसकी संरचना, उसके सभी शैलीगत गुण, इस एक गुण के बिना निरर्थक हो जाते हैं। कहानी जिन्दगी पर सही बैठे, यही सबसे बड़ी माँग हम कहानी से करते हैं। इसी कारण हम किसी प्रकार के बनावटीपन को स्वीकार नहीं करते—भले ही वह शब्दाडंबर के रूप में सामने आये, या ऐसे निष्कर्षों के रूप में जो लेखक की मान्यताओं का तो संकेत करते हैं, पर जो कहानी में खपकर उसका स्वाभाविक अंग बनकर सामने नहीं आते। प्रामाणिकता कहानी का मूल गुण है। कहानी में यह गुण मौजूद है तो कहानी कला के अन्य गुण उसे अत्यधिक प्रभावशाली और कलात्मक बना पाएँगे। प्रामाणिकता कहानी की पहली शर्त है'' ('मेरी प्रिय कहानियों की भूमिका से')। भीष्म जी के इस कथन के आलोक में उनकी कहानियों का अध्ययन करें तो हम पाएँगे कि यही चीज उनकी कहानियों में सर्वोपरि है। यह गुण उनकी सभी कहानियों में है। वह चाहे बहुप्रशंसित कहानी हो या कम चर्चित कहानी। यही कारण है कि उनकी कहानियां किसी वैचारिक सूत्र का कभी उदाहरण नहीं बनतीं, हालाँकि वे मार्क्सवादी थे और उस विचारधारा में उनका अटूट विश्वास भी था। एक कम्युनिस्ट होने के बावजूद भीष्म जी की कहानियों में विचारधारा का आग्रह या दबाव नहीं दिखाई देता तो इसका कारण उनकी कहानी सम्बन्धी धारणा में है। 'दस प्रतिनिधि कहानियाँ' की भूमिका में उन्होंने लिखा है : ''...प्रत्येक लेखक अन्ततः अपने संवेदन,अपनी दृष्टि,जीवन की अपनी समझ के अनुसार लिखता है। हाँ, इतना जरूर कहूँगा कि मात्र विचारों के बल पर लिखी रचना, जिसके पीछे जीवन का प्रामाणिक अनुभव न हो, अक्सर अधकचरी रह जाती है।'' कृष्णा सोबती ने भी उनके राजनीतिक विचार और कहानी रचना के सम्बन्धों की पड़ताल की है और पाया है कि कहानी की कीमत पर उन्होंने राजनीति को कभी भारी न पड़ने दिया। वे लिखती हैं : ''...भीष्म की राजनीति उसकी क्षमताओं को सिर्फ़ उकेरने वाली सहायक पूर्ति नहीं। वे मूल्य और आस्थाएँ हैं जिनसे भीष्म का पूरा-का-पूरा दृष्टिकोण स्थिर हुआ है।...'चीफ़ की दावत' से लेकर 'भगवान के आदमी' तक की कहानियों में परिवेश के यथार्थ को भीष्म ने अपनी साहित्यिक मान्यताओं से परे नहीं जाने दिया।''

कहानीकार भीष्म साहनी को पढ़ते हुए कभी क्यों नहीं लगता कि हम एक कम्युनिस्ट कहानीकार को पढ़ रहे हैं? यह गुण किसी लेखक में तब आता है जब वह विचारधारा का अतिक्रमण करने की रचनात्मक जीवन-दृष्टि अर्जित करता है। इसके सबसे सुन्दर उदाहरण नयी कहानी दौर में भीष्म साहनी हैं। 'चीफ़

की दावत' की माँ एक सनातन माँ है। एक प्रसिद्ध पुरानी कहावत है। 'माई का दिल मलाई जैसा, पूत का दिल कसाई जैसा'। कोई नयी बात नहीं है 'चीफ़ की दावत' में, लेकिन भीष्म जी नयी बात पैदा कर देते हैं। कोई अतिरिक्त मुखरता नहीं है। रिश्तों के भीतर मनुष्यता की गरिमा छीज रही है। लेकिन माँ की ममता में वह छीजन नहीं है। भीष्म जी चुपचाप जिस तरह सनातन वात्सल्य और उसकी निरन्तरता को इस कहानी के जरिये रेखांकित करते हैं, वह हिन्दी पाठक की नज़र से ओझल नहीं होता। सफलता के पीछे भागती आधुनिक पीढ़ी रिश्तों के महत्त्व को तो समझने में असमर्थ है ही,उसके अवचेतन में उसके प्रति घृणा भी है। 'चीफ़ की दावत' में रिश्तों की अहमियत से अनजान और सफलता के पीछे भागती पीढ़ी का जो चित्रण है, उसका आधार खुदगर्ज और भरोसे की दुनिया की कशमकश है। यही गुण उनकी प्रायः सभी कहानियों में है। इस कारण भीष्म साहनी की कहानियाँ हमारे अनुभव संसार की उपज लगती हैं, किसी विचारधारा या आईडिया की उपज नहीं।

'वांगचू' में संवेदना का अछोर विस्तार है। एक चीनी बौद्ध भिक्षु जो उपयोगिता की दृष्टि से दुनिया के किसी काम का नहीं है। एक अर्थहीन विश्वास में जीने वाला 'वांगचू' कहानीकार के लिए क्यों महत्त्वपूर्ण है? लोगो को उसके होने में कोई अर्थ नहीं दिखाई देता, लेकिन कहानी में धीरे-धीरे उस व्यर्थ-से को अर्थ देता हुआ संगीत निरन्तर बजता रहता है। वांगचू का जीवन जैसा शांत, स्थिर और आध्यात्मिक आभा लिए हुए है, इस कहानी के रचाव में भी कुछ-कुछ वैसा ही है। कहानी में 'वांगचू' के प्रवेश को बहुत ही ख़ूबसूरत और नाटकीय अंदाज में कहानीकार प्रस्तुत करता है। 'तभी दूर से वांगचू आता दिखाई दिया'—इस संक्षिप्त विवरण से कहानी की शुरुआत होती है। यह वाक्य एक पूरे अनुच्छेद की जगह है। कुछ न कहकर भी बहुत कुछ कहता हुआ। दूसरे अनुच्छेद में जो कवित्वपूर्ण वर्णन है उसमें ऐसी पवित्र आभा है, जिसे किसी दूसरे शब्द के अभाव में आध्यात्मिक ही कहा जायेगा। वह यूँ है : "नदी के किनारे लालमंडी की सड़क पर धीरे-धीरे डोलता-सा चला आ रहा है। धूसर रंग का चोगा पहने था और दूर से लगता था कि बौद्ध भिक्षुओं की ही तरह उसका सिर भी घुटा हुआ है। पीछे शंकराचार्य की ऊँची पहाड़ी थी और ऊपर स्वच्छ नीला आकाश। सड़क के दोनों ओर ऊँचे-ऊँचे सफेदे के पेड़ों की कतारें। क्षण-भर के लिए मुझे लगा, जैसे वांगचू इतिहास के पन्नों पर से उतरकर आ गया है। प्राचीन काल में इसी भांति देश-विदेश से आने वाले चीवरधारी भिक्षु पहाड़ों और घाटियों को

लांघकर भारत में आया करते होंगे। अतीत के ऐसे ही रोमांचकारी धुंधलके में मुझे वांगचू भी चलता नज़र आया।''

'वांगचू' में जो प्रसंग और चित्रण है, वह इसी तरह शान्त, मन्द गति से चलता हुआ और दिलचस्प किस्से की आभा से युक्त है।वह ऐसा चरित्र है जो न वह भारत के लिए उपयोगी है और न चीन के लिए। दोनों देशों में वह संदेह की दृष्टि से देखा जाता है। बौद्ध धर्म से सम्बन्धित जो शोधकार्य वह कर रहा है, वह भी अर्थपूर्ण नहीं लगता और न साकार रूप ले पाता है। वह दुनियादारी के लिहाज से अनुपयोगी है। उसके न रहने से किसी पर कोई फ़र्क़ नहीं पड़ता। कहानीकार भीष्म साहनी उस अनुपयोगी-से वांगचू को ऐसे रचते हैं जैसे वे उसे जी रहे हैं। रचते हुए कोई भावुकता, रोमानीपन नहीं। कहानीकार निर्वैयक्तिक ढंग से वांगचू को इस रूप में हमारे सामने लाता है कि वह चुपचाप हमारे संवेदना का हिस्सा हो जाता है। उस कहानी में संवेदना का जो अछोर विस्तार, रोचक शैली और आध्यात्मिक-सी आभा है, वह कहानीकार भीष्म साहनी की बड़ी उपलब्धि है। अपनी इन विशिष्टताओं के चलते 'वांगचू' हिन्दी कहानी के इतिहास का चुपचाप अमर चरित्र-बन जाता है।

किसी विलक्षणता या अनोखेपन के कहानीकार के नहीं हैं भीष्म साहनी। वे यदि जीवन में 'सादगी पसन्द सादामिजाज इनसान' हैं तो कहानी में भी उनके यहाँ कथानक, भाषा और शिल्प सब में सादगी का सौन्दर्य दिखाई देता है। इस सौन्दर्य की शोभा ही वह आकर्षण है जो उन्हें प्रेमचन्द और यशपाल-सा लोकप्रिय भी बनाती है और पाठकों का विश्वास पात्र भी। जिन्हें उनकी सादगी में सपाटपन नज़र आता है, उनको कृष्णा सोबती का यह कथन याद दिलाना ज़रूरी है : ''भीष्म का पूरा व्यक्तित्व दाएँ-बाएँ का विस्तार नहीं। उसकी शख़्सियत गहराई में बड़ी सादगी से अटी है। इसी से कई लोगों को भीष्म के लेखन की लकीर कुछ सपाट मालूम देती है। शायद इसलिए कि उनके समूचे लेखन में सहज साधारण पात्रों की बहुलता है, अनोखापन नहीं।''

इसी के साथ यह भी कहने की ज़रूरत है कि इस सादगी के भीतर अदृश्य-सी तड़पती हुई जो लेखकीय ईमानदारी है, वह उनकी कहानियों की भीतरी शिराओं में आन्दोलित वह रफ़्तार है जिसके बिना कहानीकार भीष्म साहनी को समझा नहीं जा सकता।

(2016)

'रेणु' : सार्वजनिक उपस्थिति का कलाकार

फणीश्वरनाथ 'रेणु' (4 मार्च, 1921-11, अप्रैल 1977) व्यक्ति और रचनाकार दोनों ही रूपों में कलाकार थे। उनसे मिलने पर एक कलाकार से मिलने का सुख मिलता था, उन्हें पढ़कर हम उनकी कला-दृष्टि के कायल थे ही। ऐसे कलाकार लेखक को हमने घनघोर राजनीतिक उथल-पुथल के बीच आन्दोलन करते देखा। हमने देखा 1974-75 के जेपी आन्दोलन में धरना-प्रदर्शन करते, लेखकों को संगठित कर सड़कों-चौराहों पर गोष्ठियाँ करते, जेल जाते और जेपी के साथ कन्धा से कन्धा मिलाकर व्यवस्था परिवर्तन की लड़ाई-लड़ते।

हमें मालूम हुआ कि यह आदमी जैसे पैदायशी कलाकार और किस्सागो है, वैसे ही पैदायशी आन्दोलनकारी भी है। हमें यह भी मालूम हुआ कि स्वतन्त्रता आन्दोलन और 1942 के भारत छोड़ो आन्दोलन में यह जेल जा चुका है, 1950 की नेपाली क्रान्ति में सशस्त्र विद्रोही के रूप में भाग ले चुका है, समाजवादी आन्दोलन का लड़ाकू सिपाही रह चुका है और अब यही आदमी सम्पूर्ण क्रान्ति के आन्दोलन में बुनियादी परिवर्तन का सपना लिए संघर्षरत है।

किस्सा कोताह यह कि रेणु जुबानी जमाखर्च क्रान्तिकारी कहलाने वाले लेखक नहीं थे। वे सचमुच क्रान्तिकारी लेखक थे। उन्होंने क्रान्ति-पथ की सारी मुश्किलें झेली थीं, लेकिन उनकी राजनीतिक कीमत कभी नहीं वसूलीं। वे देखने में हमेशा कलाकार जैसा दीखते थे। उन-सी राजनीतिक सक्रियता की तुलना के लिए राहुल सांकृत्यायन और रामवृक्ष बेनीपुरी जैसे बहुत थोड़े नाम मिलेंगे। ऐसे लेखक 'थोड़े-थोड़े होते हैं, कम-कम होते हैं'।

साहित्यिक प्रतिष्ठा अर्जित करनेवाले बहुत लेखक हैं, लेकिन रेणु ने साहित्यिक प्रतिष्ठा के साथ भरपूर सामजिक प्रतिष्ठा भी अर्जित की। जो लोग पूर्णिया, फारबिसगंज और औराही हिंगना गये हैं, उन्हें मालूम है कि कैसे उस जनपद की आबो हवा में रेणु के नाम की गूंज है। जिन्होंने पटना में उन्हें देखा

है और जो काफी हाउस की यादगार और जीवन्त बैठकी में उनके इर्द-गिर्द रहे हैं, उन्हें उनकी साहित्यिक-सामाजिक हैसियत का पता है। साहित्यिक हलके से लेकर राजनीतिक हलके तक में उनकी जो सार्वजनिक उपस्थिति रही है, वह आज किसी लेखक के प्रसंग में अकल्पनीय लगती है।

वे 'ट्रेंड सेटर' कथाकार थे। जिस तरह प्रेमचन्द, जैनेन्द्र और अज्ञेय ने हिन्दी कथा-साहित्य में युगांतर उपस्थित किया, उसी तरह रेणु के साथ हिन्दी कथा साहित्य में नये युग का सूत्रपात हुआ। प्रेमचन्द का जैसा व्यापक प्रभाव अपने और आगे के दशकों में दिखा, कुछ वैसा ही रेणु का कथा-प्रभाव आगे के समय को आन्दोलित करता रहा और किसी न किसी रूप में अब भी करता है। इस रूप में वे जैनेन्द्र और अज्ञेय से भी आगे हैं। 'मैला आँचल' का पहली बार महत्त्व पहचानने वाले आलोचक नलिन विलोचन शर्मा ने ठीक ही उसे 'गोदान' के बाद की महत्त्वपूर्ण उपलब्धि माना था और कहा था कि कथा-साहित्य में 'गोदान' के बाद जो गत्यवरोध था, वह 'मैला आँचल' के प्रकाशन से दूर हुआ।

ग्रामांचल पर लिखने के बावजूद रेणु का कथा-साहित्य प्रेमचन्द से भिन्न सामाजिक सच, भाषा-शैली और मिजाज का है। उनमें प्रेमचन्द की सचाई, अज्ञेय की काव्यात्मकता, गाँव की लोक-लय और बांग्ला कथा-साहित्य खासकर शरतचन्द और सतीनाथ भादुड़ी की रागात्मक अनुगूँज तथा परम्परा से प्राप्त किस्सागोई की ताक़त भी है जिसके कारण वे हिन्दी कथा साहित्य में अपार लोकप्रियता अर्जित करने और युगांतर उपस्थित करने में सक्षम बन सके।

रेणु का कथा-साहित्य साहित्यिकता और सामाजिकता के सहज मेल का अनुपम उदहारण है। 1942 के भारत छोड़ो आन्दोलन, नेपाली क्रान्ति, समाजवादी आन्दोलन और जेपी आन्दोलन से गहरे जुड़ाव और उसमें सघन भागीदारी के बावजूद उनका साहित्य राजनीतिक नारेबाजी और मुहावरेबजी से मुक्त है। रेणु हिन्दी के ऐसे लेखक थे जिन्हें सही अर्थों में 'पॉलिटिकल एक्टिविस्ट' कहा जा सकता है। जेल जाने, धरना-प्रदर्शन में भाग लेने आदि राजनीतिक कार्यों के बावजूद साहित्य रचना को राजनीतिक मुहावरेबाजी से बचा लेने की कला रेणु के यहाँ सर्वोत्तम रूप में विद्यमान है। उनके कथा-साहित्य में 'सामाजिक धरातल की परतों के भीतर छिपी वैयक्तिक स्वार्थों की टकराहट' भी है, 'राजनीतिक दलों की अवसरवादिता' भी और साथ ही 'उच्च आदर्शों के पीछे दबी क्षुद्र-ओछी लिप्साएँ' भी। लेकिन रेणु सिर्फ़ इन्हीं के कारण रेणु नहीं हैं। ये चीजें तो अन्यों के यहाँ भी मिल जायेंगी! इनके साथ रेणु जिस कारण विशिष्ट दर्जा के कथाकार बनते

हैं, वह अन्यों के यहाँ नहीं है। उनकी इस विशिष्टता पर 'परती परिकथा' के प्रसंग में निर्मल वर्मा ने जो टिप्पणी की है, वह उनके सम्पूर्ण कथा-साहित्य पर लागू होती है। टिप्पणी का एक अंश है : "किन्तु इस कलह-क्लेश के बावजूद परानपुर में पूर्णिमा का चाँद उगता है। लाजमयी और मलारी का गीत-स्वर परती की सफ़ेद बालू पर पंख फड़फड़ाता हुआ उड़ता है। पाँचों कुंडों में पाँच चाँद रात भर झिलमिलाते हैं, शरद की चाँदनी में पहाड़ से उतरनेवाले पक्षियों की पहली पांत उतरती है।...चाँदनी की यह स्वप्निल संगीतमयता 'परिकथा' में आद्योपांत छाई रहती है। तनाव और उल्लास रेणु के कथा साहित्य के ये दो किनारे हैं। इस तनाव और उल्लास के बीच परानपुर के निवासियों की जीवन-धारा अविरल रूप से प्रवाहमान है"।

उनके साहित्य में राजनीतिक आशय और संकेतों की भरमार है। लेकिन उस पर व्यक्तिगत राजनीति का 'लाउड' प्रभाव नहीं है। यह उनके कथा-साहित्य की बड़ी उपलब्धि है जो उन्हें जन और जन-साहित्य का आठों-याम जाप करनेवाले कथाकारों से अलग करती है। वे साहित्य में राजनीतिज्ञों की तरह बोलनेवाले और राजनीति में साहित्यिक भंगिमा का भ्रम पैदा करनेवाले लेखक नहीं हैं। वे साहित्य के लिए राजनीति से और राजनीति के लिए साहित्य से ऊर्जा लेते हैं, लेकिन साहित्य की संवेदना पर राजनीति के शोर को हावी नहीं होने देते।

समाज और राजनीति में जब निर्णायक क्षण आते हैं तो रेणु का 'सोशल एक्टिविस्ट' चुप नहीं रहता, लेकिन रोज रोज की राजनितिक सक्रियताओं से उनका साहित्यकार मन दूरी बनाये रहता है। जनता और जन संघर्षों से जुड़ाव के बावजूद उनके साहित्यिक तौर-तरीके, रहन-सहन और सलीके में साहित्यिकता और कलात्मकता बनी रहती है। उनके इस वैशिष्ट्य पर उनके मित्र और हिन्दी के बड़े कवि नागार्जुन की एक टिप्पणी का उल्लेख जरूरी है, जो उन्होंने पटना के युवा साहित्यकारों से कही थी और जिससे रेणु के महत्त्व का पता चलता है। नागार्जुन को एक बार युवाओं ने एक फुटपाथी होटल में, जहाँ आमतौर से मजदूर वर्ग के लोग खाते थे, भोजन करते हुए देखकर पूछा कि क्या रेणु यहाँ रोटी खाते? नागार्जुन ने कुछ देर सोचने के बाद सधा हुआ जवाब दिया कि रेणु इन मजदूरों के बीच रोटी भले न खाते, लेकिन वे इन लोगों के लिए गोली ज़रूर खा लेते! नागार्जुन के इस उत्तर में साहित्यकार की सामाजिकता की एकरेखीय और सरलीकृत अवधारणा के विपरीत उसके व्यापक आशयों और सन्दर्भों पर जोर

है। रेणु इसी व्यापक सामाजिक आशय की साहित्यिक अभिव्यक्ति का नाम है।

रेणु समाजवादी आन्दोलन से जुड़े हुए थे। वे जयप्रकाश नारायण के बेहद करीब थे। इसके बावजूद उनका साहित्य किसी संकीर्ण राजनीतिक दृष्टिकोण का शिकार नहीं होता. साहित्य वहीं प्रामाणिक और विश्वसनीय होता है जिसमें उसका लेखक अपने राजनीतिक-सामाजिक सीमाओं का अतिक्रमण करता है। 'मैला आँचल' में सुराजी भी हैं, कांग्रेसी और सोशलिस्ट भी। रेणु जब राजनीतिक विसंगति पर चोट करते हैं तब उनकी पार्टी लाइन आड़े नहीं आती। रेणु आज़ादी के बाद राजनीतिक हलचलों के बीच उससे अलग सुनाई पड़ने वाली जन-हृदय की धड़कनों का अंकन करने वाले बेजोड़ कलाकार लेखक थे। उनकी इस विशेषता की चर्चा करते हुए सुरेन्द्र चौधरी ने लिखा था : "देश की आज़ादी ने समूचे भारत को आन्दोलित किया था। आज़ादी के झूठ-सच की पड़ताल करने वाले लोगों से अलग भी आज़ाद भारत की धड़कनें सुनाई पड़ती रही थीं। शहर और गाँव की दूरियाँ लाँघकर जन-जीवन में उत्साह आ गया था. अपने देश के लोग कुछ सोचने लगे थे, कुछ चाहने लगे थे। पहली बार शायद उन्हें अपने चाहने की सार्थकता का एहसास हो रहा था...यह साधारण घटना न थी। रेणु ने इस धड़कते हुए देश और जन को कलम बन्द किया"।

रेणु के साहित्य में वर्ग-भेद के साथ जाति-भेद की पहचान की चेतना अन्तःसलिला की तरह प्रवाहित है। सामाजिक सचाई के चित्रण में पिछड़ी जाति का होने के बावजूद अगड़ावाद, पिछड़ावाद की जो संकीर्ण लाइन है उसका वे अतिक्रमण करते हैं और व्यापक रूप से शोषित- पीड़ित जनता के पक्ष में खड़े होते हैं। उनका साहित्य यदि पाठकों का भरोसा अर्जित करता है तो इसका कारण उनकी वह व्यापक कथा-दृष्टि है जो जातिभेद की संकीर्ण परिधि का अतिक्रमण करती है। 'मैला आँचल' में 'मालिक टोला' के कायस्थ विश्वनाथ प्रसाद, 'सिपहिया टोला' के राजपूत और 'गुआर टोला' के अहीर, एक-दूसरे से लड़ते रहते हैं और एक-दूसरे के जानी दुश्मन हैं, लेकिन संथालों से जब उनके हित टकराते हैं तो ये तीनों 'एक' हो जाते हैं और सभी 'विचार' एकजुट हो जाते हैं। सब मिलकर संथालों के संहार का संयुक्त अभियान चलाते हैं। रेणु की कथा-दृष्टि इस पूरे प्रसंग में इतनी विश्वसनीय और मानवीय है कि पाठकीय सहानुभूति संथालों के साथ दिखाई पड़ती है। जाति विमर्श के अन्तर्विरोधों को खोलनेवाली यह कथा-दृष्टि अत्यंत व्यापक और अधिक मानवीय है। संथाल संहार के बाद 'रेणु' ने जो टिप्पणी की है, वह आज़ादी के बाद की सभी राजनीतिक

पार्टियों के क्रिया-कलापों की असलियत उजागर कर देती है। संथाल-संहार के बाद अगड़ी-पिछड़ी जातियों की खुशी किस रूप में दिखती है, वह एक पात्र के मुँह से सुनिए : "अब एक सुराजी कीर्तन होना चाहिए। हाँ, भाई! सब संतन की जै बोलो. गाँव के देवताओं के परताप से, काली माय की कृपा से, महात्माजी की दया से और किरांती इन किलास जिन्दाबाघ से, गाँव के लोग बाल-बाल बच गये। अब कीर्तन होना चाहिए"। गाँव के लोगों ने और नेताओं ने जाति और वर्ग के सारे भेद भुलाकर जो एकता 'अर्जित' की है, उसका भेद खोलनेवाली यह कथा-दृष्टि हिन्दी में दुर्लभ है। 'आज़ादी' मिली और 'सुराज' आया। लेकिन इस 'आज़ादी' और 'सुराज' के अलग-अलग लोगों के लिए अलग-अलग मायने थे। संथाल-संहार के बाद पुलिस-कचहरी होती है, मुकदमा चलता है। संथालों का संहार करने वालों को रेखांकित करते हुए रेणु लिखते हैं : "मुकदमा में भी सुराज मिल गया"। और संथालों को क्या मिला? "सभी संथालों को दामुल हौज हो गया है। धूमधाम से सेसन केस चला। संथालों की ओर से भी पटना से बलिस्टर आया था। बलिस्टर का खर्चा संथालिनों ने गहना बेचकर दिया था"। फिर भी संथाल हार गये। यह हार गाँधी के 'सुराज' की हार थी। गाँधी की 'अहिंसा' की हार थी। समाजवादी सपने की हार थी।

आज़ाद भारत में दबे-कुचले जिन लोगों को आज़ादी का 'फल' मिला वे भी तरह-तरह की कलाबाजी दिखाने लगे. उनके लिए 'सुराज' और 'अहिंसा' ऐसी रामनामी हो गई जिसका कोई जवाब आम जन के पास नहीं था। अपनी एक कविता 'मिनिस्टर मंगरू' में रेणु एक ऐसे ही पात्र की कलाबाजी का आत्म स्वीकृति के अर्थ में जो चित्रण करते हैं वह देखने लायक है। अपने द्वारा किये गये घोटाले के बारे में लोगों के पूछने पर मिनिस्टर मंगरू का जवाब है :

> "सुना है जाँच होगी मामले की?"—पूछते हैं सब,
> जरा गम्भीर होकर, मुँह बनाकर बुदबुदाता हूँ!
> मुझे मालूम है कुछ गुर निराले दाग धोने के,
> 'अहिंसा लाउंड्री' में रोज मैं कपड़े धुलाता हूँ।

साहित्यिक सच के लिए जो लेखक अपनी वैचारिक और संस्कारगत सीमाओं का अतिक्रमण नहीं करता, वह जनता का साहित्य क्या, साहित्य ही नहीं लिख सकता। समाजवादी आन्दोलन से जुड़े होने के बावजूद रेणु यदि अपने साहित्य में अपनी वैचारिक सीमाओं का अतिक्रमण करते हैं तो इसलिए कि वे इसे लेकर काफी सचेत हैं। वे ऐसा साहित्य लिखना चाहते हैं जो किसी एक ख़ास दृष्टि

का उदहारण न हो, किसी ख़ास दृष्टि का सन्देश वाहक न हो और किसी ख़ास दृष्टि से बंधा न हो। वे वास्तविक अर्थों में जनता का ऐसा साहित्य लिखना चाहते हैं जो अपनी विचारधारा और अपनी विचारधारा से अलग की जनता को भी आन्दोलित करे। 3-11-1955 को मधुकर गंगाधर को लिखे अपने एक पत्र में वे अपनी यह मंशा भी व्यक्त करते हैं। 'मैला आँचल' का प्रकाशन हो चुका था और उसकी धूम मची हुई थी. उस समय के साहित्यिक केन्द्र, इलाहाबाद जब वे गये तो प्रगतिशील-गैर प्रगतिशील सभी साहित्यिक जमातों ने उन्हें सिर-माथे पर बिठा लिया। वहाँ से लौटने के बाद पटना से उन्होंने मधुकर को पत्र लिखा : "...प्रयाग हिन्दी साहित्यकारों का अखाड़ा समझा जाता है—नये तथा पुराने लेखकों का विशाल झुंड वास करता है यहाँ। इनकी अलग-अलग छोटी-बड़ी संस्थाएँ हैं—परिमल, साहित्यिकी, झंकार, पराग, मिलन आदि-आदि। सबों को आश्चर्य हुआ कि बिना यह पूछे कि अमुक संस्था या व्यक्ति किस राजनीतिक दल का है, रेणु जी सबों के यहाँ मुक्त हृदय से गये, गोष्ठियों में भाग लिया...आने के दिन सरस्वती प्रेस (श्रीपत राय) के यहाँ जमावड़ा था—प्रोग्रेसिवों (कम्युनिस्ट पार्टी वाले) ने कहा- रेणुजी की कृति तथा उनके प्रयाग आगमन के बाद हम यह सोचने को मजबूर हो गये हैं कि ऐसे साहित्य की रचना संभव है, जिसे सभी दल वाले एक स्वर से स्वीकार करें..."

किसान परिवार से अनेक लेखक आये हैं। उन्होंने किसानों पर खूब लिखा भी है। लेकिन सचमुच किसानी करते हुए, खेती करते हुए, किसी ने लेखकीय जीवन जिया हो इसका उदाहरण हिन्दी में रेणु के सिवा शायद ही मिले। 'तीसरी कसम' की पटकथा लिखने, साहित्यिक कार्यों से कभी-कभार मुम्बई, इलाहाबाद, कोलकाता, दिल्ली आदि शहरों में वे भले गये हों, लेकिन साहित्य और जीविका स्वरुप खेती के लिए पटना और औराही हिंगना के बीच वे निरन्तर आवाजाही करते रहे। पटना और औराही हिंगना उनके राजनीतिक कर्म और साहित्यिक लेखन को आकार देनेवाले वे स्थान थे जहाँ उनका मन रमता था। पटना में उनके इर्द-गिर्द राजनीतिकर्मियों, सामाजिक कार्यकर्ताओं, लेखकों और पत्रकारों की जमात तो साथ में होती ही थी, जब वे औराही हिंगना जाते थे तब वहाँ भी ऐसी जमात उनके साथ होती थी। खेती, सामाजिक काम और लेखन साथ-साथ चलते थे। एक तस्वीर मिलती है जिसमें नागार्जुन और कुछ युवा लेखकों-पत्रकारों के साथ रेणु धान की रोपनी कर रहे हैं। खेती से उनका कितना गहरा लगाव और जुड़ाव था यह 4 मई, 1966 को औराही हिंगना से नामवर सिंह को लिखे

एक पत्र से पता चलता है। अपने पत्र में रेणु लिखते हैं : "स्वस्थ हूँ। प्रसन्न नहीं। खेती सूख रही है। कहीं एक बूंद पानी नहीं"।

रेणु के उपन्यासों, कहानियों और रिपोर्ताजों में इतना जो रस है, लोक-लय और जीवन की धड़कन है, वह किसान जीवन की देन है। उनके यहाँ जो टप्पर गाड़ी है, बैल हैं, लहलहाते खेत हैं और वहाँ से उठता हुआ जो लोक संगीत है वह उनके भीतर के किसान की ही धड़कन है। अपने गाँव-जवार में रेणु न सिर्फ़ बैलगाड़ी से यात्राएँ करते थे, बल्कि 'तीसरी कसम' का हीरामन जिस तरह बैलों से आत्मीय बातचीत करता है, वैसी बातचीत वे भी करते थे। खेती, साहित्य और राजनीति वह त्रिवेणी है जिनसे रेणु का जीवन संचालित था और जहाँ से उनके कथा पात्र पैदा हुए।

जयप्रकाश नारायण और औराही हिंगना उनकी राजनीतिक और साहित्यिक ऊर्जा के ध्रुव हैं। इनसे गहरे जुड़ाव के कारण उनकी राजनीतिक और साहित्यिक समझ-संवेदना की धार तेज होती है। जयप्रकाश को लिखे पत्रों में उनके प्रति जो सम्मान भाव है वह उनकी ताक़त है। औराही हिंगना- फारबिस गंज से जो जुड़ाव है वह उनके साहित्य की धड़कन है। जयप्रकाश को लिखे पत्रों में वे उन्हें 'पूजनीय' और 'श्रीचरणेषु' विशेषण से संवोधित करते हैं। 1974 में आन्दोलन के दौरान जेपी को लिखे एक पत्र से पता चलता है कि वे बाढ़ पीड़ितों के जुलूस का, लाठी-गोली की परवाह किये बिना, धारा-144 तोड़ते हुए, नेतृत्व करते हैं। फरवरी 1977 में जेपी को लिखे एक पत्र से पता चलता है कि वे अपनी गम्भीर बीमारी को भूलकर इमरजेंसी लगानेवाली पार्टी को हराने के लिए और लोकतन्त्र की बहाली के लिए आसन्न चुनाव में प्रचार हेतु कूदने को तैयार हैं। इस तरह जयप्रकाश और कथा-भूमि औराही हिंगना उनके दो ऐसे ध्रुव हैं जहाँ उनकी निरन्तर आवाजाही बनी रहती है।

रेणु की रचनात्मक ऊर्जा के इन दो ध्रुवांतों के बीच जो रचनात्मक रिश्ता है उस पर बहुतेरे रेणु विरोधी और समर्थक आलोचकों ने भी ध्यान नहीं दिया है। उस रिश्ते से जो कथा-दृष्टि बनती है उसकी पड़ताल कथाकार निर्मल वर्मा ने की है और उसे 'समग्र मानवीय दृष्टि' की संज्ञा दी है। उस समग्र मानवीय दृष्टि और दोनों ध्रुवांतों पर टिप्पणी करते हुए निर्मल ने लिखा है : "...दोनों के भीतर एक रिश्ता है, जिसके एक छोर पर 'मैला आँचल' है, तो दूसरे छोर पर जयप्रकाश जी की सम्पूर्ण क्रान्ति। दोनों अलग-अलग नहीं हैं—वे एक ही स्वप्न, एक लालसा, एक 'विजन' के दो पहलू हैं। एक-दूसरे पर टिके हैं। कलात्मक

'विजन' और क्रान्ति दोनों की पवित्रता उनकी समग्र दृष्टि में निहित है, सम्पूर्णता की माँग करती है–एक ऐसी सम्पूर्णता जो समझौता नहीं करती, भटकती नहीं, सत्ता के टुकड़ों पर या कोरे सिद्धातों की आड़ में अपने को दूषित नहीं करती। वह एक ऐसा मूल्य है जो खुली हवा में साँस लेता है और इसलिए अन्तिम रूप से पवित्र और सुन्दर और स्वतन्त्र है''।

रेणु का जनपद मिथिलांचल है। प्रेम और सौंदर्य के कवि विद्यापति का भी यही क्षेत्र हैं। 'नित नित नूतन' होने वाले 'अपरूप' रूप के खोजी कवि हैं विद्यापति। इस 'अपरूप' को खोज लाने का कथा-प्रयत्न रेणु के यहाँ भी है। लेकिन एक फर्क के साथ। रेणु निम्नवर्गीय जीवन और पात्रों में इस 'अपरूप' को रेखांकित करते हैं। 'रसप्रिया' कहानी का एक वाक्य है : ''चरवाहा मोहना छौड़ा को देखते ही पंचकौड़ी मिरदंगिया के मुँह से निकल पड़ा–अपरूप रूप!'' यही बात इस कहानी में दूसरे ढंग से भी कही गयी हैः ''धूल में पड़े पत्थर को देखकर जौहरी की आँखों में एक नयी झलक झिलमिला गयी–''अपरूप रूप!'' उनका कथा साहित्य 'अपरूप रूप' के ऐसे उदाहरणों से भरा पड़ा है। इस नये सौन्दर्यबोध के कारण ही रेणु प्रेमचन्द के बाद हिन्दी कथा-साहित्य में वह मुकाम हासिल करते हैं जो दूसरे नहीं कर पाते!

(2018)

साही : चकाचौंध से परे एक रोशनी

...मैं अपने को सौभाग्यशाली मानता हूँ कि साही जी से मिलने का, उनसे बातचीत करने का मुझे मौका मिला था। उनका अन्तिम व्याख्यान पटना में हुआ था—जयप्रकाश नारायण-लोहिया की जयन्ती पर। मैं वहाँ श्रोता था। गाँधी संग्रहालय के हॉल में हम दरी बिछाकर बैठे थे। मुझे अब भी याद है कि कर्पूरी ठाकुर, जो बिहार के मुख्यमन्त्री रह चुके थे, श्रोताओं के बीच में बैठे हुए थे और साही जी जो बोल रहे थे, उसे वे नोट कर रहे थे। भारत वर्ष का एक बड़ा नेता, जो दो बार किसी प्रदेश का मुख्यमन्त्री रह चुका हो, वह ऐसे सुन रहा था जैसे कोई अध्यापक बोल रहा हो और छात्र सुन रहा हो। पूरे आत्मविश्वास के साथ वे विश्व की क्रान्तियों पर बोल रहे थे। कैसे क्रान्तियाँ असफल हुईं। सारी असफलताओं का इतिहास उन्होंने प्रस्तुत किया। जब व्याख्यान ख़त्म हुआ और सवाल-जवाब आरम्भ हुए तो सबने आ घेरा साही जी को कि क्रान्तियाँ असफल हुईं इसके क्या मतलब हैं और भारतवर्ष में कौन-सी क्राान्ति सफल नहीं हुई और कौन-सी सफल हुई। साही जी ने कहा कि काफी हाउस में आओ वहाँ बात करेंगे। शाम को पाँच बजे हम काफी हाउस में इकट्ठा हुए। साही जी आ गये तथा वहाँ छात्र युवा संघर्ष वाहिनी के काफी कार्यकर्ता भी आ गये। साही जी एक सोशल—पॉलिटिकल एक्टिविस्ट तो थे ही। उन्होंने समाज—संगठन की दूसरी बहुत-सी बातें बहुत गहराई से कीं। उन्होंने हमारे कन्धे पर हाथ रखा और कहा, 'मेरे यहाँ आओ, साथ बातचीत करेंगे।' फिर उन्हें ट्रेन पकड़नी थी और वे पटना जक्शन चले गये। कुछ दिनों बाद जगदीश गुप्त पटना आये तो उन्होंने चिन्ता व्यक्त की कि साही जी ने जो व्याख्यान दिया था, वह व्याख्यान कैसे मिलेगा। यह जिम्मा उन्होंने मुझे दिया कि उस व्याख्यान को प्राप्त करो। मालूम किया तो पता चला कि यह व्याख्यान जयप्रकाश नारायण के सचिव सच्चिदानन्द जी के पास कैसेट के अन्दर सुरक्षित है। मैं उनके पास गया रात दस बजे। जाड़े की

रात थी। वे एक कोठरी में रहते थे। उनसे कैसेट लेकर दूसरे कैसेट में भरकर जगदीश गुप्त को मैंने वह कैसेट दिया। जगदीश जी ने उस भाषण को उतरवाया। 'लोकतन्त्र की कसौटियाँ' का जो पहला लेख है, यह वही है। तो मैं मानता हूँ कि थोड़ी-सी भूमिका साही जी के अन्तिम व्याख्यान को बचाने में मेरी भी है। मैं उस व्याख्यान का गवाह हूँ और उस दुर्लभ क्षण का भी—एक लेखक बोल रहा है और देश का एक बड़ा नेता छात्र की तरह नोट कर रहा है। यह आज दुर्लभ है।

बहरहाल, केशवचन्द्र वर्मा ने, जो साही के मित्र थे और 'परिमल' से जुड़े हुए थे, साही के बारे में कहा है कि साही चकाचौंध से परे एक रोशनी थे। याद कीजिए शीतयुद्ध काल का वह समय और दो शिविर। उसके बीच एक चमक लेकर उस चकाचौंध में दो पक्षों के बीच प्रगतिशीलता और गैर प्रगतिशीलता के बीच साही एक रोशनी की तरह हैं। रोशनी इसलिए कि साही को आप तकनीकी रूप में प्रगतिशील आलोचक नहीं कह सकते। साही कहते हैं कि कला कला के लिए है, मैं इसमें विश्वास नहीं करता। मैं मानता हूँ कि कला समाज के लिए है। लेकिन मैं उन कम्युनिस्टों की तरह नहीं हूँ जो मानते हैं कि कला समाज के लिए है लेकिन समाज कम्युनिस्ट पाटी के लिए है। साही इनके बीच हैं। इसलिए केशव चन्द्र वर्मा ने कहा कि चकाचौंध से परे एक रोशनी थे। सचमुच एक रोशनी थे। प्रगतिशील आलोचना और गैर प्रगतिशील आलोचना के बीच की चकाचौंध से परे की रोशनी।

साही के कई रूप हैं। एक तो वे विलक्षण कवि, दूसरे बहुत ही बहसधर्मी आलोचक थे। तीसरे घनघोर सोशल और पॉलिटिकल एक्टीविस्ट। सिर्फ़ साहित्य में लिखने और व्याख्यान में आम आदमी की चर्चा नहीं करते थे, बल्कि आप जानते हैं कि बुनकरों की लड़ाई में उन्होंने साइकिल पर घूम-घूमकर उन को संगठित किया। उनकी लड़ाई लड़ी। पैसे नहीं थे वकील के लिए तो ख़ुद कानून की किताबें पढ़ीं, कोर्ट में खड़े होकर बहस की और मुकदमा जीता। मुझे याद नहीं है कि कोई दूसरा ऐसा पॉलिटिकल एक्टीविस्ट हिन्दी में था, जो इस तरह से धँसा हुआ था। पार्टी के भीतर भी और पार्टी के बाहर भी। बुनकरों को इकट्ठा करने में और उनके हक़ की लड़ाई लड़ने में। इसी के साथ साही एक जीवन्त और गपबाज और मज़ाकिया व्यक्ति थे। वे चुप नहीं रहते थे। बहस करते रहते थे। वे निरन्तर संवाद में रहते थे। रामस्वरूप चतुर्वेदी ने लिखा है कि साही जो एक लम्बरेटा स्कूटर चलाते थे, उस पर पीछे मुझे बिठा लेते थे और पीछे मुड़-मुड़कर स्कूटर चलाते हुए बात करते रहते थे, मुझे बराबर डर लगा रहता था

कि ये आदमी कहीं लड़ा न दे और मुझे गिरा न दे। आप कल्पना कीजिए कि धोती कुर्ता और साँवला रंग, मझोला कद, पाइप पीता हुआ एक आदमी स्कूटर पर बैठा हुआ है। यह साही की छवि है : निरन्तर बातचीत करते हुए व्यक्ति की। वे बहुत जीवन्त थे। सर्वेश्वर एक बार गये साही के घर। उनका घर रोड पर था और सर्वेश्वर गली में रहते थे। साही जी के घर से बाहर निकले बातचीत करते हुए तो अचानक गड्ढे में पैर पड़ा सर्वेश्वर का। सर्वेश्वर ने कहा : 'गली भली सर्वेश्वरी साही की सड़कें न'। उसके आगे की लाइन साही ने पूरी की, इससे उनकी प्रतिभा का पता चलता है। साही ने कहा–'अक्ल पे पत्थर पड़ गये, पथ पर पड़े भले न'। साही इस तरह से जीवन्त, हाज़िरजवाब और विलक्षण प्रतिभा के व्यक्ति थे।

उनका काव्य संग्रह छपा था 'मछलीघर' तो एक आलोचक ने विवेचना गोष्ठी में 'मछलीघर' की समीक्षा करते हुए कहा था कि साही की कविता जितना सामने से बोलती है, उतना ओट से बोलती है और साही की कविता का सौन्दर्य सामने से नहीं, ओट से है। साही जी के गुज़रने के बाद 'साखी' नाम का संग्रह आया। 'साखी' की कविताएँ विलक्षण ढंग से ओट की भी कविताएँ हैं और सामने की भी, जैसे साही जी ने अपनी सीमाओं को ख़ुद तोड़ा हो। यह भी एक संयोग है कि 'जायसी' नामक पुस्तक में जायसी को उन्होंने एक खास ढंग से डिस्कवर करने का उद्यम किया, वे जायसी को हिन्दी का पहला विविधत कवि मानते थे, कबीर को नहीं लेकिन कबीर की आत्मा उनकी आत्मा में आई–'साखी' संग्रह के जरिए–साही कवि के रूप में एक नये ढंग से हमारे सामने आये। यह साही के भीतर का अपना द्वन्द्व और तनाव है। साही की किताबें–'छठवाँ दशक' या 'लोकतन्त्र की कसौटियाँ' या 'साहित्य क्यों' और 'साहित्यकार का दायित्व' हैं। काव्य संग्रह तथा बहुत सारी चीज़ें हैं जो अभी छपने की प्रतीक्षा में हैं। जगदीश गुप्त मेहनत करके पटना गये थे उनका अन्तिम भाषण लाने के लिए। उन्होंने उनकी किताबें छपवाने का प्रयास किया और कुछ किताबें छपवाईं। उनकी बहुत सारी किताबें हैं जो छपनीं चाहिए।

मैंने कहा कि साही चकाचौंध से परे रोशनी थे और शीतयुद्ध काल के समय के एक विलक्षण आलोचक थे : दोनों शिविरों से भिन्न। यद्यपि वह माने जाते थे परिमली। यह साही का दुर्भाग्य है कि मार्क्सवादियों ने माना कि यह तो कलावादी और परिमल ग्रुप का है, जबकि वे स्वयं भी परिमल ग्रुप में अन्दर से लड़ते रहे-साहित्य सम्बन्धी अवधारणाओं और प्रगतिशील अवधारणाओं को

लेकर। साही आलोचना में क्या थे इसकी बानगी के लिए मैं एक पैराग्राफ आपको सुनाना चाहूँगा—उनका एक लेख है 'छठवाँ दशक' का, यह उसी का अंश है : ''कहा जाता है कि अरब शंहशाहों में एक विजय करता हुआ मिस्र के अलेक्जेडिरिया नगर में पहुँचा। वहाँ बहुत बड़ा पुस्तकालय था जिसमें दुनिया की तत्कालीन और पुरानी बड़ी नायाब किताबें इकट्ठा थीं। बादशाह ने हुक्म दिया कि इस पुस्तकालय को जला डालो। उसके धर्मान्ध अनुयायियों को भी इस हुक्म को पूरा करने में एक बार हिचक हुईं। उन्होंने बादशाह के सामने एक बार कुछ तर्क प्रस्तुत करने की कोशिश की। बादशाह ने अधिक जोरदार तर्क से उनका मुँह बन्द करते हुए कहा, अगर इन किताबों में वे चीजें लिखी हैं जो कुरान से मेल नहीं खातीं तो निश्चय ही वे कुफ्र हैं, इसलिए जला डालने के काबिल हैं। और अगर इनकी बातें वही हैं जो कुरान में लिखी जा चुकी हैं तो ये सब किताबें फिजूल हैं और इनके जला डालने से कोई नुकसान न होगा। अतएव एलेक्जेंडरिया का पुस्तकालय जला डाला गया।''

उन्होंने आगे लिखा कि हो सकता है कि यह घटना केवल कपोल कल्पित हो। हो सकता है कि वो एलेक्जेंडरिया के बारे में न होकर नालन्दा या अन्य किसी पुस्तकालय के बारे में हो। बहस इससे नहीं है। यह कहानी पुस्तकों के ऐसे दृष्टिकोण का प्रतीक है जो जीवन और सत्य की एक व्याख्या को मानने के बाद अपने कट्टर विश्वास में इतना अन्धा हो जाता है कि वो किसी अन्य दृष्टिकोण को एक क्षण के लिए भी बर्दाश्त नहीं कर पाता। यह साहित्य है जो किसी भी वैचारिक कठमुल्लेपन के ख़िलाफ़ है। साही गैर प्रगतिशील आलोचकों में शायद एकमात्र आलोचक कवि थे जिनका विश्वास इतिहास के विकास चक्र में था। साही शायद एक मात्र थे जो मिथक को साम्प्रदायिक रंग दिये जाने के विरुद्ध कोशिश करते रहे जीवन भर। इसलिए उनका जो आलोचनात्मक संघर्ष था वह संघर्ष वात्स्यायन जी या निर्मल जी आदि से भिन्न था। उनका 'मार्क्सवादी समीक्षा की कम्युनिस्ट परिणति', शीर्षक लेख जिन लोगों ने पढ़ा है उन लोगों को मालूम है कि साही किस प्रकार मार्क्सवाद के जो सकारात्मक और समाजोन्मुख पक्ष हैं उनके साथ खड़े हैं। जहाँ कठमुल्लापन है, उसके विरोध में कैसे खड़े हैं! साही मार्क्सवाद के रास्ते आये थे समाजवाद में। आचार्य नरेन्द्रदेव जी के शिष्य थे और समाजवादियों में आचार्य नरेन्द्र देव और जयप्रकाश नारायण दोनों पहले मार्क्सवादी थे और मार्क्सवादी रास्ते से ये दोनों आये समाजवादी आन्दोलन में। साही उन लोगों में थे जिन्होंने मार्क्सवादी साहित्य को भी पढ़ा था। वे उन

लोगों में से नहीं थे जो बिना जाने-समझे गोलाबारी करते रहते हैं मार्क्सवाद पर और मार्क्सवादी विचार साहित्य पर। वे पढ़ लिखकर समझ के साथ, सिर्फ़ जोश के साथ नहीं, होश के साथ आलोचना करने वाले आलोचक थे। मुझे कई बार लगता है कि साही प्रगतिशील आलोचना के पूरक हैं : जो कम हो गया या रह गया साही उसे जोड़ते हैं। प्रगतिशील आलोचना में जहाँ कठमुल्लापन, कट्टरता, वैचारिक हठधर्मिता या दुराग्रह जन्म लेता है साही उस जगह चोट करते हैं और उसको दूर करके हिन्दी आलोचना का क्षेत्र विस्तार करते हैं।

साही हिन्दी के एक बहसधर्मी आलोचक हैं। साही हिन्दी आलोचना के वैरागी स्वर हैं। उनके सोच की दिशा समाज की दिशा है, मनुष्य की दिशा है... साही जी से अनेक स्थलों पर विवाद है, अनेक स्थलों पर बहस है लेकिन उनकी ख़ूबी यह है कि वे अपने विचारों के जरिए हमारे ऊपर तानाशाही कायम नहीं करते। उनकी आलोचना बराबर बहस के लिए आमन्त्रित करती है और अपने को बदलने का प्रयास करती है। साही की आलोचना की भाषा को देखेंगे तो यह एक किस्सागो की भाषा है। बहुत सारे ऐसे लेख हैं जिसमें आप देखेंगे कि जैसे कोई कहानी शुरू हो रही है। किस्सागोई की भाषा और निरन्तर बातचीत की भाषा यानी एक विलक्षण भाषा है। हम लोग कई बार कुछ आलोचकों की काव्यात्मक भाषा, उनकी गठी हुई भाषा आदि पर मुग्ध होते रहते हैं और तारीफ करते हैं। साही आलोचना की वह भाषा विकसित करते हैं जो बातचीत की भाषा है, गपशप की भाषा है। गपशप की भाषा में वे बड़ी से बड़ी बात कहते हैं और निरन्तर बहस करते हुए हमें आमन्त्रित करते हैं। मैं हिन्दी के इस बहसधर्मी आलोचक को नमन करता हूँ।

(हिंदी अकादमी, नयी दिल्ली द्वारा साही पर आयोजित संगोष्ठी में दिया गया व्याख्यान जो अकादमी की पत्रिका 'इन्द्रप्रस्थ भारती' के जनवरी-मार्च, 2010 अंक में प्रकाशित हुआ। यह लेख उसी प्रकाशित व्याख्यान का संपादित रूप है।)

बदरीविशाल पित्ती और 'कल्पना'

हैदराबाद जाने के पूर्व मैं बदरी विशाल पित्ती को 'कल्पना' के संस्थापक-संचालक के रूप में जानता तो था, लेकिन उनसे कभी मिला नहीं था। सन 2000 में जब मैं पटना से हैदराबाद के केंद्रीय विश्वविद्यालय में अध्यापन कार्य हेतु गया तो मिलने का और उनके सम्पर्क में आने का सौभाग्य मिला। हैदराबाद में, हिन्दी विभाग के साथी अध्यापकों के अतिरिक्त, मैं सिर्फ़ दो लोगो को ही जानता था। वे थे—बदरीविशाल पित्ती और वेणु गोपाल। पित्ती जी के साथ 'कल्पना' का स्वर्णिम अतीत तो था ही, वे राममनोहर लोहिया के मित्र-सखा और समाजवादी आन्दोलन के नेता भी रह चुके थे। वेणु गोपाल की प्रतिष्ठा क्रान्तिकारी कवि की थी। स्वाभाविक था कि इन दोनों के प्रति मेरे मन में सम्मान एवं आकर्षण था। समाजवाद मेरी चेतना का हिस्सा था, मैं जे.पी. आन्दोलन में काम कर चुका था। इसलिए जे.पी. और लोहिया के साथी के लिए जो सम्मान होना चाहिए, वह तो था ही, 'कल्पना' के इतिहास का अतिरिक्त आकर्षण भी था। वेणु कवि भी थे और क्रान्तिकारी भी। क्रांति और कविता इन दोनों में मैं रुचि रखता था। पिछली सदी के आठवें-नौवें दशक में कुमारेन्द्र, कुमार विकल, आलोकधन्वा आदि कवियों के साथ वेणु गोपाल का भी नाम अनिवार्य रूप से जुड़ा था। नक्सलबाड़ी आन्दोलन से जुड़ाव के कारण इन कवियों का नयी पीढ़ी के हिन्दी पाठकों के बीच बड़ा शोर था। वेणु की एक कविता अक्सर मैं उद्धृत करता था—'यहाँ—अँधेरे में हो/इसलिए/अकेले हो/रोशनी में आओगे/तो कम-से-कम/अपने साथ/एक परछाई/तो/जुड़ी/पाओगे।' इसलिए हैदराबाद का मेरे लिए अर्थ था—बदरीविशाल पित्ती और वेणु गोपाल।

वेणु गोपाल से तो विश्वविद्यालय में योगदान करने के एक-दो दिन बाद ही भेंट हो गयीं। वे तब केन्द्रीय विश्वविद्यालय में हमारे विभाग में ही अतिथि अध्यापक थे और छात्रों के बीच खासे लोकप्रिय थे। लेकिन पित्तीजी से मिलने

का सुयोग बना दो-तीन महीने बाद। उनसे मिलना बहुत कठिन तो नहीं, लेकिन बहुत आसान भी नहीं था। वे मात्र हिन्दी की दुनिया के आदमी नहीं थे। राजनीति, समाज, शिक्षा आदि कई क्षेत्रों में उनकी व्यस्तता बनी रहती थी। समृद्ध और बड़े घराने में पैदा होने के कारण स्वाभाविक रूप से उनके चारों ओर कई तरह के घेरे थे। उनमें सबसे बड़ा घेरा थी, उनकी तबीयत और रईसी में पले-बढ़े व्यक्ति की आरामतलब सुस्त दिनचर्या। इसलिए चाहने पर भी मैं उनसे जल्दी नहीं मिल सका। इसका कारण अब समझ में आता है। वह शायद यह था कि एक अपरिचित, अनजान और अनाम व्यक्ति के लिए अपनी दिनचर्या से खींचतान करके कोई व्यक्ति समय क्यों निकाले! उनके पास तरह-तरह के लोग तरह-तरह की समस्याएँ लेकर आते ही रहते थे और वे उन्हें सुलझाते ही रहते थे। मैंने जब-जब फ़ोन किया, उनके सहायक ने उनकी व्यस्तता के कारण 'आगे कभी' पर छोड़ दिया। लेकिन दो-तीन महीने बाद ही ऐसा संयोग बना कि उनसे मिलना भी आसान हो गया और उनका स्नेह भाजन बनना भी। विश्वविद्यालय में रामवृक्ष बेनीपुरी की शतवार्षिकी के अवसर पर तीन दिनों का राष्ट्रीय सेमिनार आयोजित करने का निर्णय हुआ। लेकिन पैसे कम पड़ रहे थे। विभाग के अध्यक्ष प्रो. सुवास कुमार को पित्तीजी की याद आई। उन्होंने फ़ोन किया और समय मिल गया। आख़िर मामला बेनीपुरी जी का था। बेनीपुरी जी हिन्दी के बड़े लेखक तो थे ही, समाजवादी आन्दोलन के अग्रिम पंक्ति के नेता भी रह चुके थे। जे.पी. —लोहिया से उनका बराबरी का सम्बन्ध था और पार्टी को खड़ा करने में उनकी अग्रणी भूमिका थी। सो, समय मिल गया और सुवास जी ने मुझे भी साथ ले लिया। खैरताबाद स्थित उनके पैतृक आवास- परिसर में जब हम पहुँचे, तो भवन और परिसर की भव्यता और विस्तार देखकर मैं चकित था। सुवास जी ने बताया पित्तीजी उन पन्नालाल पित्ती के पुत्र हैं, जिन्हें 'राजा' की उपाधि मिली थी। वे थे तो व्यवसायी, लेकिन उनकी समृद्धि के कारण राजा की उपाधि मिली थी। इसलिए राजा पन्नालाल पित्ती के पुत्र बदरीविशाल पित्ती भी घर में और नगर में 'राजा साहब' के नाम से जाने गये। उनकी पत्नी को भी घर में 'रानी साहिबा' कहा जाता था। कहा जाता है कि पिता के दुलारे पुत्र बदरीविशाल ने कमाया तो कुछ नहीं, पैतृक सम्पत्ति को राजनीति, साहित्य और समाज हित में लुटाया ख़ूब। यह भी कहा जाता है कि कार्ल मार्क्स के निर्माण में जो भूमिका फेडरिक ऐंगल्स की थी, वही राममनोहर लोहिया के निर्माण में पित्ती जी की थी। लोहिया के पीछे तन-मन-धन तीनों के साथ उनके जीवन और

बाद के दिनों में भी वे प्राणप्रण से खड़े रहे। 'लोहिया समता न्यास' और 'नव हिन्द प्रेस' से न सिर्फ़ लोहिया का, बल्कि समाजवादी धारा का साहित्य प्रकाशित होता रहा। जे.पी.- लोहिया के न रहने पर पित्तीजी बिना भटके उसे सींचते रहे।

खैर, मैं चकित भाव से चुपचाप सबकुछ देखता-सोचता रहा। सुवास जी कुछ-कुछ बताते रहे। तभी किसी की नज़र हम पर पड़ी। हमें स्वागत-भाव से बैठकखाने में बिठाया गया। थोड़ी देर बाद नमस्कार भाव से हाथ जोड़े हल्की मुस्कराहट के साथ पित्तीजी दाखिल हुए। खादी का सफ़ेद जे.पी. कट कुर्ता और धोती पहने शालीनता-भद्रता की जीवित प्रतिमा। तब तक मैंने उनकी कोई तस्वीर तक नहीं देखी थी। मेरे मन में उनकी छवि एक पुराने सेठ की थी। भारी भरकम गुलथुल शरीर, सिर पर पगड़ी, झबरीली मूछें आदि उस काल्पनिक छवि के अनिवार्य हिस्से थे। जिन व्यक्तियों और चरित्रों के बारे में हमने पढ़ा-सुना है, लेकिन उन्हें प्रत्यक्ष देखा नहीं है, उनकी एक काल्पनिक छवि मन में बनी रहती है। जैसे 'गोदान' के होरी की एक छवि मेरे मन में है। महाभारत के भीम की है। इसी तरह चाणक्य, चन्द्रगुप्त, अकबर आदि ऐतिहासिक चरित्रों की भी है। सो, पित्तीजी को सामने देखकर मैं विस्मय भाव से उन्हें देखता रहा। पता नहीं कैसे एक पुराने सेठ की छवि मन में बैठ गयी थी। वह छवि एकबारगी टूटी। धोती-कुर्ते में आधुनिक सोच का यह भद्र व्यक्ति ही 'कल्पना' का संस्थापक-संचालक तथा लोहिया का मित्र हो सकता है! काल्पनिक छवि का टूटना अच्छा लगा। सुवास जी ने मेरा परिचय दिया। यह जानकर कि मैं जे.पी. आन्दोलन में भाग ले चुका हूँ और जयप्रकाश जी के सम्पर्क में रह चुका हूँ, वे प्रसन्न हुए। देर तक जयप्रकाश के महत्व और व्यक्तित्व पर अपने अनुभव बाँटते रहे। सोसलिस्ट पार्टी के गठन और चढ़ाव-उतार की भी चर्चा की। सोसलिस्ट पार्टी के टूटने की पीड़ा भी उनकी बातचीत में झलकती रही। फिर बेनीपुरी पर होने वाले सेमिनार का प्रसंग उठा। आर्थिक पक्ष की कमज़ोरी की भी चर्चा हुई। उन्होंने कहा की यह सेमिनार ज़रूर होना चाहिए। 'कान्ता पित्ती ट्रस्ट' की ओर से सेमिनार के लिए आर्थिक सहयोग का भी उन्होंने आश्वासन दिया। सुवास जी ने सेमिनार के उद्घाटन सत्र में मुख्य अतिथि के रूप में उनकी उपस्थिति का आग्रह किया। उपस्थिति को लेकर वे लगातार अपना संकोच प्रकट करते रहे। जिस सेमिनार के आयोजन में उनका सहयोग हो, उसमें मुख्य अतिथि के रूप में अपनी उपस्थिति उनकी नज़र में उचित नहीं थी। लेकिन बेनीपुरी जी के नाम पर और बार-बार आग्रह करने पर वे किसी तरह तैयार हुए।

उद्घाटन सत्र में वे समय पर पहुँचे तथा बेनीपुरी जी पर संक्षिप्त किन्तु बहुत आत्मीय वक्तव्य दिया। उस मुलाक़ात के बाद उनसे मिलना थोड़ा सहज हो गया। उन्हीं दिनों उन्होंने लोहिया की प्रसिद्ध पुस्तक 'इंटरवल डयूरिंग पॉलिटिक्स' मुझे भेंट की, जिसे उन्होंने स्वयं छापा था। उसकी प्रति अब भी मेरे पास है। उनसे मिलना अपने अभिभावक समान साथी से मिलना होता था। देश-दुनिया और साहित्य-संस्कृति पर ढेरों बातें होती थीं। वे अक्सर कहते थेः 'मैं कोई लेखक तो हूँ नहीं, मैं तो समाज और साहित्य का सेवक हूँ। जितना बन पड़ा, उतना किया। अब आपलोग आगे काम करें।' एक बार बातचीत के क्रम में अपने नासमझ उत्साह में मैंने प्रस्ताव दे दिया कि 'कल्पना' फिर क्यों न निकाली जाये? थोड़ी देर की चुप्पी के बाद उन्होंने कहाः ''अब 'कल्पना' का निकलना सम्भव नहीं। आपलोग हैदराबाद से एक नयी साहित्यिक पत्रिका निकालिए। 'कान्ता पित्ती ट्रस्ट' की ओर से उसमें सहयोग मिलेगा। हाँ, मेरी एक शर्त यह ज़रूर होगी कि उसमें छपने वाले लेखकों को पारिश्रमिक ज़रूर दिया जाये।'' उनके सहयोग के आश्वासन के बावजूद हम पत्रिका तो नहीं निकल सके, 'कल्पना' के पुनः प्रकाशन सम्बन्धी प्रस्ताव की अपनी मूर्खता पर मुझे हँसी ज़रूर आयी। 'कल्पना' को जो काम करना था, वह पूरा हो चुका था। अब उसकी उसी स्तर से वापसी सम्भव नहीं थी। सम्पादन, भाषा-संस्कार, लोकतान्त्रिक मन-मिजाज़ और नयी रचनाशीलता की प्रस्तुति का जो तरीका था, वह हिन्दी की साहित्यिक पत्रकारिता का स्वर्णिम इतिहास बन चुका है। उसे उसी रूप में पाना सम्भव नहीं। इसे पित्तीजी जानते थे। इसलिए उन्होंने पुनः प्रकाशन से इनकार कर दिया। लेकिन नयी पत्रिका के प्रकाशन से हमें हतोत्साहित भी नहीं किया।

'कल्पना' की चर्चा प्रायः हमारी हरेक मुलाक़ात में होती थी। उस चर्चा के साथ वे अपनी पिछली स्मृतियों में खो जाते थे और ढेर सारी बातों के साथ सम्पादक मण्डल के अपने साथियों को भी याद करते थे। उनकी कर्मठता, उनकी योग्यता की याद, उनकी बातचीत में अक्सर झलक उठती थी। वे अक्सर कहते थे कि उनकी योग्यता के अनुसार 'कल्पना' की ओर से भुगतान नहीं हो सका। इसका गहरा दुःख था उन्हें। सम्पादक मण्डल के अन्य लोगों से तो मेरी मुलाक़ात कभी नहीं हुई, मुनीन्द्र जी और प्रयाग शुक्ल से जरुर मिलना-जुलना होता रहा। लेकिन उन दोनों ने कभी किसी कमी की चर्चा नहीं की। उलटे वे यही कहते रहे कि 'कल्पना' में काम करते हुए उन्हें जो सम्मान मिला, वह दुर्लभ है। 'कल्पना' में प्रकाशित होने वाली एक-एक रचना पर सम्पादक मण्डल कैसे निर्णय लेता

था और कैसे भाषा-नीति का पालन किया जाता था, यह प्रसंग भी वे बताते। वह सब जानना पत्रिका निकालने वाली हमारी पीढ़ी के लोगों के लिए ज़रूरी है। आज जब न तो किसी साहित्यिक पत्रिका या अखबार की कोई भाषा-नीति है और न भाषाई शुद्धता का आग्रह, तब 'कल्पना' की सम्पादन-प्रक्रिया को जानना वाकई ऐसे प्रसंग को जानना है, जो भाषाई अराजकता के हमारे दौर के लिए एक प्रेरक उदहारण है। जब शुद्ध लिखने वाले छात्रों, अध्यापकों, पत्रकारों एवं लेखकों की संख्या घट रही हो, तब आज़ादी के बाद 'कल्पना' जैसी सार्थक एवं गौरवशाली इतिहास बनाने वाली पत्रिका की सम्पादन-प्रक्रिया के इतिहास को जानना ज़रूरी है। लेकिन प्रश्न है कि यह हमारी पीढ़ी को बताये कौन? 'कल्पना' से जुड़े सारे लोग एक-एक कर जा चुके। कवि-लेखक प्रयाग शुक्ल ही अब एकमात्र ऐसे व्यक्ति हैं, जो प्रामाणिक ढंग से और आधिकारिक तौर पर इस पर प्रकाश डाल सकते हैं। हमारी अपेक्षा है कि बदरीविशाल पित्ती पर जो पुस्तक वे सम्पादित कर रहे हैं और जिस पुस्तक के लिए मैं उनके आग्रह पर यह टिप्पणी लिख रहा हूँ, वे उस पुस्तक की भूमिका में अवश्य ही इस पर प्रकाश डालेंगे।

कहा जाता है कि 'कल्पना' की जो सम्पादकीय नीति थी, उसमें भूल वश चूक एक बार ही हुई। दिनकर की काव्य-कृति 'उर्वशी' का भव्य और समारोही प्रकाशन हुआ था। 'उर्वशी' की प्रशंसात्मक समीक्षाएँ छप रही थीं। उसका बड़ा शोर था। तभी 'कल्पना' में भगवतशरण उपाध्याय की 'दिनकर की उर्वशी' शीर्षक से लगभग बीस पृष्ठों की ध्वंसात्मक समीक्षा छपी। समीक्षा एकतरफा थी और साहित्येत्तर आरोपों-प्रत्यारोपों की ज़मीन पर टिकी थी। ऐसी समीक्षा के 'कल्पना' जैसी संतुलित दृष्टि और लोकतान्त्रिक मन की पत्रिका में छपने पर स्वाभाविक रूप से अच्छी प्रतिक्रिया नहीं हुई। सम्पादक-मण्डल ने, लगता है भूल सुधार के क्रम में, बाद में पूरी तैयारी के साथ उस समय के प्रसिद्ध—वरीय एवं कनीय—बाईस लेखकों की प्रतिक्रियाएँ छापीं। पाँच लेखकों के पत्र भी छपे। किसी एक कृति को लेकर चला यह अपने ढंग का अनोखा विवाद था, जिसकी गूँज-अनूगूंज वर्षों बनी रही। मैंने इस प्रसंग की चर्चा के क्रम में पित्ती जी से जानना चाहा कि यह चूक कैसे और किसकी वजह से हुई, तो उन्होंने हमारी आशंका को ही गलत बताया। उन्होंने कहा कि जो भी हुआ, सामूहिक निर्णय से हुआ। किसी भी सदस्य को उन्होंने कठघरे में खड़ा नहीं किया। यह उनका बड़प्पन था, जो अपने किसी सहकमह्न मित्र पर किसी तरह का आक्षेप बर्दाश्त नहीं करता था।

यही कारण है कि उनके साथ काम करने वाले या उनसे जुड़े किसी भी व्यक्ति से पित्तीजी की शिकायत कभी शायद ही सुनने को मिले।

मैंने अपने जीवन में पित्ती जी जैसा उदार, भला और बड़े मन का आदमी कम देखा है। मैं इसे अपना सौभाग्य मानता हूँ कि उनके सान्निध्य में मुझे भी कुछ वर्ष रहने का अवसर मिला। सन 2000 में पित्तीजी ने 'कल्पना' के सभी अंकों के कई जिल्दों में दर्जनों सेट बनवाये और हैदराबाद तथा उससे बाहर साहित्य प्रेमियों के बीच वितरित कर दिया। 'कल्पना' की जो लाईब्रेरी थी, उसकी सारी किताबें उन्होंने हमारे विश्वविद्यालय के पुस्तकालय को अर्पित कर दीं। अक्टूबर 2000 में मैं जब हैदराबाद गया तो परिचय होने पर मैंने भी एक सेट की माँग की। उन्होंने कहा कि 'मैं 'कल्पना' का सबकुछ लोक को अर्पित कर चुका हूँ और अब उसके भार से अपने को मुक्त कर चुका हूँ।' मुझे निराशा हुई, लेकिन मैं क्या कर सकता था।

उसी समय एक सुखद घटना घटी, जिसकी चर्चा करना मैं आवश्यक समझता हूँ। अपने विश्वविद्यालय में मुझे 'उर्वशी' के अध्यापन का जिम्मा दिया गया। अध्यापन-कार्य हेतु मैं विश्वविद्यालय की लाइब्रेरी में 'उर्वशी' की प्रति खोज रहा था, तभी मुझे 'उर्वशी' की वह प्रति मिली जो दिनकर जी ने पित्तीजी को भेंट की थी। पुस्तक हाथ में लिए मैं देर तक उसे देखता रहा। रॉयल डीलक्स साइज़ में उम्दा कागज पर अनेक चित्रों और रेखाचित्रों से सुसज्जित 'उर्वशी' का वह पहला संस्करण था, जो अपनी भव्यता में बेजोड़ था। तब तक हिन्दी में किसी काव्य-कृति का वैसा भव्य संस्करण शायद ही निकला हो। मैंने चर्चा सुनी तो थी लेकिन प्रथम संस्करण को देख न पाया था। मैं देर तक उलट-पलट कर देखता रहा। तभी मेरी नज़र उस जगह पर पड़ी, जहाँ लाल रोशनाई से लिखा हुआ था—'भाई श्री बदरीविशाल पित्ती के योग्य।' नीचे की लाइन में 'दिनकर' हस्ताक्षर के साथ 17.7.61 की तारीख पड़ी हुई थी। मैं ख़ुशी से भर उठा। लगा खज़ाना हाथ लग गया। मैंने वह प्रति अपने नाम पर ले ली। एक दिन मैंने वह प्रति पित्ती जी को दिखाई। अपनी सहज मुस्कराहट के साथ उन्होंने कहा : 'हाँ, यह दिनकर जी की भेंट है।' इसके बाद वे देर तक दिनकर से अपनी आत्मीय मुलाक़ातों के बारे में बताते रहे। पहली मुलाक़ात की चर्चा करते हुए उन्होंने कहा। 'मेरी पहली मुलाक़ात बड़ी दिलचस्प थी। दिनकर जी जब दिल्ली में रहते थे, तब मैं उनके सांसद निवास पर एक दिन सुबह आठ-नौ बजे पहुँचा। मुझे बताया गया कि वे पूजा पर हैं। मैं तब तक बैठूँ और प्रतीक्षा करूँ। पूजा समाप्त

कर दिनकर जी आये। उन्होंने ढीली-ढाली धोती पहन रखी थी। ऊपर बदन पर रेशमी चादर थी। हाथ में पूजा का प्रसाद था। आते ही मुझे लक्ष्य कर अपनी भारी आवाज़ में उन्होंने पूछा—'कहाँ हैं बदरीविशाल पित्ती?' जब मैंने प्रणाम निवेदित करते हुए अपना नाम बताया तो आश्चर्य से वे मुझे ऊपर से नीचे तक देखते रहे। फिर मुस्कुराते हुए बोले। 'आप तो अभी नौजवान हैं। मैंने समझा था कि बदरीविशाल पित्ती कोई बुजूर्ग व्यक्ति हैं।' फिर वे देर तक 'कल्पना' के सम्पादन-प्रकाशन और नये सोच की चर्चा करते रहे। उसी दिन 'कल्पना' के ऐतिहासिक उर्वशी-विवाद को पुस्तकाकार प्रकाशित करने की योजना मेरे दिमाग में आई। मैंने जब उनसे इसकी चर्चा की तो वे बहुत प्रसन्न हुए। मुझे उत्साहित करते हुए उन्होंने कहा—'यह काम यथाशीघ्र आप कर डालिए। इससे साहित्य का भला होगा। एक ऐतिहासिक विवाद से नयी पीढ़ी परिचित होगी। वह विवाद दरअसल आधुनिक हिन्दी कविता को समझने का ज़रूरी दस्तावेज़ है।' फिर क्या था—दूसरे दिन से मैं अपने विश्वविद्यालय की लाइब्रेरी से 'कल्पना' की फाइलों से उर्वशी प्रसंग वाले अंश निकालने में लग गया। सारी सामग्री को क्रम देकर एक भूमिका लिखी और पुस्तक का नाम रखा—''कल्पना' का 'उर्वशी' विवाद।'' यह नाम उन्हें पसन्द आया। मैंने उन्हें बताया कि यह पुस्तक आपको समर्पित होगी। उन्होंने किंचित संकोच के साथ कहा—'जैसी आपकी इच्छा।'

पाण्डुलिपि लेकर मैं दिल्ली गया कि किसी प्रकाशक से प्रकाशन के लिए बात करूँ। मैं गोमती गेस्ट हाउस में रूका था। अभी मैं किसी प्रकाशक से बात करने ही वाला था कि एक दिन कवि पंकज सिंह से सूचना मिली कि बदरीविशाल पित्ती कल गुजर गये। वह 2003 के दिसंबर की सर्द सुबह थी। इस खबर से मेरे उत्साह पर पानी पड़ गया। मैं पाण्डुलिपि लेकर हैदराबाद लौट गया और वर्षों उसके प्रकाशन को स्थगित किये रहा। अन्ततः वह पुस्तक उसी नाम से 2010 में 'वाणी प्रकाशन' से छपी। ''कल्पना' के संस्थापक-सम्पादक बदरीविशाल पित्ती की पावन स्मृति को''—समर्पित इस पुस्तक का एक साहित्यिक विवाद के महत्वपूर्ण दस्तावेज़ के रूप में हिन्दी जगत में स्वागत हुआ। कवि-आलोचक अशोक वाजपेयी ने 'जनसत्ता' के अपने लोकप्रिय स्तम्भ 'कभी-कभार' में इस प्रयास की प्रशंसा की। लेकिन हमारा दुर्भाग्य कि पित्ती जी अपनी आँखों से उसे नहीं देख सके। दिनकर से पित्तीजी के लगाव का एक दूसरा उदाहरण देखने को तब मिला जब उन्होंने अपने रामबाग मंदिर प्रांगण में 'उर्वशी' का काव्य मंचन आयोजित किया। उन्होंने हैदराबाद के अपने मित्रों-परिचितों को वह कार्यक्रम देखने के लिए आमन्त्रित

किया। मैं भी आमन्त्रित था। वैसे तो 'उर्वशी' काव्य नाटक ही है, लेकिन मैंने उसका मंचन कभी देखा नहीं था। हमेशा कविता के रूप में ही पढ़ता-पढ़ाता रहा था। उस दिन 'उर्वशी' का जब मंचन देखा, तो दूसरा अनुभव हुआ और यह अनुभव हुआ कि उसकी एक ताकत उसकी नाटकीयता भी है। उस पक्ष को नज़रअन्दाज़ करके 'उर्वशी' के महत्व को ठीक-ठीक नहीं समझा जा सकता। वैसे 'उर्वशी' के प्रारम्भिक सर्ग आकाशवाणी, पटना से रेडियो काव्य-नाटक के रूप में ही प्रसारित हुए थे।

रामबाग में जो मन्दिर है, वह पित्ती परिवार द्वारा निर्मित है। उसका परिसर काफ़ी बड़ा है। पित्ती जी के अनुसार वहीं किसी कमरे में एम.एफ. हुसेन के बनाये रामकथा से सम्बन्धित दर्जनों चित्र थे, जिनके लिए चित्रशाला निर्मित करने की उनकी योजना थी। हुसेन का हैदराबाद से गहरा लगाव था। अपने कैरियर की शुरुआत में उन्हें बदरीविशाल पित्ती से भरपूर संरक्षण मिला था। हुसेन उन्हीं के घर रहते थे और चित्र बनाते थे। सुना है कि 'कल्पना' का अक्षरांकन (लेटरिंग) हुसेन ने ही किया था। उसके बहुत-से अंकों के कवर-पेज भी उन्होंने ही डिजाइन किये थे। उनसे पित्ती जी की गाढ़ी मित्रता थी। पित्ती जी उन्हें प्यार से 'मौलाना' कहकर बुलाते थे। हुसेन की बनायी रामकथा शृंखला अब किस हालत में है, कहना मुश्किल है। लोहिया ने रामायण और राम पर जो लिखा है, वह भारतीय संस्कृति में उनकी गहरी पैठ का उदाहरण है। उसी का अगला विस्तार चित्रकूट में उनके द्वारा आयोजित होने वाला रामायण मेला था। इसी क्रम में हुसेन के रामकथा चित्रों की शृंखला को भी देखना चाहिए। लोहिया और हुसेन दोनों ने रामकथा की अपने-अपने माध्यमों से अपनी-अपनी व्याख्या की। उन व्याख्याओं का उद्देश्य भारत को भावात्मक रूप से जोड़ना था। क्या यह महज संयोग है कि दोनों महान- लोहिया और हुसेन- पित्तीजी से अभिन्न थे और रामकथा की उनकी व्याख्याओं के लिए आधार देने का काम उन्होंने ही किया। पित्तीजी जब तक रहे, आचार्य नरेन्द्र देव, जे.पी., लोहिया आदि समाजवादी चिन्तकों को उनके जन्मदिन पर याद करते रहे। बड़े तो नहीं, लेकिन छोटे आयोजन वे ज़रूर करते थे। हमलोग भी जाते थे। नरेन्द्रदेव के जन्मदिन पर उन्होंने एक बार मुझे और सुधाकर रेड्डी को बोलने के लिए आमन्त्रित किया था। सुधाकर रेड्डी तब सी.पी.आई. के आँध्रप्रदेश के सेक्रेटरी थे, अब केन्द्रीय सचिवालय के सेक्रेटरी हैं। ऐसे आयोजन समाजवाद के प्रति पित्तीजी की अडिग आस्था और खुली दृष्टि के परिचायक थे।

लोहिया के नहीं रहने पर समाजवादी आन्दोलन में जो बिखराव और भटकाव आया, उससे पित्तीजी निराश ज़रूर हुए, लेकिन .ख़ुद अवसरवाद और भटकाव के शिकार नहीं हुए। आर्थिक, सामाजिक और राजनीतिक दृष्टि से उनकी जो हैसियत थी, उसके आधार पर वे किसी भी बड़े दल में आसानी से जा सकते थे और सत्ता के खेल में शामिल हो सकते थे। लेकिन वे तो मूल्यों और सपनों को जीने वाली पीढ़ी के आदमी थे। वे अपनी राह चलने वाली जमात के सदस्य थे, अपनी राह चलते रहे।

मुझे लगता है कि पित्ती जी अतिशय रचनात्मक और उत्सवधर्मी मन के व्यक्ति थे। उनके इसी मिजाज का एक कार्यक्रम था 'त्रिवेणी', जो हैदराबाद के साहित्यकारों, चित्रकारों और संगीतकारों के रचनात्मक मिलन-जुलन का मंच था। त्रिवेणी तो गंगा, यमुना और सरस्वती के मेल को कहते हैं, लेकिन पित्ती जी की 'त्रिवेणी' में साहित्य, संगीत और चित्रकला की नदियाँ मिलती थीं। साहित्य के भीतर हिन्दी, उर्दू और तेलुगु की त्रिवेणी थी। एक तरह से यह बहुकलाधर्मी और बहुभाषी मंच था, जहाँ महीने- दो महीने पर पित्ती जी के संयोजन में अनौपचारिक रूप से शाम लगभग छह बजे से आठ बजे तक का कार्यक्रम चलता था। हर कार्यक्रम में कोई न कोई विशिष्ट गायक होता था, जिसकी प्रस्तुति से सभी संगीतमय मानसिकता में आ जाते थे। फिर किसी बड़े चित्रकार की पेंटिंग्स दिखाई जाती और उसपर बातचीत होती। अन्त में हिन्दी, उर्दू और तेलुगु—तीनों भाषाओं के कवि-कहानीकार अपनी रचनाओं का पाठ करते थे। मेरे जीवन की यह विलक्षण घटना थी, जहाँ सभी कलाओं और भाषाओं के लिए समान आदर और उन्हें समझने- सराहने की मानसिकता तैयार की जाती थी। यह पित्तीजी के बड़े और उदार विज़न का एक नायाब उदाहरण था। 'त्रिवेणी' के ही आयोजनों में मेरा परिचय हैदराबाद के हिन्दी, उर्दू और तेलुगु के लेखकों से हुआ। वहीं मैं तेलुगु के प्रसिद्ध कवियों ज्वालामुखी, निखिलेश्वर, नग्न मुनि आदि से जुड़ा, जिससे मेरे साहित्यिक बोध के विकास में बड़ी मदद मिली। मेरा ख्याल है कि ऐसा आयोजन भारत में शायद ही किसी संस्था या व्यक्ति द्वारा किया जाता हो। पित्तीजी आयोजन में कहीं भी मंच पर नहीं होते थे, जबकि कार्यक्रम उनके खैरताबाद स्थित आवास—परिसर में ही होता था। वे चुपचाप आम दर्शक-श्रोता की तरह बैठे रहते थे। कार्यक्रम के अन्त में वे माइक पकड़ते, दो वाक्यों में धन्यवाद ज्ञापन करते और 'थोड़ा-सा भोजन करके आप सब जायें', यह निवेदन करते। जब सब लोग खा रहे होते, तो एक-एक से पूछते कि खाना कैसा है

और आपने क्या-क्या खाया और क्या-क्या नहीं खाया। भोजन के बाद सभी लोगों को हाथ जोड़कर वे सादर विदाई देते और तभी स्वयं भोजन करने जाते।

मैं जीवन में बहुत से बड़े लोगों से मिला हूँ लेकिन बदरी विशाल पित्ती जैसे बड़े मन का आदमी कोई दूसरा न मिला। उनके न रहने पर मेरे लिए हैदराबाद वह नहीं रहा, जो पहले था। इसी बीच हमारे मित्र वेणु गोपाल को गैंग्रीन हो गया, उनका एक पैर काटना पड़ा। मैंने यह भी देखा कि जो वेणु गोपाल हाथों में किताबों का बण्डल दबाये, अपने कुछ साहित्य-प्रेमी लड़के-लड़कियों से घिरे मस्त चाल में चला करते थे, वे बैसाखी पर चलने लगे। बाद में उन्हें कैंसर हो गया और आगे चलकर उसी से उनकी मृत्यु हो गयी। हैदराबाद में आज भी मेरे मित्रों की संख्या सबसे अधिक है, लेकिन पित्ती जी और वेणु के रहने पर मेरे लिए हैदराबाद का जो अर्थ था, वह अब नहीं है। कभी-कभी मैं सोचता हूँ कि पित्ती जी के लिए मेरे मन में बेपनाह सम्मान और प्रेम क्यों है? व्यक्तिगत रूप से उन्होंने मेरी कोई मदद नहीं की और न मुझे उनकी मदद की ज़रूरत थी। मैं स्वयं उनके किसी काम नहीं आया। मैं हमेशा एक ही आग्रह उनसे करता रहा कि आप मुझे अपने जीवन और मन के उस एकान्त का परिचय दें, जिसने आपको व्यवसाय छोड़कर समाजचेता और क्रान्तिधर्मी आदमी बनाया। मैं चाहता था कि उनसे मैं लम्बी बातचीत करूँ। वे अपने सहज स्वाभाविक संकोचवश टालते रहते थे। मेरा आग्रह जब दुराग्रह में बदलने लगा तो वे अन्ततः तैयार हुए। बोले कि 'मेरे घर में बैठकर बात करने का एकान्त बिलकुल नहीं है। मैं आपके घर चलूँगा और वहीं बैठकर बातें करेंगे।' मैं हैदराबाद में जैसे-तैसे रह रहा था। मैंने जब कहा : 'मेरे घर में आपके लायक कोई व्यवस्था नहीं है', तो उन्होंने कहा : 'कोई बात नहीं, यहीं बैठेंगे। लेकिन अभी मुझे इटली जाना है। वहाँ से लौटने के बाद कार्यक्रम बनाया जायेगा।' लेकिन वह कार्यक्रम नहीं बन सका, क्योंकि उससे पूर्व ही अचानक उनके देहावसान की खबर मिली।

जब भी पित्तीजी की याद आती है, तो मुझे अपने पोर्टिको में खड़े होकर हाथ जोड़े, विदा करते पित्तीजी याद आते हैं। मैं अक्सर उनके यहाँ सुवास कुमार के साथ उनकी गाड़ी में जाता था। वे हमें विदा करने गाड़ी तक आते थे। जब कभी हमारे पास गाड़ी नहीं होती, वे अपनी मर्सिडीज बुलाते और हमें उससे हमारे घर भेजते। उतने बड़े आदमी से वैसी स्नेह भरी विदाई कितनों को नसीब होती है?

(2014)

'कसप' : प्यार की उदासी का राग

मुझे लगता है कि जो प्रेम-कथाएँ 'बेस्ट-सेलर' मानी जाती हैं किशोर वय में या युवाकाल में पढ़ने पर एक तरह का अनुभव देती हैं और पचास पार के वय में पढ़ने पर दूसरे तरह का। ऐसा लिखते हुए मेरे सामने दो प्रेम कथाएँ मिसाल के तौर पर मौजूद हैं। इधर मैंने 'देवदास' (शरतचन्द्र) और 'गुनाहों का देवता' (धर्मवीर भारती) को दुबारा पढ़ा। दोनों उपन्यास पचास-साठ पृष्ठ के बाद भारी लगने लगे। तेजी से पन्ने उलटते हुए मैंने पूरा किया। मैंने अपने कुछ युवा मित्रों को पढ़ने के लिए कहा। उन्होंने पढ़ा, लेकिन उनकी कोई उत्साहजनक प्रतिक्रिया नहीं थी। इन उपन्यासों को जब मैंने अपने छात्र जीवन में पढ़ा था तो उस समय मेरी प्रतिक्रिया दूसरी थी। पहली यह कि जब पढ़ना शुरू किया तो दम साधकर पढ़ता रहा। जब तक खत्म नहीं किया, दूसरे किसी काम में हाथ न लगाया। दूसरी यह कि लगभग दो सप्ताह तक मन पर उदासी छायी रही, जैसे प्रेम-दुर्घटना, देवदास या चन्दर के साथ नहीं, अपने साथ घटित हुई हो। आज ऐसी बात पर और अपने पर हँसी आती है।

मेरी जैसी प्रतिक्रिया आज के युवा मित्रों की न हुई। उन्हें इन उपन्यासों में व्यर्थ की भावुकता नज़र आयी। उन्हें यह भी लगा कि देवदास और चन्दर जमाने से दो-दो हाथ करने वाले प्रेमी नहीं है। उन्हें 'कसप' के डी.डी. और बेबी ज़्यादा बेहतर और ज्यादा संघर्षशील चरित्र लगे। व्यर्थ की भावुकता से ऊपर, प्रेम की टीस को जीते हुए, मगर जीवन की सार्थकता की खोज में अग्रसर। मुझे यह भी लगा कि आज की युवा मानसिकता बदल चुकी है। उसे 'देवदास' और 'गुनाहों का देवता' जैसी प्रेम कथाएँ प्रभावित नहीं करतीं।

'कसप' पर अपने युवा मित्रों की तरह मेरी भी प्रतिक्रिया भिन्न है। जब पहली बार पढ़ा था तब भी भिन्न थी, आज भी भिन्न है। मुझे लगता है कि यह भावुक प्रेम कथा नहीं है। भावुकता की जगह व्यावहारिक ज़िन्दगी

की वास्तविकता से टकराती इस कथा में कुल-खानदान की प्रतिष्ठा से डरकर नायक-नायिका छिप-छिपकर घुटते नहीं। अपने प्रेम को पाने के लिए जमाने से दो-दो हाथ करने में तनिक भी न डरते हैं, न घबराते हैं। पिछली पीढ़ी की प्रेम-कथाओं के नायक-नायिकाओं की तरह वे अपने वे प्रेम को छिपाते नहीं, डंके की चोट पर घोषणा-सी करते हैं। पहले अक्सर, प्रेमकथा के नायक-नायिका का प्रेम प्रसंग रात के अँधरे-सा होता था, 'कसप' में उजाले-सा है। प्रेमकथा के नायक-नायिका पहले एक-दूसरे के लिए बलिदान देते थे, 'कसप' में यह भाव नहीं है। कोई किसी के लिए अपनी इच्छाओं का न तो दमन करता है और न बलिदान करता है। यहाँ नायक-नायिका एक-दूसरे से उतना ही गहरा प्रेम करते हैं जितना किसी भी जमाने के प्रेमी-प्रेमिका करते थे। उनका प्रेम भी उतना ही खरा और सच्चा है जितना पहले के प्रेमी-प्रेमिकाओं का होता था। लेकिन प्रेम के खरेपन के बावजूद एक फर्क यह है कि लिजलिजी भावुकता से मुक्त है और इस तरह लिजजिले और अतार्किक बलिदान भावना से भी मुक्त है। 'कसप' एक तरह से भावुक प्रेमकथा से मुक्ति का आख्यान है। एक अर्थ में यह नये जमाने की नयी प्रेमकथा की प्रस्तावना है।

'कसप' बीसवीं शताब्दी के उत्तरार्द्ध की युवा मानसिकता की प्रेमकथा है। उस युवा मानसिकता की जिसकी आँखों के सामने देश-दुनिया की वास्तविकता खुली है और जो अपने सपने को हासिल करने के लिए कोई भी जोखिम उठाने को तैयार है। इसलिए बेबी या डी.डी. अपने प्रेम को किसी से छिपाते नहीं। उसके लिए संघर्ष करते हैं और उस संघर्ष में एक तरह से जीतते भी हैं। लेकिन यह जीत प्रेमकथा के न तो सुखान्तवादी परिणति को प्राप्त होती है और न दुखान्तवादी परिणति को। यह प्रेमकथा सुखान्त या दुखान्तवादी ढाँचे को नकारती है। यह ऐसे अन्त की ओर जाती है जो प्रेमकथा का परम्परागत ढाँचा नहीं है। नायक-नायिका विपरीत पारिवारिक, सामाजिक और आर्थिक परिस्थितियों के बावजूद मिलन ओर विवाह की स्वीकृति तक पहुँचते हैं लेकिन विवाह के लिए अपनी आत्म-रक्षा भी वे जरूरी मानते हैं। इसलिए सब कुछ अनुकूल हो जाने के बावजूद डी.डी. और बेबी के प्रेम की परिणति विवाह में नहीं होती। दोनों के जीवन की दिशा बदल जाती है। बेबी एक प्रतिष्ठित व्यक्ति से विवाह करके गार्हस्थ के भीतर सामाजिक प्रतिष्ठा की ऊँचाई छूती है तो डी.डी. अविवाहित रहते हुए मुक्त औरतों के साथ मुक्त जीवन जीते हुए अन्तर्राष्ट्रीय स्तर का प्रसिद्ध फिल्मकार बनता है। वे एक-दूसरे के लिए अपने शरीर और कौमार्य को बचाए

रखने का भावुक फैसला नहीं लेते, जैसा कि पूर्व के बहुत-से नायक-नायिका ऐसे भावुक फैसले लेते और जीते हुए दिखाए जाते थे। वे एक-दूसरे की याद की याद में रोते हुए अकेलेपन में जीवन को नष्ट कर देने की भावुक परिणाति को भी नहीं अपनाते। वे अपना-अपना जीवन अपने-अपने तरीके से जीते हैं। लेकिन प्रेम की अन्तःसलिता उन दोनों के बीच बहती रहती है।

इस अर्थ में यह नयी प्रेमकथा है। नायक-नायिका अपनी-अपनी दुनिया में ऊपरी तौर पर व्यस्त हैं। सुखी, सम्पन्न और खुश हैं। लेकिन अपनी चाहत में अब भी वे एक-दूसरे के हैं। बेबी को 'लाटा' डी.डी. पसन्द है। प्रेमकथा के प्रारम्भ में ही डी.डी. का लाटापन बेबी को खूब पसन्द आता है और डी.डी. को हथेली की आड़ से हँसने वाली बेबी। दोनों के व्यक्तित्व की ये खूबियाँ (जो दुनिया की नज़र में खराबी ही मानी जायेगी) अन्त तक बनी हुई हैं और कमाल यह है कि उम्र के ढलान के समय भी बनी हुई हैं। कथा के अन्त में डी.डी. और बेबी की मुलाकात होती है। एक तटस्थता के बावजूद लग जाता है कि दोनों एक-दूसरे को भूले नहीं हैं। जैसे दोनों जीवन भर एक-दूसरे को ही खोजते रहे हों। इस प्रेमकथा को सुखान्त और दुखान्त की परिधि में नहीं रखा जा सकता। इसलिए यह ऐसी प्रेमकथा है जो पुरानी सुखान्तमयी या दुखान्तमयी प्रेम-कथाओं की सीमाओं का अतिक्रमण करती है। डी.डी. अपनी सफलता के बाद अपने पुराने गाँव गया है वहाँ बेबी की बेटी गायत्री मिलती है, जो उसी की तरह मुँह पर उल्टी हथेली रखकर हँसती है। 'वह उसका हँसना देख रहा है अपलक। अनुभ्वन कर रहा है वह टीस उस अतीत को जो भविष्य नहीं हो सकता।' यह टीस ही इस नयी प्रेमकथा की आत्मा है।

'कसप' का अर्थ है—'क्या जानें।' प्रेम की जो कहानियाँ अब तक पढ़ी-सुनी जाती हैं वे प्रेम को, उसकी दीवानगी को परिभाषित करती-सी हैं। 'कसप' शीर्षक के बहाने लेखक बताता है कि प्रेम क्या है, कैसे होता है, उसकी दीवानगी कैसी होती है यह कौन बता सकता है? वह लगभग अपरिभाषेय है। इसी अपरिभाषित प्रेम का दर्शन 'कपस' उपन्यास के ज़रिए मनोहर श्याम जोशी रचने की कोशिश करते हैं।

'कपस' की भाषा और शैली में ऐसा खिलन्दड़ापन है जो पहले की प्रेम कहानियों में बिल्कुल नहीं होता था। चुहलबाजी के साथ इस कहानी की शुरुआत होती है—पहाड़ी शहर नैनीताल में और अन्त भी पहाड़ में ही। जो अन्दाज़ पहले था अन्त में बेबी की लड़की गायत्री के बहाने वही उपस्थित हो जाता है। यह

खिलन्दड़ा अन्दाज़ कथा नायिका बेबी के व्यक्तित्व का अभिन्न हिस्सा है जो पूरे उपन्यास के विन्यास पर छाया हुआ है। एक प्रसंग देखिए। नायिका-नायक को चाय देती है। नायक की चाय रखी हुई है। नायिका के पूछने पर वह कहता है कि वह गरमा-गरम चाय नहीं पीता। नायिका छेड़ती है–'फूँक मारकर ठण्डी कर दूँ भाऊ?' भाऊ यानी बच्चे। अन्त में वर्षों बाद जब डी.डी. अमेरिका से लौटता है। उसके जूते के फीते की गाँठ पड़ जाती है तो बेबी यानी मैत्रेयी मिश्र उसे खोलती है और कहती है : 'अगर तेरा-मेरा... हुकुम चलाने का कोई रिश्ता है तो मेरा भी एक हुकुम सुन-फीते वाला जूता, नाड़े वाला पायजामा मत पहनाकर। तेरे बस की बात नहीं रे।'' और इतना कहने के बाद–''यह औरत अब उल्टी हथेली की आड़ में हँस रही है।'' डी.डी. कहता है, ''मेरे बस का कुछ नहीं री, भुस हुआ मैं भुस गँवार।'' इस पर मैत्रेयी कहती है–''तू अमेरिका भाड़ झोंकने गया था जो भुस का भुस लाटे का लाटा ही लौट आया। बिल्कुल नहीं बदल रहा।''

बेशक प्रारम्भ में और अन्त में भी भाषा और शैली में खिलन्दड़पना बरकरार है, मगर प्रारम्भ में जो उत्सव की तरह है, अन्त में दर्द की शक्ल में–एक टीस की तरह। डी.डी. कहता है : 'कोई नहीं बदलता है। तू भी कहाँ बदल गयी। एक स्वांग-जैसा बना रखा तूने, छिप जो क्या जा रही तू उसमें।'' दबा हुआ प्रेम दोनों के मध्य मुखर होता है, लेकिन यह मुखरता प्रेम को अपरिभाषेयता में ही ले जाती है। मैत्रयी कहती है कि अगर अगला जन्म होता है तो, ''मैं यही चाहूँगी, यही मैं मनाऊँगी भगवान से कि तू मेरे अयोग्य पाया जाये लाटे। ...बार-बार तू मेरे अयोग्य ठहरे, बार-बार मैं आ सकूँ इस सुन्दर संसार में तुझसे पीछा करवाने के लिए।'' इतना कहने के बाद 'यह औरत उलटी हथेली की आड़ में हँराती है।' इसके साथ-साथ ही डी.डी. का हाल प्रथम प्रेम के मिलन जैसा है : ''इस आदमी के खून में अभी तक अनजाना एक हार्मोन प्रवाहित हो रहा है जो कण्ठ में जाने कैसी शुष्कता गात में जाने कैसा कम्प आदि उत्पन्न कर रहा है। उसे प्रभाव को झुठलाने के लिए वह मुस्कुराने की कोशिश में है। वह मुस्कुरा नहीं पा रहा है। इसलिए होंठों पर जीभ फेर रहा है।'' जो लोग प्रेम के शास्त्रीय विधान से परिचित हैं, वे जान सकते हैं कि प्रेम का वही अनजाना भाव नायक-नायिका में अन्त तक बना हुआ है।

'कसप' में ऊपरी तौर पर कथा कहने का बहुत ही अनौपचारिक अन्दाज़ है, लेकिन भीतर ही भीतर एक सजग कथा दृष्टि के तहत लेखक कथा कहने का नया अन्दाज़ लेकर उपस्थित होता है। एक उस्ताद कथाकार की तरह लेखक शुरू

से आखिर तक प्रेम-कथा और उसकी शैली को लेकर सावधान है। बीच-बीच में वह सावधानीपूर्वक प्रेम की प्रकृति पर टिप्पणी भी जड़ता चलता है। कथाकार प्रेम को युवापन का ही बेगवान प्रवाह मानता है। नायिका से मुलाकात के बाद और थोड़ा-सी चुहलबाजी के बाद नायक के मन का हाल देखिए : "उसके मन में दो परस्पर विरुद्ध प्रार्थनाएँ झकझोर रही हैं। पहली यह कि जो लड़की मैंने अभी-अभी देखी, इस जन्म में फिर कभी उससे सामना न हो। दूसरी यह कि जब तक साँस चल रही है मेरी तब तक यही लड़की प्रतिपल मेरी आँखों के सामने रहे। प्रेम होता ही अतिवादी है। यह बात प्रौढ़ होकर ही समझ में आती है उसके कि विधाता अमूमन इतना अतिवाद पसन्द करता नहीं। खैर, सयाना-समझकर होकर प्यार, प्यार कहाँ रह पाता है।" कहने का तात्पर्य यह कि सयाने-समझदार ढंग से इस अल्हण प्रेम-कथा को बुनने की कोशिश की गयी है।

नैनीताल-अल्मोड़ा से शुरू हुई यह प्रेमकथा दिल्ली, बम्बई और अमेरिका तक फैली है। एक बड़े फलक पर फैली इस प्रेमकथा के कई आयाम हैं, किन्तु केन्द्रीय प्रश्न है वही अतिवादी किशोर प्रेम जो नायक देवीदत्त तिवारी यानी डी.डी. को अमेरिका से पहाड़ में अपने गाँव के पास खींच लाता है। और यहीं मिलती है उसकी जीन सिम्मंस बेबी, जो अब सम्भ्रान्त महिला मैत्रेयी मिश्र है। नायक पहाड़ में आकर और अपनी जीन सिम्मंस से मिलकर उसी प्रेम को खोज रहा है, जिसे वह खो चुका है और जो जीवन भर टीसता रहा है।

उपन्यास का अन्त भयंकर उदासी में होता है। शायद सभी प्रेम कहानियों की यही अनिवार्य परिणति है। प्रेम शायद पाने में नहीं, जीने में है। डी.डी. उसी उदासी को जी रहा है। उसी उदास को छिपाये वह पूरी दुनिया में घूमता रहा है। कथा के प्रारम्भ में डी.डी. को लगता है कि प्यार एक उदास-सी चीज है और बहुत प्यारी-सी चीज है उदासी।' आगे है : "अब वह उदास ही नहीं, आहत भी था। उदास और आहत, दोनों होना, उसे कुल मिलाकर प्रेम को परिभाषित करता जान पड़ा।"

और अन्त में भी डी.डी. उदास और आहत है। और कहानी के इसी मोड़ पर दृश्य फ्रीज हो जाता है। प्रश्न है कि आखिर क्या है डी.डी. और बेबी का सम्बन्ध? उत्तर एक ही है–'कसप'।

(2012)

शाह के पुरस्कृत होने पर

रमेशचन्द्र शाह को साहित्य अकादेमी पुरस्कार मिला तो हिन्दी की आभासी दुनिया में हंगामा हो गया। बधाइयाँ कम मिलीं, लानत-मलामत ज़्यादा हुई। आभासी दुनिया के एक प्रलापी ने इसे 'साहित्य का अपमान' घोषित कर दिया। फिर क्या था, उनके फेसबुक मित्र शाह के लिए गाली-गलौज पर उतर आये। उन टिप्पणीकारों को पढ़कर लगा कि उनमें से शायद ही किसी ने शाह को पढ़ा हो। शाह को तो भला-बुरा कहा ही गया, लपेटे में अशोक वाजपेयी और उनका 'गिरोह' भी आया। आलोचक वीरेन्द्र यादव ने धर्म और साहित्य से सम्बन्धित शाह का एक पुराना बयान उठाया और आभासी दुनिया के सामने प्रश्न की तरह रख दिया—"अभी-अभी साहित्य अकादेमी से सम्मानित आदरणीय रमेशचन्द्र शाह जी का कहना है कि—'साहित्यिक कृति के कालजयित्व की कसौटी अन्ततः धार्मिक मूल्य-चेतना ही होगी' ...(बहुवचन-1, पृ. 272) ...क्या सचमुच?" इस 'अभी-अभी' पर ध्यान दें। ऐसा आभासित कराया जा रहा है कि जैसे यह बयान अभी-अभी का है। यह प्रश्ननुमा बयान इस तरह रखा गया है मानो इसी वाक्य पर शाह को पुरस्कार मिला है। उसके बाद तो उनके फेसबुक मित्रों की ओर से उसी एक वाक्य के आधार पर शाह पर दनादन हथगोले फेंके जाने लगे। लगा यह किसी लेखक पर नहीं, आसाराम टाइप किसी तथाकथित धार्मिक व्यक्ति पर चर्चा हो रही है। उस चर्चा में शाह की कविता, कहानी, उपन्यास, आलोचना आदि का कहीं कोई सन्दर्भ नहीं था। सत्यमित्र दुबे ने शाह के परिप्रेक्ष्य को सही करने की कोशिश की। उन्होंने कहा कि शाह के सोच पर गाँधी, अरविन्द, लोहिया, जयप्रकाश आदि का असर है, साहित्य में वे अज्ञेय, निर्मल आदि को महत्व देते हैं और आलोचना में विजयदेव नारायण साही को। पर दुबे का यह प्रयास शाह को वीरेन्द्र यादव और उनके मित्रों की निगाह में सही परिप्रेक्ष्य नहीं दिला सका।

जब कोई किसी को अपने एजेंडे के अनुसार सिद्ध करने पर तुला हो तो

उसका कोई क्या कर लेगा! चूँकि शाह को एक धार्मिक व्यक्ति सिद्ध करना था लेकिन उनका सम्बन्ध लोहिया से जोड़ा जा रहा था, इसीलिए वीरेन्द्र यादव को जरूरी लगा कि मूल स्रोत यानी लोहिया की धार्मिकता को ही साम्प्रदायिक सिद्ध कर दिया जाये। लोहिया में जब उन्हें कुछ नहीं मिला, तो उन्होंने दूधनाथ सिंह के उपन्यास 'आखिरी कलाम' के नायक तत्सत पाण्डे के कथन को उद्धृत कर दिया... ''लोहिया की दो नाड़ियाँ सदा से हिन्दुत्व की ओर जाती हैं। उनकी इड़ा-पिंगला में राम-कृष्ण-शिव तथा पौराणिक चिन्तन का जो कचरा बहता रहता है वह उन्हें सावरकर के अधिक निकट ले जाता है,नेहरु से कम। कांग्रेस-सोशलिज्म की धार सिर्फ़ उनकी तीसरी नाड़ी में बहती है जब वे अगड़ों-पिछड़ों की बात करते हैं, जब वे कहते हैं, 'भारत में जातियां ही वर्ग हैं।' लोहिया और जयप्रकाश दोनों ही गाँधी जी के धर्म-तत्व के उत्तराधिकारी हैं। महात्मा जी के व्यक्तित्व का प्रसार तो सिर्फ़ नेहरु में दिखाई पड़ता है ...इसीलिए लोहिया के अधिकांश अनुयायी एक-न-एक दिन धर्मतत्ववादियों के साथ चले जायेंगे, अन्ततः 'हिन्दू' हो जायेंगे।'' यह कैसी तर्क-पद्धति है कि लोहिया को एक मार्क्सवादी लेखक के उपन्यास के जरिये जाना जाये? क्या वीरेन्द्र यादव यह बताने की कृपा करेंगे कि लोहिया और जयप्रकाश अपने किस आचरण और किस लिखित या अलिखित वक्तव्य के लिए साम्प्रदायिक हैं? यह कैसी समझ और रणनीतिक चतुराई है भाई! दुनिया को बनाने चले थे दोस्त, अपने ही दोस्त दुश्मन बन बैठे!

लोहिया को मैंने भी पढ़ा है। राम, कृष्ण, शिव आदि पर लिखने के बावजूद कहीं भी वे साम्प्रदायिक नहीं हैं। लोहिया तो मनुष्य-मात्र की एकता के और विश्व नागरिकता के समर्थक हैं। यह सही है कि गैर कांग्रेसवाद के नारे के साथ उन्होंने जो कांग्रेस विरोधी मोर्चा बनाया था, उसमें जनसंघ भी था। 1967 में नौ राज्यों में पहली बार जो गैर कांग्रेसी सरकारें बनीं, उनमें भी जनसंघ शामिल था। लेकिन बिहार में उस सरकार में जनसंघ के साथ कम्युनिस्ट पार्टी भी थी। मेरा खयाल है कि यही स्थिति उत्तर प्रदेश में भी थी। जे.पी. आन्दोलन में भी जनसंघ शामिल था। लेकिन जे.पी. के सम्पूर्ण जीवन और लेखन में साम्प्रदायिकता के तत्व नहीं हैं। वीरेन्द्र यादव द्वारा उन्हें गलत ढंग से चतुराई पूर्वक साम्प्रदायिक कटघरे में खड़ा किया जाना यह बतलाता है कि अपने को मार्क्सवादी मानने वालों के भीतर लोहिया—जे.पी. के प्रति कितनी घृणा भरी है।

मैं जे.पी. आदोलन में सक्रिय रहा हूँ। गाँधीवाद के साथ मैंने जे.पी., लोहिया, मार्क्स को भी थोड़ा पढ़ा है। मैं अनीश्वरवादी हूँ। कर्मकांड, ज्योतिष आदि में मेरा

विश्वास नहीं हैं, लेकिन मेरी पत्नी धार्मिक हैं। वे पूजा-पाठ करती हैं और मानती हैं कि हमारे घर में जो सुख-शान्ति है, वह ईश्वर की कृपा से है। मेरे भौतिकवादी सोच का उनके ऊपर कोई असर नहीं है। लेकिन वे मुसलमानों, दलितों आदि से छुआछूत नहीं मानतीं। मेरे मुसलमान-दलित दोस्तों-छात्रों के साथ वे वही व्यवहार करती हैं जो किसी अपनी जाति के व्यक्ति से करती हैं। उनकी आस्तिकता मेरे सामाजिक सरोकारों में बाधक नहीं है। यदि उनकी आस्तिकता-धार्मिकता मेरी सामाजिक परेशानी का सबब नहीं बनती तो मैं ये कैसे मान लूं कि धार्मिक होने मात्र से कोई लेखक अछूत हो गया। नास्तिकता और आस्तिकता किसी लेखक के जेनुइन होने का प्रमाण नहीं हो सकतीं। हाँ, किसी लेखक की धार्मिकता दूसरे सम्प्रदाय के प्रति घृणा फैलाती है, तब वह चिन्तनीय और निन्दनीय दोनों है। धार्मिकता और धार्मिकता में भी फर्क होता है। गाँधी की धार्मिकता और सावरकर की धार्मिकता एक नहीं थी। एक मनुष्य को जोड़ती है, दूसरी भेद करती है। जहाँ तक मैं जानता हूँ, शाह जोड़ने वाली धार्मिकता के पक्षधर हैं।

शाह को पुरस्कार मिला तो मुझे प्रसन्नता हुई। उनसे मेरी दो-चार बार की मुलाकात है—एक बार हैदराबाद में और दो-तीन बार भोपाल में। कभी-कभार फोनाफानी भी हो जाती है। पाठक के रूप में उन्हें थोड़ा-बहुत पढ़ा है मैंने। व्यक्तिगत जीवन में उनसे कुछ लेना-देना नहीं है। वे लेखन में और उम्र में मुझसे बड़े हैं। यह शिष्टाचार मैं निभाता हूँ। इसीलिए पुरस्कार मिला तो मैंने फ़ोन करके उन्हें बधाई दी। वे प्रसन्न हुए। प्रसन्न मैं भी हुआ। इसलिए नहीं कि शाह कोई महान लेखक हैं, इसलिए कि एक आदमी जो लगभग पाँच दशक से कलम घसीट रहा है, उसका भी सम्मान हुआ—देर से सही। यह ठीक है कि वह अलग रंग का लेखक है, लेकिन है तो साहित्य की दुनिया का ही आदमी। ऐसे अवसर पर जब कि वैचारिक मतभेदों को भुलाकर बधाई देने का शिष्टाचार है, तब कुछ लोगों ने न सिर्फ़ इसे साहित्य का अपमान बताया बल्कि शाह को एक 'घटिया' और 'वाहियात' लेखक भी कहा। इतना ही नहीं अपने फेसबुक मित्रों द्वारा शाह को दी गयी गाली को पसन्द भी किया। उनकी कहानी, कविता, आलोचना,उपन्यास आदि पर बहस करने की जगह उनकी धार्मिकता पर चर्चा होती रही। यह कैसी हिन्दी संस्कृति बन रही है! यह नये जमाने की तथाकथित क्रांतिकारी और मार्क्सवादी आलोचना का नमूना है या आभासी दुनिया की तुरंता और अविचारित कार्रवाई, समझ में नहीं आता!

सिर्फ़ बयान देकर किसी लेखक को घटिया या साम्प्रदायिक बतलाना एक

असाहित्यिक कदम है। जो ऐसा बयान देते हैं, उन्हें लिखकर बताना चाहिए कि शाह क्योंकर घटिया और साम्प्रदायिक लेखक हैं। उन्हें यह भी बताना चाहिए कि वे कौन-सी चीजें हैं, जिनके कारण कोई लेखक घटिया या उम्दा होता है। किसी को महान या घटिया कहना एक बयान भर कहलाएगा। बयान को तथ्य आधारित होना चाहिए। एजरा पाउंड के अनुसार बयान एक चेक भर है, आप जब चेक काटते हैं तो आपके खाते में उतना पैसा भी होना चाहिए। शाह प्रथमतः और अन्ततः लेखक हैं, कोई धार्मिक प्रवक्ता नहीं। उनका अखाड़ा साहित्य है, उनसे लड़ाई उस अखाड़े में ही हो सकती है। आलोचना यदि साहित्य का विवेक है, तो शाह के आलोचकों से यह अपेक्षा है कि वे उस विवेक के तहत साहित्य के अखाड़े में ही उनका मूल्यांकन करें।

शाह के उपन्यासों में 'गोबर गणेश' मुझे अच्छा लगता है। वह हिन्दी का महान तो नहीं, पर उल्लेखनीय उपन्यास है। उसमें रचनात्मक ताज़गी है। शाह की कहानियों में अपने ढंग की सामाजिकता है, साम्प्रदायिक सदभाव भी है और वंचितों के लिए संवेदना भी। छायावाद और 'प्रसाद' पर लिखी उनकी आलोचना महत्वपूर्ण है। शाह बहुमुखी प्रतिभा संपन्न समर्पित लेखक हैं। उन्होंने विपुल मात्रा में लिखा है। उसमें कुछ अच्छा भी है और कुछ सामान्य भी। मार्क्सवादियों द्वारा उपहास और उपेक्षा का पात्र बनाए जाने के कारण उनके प्रति वे सहज नहीं हैं। उनकी पसंद-नापसंद की अपनी दुनिया है। अज्ञेय, साही, निर्मल आदि को वे अधिक महत्व देते हैं। वे गाँधी, अरविन्द, लोहिया आदि के विचारों को अधिक पसंद करते हैं। एक लेखक के रूप में मार्क्सवादी लाइन को नकारने और दूसरी लाइन को चुनने का अधिकार उन्हें है। लोकतंत्र में उन्हें यह अधिकार मिलना ही चाहिए। साहित्य का यह कैसा लोकतंत्र है कि जिसमें अपनी धारा से विपरीत लेखक के लिए जगह नहीं है? मैं उस दिन की कल्पना नहीं कर सकता जिस दिन हिन्दी साहित्य में जैनेन्द्र, अज्ञेय, रेणु, साही, निर्मल आदि नहीं होंगे। यह कैसी मार्क्सवादी समझ है जो हिन्दी की विविधता से भरी समृद्धि को ख़त्म करने पर उतारू है? शाह से उम्र में छोटे और लेखन में भी कमतर लोगों को पहले भी पुरस्कार मिल चुका है। कई वरिष्ठ और अच्छे लोग तब भी छूट गये थे। तब उन वरिष्ठों के लिए हंगामा क्यों नहीं मचाया गया? क्या इसलिए चुप्पी साध ली गई कि जो पुरस्कृत हो रहे थे, वे अपनी 'राजनीतिक धारा' के मेल में थे?

शाह अज्ञेय की तरह 'ट्रेंड-सेटर' लेखक नहीं हैं। ट्रेंड सेटर लेखक तो यशपाल भी नहीं थे। इससे न तो यशपाल का महत्व कम होता है और न शाह का।

यशपाल ने एक तरह की साहित्यिक धारा का विकास किया तो शाह ने दूसरी साहित्यिक धारा का। शाह पर आरोप उनके धार्मिक-साम्प्रदायिक रूझान का है। मैंने जहाँ तक पढ़ा है, उन्हें वैसा नहीं पाया। उनकी एक कहानी है—'मुहल्ले का रावण।' यह दशहरे में रावण का पुतला बनाने वाले और अपने मुहल्ले को जीत दिलाने वाले कादिर मियाँ के अकेले पड़ जाने और मुहल्ला से कहीं अनजान शहर में चले जाने की कहानी है। नौ मुहल्लों से रावण के नौ पुतलों का जुलूस निकलता था। रात-रात भर जागकर कादिर मियाँ अपने मुहल्ले के रावण का पुतला बनाते थे। कादिर मियाँ के जाने के बाद उस साल जो जुलूस निकला उसमें सिर्फ़ आठ रावण थे। कादिर मियाँ के गुम होने के बारे में तरह-तरह की अफवाहें थीं। लेखक ने कहानी ख़त्म करते हुए लिखा है : "भगवान जाने सच्ची बात क्या थी। मुझे सिर्फ़ इतना याद है कि उस साल दशहरे में हमारे मुहल्ले का रावण नहीं बना। नौ की जगह सिर्फ़ आठ रावणों का जुलूस निकला।" इससे पता चलता है कि साम्प्रदायिक सद्भाव सिर्फ़ मार्क्सवादी लेखकों का ही नहीं, शाह सरीखे गैर मार्क्सवादी लेखकों का भी मुख्य एजेंडा है। शाह के पुरस्कृत होने पर नामदर सिंह और नित्यानन्द तिवारी समेत अनेक वामपन्थी रूझान के वरिष्ठ लेखकों से मेरी बातचीत हुई। उन सबने अकादेमी के इस निर्णय का स्वागत किया। जिन्हें शाह के पुरस्कृत होने पर आपत्ति है, उन्हें फ़तवा जारी करने के पहले इसपर अपने वैचारिक हलके में ही रायशुमारी करा लेनी चाहिए।

(जनवरी 2015)

दूधनाथ सिंह का महादेवी विमर्श

दूधनाथ सिंह की नयी कृति 'महादेवी' अच्छी लगी। आलोचना की इतनी गम्भीर किताब, जो दिलचस्प भी हो और घनघोर रूप से पठनीय भी, इधर के वर्षों में मैंने नहीं पढ़ी। पढ़ने का कोई बोझिल दबाव नहीं, किसी पालमिकल नुस्खे का इस्तेमाल नहीं, फिर भी पुस्तक गम्भीर और पठनीय है। आलोचना में अक्सर वास्तविक या काल्पनिक प्रतिपक्ष खड़ा करके आलोचनात्मक गोलाबारी के बीच अपने साहित्य-नायक को प्रतिष्ठित करने की परम्परा रही है, लेकिन यहाँ ऐसा कुछ भी नहीं। सकारात्मक सोच की सकारात्मक आलोचना कैसे लिखी जाती है, इसका श्रेष्ठ उदाहरण प्रस्तुत करती यह पुस्तक हिन्दी आलोचना की बड़ी उपलब्धि है।

'महादेवी' परम्परित अर्थों में आलोचना पुस्तक नहीं है। इसमें गहन शोध कार्य भी है, आत्मीय संस्मरण भी और महादेवी के साहित्य का गम्भीर विश्लेषण भी। यह सिर्फ़ महोदवी और छायावाद तक या सिर्फ़ महादेवी के देश काल तक सीमित पुस्तक भी नहीं है। इसमें महादेवी तो हैं ही, उनका पूरा परिवेश, समाज, साहित्य और मरनवीय सरोकारों को उज्ज्वल बनाने वाली वे सभी चिन्ताएँ हैं जिनसे कोई भाषा, समाज और राष्ट्र बनता है। बिना किसी हो हल्ले के यह पुस्तक हिन्दी आलोचना के रूढ़ ढाँचे से भिन्न आलोचना का वह रूप गढ़ती है जो गम्भीर भी है, पठनीय भी। पेशेवर आलोचकों की लिखी आलोचना हो या अशोक वाजपेयी के प्रिय रचनाकारों की तथाकथित 'रचनात्मक आलोचना', ज़्यादातर जगहों पर आलोचनात्मक सोच और ढाँचे की जो एकरसता और ठसपन है, उसको यह पुस्तक एक झटके में तोड़ती है। चुपचाप। बिना किसी आरोप या तुमुल कालोहल के। आलोचना ऐसी भी हो सकती है और ऐसी होनी चाहिए, यह पुस्तक पढ़ने के पूर्व मैंने सोचा नहीं था। मैंने यह भी नहीं सोचा था कि महादेवी जेसी अतिलक्षित रचनाकार पर अब कोई ऐसी आलोचना पुस्तक आयेगी जो अलक्षित तथ्यों, अर्थों, आयामों और विश्लेषणों को एक साथ समेटती हुई

सचमुच में नयी हो। इसी अर्थ में मैंने कहा कि इधर के वर्षों में यह पुस्तक हिन्दी आलोचना की एक बड़ी उपलब्धि है। साथ ही महादेवी वर्मा पर लिखी आलोचना पुस्तकों के बीच 'सर्वश्रेष्ठ' की दावेदार भी।

'विरह' और 'रहस्यवाद' के आधार पर महादेवी की जो मूर्ति हिन्दी आलोचना ने प्रारम्भ में ही निर्मित कर दी, थोड़े से उलट फेर के साथ, वही मूर्ति हिन्दी पाठक के 'कामनसेंस' का हिस्सा बन गयी और लगभग अब भी बनी हुई है। इस मूर्ति को तोड़ कर महादेवी की नयी प्रगतिशील छवि गढ़ने का सार्थक आलोचनात्मक प्रयास किया रामविलास शर्मा ने, किन्तु वहाँ भी प्रगतिशील आलोचला की रूढ़ धारणाएँ और वैज्ञानिक चेतना का अभाव आदि अन्ततः बाधक बना। नारी विमर्श के दौर में तो महादेवी अचानक महत्वपूर्ण हो उठीं और विमर्शकारों के लिए उनका सब कुछ महत्वपूर्ण हो गया और उनकी साहित्यिक रचनात्मकता स्त्री विमर्श के इस्तेमाल की वस्तु हो गयी। मतलब यह कि महादेवी के वास्तविक व्यक्ति और रचनाकार को 'डिस्कवर' करने की ज़रूरत हिन्दी आलोचना में बनी रही। 'महादेवी' से यह ज़रूरत पूरी होती है।

प्रस्तुत पुस्तक के लेखन के क्रम में लेखक की महादेवी के प्रति आत्मीयता और उनके साहित्य की तैयारी देखते बनती है। लेकिन अतिरेक कहीं नहीं। समग्रता में धैर्य के साथ महादेवी के जीवन और साहित्य को कई तरह से उलट-पलट कर वस्तुनिष्ठ तरीके से जो मूल्यांकन किया गया है, वह अत्यन्त सन्तुलित है। महादेवी के व्यक्ति और रचनाकार की सीमाओं की कहीं अनदेखी नहीं, फिर भी पूरी पुस्तक आत्मीय वस्तुनिष्ठ विवेक का परिचय देती जान पड़ती है। प्यार तो रामचन्द्र शुक्ल का भी तुलसीदास से है और रामविलास शर्मा का निराला से। उस प्यार के कारण तुलसी और निराला के कवि व्यक्तित्व के अनेक नये आयाम खुलते हैं, फिर भी लगता है कि दोनों के आलोचनात्मक विवेक की वस्तुनिष्ठता को तुलसी और निराला के प्रति उनका अतिशय प्यार कहीं धूमिल करता है। लेकिन आश्चर्य है कि पेशेवर आलोचक न होने के बावजूद, दूधनाथ सिंह का आलोचनात्मक विवेक पुस्तक में शुरू से आखिर तक जाग्रत है। महादेवी के व्यक्तित्व और साहित्य की कमियों, कमजोरियों के लिए लेखक के भीतर कोई क्षमा भाव नहीं। उसे ढकने की कोई चालाकी नहीं। उसे ज़रूरत से अधिक खोल कर 'साहसी' कहलाने का 'वीर भाव' भी नहीं। महादेवी के जीवन, मौत, हँसी और एकान्त के पीछे कई अनजाने अनछुए तथ्यों को लेखक ने खोज निकाला है।

लेखक जितना अपने कथ्य के प्रति सजग है, उतना ही आलोचना के ढाँचे की

रूढ़ि के प्रति भी। पुस्तक के 'उपकथन' में लेखक अपनी इस सजग रचलाशीलता की घोषणा पूरे आत्मविश्वास के साथ करता है तो उसमें तनिक भी दम्भ और बड़बोलापन नहीं लगता : *"साहित्य की और विधाओं की तरह आलोचना की पठनीयता भी ज़रूरी है। बाहरी वैचारिक लदान और विद्वता की झूठी ठसक और क्रूर अहमन्यताओं का ज़माना गुजर चुका। ऐसी क्षणभंगुर आलोचनाएँ हमेशा निरर्थक होती हैं। दरअसल किसी कविता, कला, विचार या लेखक के प्रति एक सहज उत्सुकता जगाना और उसे समझने का मार्ग प्रशस्त करना ही आलोचना का उद्‌देश्य है। आलोचना जिस तरह 'बचाव' नहीं उसी तरह 'हलाल की साजिश' भी नहीं है। वह किसी कलाकृति को समझने का एक समानान्तर रूपक है।"*

महादेवी पर लिखते हुए दूधनाथ सिंह के सामने आलोचना के पीछे सक्रिय वैचारिक दृष्टि या धारणाओं की भूमिका साफ रही होगी और उनकी बनी बनायी निष्पत्तियाँ भी। इसलिए वे आलोचना की पुरानी सभी दृष्टियों—चाहे वे यथार्थवादी हों या रूपवादी—को अपूर्ण मान कर छोड़ते हैं और अपने लिए नया मार्ग चुनते हैं, जो पूर्व के उनके अपने आलोचनात्मक लेखन से भी आश्चर्यजनक ढंग से अलग है। 'महादेवी' में न तो पिछली प्रगतिशील आलोचना की 'यथार्ववाद' सम्बन्धी रूढ़ समझ की आवृत्ति है और न रचनात्मक आलोचना के नाम पर व्यंग्य, विडम्बना, नियति आदि का आग्रह। पिछले आलोचनात्मक प्रत्ययों से आश्चर्य है कि उत्तर आधुनिक शब्दावलियों और धारणाओं के दबावों से भी मुक्त है। छायावादी कवयित्री पर केन्द्रित होने पर भी यह छायावाद की आलोचना (रामविलास शर्मा-नामवर सिंह आदि) की शब्दावलियों और आलोचना की आधारभूमियों की ओर भी जाने या अनजाने नहीं जाती। यह महादेवी के व्यक्ति और रचनाकार को सम्पूर्णता में समझने की निजी कोशिश है। एक तरह से महादेवी का निजी पाठ है जो घनघोर ढंग से सार्वजनिक भी है। यह महादेवी सम्बन्धी पहले की आलोचना को परे रख कर ज़्यादातर महादेवी को ही आधार बना कर लिखी गयी है, इस कारण ज़्यादा विश्वसनीय, आकर्षक और पठनीय है।

दूधनाथ जब कहते हैं कि 'महादेवी इस देश की पहली मुक्त स्त्री हैं जिनके सिर पर आंचल है' तो वे उस महादेवी को प्रस्तुत कर रहे हैं जिसे हिन्दी पाठक ने देखा नहीं है। यह पुस्तक पढ़ने के बाद छायावादी चतुष्टय में चौथे नम्बर पर रखी हुई महादेवी अचानक समानान्तर खड़ी विलक्षण व्यक्तित्व की धनी लगने लगती हैं। उनका व्यक्तित्व, उनकी कविता, उनका गद्य सब कुछ वैसा लगने लगता है, जैसा पहले नहीं था। उनकी वियोग भावना और रहस्य

भावना का परम्परित अर्थ छूट जाता है। उनका नया व्यक्तित्व सतह से ऊपर उठता हुआ दिखता है।

छायावाद की प्रारम्भ में जो आलोचना हुई, उसका एक बड़ा कारण अपने समय और समाज से उसके रिश्ते को लेकर था। बाद में छायावाद की जो आलोचना रामविलाय शर्मा, नामवर सिंह, रमेश चन्द्र शाह आदि ने लिखी, उड़ान छायावादी कविता का अपने समय समाज से रिश्ता बनाने की ही थी। चाहे वह रिश्ता छोटा हो या बड़ा। प्रसाद, निराला और पंत के रिश्ते अपने समय समाज से आलोचकों ने बनाये। महादेवी का नहीं बनाया जा सका। उनकी कविता का वैसा रिश्ता अपने समाज से था भी नहीं। आलोचना ने एक सरल मार्ग निकाला। वे विरह और रहस्य के हवाले कर दी गयीं। इनसे इतर महादेवी की कविता क्या है? इसकी छानबीन किसी आलोचक ने नहीं की। क्योंकि यह आसान काम नहीं था। दूधनाथ सिंह के आलोचक के लिए महादेवी वर्मा का यही पक्ष चुनौती भरा है और व्यापक अर्थों में प्रासंगिक भी। दूधनाथ सिंह ने लिखा है : *"कोई ज़रूरी नहीं है कि अच्छी और बड़ी कविता का चूल अपने तत्कालीन समय और समाज में फिट बैठ जाये। महादेवी की कविता का तो बिल्कुल नहीं बैठता। स्वतन्त्रता आन्दोलन से उनकी कविता का तुक किधर से मिलता है? महादेवी की कविताएँ पढ़ते हुए यह बिल्कुल नहीं लगता कि वह स्वतन्त्रता संघर्ष के सबसे खलबलाते दिनों (1930-1942) की उपज हैं। महादेवी की कविता एक भाव ध्वनि है। इतिहास और घटनाएँ और रूप उसके लिए निरर्थक हैं। शास्त्र निरर्थक है। महादेवी की कविता के बिना छायावाद अपूर्ण है। प्रसाद, पंत, निराला अक्सर अपनी कविता को समय से मिलाने के लिए इधर उधर हाथ पाँव मारते हैं, महादेवी टस से मस नहीं होतीं। फिर भी उनकी कविता समय के सिर चढ़ कर बोलती है। एक सीधी रेखा है जो समय के पूरे ग्लोब को काटती है।"* (पृ. 29-30) इन पंक्तियों को पढड़ कर कोई भी कह सकता है कि इनमें महादेवी की कविता का नया आयाम, नये अर्थों में उद्‌घाटित होता है। उनकी कविताएँ अपने समय के साथ उस तरह नहीं हैं, जैसे रचनाकार या आलोचक देखते-दिखाते रहे हैं। यह एक तरह से, कविता की व्याख्या में जो यथार्थवादी समझ थी, उसका प्रत्याख्यान है।

लेकिन कवि-जीवन और उसके समय से काट कर कविता को देखने दिखाने की नियति, विडम्बना आदि धारणाओं के साथ चलने वाली, जो गैर प्रगतिशील आलोचना थी (है), दूधनाथ सिंह की महादेवी सम्बन्धी प्रस्तुत आलोचना-पुस्तक उसका भी प्रत्याख्यान रचती है। महादेवी की कविता का सम्बन्ध उनके जीवन से

भी है और समय से भी। मौन, प्रतीक्षा, हँसी, आशा निराशा आदि का सम्बन्ध महादेवी के जीवन से है, इसलिए दूधनाथ उनके जीवन को, उनकी दिनचर्या को, उनकी हँसी को, उनके मौन को, उनके एकान्त को, उनके परिवार को, उनकी सामाजिक गतिविधियों-सक्रियताओं को, उनके द्वारा स्थापित संस्थाओं आदि को बार-बार उलटते-पलटते हैं और पढ़ते हैं। फिर रचते हैं। इन सबका महादेवी के काव्य संसार को समझने में निहायत नये ढंग से प्रयोग करते हैं। यह सही है कि महादेवी की कविता समय-सापेक्षता की जगह समय के ग्लोब को काटती हुई कविता है। दूधनाथ प्रगतिशील और आधुनिकतावादी आलोचनात्मक धारणाओं का न सिर्फ़ अतिक्रमण करते हैं और हिन्दी आलोचना को विकसित करते हैं, बल्कि उत्तर आधुनिक शब्दावलियों और पाठ विधियों का भी निषेध करते हैं और ठेठ देशीपन के साथ आधुनिक व्याख्या की राह निकालते हैं। महादेवी की कविता को जानने के लिए उनके जीवन को जानना क्यों ज़रूरी है? उनकी व्याख्या उत्तर आधुनिक ढंग, महादेवी जैसी रचनाकार के लिए क्यों नाकाफी सा है? दूधनाथ सिंह के शब्दों में उत्तर है : *"जो मात्र कलाकृति से ही सन्तुष्ट हो जाते हैं और उसके रचयिता के बारे में कुछ भी जानन को उत्सुक नहीं होते वे परम स्वार्थी होते हैं। अगर अवसर हो तो जानने की प्रबल इच्छा को दबाना परम मूर्खता है। आखिर हम टॉलस्टॉय या चार्ली चैप्लिन या प्रेमचन्द या निराला की जीवनियाँ या आत्मलेखन क्यों पढ़ना चाहते हैं? क्योंकि एक रचना के पीछे के वास्तविक मन और मनःस्थिति के प्रति हम अत्यन्त उत्सुक होते हैं। उससे बहुत सारे ऐसे निष्कर्ष निकलते हैं जो रचनाकार को निजी तौर पर जाने बिना सम्भव नहीं होते।"*

'महादेवी' में ऐसे बहुत से शब्द हैं जिनका प्रयोग आमतौर से आलोचना की शब्दावली में नहीं मिलता। 'लिखत पढ़त', 'विदोर विदोर कर', 'फेंट फाट', 'लदान', 'खुसफैल' आदि न जाने लोक व्यवहार के कितने शब्द हैं जो धड़ल्ले से इस आलोचना पुस्तक में व्यक्त हुए हैं। पुस्तक यदि दिलचस्प है, ठसपन से मुक्त है तो शब्द व्यवहार में इस तरह का लोकस्पर्श भी एक बड़ा कारण है। आध्यात्मिक कुहेलिका से ढंक कर की गयी आलोचकों की व्याख्या की जगह महादेवी के चित्रों और उनकी कविताओं की लौकिक व्याख्या भी महादेवी के अध्ययन को नया आयाम देकर पुस्तक को दिलचस्प बनाती है। लेखक के शब्द है : *"महादेवी के चित्रों और कविताओं को लेकर एक और अहम सवाल है। अक्सर दिमाग में यह बात उठती है कि उनके द्वारा चित्रित स्त्रियों या कविताओं वाली स्त्री में जो एक पुरातनपन्थिता है, जो एक उत्तर मध्यकालीन (रीतिकालीन)*

सुसंस्कृत सांस्कृतिक पिछड़ापन है, जो देय या अन्तर्कथ्य का आवयविक सौष्ठव है, जो एक नायिकापन की छवि है, उसका क्या करें? ये सारे रेखांकन या वाश टेम्परा शैली में चित्रित जलरंगों की स्त्रियाँ, दीपक को मुग्ध भाव से निहारती ऊर्ध्वमुखी एकाधिस्थ सुन्दरी, लेटी हुई 'अरुणा' या दीप उठाये वह सनातन सी दिखने वाली स्त्री नायिका—इन सबका गुणधर्म क्या है? महादेवी में अद्‌भुत रूप से एक रीतिकालीन खनक भी है।... वह रीतिकालीन नायिका की है जो अँधेरे में ही सही, छिप कर ही सही, अभिसार के लिए निकलती तो है। वही है, तो तुलसीदास कृत अनसुया के सारे स्त्री अनुशासन को डरते डरते छिन्न भिन्न करती है।"

काव्य रचना की दुनिया में समस्यापूर्ति एक पूरी की पूरी काव्य संस्कृति है और इसके गम्भीर आशय हैं, यह इस पुस्तक को पढ़ कर मैंने जाना। अब तक तो हम समस्यापूर्ति वाली काव्य संस्कृति को कुछ हिकारत और कुछ कौतुहल भाव से दिखाने के आदी रहे हैं। महादेवी जी का काव्यारंभ समस्यापूर्ति वाली काव्य-परंपरा में हुआ था। इसकी चर्चा करते हुए 'महादेवी' का लेखक न सिर्फ़ समस्यापूर्ति की बारीकियों और उसके विस्तार में जाता है, बल्कि उसी के समानांतर जारी उर्दू शायरी में 'तरह' की बारीकियों और विस्तार में भी जाता है। महादेवी पर बात करते हुए छायावादी कवि तो सामने हैं ही, उर्दू के गालिब, फिराक, फैज आदि भी हैं। और किन्चित् विस्तार से हैं। और उर्दू शायरी को समझने की तमीज के साथ हैं। इसी तरह 'महादेवी' में सिर्फ़ उनकी कविताएँ, उनका साहित्य, उनका जीवन, उनका 'परिवार' ही नहीं है, उनके चित्र भी हैं और उनकी बारीकियों की समझ की तमीज भी। साथ ही महादेवी के चित्रों और उनकी कविताओं का आपसी सम्बन्ध भी। महादेवी एकान्तवास में रह कर रचने वाली रचनाकार नहीं हैं। उनके साथ 'प्रयाग महिला विद्यापीठ' भी है, गाँधी, जवाहर, राजेन्द्र प्रसाद और जयप्रकाश नारायण जैसे राष्ट्रीय नेताओं का सम्बन्ध-साथ भी है। उनके साथ हैं, उनके द्वारा स्थापित अनेक संस्थाएँ। यदि गंगा और हिमालय में रमने वाली महादेवी हैं तो आसपास के आम गरीब लोगों से जुड़ने वाली महादेवी भी। यानी कि महादेवी के व्यक्तित्व के अनेक आयाम हैं। 'महादेवी' का लेखक उन सभी आयामों के विस्तार और बारीकी में जाता है। वह सिर्फ, 'लिखत पढ़त' की नयी दिलचस्प व्याख्या भर नहीं करता। वह उन सभी आयामों में धीरज और सम्मान के साथ महादेवी को खोजता है और उस खोज के बाद वह महादेवी का जो चित्र प्रस्तुत करता है, वह सिर्फ़ छायावाद की नहीं, सिर्फ़ हिन्दी की नही, बल्कि राष्ट्रीय फलक पर प्रतिष्ठित बड़ी साहित्यिक

शख़्सियत का है। ऐसी शख़्सियत का जिसकी चिन्ता के केन्द्र में सिर्फ़ साहित्य नहीं समाज, राष्ट्र, आमजन, पर्यावरण आदि भी हैं।

महादेवी के बहुआयामी व्यक्तित्व को खोजते-रचते लेखक सिर्फ़ एक शोधकर्ता और व्याख्याकार आलोचक भर नहीं हैं। वह तो है ही, रचनात्मक गम्भीरता और जिम्मेदारी के साथ है लेकिन इसके साथ नष्ट होती गंगा, नष्ट होता हिमालय, नष्ट होता इलाहाबादी साहित्यिक माहौल, नष्ट होती जीवन की आध्यात्मिक धवलता की चिन्ता में हलकान होता हुआ और राक्षसी आकार लेते भोगवाद से लड़ता हुआ लेखक भी है जो 'महादेवी' के पृष्ठों में अपनी सजग सक्रिय दृष्टि के साथ उपस्थित है।

हिन्दी समाज मान चुका है और महादेवी जी भी यही मानती रहीं या मानने का भ्रम बनाये रहीं कि 1907 ई. उनका जन्म वर्ष है। शोध के ज़रिए दूधनाथ सिंह प्रामाणिक आधार देते हैं कि उनका वास्तविक जन्म वर्ष 1902 है। निराला 'साहित्यकार संसद' से क्यों निकल भागे थे? महादेवी 'पथ के साथी' में यह बताती हैं कि उनके संन्यास का असली राज़ क्या है? असली राज़ था वहाँ की क़ैद से निकल भागना और मुक्त जीवन की आकांक्षा। महादेवी के व्यक्तिगत जीवन के कुछ अनजान पक्ष भी सामने आते हैं। उनके प्रणय का झीना आभास तो मिलता ही है, धर्म परिवर्तन या विदेश गमन द्वारा एकाकी जीवन से मुक्त होने के लिए पिता या दादा द्वारा दी गयी सलाह आदि का भी पता चलता है। महादवी के जीवन में जो हँसी, एकान्त, चुप्पी, सामाजिक सक्रियता आदि है, उसके रहस्यों की भी गहन और आत्मीय छानबीन इसमें मिलती है। जवाहरलाल ओर उनकी पुत्री इन्दिरा जी से जुड़ाव के बावजूद जयप्रकाश नारायण की विरोधी रैली के लिए जगह मुहैया करने में महादेवी क्षण भर भी नहीं हिचकतीं। यह उनकी सामाजिकता का दूसरा आयाम है, जिस पर इस पुस्तक के ज़रिए विस्तार से रोशनी पड़ती है। निष्कर्ष यह है कि यह पुस्तक महादेवी के व्यक्तित्व और रचना संसार के अनेक नये आयामों को नये शोधपूर्ण तथ्यों के ज़रिए खोलती है।

'लौट आ, ओ धार' नाम पुस्तक दूधनाथ सिंह ने जब लिखी थी, तब उसकी पर्याप्त चर्चा हुई थी। चर्चा का कारण उसकी काव्यात्मक भाषा और बेबाक तेवर था। लेकिन उसी के साथ उसमें अपने आदरणीयजनों और मित्रों की जो निर्मम चीरफाड़ थी, वह भी चर्चा का कारण थी। उसमें किसी को उठाने और किसी को गिराने का कुछ 'वीरभाव' भी था। लेकिन 'महादेवी' में दूधनाथ सिंह 'लौट आ, ओ धार' वाली नकारात्मक भंगिमा से पूरी तरह मुक्त हैं। उसकी सकारात्मकता

जैसे और सान्द्र होकर 'महादेवी' में उतर आयी हो। कोई प्रतिपक्ष नहीं। किसी से हिसाब किताब चुकाने का शरारती रचनात्मक उद्यम नहीं। महादेवी को पढ़कर और जीकर लिखी गयी यह पुस्तक लेखक का क़द बहुत ऊँचला कर देती है। एक और फर्क है। 'लौट आ, ओ धार' मूलतः संस्मरण की किताब है संस्मरण के साथ मूल्यांकन भी है लेकिन मुख्य स्वर संस्मरण का है। 'महादेवी' मूलतः मूल्यांकन और आलोचना की किताब है, जिसे रचे जाने में संस्मरणों की भी मदद ली गयी है। संस्मरण महादेवी की व्याख्या और मूल्यांकन में मददगार हैं। किसी को झकझोरने, कियी को चिकोटी काटने के आधार नहीं।

भारतेन्दु से लेकर अब तक ज़्यादातर रचनाकारों ने आलोचना भी लिखी है। उनमें से कुछ बहुत अच्छी आलोचना है। लेकिन मुझे याद नहीं कि हिन्दी में किसी कवि कथाकार ने किसी कवि लेखक पर 'महादेवी' जैसी गम्भीर और रचनात्मक पुस्तक लिखी है। यह महादेवी पर सर्वश्रेष्ठ आलोचना पुस्तक तो है ही, दूधनाथ सिंह की भी सर्वश्रेष्ठ आलोचना पुस्तक है। पर उससे भी बड़ी बात यह है कि किसी रचनाकार द्वारा किसी रचनाकार पर हिन्दी में लिखी गयी अब तक की सर्वश्रेष्ठ आलोचना पुस्तक भी है।

(2010)

एक दलित लेखक की आत्मकथा

प्रसिद्ध दलित लेखक श्योराज सिंह 'बेचैन' की आत्मकथा 'मेरा बचपन मेरे कन्धों पर' जब मैंने हाथ में ली तो पहली प्रतिक्रिया थी कि यदि उसका शीर्षक 'कन्धों पर बचपन' होता तो क्या ज़्यादा ठीक नहीं होता? 'मेरा बचपन' और 'मेरे कन्धों' पर में प्रयुक्त दो शब्दों के आधिक्य से कोई अतिरिक्त अर्थ-गाम्भीर्य पैदा होता है या यह दो शब्दों की फीजूलखर्ची मात्र है। मुझे लगा कि यह लेखक का अतिरिक्त मोह है कि 'मेरा' और 'मेरे' के ज़रिए अपने कन्धों पर लदे अपने बचपन के अर्थ पर वह ज़्यादा ज़ोर देना चाहता है।

बहरहाल, इस किन्तु परन्तु के बावजूद पढ़ना शुरू किया तो पढ़ता गया। बीच चीच में वर्णन विस्तार के कारण कुछ जगहों पर ऊब भी हुई, लेकिन जब तक किताब ख़त्म नहीं हुई, चैन नहीं पड़ा। प्रश्न है कि वर्णन विस्तार के बावजूद जो मै पढ़ता रहा इसके कारण क्या थे? पहला कारण तो शायद यह था कि एक अभावग्रस्त बचपन के ऐसे पृष्ठ मेरे सामने खुल रहे थे, जो मेरे अपने बपचन के भी दुखों की याद दिला रहे थे। बावजूद इसके कि बेचैन एक दलित घर में पैदा हुए और मैं एक सवर्ण परिवार में, मेरे बपचन की अभाव मेरी और दुखों से सनी दुनिया एक बार फिर मेरी आँखों में थी और मुझे हिला रही थी। लेकिन इसके अतिरिक्त इस आत्मकथा में ऐसा बहुत कुछ था, जो मेरे अनुभव का हिस्सा नहीं था। गाँव में पैदा होने के कारण मैं चमारों की जीवन स्थितियों से परिचित था। अपने गाँव के चमटोला में कभी-कभार मैं जाता भी था। चमटोल के कई बच्चे मेरे साथ पढ़ते थे। उनमें से कई जो आगे नहीं पढ़ सके, अब खेत मजदूरी या मोची का काम करते हैं। अब भी जब मैं गाँव जाता हूँ तो उनसे भेंट मुलाकात होती है। उनकी दुकान पर मैं बैठता हूँ तो वे चाय मँगाते हैं। हम अपनी-अपनी बातें करते हैं। वे मेरी जुबान से आधुनिक दुनिया को सुनते हैं और मैं उनकी जुबान से चमटोल को। इसलिए मैं कह सकता हूँ कि दलित जीवन की मुसीबतों से यह

आत्मकथा पढ़ने के पूर्व मैं परिचित था। इस किताब में कुछ निजी अनुभवों के ब्योरों को छोड़ दें तो ऐसा कुछ भी नहीं है जो मेरे लिए नया हो। फिर भी अपने देखे हुए संसार में एक बार फिर दिलचस्पी बनी रही तो इसका कारण दूसरा था। वह यह कि मैंने वह सब देखा तो है, लेकिन मैं उसका हिस्सा नहीं रहा हूँ। देखे हुए और भोगे हुए जीवन को रचना में ढालने में जिस तड़प का फर्क आयेगा, वह यहाँ है। आर्थिक अभाव के कारण एक सवर्ण लड़के की जो मुसीबतें हो सकती हैं उसका मैं भोक्ता हूँ। लेकिन ग़रीबी के साथ एक दलित लड़के का जो अलग यातना से भरा जीवन है, वह मेरे हिस्से कैसा आ सकता है? भेदभाव से भरे सामाजिक व्यवहार को हमने देखा है। ग़रीबी के साथ सामाजिक व्यवहार का आत्मा को हिलाता हुआ अपमान तो श्योराज ने ही झेला है। अपने ग़रीब बचपन को देखने के साथ लेखक सामाजिक अपमान झेलते हुए एक दलित लड़के के संघर्ष को बड़े ही निर्मम और तटस्थ तरीके से रखता है।

एक साधनहीन चमार जाति में जन्म लेने वाले स्वराज या श्योराज की यह आत्मकथा बपचन से लेकर दसवीं पास करने तक के जीवन को समेटती है। मरे हुए जानवरों की खाल उतारना, उन्हें पका कर रंगना, जूते गाँठना, दूसरे के खेतों में मज़दूरी करना, दिल्ली की सड़कों पर नीबू बेचना और होटल में प्लेट धोने से लेकर और न जाने कितने-कितने काम करने वाले श्योराज ने अपना बचपन सचमूच अपने कन्धों पर ढोया। इस आत्मकथा के ज़रिए एक अनाथ दलित बच्चे का ऐसा जीवन संघर्ष सामने आता है, जो हमारे लिए अकल्पनीय है। कोई सहारा नहीं, कहीं कोई उम्मीद की रोशनी नहीं, फिर भी जीवन जीये जाने वाले एक दलित बच्चे की जिजीविषा की स्तब्ध कर देने वाली इस दास्तान को पढ़ना, हिन्दी आत्मकथा के इतिहास में नये अध्याय से गुजरना है। पिता की अकाल मृत्यु, माँ का दूसरा विवाह, अन्धे दादा और गजालत से भरी दलित बस्ती के बच्चे श्योराज ने कौन-सी यातना नहीं सही, फिर भी यह बोध बना रहा कि किसी भी तरह पढ़ाई करनी हैं। हाड़तोड़ मेहनत और अपमान उपेक्षा का जीवन जीते हुए 'आखिर गंगी का नाती दसवीं पास हो ही गया'। गंगी श्योराज के दादा थे जो अन्धे थे और मिहनतकश नेक इनसान थे। बालक श्योराज के भावनात्मक सहारा भी। यह दसवीं पास होना क्या होता है, यह वही जानते हैं जिनके खानदान में किसी ने कभी अक्षर का मुँह न देखा हो। "उस अन्धे गंगी चमार का नाती पास हो गया था, जिसकी अब तक की सभी पीढ़ियों में कभी कोई साक्षर तक नहीं हुआ। हर जाति में यह बात गयी। ...जो भी हो अब गंगी के नाती की यात्रा

का दूसरा चरण शुरू होगा। उसे ऊँची पढ़ाई करनी है। साहित्य के क्षेत्र में देश की सेवा करनी है। किसानों, कम्युनिस्टों, दलितों और छात्रों के बीच जाना है।'' निष्कर्ष यह है कि श्योराज की यह संघर्ष यात्रा सिर्फ़ निजी यात्रा नहीं, बल्कि ऐसी यात्रा है, जिसमें समाज के उपेक्षित वर्ग की चिन्ता समाहित है।

दलित आत्मकथाओं के ज़रिए हमारे समाज की ऐसी वास्तविकता सामने आयी है, जिनके कारण साहित्य की दुनिया में नया अध्याय जुड़ा है। इसके ज़रिए ऐसे वर्ग की जीवन स्थितियाँ समाने आयी हैं, जिन्हें किन्हीं भी अर्थ में मानवीय नहीं कहा जा सकता। लेकिन कुछ दलित आत्मकथाएँ गुस्से के अतिरेक और बड़बोलेपन के कारण गैर दलित पाठकों का ध्यान समाज की इस समस्या की ओर आकृष्ट करने की बजाय झगड़ालू भूमिका अख्तियार करती रहती हैं। कुछ आत्मकथाओं में कुछ जीवन स्थितियों की आवृत्ति भी मिलती है, जो ऊब पैदा करती है। श्यौराज सिंह बेचैन की यह आत्मकथा इस अर्थ में विशिष्ट है कि दलित जीवन के यथार्थ को इसमें जितने बेबाक ढंग से रखा गया है, उतने ही बेबाक ढंग से गैर दलित जातियों के दलितों के प्रति शोषणमूलक और अपमानजनक रवैये को भी रखा गया है। अपनी गरीबी, अपमान, अमानवीय हालात, संघर्ष आदि के चित्रण में श्योराज कहीं 'लाउड' नहीं दीखते। उनके लेखन का 'अंडरटोन' उन्हें एक विशिष्ट दलित लेखक के रूप में प्रतिष्ठित करता है। उनके वर्णन का शान्त और निर्भय ढंग गैर दलित प्रगतिशील पाठक और अवाम की भूमिका को गाली-गलौज की भाषा में आरोप लगाकर खारिज नहीं करता। जिस सीमा तक उनकी प्रगतिशील भूमिका है, उसे स्वीकार करता हैं और जहाँ उसके अंतर्विरोध प्रकट हैं, उन्हें रेखांकित करता है। आर्य समाज और कम्युनिस्ट पार्टियों की भूमिका की सकारात्मकता और समाज और उनके अन्तर्विरोध की पहचान करते हैं। वे कुछ दलित लेखकों की तरह सब कुछ पर पाटा नहीं चलाते और दलित चेतना के विकास का सारा श्रेय अम्बेडकर को ही नहीं देते। दलितों के सन्दर्भ में पहले आर्य समाज और कम्युनिस्ट पार्टियों की उपलब्धियों और सीमाओं की पड़ताल करते हैं और तब बाबा साहब अम्बेडकर के महत्व को प्रतिष्ठित करते हैं।

'मेरा बचपन मेरे कन्धों पर' पढ़कर एक और सच्चाई सामने आती है। दलितों पर अत्याचार करने और उनसे भेदभाव करने के मामले में सवर्ण जातियों से मध्यजातियाँ पीछे नहीं हैं, बल्कि कुछ बढ़कर है। इस आत्मकथा के लेखक का गाँव यादव बहुल है। दलितों के प्रति यादवों का पूरा आचरण और रवैया

भेदभावकारी और अपमानजनक है। पिछड़ी जातियों के उत्थान के लिए लोहिया के चिन्तन और संघर्ष से यादव सरीखी जो जातियाँ ताकतवर हुई हैं, राजनीति और सम्पत्ति पर जिनका कब्जा हुआ है, उनके भीतर कैसे नया सामन्त पैदा हुआ है, उसके उदाहरण इस आत्मकथा में भरे पड़े हैं। लोहिया की यह भविष्यवाणी गलत साबित हुई कि पिछड़ों के सशक्तीकरण से जाति व्यवस्था कमजोर होगी।

आत्मकथा लेखन में किसी भी लेखक के समक्ष सबसे बड़ी चुनौती अपने गोपन का प्रकाशन है। जीवन के सफ़ेद की चर्चा तो हर कोई करता है, पर स्याह को सामने लाने का साहस हर किसी में नहीं होता। इसलिए तो जितने महापुरुष और लेखक है, उतनी आत्मकथाएँ नहीं हैं। प्रेम करना तो आग के दरिया से गुजरना है, अपने परिवार और जीवन की ढँकी हुई सच्चाइयों को दुनिया के सामने लाने का साहस हर किसी में नहीं होता। शर्मिन्दगी और बदनामियों के न जाने कितने अध्याय उससे जुड़े होते हैं। 'मेरा बचपन मेरे कन्धों पर' पढ़ते हुए पाठक तथाकथित शर्मीन्दगी और बदनामियों के उन अध्यायों से गुजरता है, जो श्योराज सिंह बेचैन के परिवार के लिए उसे पचाना आसान नहीं है। ऐसे प्रसंगों के प्रकाशन का साहस लेखक में है और कहा जा सकता है कि बिना किसी अतिरेक के है।

सादगी, सरलता, ईमानदार आत्मस्वीकृति, तटस्थ वर्णन आदि गुणों के कारण दलित आत्मकथाओं में 'मेरा बचपन मेरे कन्धों पर' का विशेष महत्व है। पाठक के तौर पर इसे पढ़ते हुए मेरी दिलचस्पी इस आत्मकथा में बनी रही और मैं अनुभव समृद्ध होता गया। हिन्दी की दो आत्मकथाएँ मुझे ज़्यादा प्रिय हैं। पहली है पाण्डेय बेचन शर्मा उग्र की 'अपनी खबर' और दूसरी है हरिवंश राय 'बच्चन' की आत्मकथा के पहले दो खण्ड। उग्र की आत्मकथा अपनी तल्ख सच्चाइयों के लिए मुझे याद आती है और बच्चन किस्सागोई और साफ गद्य के लिए याद आते हैं। यहाँ मैं कह सकता हूँ कि 'मेरा बचपन मेरे कन्धों पर' में जिन्दगी की तल्ख सच्चाई भी है और हिन्दी गद्य की सादगी और बयान करने का शऊर भी। दलित चिन्तन काँचा इलैया ने अपनी प्रसिद्ध पुस्तक 'मैं हिन्दू क्यों नहीं हूँ' में भारत की कमजोरी का मुख्य कारण भारत की शासक जातियों में श्रम की अप्रतिष्ठा को माना है। वे इसी के साथ यह भी कहते हैं कि दलित जातियों का सम्बन्ध श्रम की संस्कृति से है। श्योराज सिंह की आत्मकथा पढ़ते हुए श्रम की प्रतिष्ठा का प्रश्न मुझे निरन्तर उद्धेलित करता रहा। श्रम के ज़ोर से दलित जीवन की नारकीय स्थिति से ऊपर उठकर समाज की मुख्यधारा में शामिल होने का

लेखक का संघर्ष इस आत्मकथा को नया अर्थ देता है। इस अर्थ में यह दूसरी दलित आत्मकथाओं से भिन्न भी है और विशिष्ट भी।

और अन्तिम बात यह कि यह आत्म-कथा अपनी चिन्ता और अपने उत्थान तक ही सीमित नहीं है; बल्कि दलितों का उत्थान इसका केन्द्रीय प्रश्न है। इस प्रश्न की अनुगूँज शुरू से अन्त तक इस आत्मकथा में सुनायी पड़ती है।

(2011)

समीक्षा की साख

हिन्दी में जिस विधा की सर्वाधिक दुर्गति हुई है, वह है पुस्तक-समीक्षा। फिलहाल पुस्तक-समीक्षा लिखने-लिखाने का जो आलम है, वह प्रायः जुगाड़ उद्योग-सा है। पत्र-पत्रिकाओं के इस ज़रूरी हिस्से में खानापूरी-सी की जाती है। पुस्तक-समीक्षा अब सीखने-सिखाने के लिए नहीं, बल्कि किसी को उठाने-गिराने के लिए की जाती है। कहा जा सकता है कि पुस्तक समीक्षा अब शायद ही कोई पढ़ता है, सिवाय उनके जो लिखते हैं और जिन पर लिखा जाता है।

पुस्तक-समीक्षा व्यावहारिक आलोचना की बुनियादी ज़मीन है। जो बढ़िया पुस्तक-समीक्षा नहीं लिख सकता, वह बढ़िया आलोचना भी नहीं लिख सकता। साहित्यिक आलोचना के लिए ज़रूरी है—रचना के मर्म की पहचान। रचना की संवेदना, भाषा-शिल्प, अन्तर्वस्तु आदि को पहचानने वाली सक्षम और निर्भीक दृष्टि से व्यावहारिक आलोचना बनती है। निश्चय ही, साहित्य-सैद्धांतिकी आलोचना में सहायक है, लेकिन वह व्यावहारिक आलोचना का विकल्प नहीं हो सकती। हिन्दी और अन्य भाषाओं के जितने मान्य आलोचक हुए हैं, वे प्रायः समर्थ पुस्तक-समीक्षक भी थे। ऐसे आलोचकों में रामचन्द्र शुक्ल, नन्ददुलारे वाजपेयी, रामविलास शर्मा, नलिन विलोचन शर्मा, विजयदेव नारायण साही, नामवर सिंह या टी.एस. इलियट, एफ.आर. लिविस आदि को याद किया जा सकता है। जायसी, सूर और तुलसी की जो व्यावहारिक समीक्षा शुक्ल जी ने की, वह हिन्दी आलोचना का शुक्ल पक्ष है। रचना की व्यावहारिकता की पहचान का ही एक नमूना केशवदास सम्बन्धी उनकी टिप्पणी है। शुक्लजी के यह लिखने के बाद कि 'केशव को कवि-हृदय नहीं मिला था', आज तक कोई भी केशव-प्रेमी उन्हें कवि-हृदय नहीं दिला सका! 'तारसप्तक की प्रयोगवादी रचनाएँ' शीर्षक से नन्ददुलारे वाजपेयी लिखित सुदीर्घ समीक्षा ने ऐसी बहस को जन्म दिया कि 'प्रयोगवाद' नाम ही चल निकला। यह एक काव्य-संकलन की समीक्षा का कमाल था।

'डॉ. जिवागो' और 'बूँद और समुद्र' जैसी कृतियों की समीक्षा के जरिए रामविलास शर्मा ने इस विधा के प्रति जो गंभीरता दिखाई, वह उनकी आलोचना का स्थायी आधार बनी। जब कोई 'मैला आँचल' का नाम भी नहीं ले रहा था, तब नलिन विलोचन शर्मा ने उसकी समीक्षा के जरिए ऐसा धमाका किया कि रेणु यकायक चमक उठे। नलिन जी के शब्दों में : 'गोदान' के बाद हिन्दी उपन्यास में जो गत्यवरोध था, वह 'मैला आँचल' के प्रकाशन से दूर हुआ। नामवर सिंह की आलोचना-दृष्टि में भी समकालीन रचनाशीलता के बीज विद्यमान रहे हैं। 'परिंदे', 'वापसी' और 'अपने-अपने राम' जैसी कृतियों पर उनके द्वारा लिखित समीक्षा की अनुगूँज अभी भी हिन्दी आलोचना में सुनाई पड़ती है। 'अलग-अलग वैतरणी' की 'सलीके से कथा कहने की शैली' शीर्षक साही लिखित समीक्षा को भला कौन भुला सकता है? व्यावहारिक आलोचना का सुन्दर उदाहरण एफ.आर. लिविस की प्रसिद्ध पुस्तक 'दि ग्रेट ट्रेडिशन' है, जिसमें 'दि पोर्ट्रेट ऑफ़ अ लेडी' समेत कुछ अन्य उपन्यासों की गहन समीक्षा प्रस्तुत की गयी है। टी.एस. इलियट द्वारा सम्पादित 'क्राईटेरियन' और लिविस द्वारा सम्पादित पत्रिका 'स्क्रूटनी' में प्रकाशित समीक्षाएँ पुस्तक समीक्षा का मानक इतिहास हैं।

आलोचकीय विवेक और निर्भीकता के बिना पुस्तक समीक्षा सम्भव नहीं। समीक्ष्य विषय पर अधिकार होने पर ही आलोचक कृति के साथ न्याय कर सकता है। 'उर्वशी' की भगवतशरण उपाध्याय लिखित ऐतिहासिक समीक्षा को याद कीजिए। उसकी गूँज आधुनिक हिन्दी कविता के चर्चा-क्रम में अब भी सुनायी पड़ती है। यद्यपि उस समीक्षा में सहृदयता और संवेदनात्मक सहयात्रा का अभाव है, फिर भी जिस तैयारी के साथ वह लिखी गयी है, उसे समीक्षा-कर्म में रुचि रखने वालों को अवश्य देखना चाहिए। देवीशंकर अवस्थी ने हज़ारी प्रसाद द्विवेदी के निर्देशन में शोध किया था, लेकिन जब उन्होंने उनके उपन्यास 'चारु चन्द्र लेख' की समीक्षा लिखी तो गुरुभक्ति आड़े न आई। शीर्षक 'टूटा हुआ दर्पण' से ही पता चलता है कि समीक्षा कितनी कड़ी और निर्भीक रही होगी! भगवतशरण उपाध्याय की पुस्तक 'समीक्षा के सन्दर्भ' और देवीशंकर अवस्थी सम्पादित 'विवेक के रंग' में संकलित समीक्षाओं को देखकर अन्दाज़ा लगाया जा सकता है कि तब समीक्षा के मानदण्ड कितने ऊँचे थे। लेखक की सामाजिक हैसियत, उससे वैचारिक समानता और निजी सम्पर्क आदि सटीक समीक्षा की राह के रोड़े नहीं थे।

पुस्तक समीक्षा की अधोगति के बहुतेरे कारण हैं। आज हिन्दी में व्यापक

सरोकारों वाली उस दृष्टि का अभाव है, जो बिना किसी वैचारिक दुराग्रह के अपने समय की रचनाशीलता से संवाद करती है और आलोचनात्मक विवेक पाठक को देती है। नन्द दुलारे, रामविलास, नलिन, साही, नामवर आदि पर और चाहे जो आरोप लगें, किन्तु यह नहीं कहा जा सकता कि उनकी दृष्टि में हिन्दी का व्यापक परिदृश्य नहीं था और वे अपने विरोधी विचार के लेखकों को नहीं पढ़ते थे। बाद के लोगों में बहुतेरे ऐसे मिलेंगे, जो साहित्य सिद्धान्त के क्षेत्र में दुनिया भर के चिन्तकों-विचारकों के नाम गिनाएँगे, लेकिन जब व्याहारिक आलोचना करेंगे तो अपने वैचारिक बाड़े के बाहर झाँकना उन्हें गवारा न होगा। मामला सिर्फ़ वैचारिक आधार पर वामपन्थी-गैरवामपन्थी विभाजन का ही नहीं, बल्कि जो अलग-अलग संगठन और गुट हैं, उनकी साहित्यिक पहलकदमी का भी है, जिसके तहत अपनों को उठाने और अन्यों को गिराने की तिकड़में की जाती हैं। प्रगतिशीलता/जनवाद जब व्यापक आन्दोलन न रहकर, कुछ लोगों का क्लब बन जाये तो उससे आलोचनात्मक वातावरण तो दूषित होगा ही, हुआ भी है। प्रगतिशीलता/जनवाद का कथित विरोधी जो कलावादी शिविर है उसकी समीक्षा-आलोचना का भी वही हाल है। निष्कर्ष यह कि सबको अपने-अपने शिविर की पड़ी है। जो शिविरबद्ध नहीं होंगे, मारे जायेंगे!

समीक्षात्मक माहौल को दूषित करने में समीक्षक, सम्पादक और रचनाकार—तीनों की भूमिका है। अधिकतर सम्पादक पुस्तक समीक्षा को एक कर्मकाण्ड भर मानते हैं। इसलिए छप रही हज़ारों किताबों में से किनकी समीक्षा ज़रूरी है और किनको कूड़ेदान में डालना है, इसकी न उन्हें तमीज है,न उनके पास फुरसत है और न उनमें इसके लिए ज़रूरी निर्भीकता है। उनके दतर में जो हाज़िरी बजाते हैं, जो उनके लग्गू-भग्गू हैं, वे उन्हें उतावले लेखकों की समीक्षार्थ आई किताबें पकड़ा देते हैं। समीक्षा के लिए काबिल और विषय-विशेषज्ञ समीक्षकों की सूची कितने सम्पादकों के पास है? परिणाम यह है कि कोई भी लल्लूलाल समीक्षक बन बैठता है। उसकी समीक्षा रसूखदार लेखकों से सम्पर्क की सीढ़ी भर होती है। रचनाकार भी समीक्षक से प्रायः प्रशंसा सुनना चाहते हैं। वे अपने रसूख का इस्तेमाल करते हैं, हज़ारों-हज़ार खरचकर, ख़ूब खिला-पिला कर, बड़े धूम-धड़ाके से अपनी किताब का लोकार्पण कराते हैं, प्रशंसकों की भीड़ जुटाते हैं, फिर उन्हीं से अपनी किताब की मनमाफिक समीक्षाएँ लिखवाते हैं। अपनी रचना पर विपरीत टिप्पणी कोई नहीं सुनना चाहता। यदि किसी समीक्षक ने सही बात कह दी और किताब की प्रतिकूल समीक्षा लिख दी तो रचनाकार उसे अपना

शत्रु मान लेता है। प्रायः रचनाकार यह मानते हैं कि जो मेरी रचना का मित्र नहीं, वह मेरा भी मित्र नहीं है। स्वाभाविक है कि समीक्षा के नाम पर चापलूसी छपती है। योग्यतम लोग भी सही बात कहने से बचने लगे हैं। ऐसा नहीं है कि खरा-खरा कहने, छापने और सुनने वाले समीक्षक, सम्पादक और रचनाकार नहीं हैं, लेकिन वे अपवादस्वरूप हैं।

यह विमर्शों से बाढ़ग्रस्त समय है। विमर्श की साहित्य रचना में अपनी सकारात्मक भूमिका है, लेकिन उसकी अतिरेकी असहिष्णुता स्वस्थ आलोचना में बाधक बनने लगी है। पुस्तक समीक्षा की दुर्दशा के लिए विमर्शमूलक समीक्षाएँ भी कम दोषी नहीं हैं। विमर्शधर्मी किताबों की समीक्षा का आधार अब उसकी साहित्यिकता नहीं, विमर्श के वे टूल्स हैं, जो समाज और राजनीति की व्याख्या में इस्तेमाल होते हैं, जिसे पढ़ने के बाद यह तय करना मुश्किल होता है कि आप किसी साहित्यिक कृति की समीक्षा पढ़ रहे हैं या किसी सामाजिक-राजनीतिक कार्रवाई का विवरण। ऐसी समीक्षाओं में भाषा-भाव का एक-साधन होता है।

पिछले दो दशक की पुस्तक समीक्षाओं की भाषा और उनमें प्रयुक्त पदों पर गौर करें तो पाएंगे कि कुछ कॉमन जुमले हैं, जो किसी भी रचनाकार की किताब पर फिट कर दिये जाते हैं। पाठकों को ऐसे तमाम जुमले याद होंगे, जैसे—'लेखक ने यथार्थ की नयी ज़मीन तोड़ी है', 'इन्होंने हिन्दी कविता को नया मुहावरा दिया है', 'नयी काव्य-भाषा ईजाद की है', 'अपने समय के साथ मुठभेड़ की है', 'लेखक ने अपने समय से साक्षात्कार किया है, 'यह कठिन समय है', 'यह अपने समय में रचनात्मक हस्तक्षेप है' आदि आदि। बहुत सम्भव है ऐसा लिखने वाले समीक्षक को समीक्ष्य कृति के पहले की भाषा, अन्तर्वस्तु आदि की बारीकियों की जानकारी तक न हो। बहुत बार वह जिस 'नयेपन' की चर्चा कर रहा होता है, उसके बारे में आप पूछें तो वह बगलें झाँकने लगेगा। ऐसे में आलोचना के नये प्रतिमान गढ़ने वाली समीक्षा की उम्मीद कैसे की जा सकती है?

(2015)

खण्ड : तीन

आलोचना और समाज

सौन्दर्य : दृष्टि और दृश्य का द्वन्द्व

सौन्दर्य दृष्टि पर राम मनोहर लोहिया ने दिलचस्प सवाल उठाया है कि दुनिया में गोरा रंग ही सुन्दर क्यों माना जाता है? उनका उत्तर है कि वह इसलिए कि दुनिया पर गोरी चमड़ी वालों का शासन रहा है; यदि काले लोगों का रहा होता तो काला रंग सुन्दर माना जाता। इसलिए गोरी और पतिव्रता सीता-सावित्री वाले भारतीय नारी आदर्श की जगह कृष्णा यानी द्रोपदी का आदर्श वे सामने रखते हैं। द्रोपदी साँवली थी, उसके पांच पति थे और वह तीखे सवाल उठाती थी। कुरु राज सभा में अपने सवालों से उसने बड़े-बड़ों को निरुत्तर कर दिया था। उन्हें सवाल उठाने वाली द्रौपदी ज़्यादा पसन्द थी। रंगों के सौन्दर्य के साथ आदर्शों का भी अपना सौन्दर्य होता है। लोहिया समाज परिवर्तन के लिए सौन्दर्य के इन प्रतिमानों को बदलने की बात करते हैं और सौन्दर्य को देखने की जो हमारी जड़ीभूत दृष्टि है उस पर जबर्दस्त हमला करते हैं और इस तरह वे समाज परिवर्तन के लिए सौन्दर्य .दृष्टि के परिवर्तन पर ज़ोर देते हैं। इससे पता चलता है कि वास्तविक परिवर्तन सिर्फ़ सत्ता बदल जाने से ही नहीं, सुन्दरता सम्बन्धी सोच को भी बदलने से होगा। इससे यह भी पता चलता है कि सौन्दर्य दृष्टि के मूल में भी राजनीति होती है। सौन्दर्य दृष्टि में परिवर्तन का अर्थ है राजनीतिक सोच में भी अन्तर आना। सोच में परिवर्तन आने से न सिर्फ़ सामाजिक आदर्शों को देखने के नजरिए में फ़र्क़ आता है बल्कि साहित्य के सौन्दर्यशास्त्रीय प्रतिमान भी बदलते हैं। सामाजिक सोच के बदलने से साहित्य के सौन्दर्यशास्त्रीय सोच में कैसे फ़र्क़ आता है इसका दिलचस्प उदाहरण है कबीर का काव्य। कभी कबीर की कविता को अनगढ़ कहकर कमतर महत्व दिया गया था, लेकिन प्रश्नाकुलता जैसे ही आधुनिकता की कसौटी बनी, प्रश्न उठाने वाले कबीर महत्वपूर्ण हो उठे। उनके अनगढ़पन के सौन्दर्य के वैशिष्ट्य पर भी साहित्य चिन्तकों का ध्यान गया। प्रपद्यवादी कवि केसरी कुमार ने, जिनपर लोहिया के विचारों का गहरा असर था,

कबीर काव्य के अनगढ़पन के सौन्दर्य की ओर हमारा ध्यान आकृष्ट किया। कबीर चूँकि व्यंग्य के कवि हैं। व्यंग्य के जरिए कवि दूसरों पर चोट करता है। केसरी कुमार के अनुसार कबीर की कविता उस पत्थर की तरह है जिसकी मारक क्षमता उसके अनगढ़पन के कारण बहुत बढ़ जाती है। कबीर के अनगढ़पन के सौन्दर्य को देखनेवाली यह साहित्य दृष्टि पिछली सभी दृष्टियों से भिन्न है। इस भिन्नता का मूल कारण साहित्य- सौन्दर्य के प्रतिमानों में निरन्तर हो रहा परिवर्तन है।

यह दुनिया यदि परिवर्तनशील है और रोज बनती है तो साहित्य के सौन्दर्यशास्त्रीय प्रतिमान कैसे स्थिर होंगे? इसके उदाहरण हमारे साहित्य-इतिहास में भरे पड़े हैं। भरत मुनि से लेकर पंडितराज जगन्नाथ तक भारतीय साहित्यशास्त्र का जो गहन विस्तार है, वह इस बात का प्रमाण है कि साहित्य-सौन्दर्य की हमारी दृष्टि गतिशील रही है और उसमें जीवन की तरह वैविध्य के अनेक रंग हैं। भक्तिकाव्य को देखनेवाली परलोकवादी दृष्टि को रामचन्द्र शुक्ल ने लोक के धरातल पर प्रतिष्ठित करके हिन्दी आलोचना की दिशा में क्रान्तिकारी परिवर्तन उपस्थित कर दिया। तुलसी के राम विष्णु के अवतार हैं, लोक-कल्याण हेतु वे विविध लीलाएँ करते हैं, उनके अंगों की तुलना उन्होंने कमल से की है—हाथ, पैर, नेत्र आदि सभी कमलवत हैं। तुलसीदास के प्रशंसक शुक्लजी को राम इस कारण प्रिय नहीं हैं, उन्हें राम इसलिए प्रिय हैं कि उनमें शुक्लजी को कर्म का सौन्दर्य नज़र आता है। परलोकवादी साहित्य दृष्टि को लोकवादी बनाने में कर्म के सौन्दर्य की प्रधान भूमिका है, जिसकी शुक्ल विरोधी प्रायः अनदेखी करते हैं। कर्म का सौन्दर्य ही साहित्य की आधुनिक दृष्टि का मूल आधार है। वैष्णव भावना से संचालित तुलसीदास, जिसे वे जगत जननी मानते हैं, उस सीता के सौन्दर्य का वर्णन करते हुए लिखते हैं कि वे छवि-गृह में जलते हुए दीप की शिखा जैसी सुन्दर हैं—'सुन्दरता कहुं सुन्दर करइ, छविगृह दीप सिखा जनु बरइ।' वैष्णव चेतना के साथ सौन्दर्य चेतना में कैसे भारी परिवर्तन उपस्थित होता है, इसका दिलचस्प उदाहरण है मैथिलीशरण गुप्त का राम सम्बन्धी काव्य। तुलसीदास की सीता सुकुमारता की पराकाष्ठा हैं, ऐसी कि तुलसी के सामने यह समस्या है कि सुन्दरता की सारी उपमाएँ कवियों ने जूठी कर दी हैं, सीता की उपमा किससे दी जाये—' सब उपमा कवि रहे जुठारी। केहिं पटतरों विदेह कुमारी।।' लेकिन आधुनिक वैष्णव कवि गुप्तजी की सीता कैसी हैं? माता तो वे गुप्तजी की भी हैं, पर दूसरे अर्थ में। पंचवटी का जो सुन्दर दृश्य है, वह यह कि 'सीता मइया थीं आज कछोटा बाँधें'। कछोटा बाँधकर श्रम करती हुई सीता आधुनिक युग

की श्रमशील स्त्री हैं। तुलसीदास के युग से गुप्तजी के समय तक सीता का रूप बदला है तो इसका कारण यह है कि सौन्दर्य को देखने की हमारी दृष्टि बदली है।

प्रेमचन्द ने जब साहित्य के सौन्दर्य के प्रतिमान बदलने की बात की, सुलानेवाले साहित्य की जगह जगानेवाले साहित्य की माँग की तो इसका कारण यह था कि नवयुग की हवाएँ उसपर बदलाव के लिए दबाव डाल रही थीं। बदलाव हुआ तभी तो महाकाव्य के धीरोदात्त नायकों और पद्मिनी नायिकाओं का युग समाप्त हो गया, होरी और धनिया जैसे नायक-नायिकाओं का युग आ गया। रेणु की कहानी 'तीसरी कसम' की व्याख्या करते हुए विश्वनाथ त्रिपाठी ने हिन्दी कथा-साहित्य में रेणु के एक ऐसे मौलिक योगदान की चर्चा की है, जिस पर कम लोगों का ध्यान गया है। वे कहते हैं कि रेणु ने 'तीसरी कसम' का नायक हीरामन जैसे काले कलूटे व्यक्ति को बना कर प्रेम कहानियों के नायकों की अवधारणा ही बदल दी। 'तीसरी कसम' की यह एकदम नयी व्याख्या है। हीरामन के साथ प्रेम कहानी का नायक ही नहीं बदलता है प्रेम कहानी सम्बन्धी हमारी सौन्दर्य-दृष्टि भी बदलती है। हिन्दी कहानी में यह युगान्तकारी बदलाव है। यह सम्भव होता है सौन्दर्य सम्बन्धी हमारी धारणा में परिवर्तन से। इस परिवर्तन में ज़ोर आन्तरिक सौन्दर्य पर है। हीराबाई ने बाहरी सौन्दर्य बहुत देखा था, उसके भीतर की अमानवीयता और भोगवादी दृष्टि भी देखी थी, लेकिन काले कलूटे हीरामन जैसे आन्तरिक सौन्दर्य का धनी पुरुष उसने पहली बार देखा था। लोहिया ने अपने प्रसिद्ध लेख 'सुन्दरता और त्वचा का रंग' में सौन्दर्य के प्रचलित प्रतिमानों को बदलकर, जो आमतौर से ऊपरी हैं, आन्तरिक सौन्दर्य पर ज़ोर देने की माँग की है। यह दूर की कौड़ी लाना है, लेकिन यह अद्भुत संयोग है कि एक ही समय में लोहिया और रेणु समाज और साहित्य में प्रचलित सौन्दर्यशास्त्रीय प्रतिमानों को बदल कर उसे आन्तरिक सौन्दर्य से जोड़ने पर बल देते हुए दिखाई देते हैं।

बच्चन ने सौन्दर्य के बारे में बात करते हुए लिखा है कि हमारे लिए सफाई ही सौन्दर्य है। तात्पर्य यह कि घर को सजावटी सामानों से सजाने की जगह उसे साफ़-सुथरा रखना ही सौन्दर्य है—जो साफ़-सुथरेपन को ही सौन्दर्य मानता हो, उसके साहित्य पर भी उसका असर होगा ही। दिनकर का भी ज़ोर कहने की सफाई पर बहुत था। उन्होंने कहा है कि हम रिल्के की बात तुलसीदास की सफाई से कहना चाहतें हैं। इसलिए यह अकारण नहीं है कि बच्चन और दिनकर दोनों का गद्य बहुत ही साफ-सुथरा और सुन्दर है। उनके गद्य में हिन्दी

के जातीय गद्य का सौन्दर्य है। बच्चन की आत्मकथा और 'संस्कृति के चार अध्याय' की लोकप्रियता के मूल में अन्य कारण भी हैं लेकिन एक बड़ा कारण हिन्दी के जातीय गद्य का सौन्दर्य भी है, जो हिन्दी वाक्य रचना के अनुसार यानी कर्त्ता, कर्म और क्रिया के क्रम में लिखे जानेवाले गद्य का है। दोनों की भाषा में सफाई का जो सौन्दर्य है, उस पर गाँधीयुगीन आदर्शों के प्रभाव हैं। 1915 से लेकर 1941 तक गाँधी और टैगोर के बीच जो पत्र-व्यवहार और विचार-विमर्श हुए उसे देखने पर पता चलता है कि चरखा को लेकर दोनों में तीव्र मतभेद थे। टैगोर चरखे की अर्थनीति से सहमत नहीं थे। गाँधी ने जवाब में लिखा कि कवि तो कल्पना के भव्य लोक में रहते हैं, जब कि मैं दूसरे के बनाये चरखे का गुलाम हूँ। अपने काम से कवि-कर्म को श्रेष्ठ मानते हुए गाँधी ने टैगौर को सलाह दी : "यदि कवि....रोजाना आधा घण्टा कातें (चरखे पर सूत) तो उनकी कविता और भी निखरेगी। कारण, तब उनकी कविता में गरीबों के दुःख-दर्दों का आज की अपेक्षा कहीं अधिक सशक्त चित्रण होगा।" इस तरह गाँधी का ज़ोर गरीबों के दुःख-दर्द, श्रम, स्वावलम्बन और सरल जीवन पर है। गाँधी के लिए जीवन-सौन्दर्य के स्रोत यही हैं, बेशक साहित्य सौन्दर्य के भी।

रामविलास शर्मा ने कहा है कि यह जीवन और जगत भले ही क्षणभंगुर हो, संसार में रहे बिना सौन्दर्य-बोध सम्भव नहीं है और सौन्दर्य-बोध के बिना कलात्मक सृजन भी सम्भव नहीं है। अब यदि सौन्दर्य-बोध का आधार संसार है तो प्रश्न उठेगा कि संसार तो वर्ग-जाति, स्त्री-पुरुष और काले-गोरे में बँटा है। अलग-अलग श्रेणियों से आने वाले रचनाकारों का सौन्दर्यबोध क्या एक होगा? रामविलासजी यथार्थवादी साहित्य दृष्टि को इसका मुख्य आधार मानते हैं। लेकिन उनके यथार्थवाद की सीमाएँ तो कविता सम्बन्धी उनके मूल्यांकन में ही स्पष्ट हो जाती हैं। इसलिए दलित साहित्यकार अलग कसौटी और सौन्दर्यशास्त्र की बात करते हैं। शरण कुमार लिम्बाले 'रूढ़ साहित्यिक कसौटी' पर 'नयी साहित्यिक धारा' का मूल्यांकन उचित नहीं मानते। वे 'स्थिर कसौटी' या 'निश्चित कसौटी' के आग्रह को भी नकारते हैं। वे पुराने सौन्दर्य शास्त्र को आनन्द पर आधारित मानते हैं, जब कि दलित साहित्य का आधार व्यथा और वेदना है। स्त्री लेखन में सौन्दर्य के प्रतिमान, पितृसत्ता से उपजी भाषा, मुहावरे, प्रतीक, बिम्ब आदि को बार-बार प्रश्नांकित किया जाता है।

भक्ति-दर्शन के प्रकाश में लिखा गया साहित्य हो या आधुनिकता से प्रभावित साहित्य; उसके सौन्दर्य बोध का आधार कोई न कोई वैचारिक दर्शन रहा है।

आज जबकि बाज़ार और बाजारवाद के प्रभाव में वैचारिक आदर्शों की चूलें हिल गयी हैं, स्वाभाविक रूप से एक प्रश्न पैदा होता है कि नयी पीढ़ी के रचनाकारों का सौन्दर्यबोध क्या है? वैसे प्लेटो ने कहा है कि सौन्दर्य तो देखने वाले की दृष्टि में होता है। कहा जाता है कि यह पूर्ण कथन नहीं है–दृष्टि तो महत्त्वपूर्ण है ही दृश्य भी महत्त्वपूर्ण है। लोहिया का ज़ोर भी दृष्टि पर है,दृश्य पर नहीं। प्रश्न है कि दृष्टि और दृश्य के द्वन्द्व को ध्यान में रखे बिना क्या साहित्य के सौन्दर्य पर बात हो सकती है? चरखा सम्बन्धी टैगोर के साथ विवाद में गाँधी का ध्यान इस द्वन्द्व पर था। टैगोर की कविता और अपने चरखा को गाँधी ने एक-दूसरे का 'पूरक' कहा है।

(2016)

स्वतन्त्रता एक अधूरा शब्द है!

स्वतन्त्रता अधूरा शब्द है! पत्रकार-लेखक राजकिशोर ने सोचने के लिए एक अर्थ व्यंजक पद उछाला तो मेरे भीतर यह प्रश्न की तरह गूँजने लगा—क्या सचमुच स्वतन्त्रता अधूरा शब्द है? मैं अभी ऊहापोह में था कि तुलसी याद आये। स्वतन्त्रता की महिमा और उसके अधूरेपन को जैसे उन्होंने सोलहवीं शताब्दी में ही पहचान लिया था। उनकी दो अर्द्धालियाँ तत्काल कौंध गयीं। दोनों का सन्दर्भ स्त्री-जीवन है। पहली है—'जिमी सुतन्त्र भए बिगरहीं नारी।' तात्पर्य यह कि स्वतन्त्रता मिलते ही स्त्रियाँ पथ भ्रष्ट हो जाती हैं। दूसरी अर्द्धाली है—'पराधीन सपनेहु सुख नाहीं'—पराधीनता के कारण स्त्रियों को यथार्थ जीवन तो दूर, स्वप्न में भी सुख नहीं मिलता। पहली अर्द्धाली के जरिए मध्यकालीन सोच के लोग स्त्रियों की स्वतन्त्रता पर तरह-तरह के अंकुश लगाते हैं। स्त्री-विरोधियों के लिए यह अर्द्धाली हथियार है। दूसरी अर्द्धाली के जरिए समाजवादी चिन्तक राममनोहर लोहिया स्त्री-स्वतन्त्रता का प्रश्न बड़े ज़ोरदार ढंग से उठाते थे। उनका मानना था कि स्त्री-जीवन की विडम्बना को व्यक्त करने वाली इससे बड़ी पंक्ति दूसरी नहीं है। स्त्री-जीवन के सन्दर्भ में तुलसी की ये दोनों अर्द्धालियाँ एक-दूसरे के विरोध में हैं। यह उनका अन्तर्विरोध है। एक से तुलसी के सोच का पता चलता है तो दूसरी से उनकी मानवीय संवेदना का।

स्वतन्त्रता का पक्ष-विपक्ष समझने में ये दोनों अर्द्धालियाँ बड़े काम की हैं। यथास्थितिवादियों के लिए गुलामों की स्वतन्त्रता कभी भी प्रेय नहीं रही। गुलामों को स्वतन्त्रता देने से शोषण पर आधारित व्यवस्था चरमराने लगती है और मालिकों को अपना स्वर्ग संकट में पड़ता दिखाई देने लगता है। शोषक-वर्ग का स्वर्ग गुलामों के शोषण के बिना सम्भव नहीं है। इसलिए शोषकों द्वारा गुलामों के राजनीतिक, आर्थिक, धार्मिक और सांस्कृतिक अधिकारों में बराबर कटौती होती रही है। हम जानते हैं कि अपने अधिकारों में कटौती के ख़िलाफ़ शोषित-वंचित

लोग बराबर संघर्ष करते रहे हैं और कुर्बानियाँ देते रहे हैं। हावर्ड फ़ास्ट का उपन्यास 'स्पार्टाकस' गुलामों के विद्रोह का ऐतिहासिक दस्तावेज़ है। इस रचना से गुलामों के भीतर छिपी आज़ादी की आग का पता चलता है। आज़ादी के लिए गुलाम व्यक्ति कोई भी कुर्बानी दे सकता है। ऐसा इसलिए कि स्वतन्त्रता मनुष्य को सबसे अधिक प्रिय है। मनुष्य ही क्यों, स्वतन्त्रता तो जीव-मात्र का सपना है। स्वतन्त्रता चूँकि हमारी नैसर्गिक आकांक्षा है, इसलिए लोकमान्य बालगंगाधर तिलक ने जब कहा कि 'स्वतन्त्रता हमारा जन्मसिद्ध अधिकार है' तो हमारा पूरा राष्ट्र आन्दोलित हो उठा। यह हमारी स्वतन्त्रता की ही आकांक्षा थी जो 1929 में लाहौर कांग्रेस में जवाहर लाल नेहरू की पूर्ण स्वराज्य की घोषणा में और 1942 की अगस्त क्रान्ति के दौरान 'करो या मरो' के नारे में अभिव्यक्त हुई। यह स्वतन्त्रता का ही स्वप्न था कि लेनिन के नेतृत्व में रूसी जनता ने जारशाही का तख़्ता उलट दिया था और यह भी स्वतन्त्रता का ही स्वप्न था कि उसी जनता ने 70 वर्षों के बाद लेनिन-स्टालिन द्वारा स्थापित साम्यवादी शासन का न सिर्फ़ अन्त कर दिया, बल्कि उनकी मूर्तियाँ भी तोड़ डालीं।

कार्ल मार्क्स ने मानव-सभ्यता के विकास के इतिहास को चार चरणों में बाँटा है : आदिम साम्यवाद, दास-प्रथा, सामन्ती समाज और पूँजीवादी समाज। आदिम साम्यवादी समाज में मनुष्य द्वारा मनुष्य का शोषण नहीं होता था। यह उसकी बनाई हुई व्यवस्था नहीं थी। वह प्रकृति प्रदत्त स्थिति थी, तब मानव समाज विकास की प्रारंभिक अवस्था में था। दास-प्रथा को मानव द्वारा मानव के शोषण की सबसे निकृष्ट व्यवस्था माना गया। खैर, चाहे सामन्तवाद हो या पूँजीवाद, मनुष्य द्वारा मनुष्य के शोषण का सिलसिला जारी है, उसके रूप भले बदलते रहे हों। इसलिए मार्क्स ने साम्यवादी व्यवस्था का स्वप्न देखा। ऐसा समाज जो वर्गविहीन और राज्यविहीन होगा। मार्क्सवाद को आधार बनाकर ऐसी व्यवस्थाएँ ज़रूर स्थापित हुईं, लेकिन वहाँ मानव-स्वतन्त्रता की वह आदर्श स्थिति कभी नहीं आई, जिसका सपना मार्क्स ने देखा था। जनता के नाम पर जनता की स्वतन्त्रता नये रूप से बाधित हुई। स्वतन्त्रता का आकांक्षी मानव-मन सन्तुष्ट नहीं हुआ। परिणाम जो होना था, हुआ। साम्यवादी समाज-व्यवस्था ताश के महल की तरह भरभराकर गिर गयी।

मार्क्स का समय राजनीतिक तौर पर औपनिवेशिक दासता का था। इसलिए उनके एजेंडे में राजनीतिक स्वतन्त्रता सर्वोपरि थी। इसी के साथ उन्होंने अर्थ को सामाजिक संरचना का मूल आधार बताया और संस्कृति को अधिरचना कहा।

उनका मानना था कि आधार बदलने से अधिरचना बदल जाती है। लेकिन ऐसा हुआ नहीं। राजनीतिक-आर्थिक परिवर्तन के लिए जो व्यवस्था बनी, वह कई रूपों में मानव-मन की स्वतन्त्रता के विरुद्ध थी। अभिव्यक्ति की स्वतन्त्रता को सर्वोपरि मानने वाली जनता ने अपनी ही बनाई व्यवस्था तोड़ दी। कारण यह है कि मनुष्य को मन की स्वतन्त्रता सबसे अधिक प्रिय है। इस स्वतन्त्रता को हासिल करने के लिए वह हमेशा से संघर्ष करता रहा है, मार्क्सवादी छाते के भीतर भी और मार्क्सवादी छाते के बाहर भी।

सामन्ती समाज में मनुष्य पूर्ण स्वतन्त्रता का स्वप्न नहीं देख सकता। सामंतवाद दूसरे की स्वतन्त्रता को बाधित करके ही टिका रह सकता है। इसलिए एक राजा दूसरे राजा से अपनी स्वतन्त्रता के लिए भले ही युद्ध कर ले, जनता को यह अधिकार नहीं था। भारत में किसी राजा के विरुद्ध जनता ने विद्रोह किया हो, इसके उदाहरण नहीं मिलते। लोहिया ने भारतीय जनता की इस प्रवृति पर दुःख व्यक्त किया है। उन्होंने कहा है कि जनता ने किसी राजा के ख़िलाफ़ कभी विद्रोह किया है, इसका एक भी उदहारण भारतीय इतिहास में नहीं मिलता। आगे चलकर राजनीतिक स्वतन्त्रता का स्वप्न ही जनतन्त्र के उदय का आधार बना। स्वतन्त्रता की यह जनाकांक्षा ही थी कि धीरे-धीरे पूरी दुनिया में जनतान्त्रिक व्यवस्था आई और राजनीतिक उपनिवेशों का दौर समाप्त हुआ। बहरहाल, सामन्ती व्यवस्था में जनता को राजनीतिक स्वतन्त्रता भले न रही हो, उसकी यह आकांक्षा साहित्य और अन्य कला रूपों में व्यक्त होती रही है। दुनिया के प्रायः सभी रचनाकारों-कलाकारों ने मूर्त-अमूर्त ढंग से मनुष्य की स्वतन्त्रता के स्वप्न को अपनी रचनाओं में व्यक्त किया है। दुनिया का सारा साहित्य और सारी कलाकृतियाँ सामन्ती व्यवस्था में जनता की मुक्ति—आकांक्षा का ही प्रतिफलन हैं।

यूँ तो स्वतन्त्रता राजनीतिक रूप में आधुनिक युग में सगुण-साकार हुई, लेकिन इसके बहुतेरे आयाम हैं जिनके बिना राजनीतिक स्वतन्त्रता एक अधूरे प्रत्यय की तरह है। देश जब आज़ाद हुआ तब कम्युनिस्टों ने नारा लगाया था कि 'यह आज़ादी झूठी है, देश की जनता भूखी है'। इस नारे में आधा सच, आधा राजनीतिक स्टंट था। यह सही था कि देश में भूखमरी और बेरोज़गारी थी, लेकिन उससे औपनिवेशिक दासता से मुक्ति कैसी झूठी हो गयी? आज़ादी को सही परिप्रेक्ष्य में रचनाकार देख रहे थे। गिरिजा कुमार माथुर ने आज़ादी को बड़े परिप्रेक्ष्य में देखा। उन्होंने लिखा : 'आज विजय की रात, पहरुए सावधान

रहना।' सावधान रहने की यह चेतावनी किस बात की थी? उन्होंने अपनी उसी कविता में आगे यह भी लिखाः 'शत्रु हट गया लेकिन उसकी छायाओं का डर है।' ये डरावनी छायाएँ शत्रु द्वारा बनाई गयीं विषमता और उसकी सांस्कृतिक गुलामी की थीं। इसका आशय यह था कि स्वतन्त्रता तब तक नहीं पूरी होती जब तक कि आर्थिक, सामाजिक और सांस्कृतिक भेदभाव से जनता मुक्त नहीं होती। इसीलिए जब स्वतन्त्र भारत का संविधान बन रहा था, तब गाँधी ने पंडित नेहरू को 'हिन्द स्वराज' पढ़ने की सलाह दी थी। गाँधी के 'सपने का भारत' सिर्फ़ राजनीतिक स्वतन्त्रता से नहीं बनता था। जयप्रकाश नारायण ने जब कहा कि हमारे समाज में वर्ग हैं और वर्ग-भेद को मिटाने के लिए वर्ग-सत्याग्रह की ज़रूरत है तो वे आज़ादी को सही परिप्रेक्ष्य में परिभाषित करने की कोशिश कर रहे थे। राममनोहर लोहिया ने स्वतन्त्र भारत में दलितों, पिछड़ों और स्त्रियों की मुक्ति का सवाल बड़े ज़ोरदार तरीके से उठाया। वे जब ऐसा कह रहे थे तब वे आज़ादी को केन्द्र से हाशिए तक ले जाकर उसे व्यापक बना रहे थे। डॉ. अंबेडकर ने भारत के सबसे शोषित तबके दलितों की आर्थिक, सामाजिक और सांस्कृतिक मुक्ति के बिना राजनीतिक आज़ादी को अधूरा माना। स्वतन्त्रता को सिर्फ़ राजनीतिक आशय से अलग व्यापक अर्थों में ग्रहण करने की वकालत इन भारतीय विचारकों के साथ विश्व के स्वतन्त्रताकामी तमाम विचारकों ने भी की है।

किसी ने कहा है, शायद डॉ. अंबेडकर ने, कि राजनीतिक गुलामी से भी बड़ी सांस्कृतिक गुलामी होती है। आज राजनीतिक गुलामी से तो जनता मुक्त हो चुकी है। आर्थिक क्षेत्र में भी जनता की स्थिति में थोड़ा-बहुत परिवर्तन आया है, लेकिन धार्मिक अन्धविश्वास, पाखण्ड, कर्मकाण्ड, भाषाई बाराता आदि से आज भी जनता मुक्त नहीं है। इसीलिए गाँधी हर क्षेत्र में स्वदेशी की बात करते थे। वे जानते थे कि गोरे साहबों के चले जाने और सत्ता की कुर्सी पर भारतीयों के आ जाने मात्र से ही आज़ादी का सपना पूरा नहीं होता। वे असल में उस भारतीय मानस को बदलना चाहते थे जो तरह-तरह के देशी अन्धविश्वासों और विदेशी प्रभावों की गिरफ्त में है।

स्वतन्त्रता एक आधुनिक प्रत्यय है। स्वतन्त्रता की अवधारणा आधुनिकता के साथ पैदा हुई। फ्रांसीसी क्रान्ति के तीन बड़े नारे थे- 'स्वतन्त्रता, समता और विश्व-बन्धुत्व'। मानव-मानव में जब तक भेद है, दुनिया के देशों में जब तक युद्ध का खतरा है, तब तक न तो स्वतन्त्रता पूरी हो सकती है, न समता के लक्ष्य को प्राप्त किया जा सकता है। समता और स्वतन्त्रता के साथ विश्व-बन्धुत्व भी

वह आधुनिक अवधारणा है जो पूरे विश्व को शान्ति की ओर ले जाता है। जब तक समाज में और दुनिया में समता नहीं स्थापित होगी, तब तक शान्ति की कल्पना बेमानी है। दिनकर ने ठीक ही लिखा है : 'शान्ति नहीं तब तक जब तक, सुख भाग न नर का सम हो; नहीं किसी को बहुत अधिक हो, नहीं किसी को कम हो।' समाज और विश्व में विषमता का होना अशान्ति की जड़ है। जो लोग दूसरे का अधिकार, चाहे स्वतन्त्रता का हो, चाहे समता का, जब हड़पते हैं तो वे एक तरह से अशान्ति को न्योता देते हैं। महाभारत की विभीषिका से द्वन्द्व में पड़े युधिष्ठिर को शर-शय्या पर पड़े भीष्म के मुँह से दिनकर ने यही कहलाया है : 'चुराता न्याय जो, रण को बुलाता भी वही है; युधिष्ठिर सत्व की अन्वेषणा पातक नहीं है।' आशय यह है कि न्याय के लिए संघर्ष होता रहेगा और न्याय पाने वालों का संघर्ष जायज है। यह संघर्ष स्वतन्त्रता और समता के व्यापक उद्देश्य से परिचालित है।

व्यक्ति, समाज और राष्ट्र के पूर्ण विकास के लिए स्वतन्त्रता ज़रूरी है। गुलाम व्यक्ति, समाज और राष्ट्र कभी भी विकास की पूर्णता का दावा नहीं कर सकते। गुलाम व्यक्ति अपनी स्वाभाविक चाल भूल जाता है। जिस दिन उसे अपनी स्वाभाविक प्रकृति का पता चलता है, वह गुलामी के बन्धन को तोड़ने पर उतारू हो जाता है। इसलिए कि मनुष्य को स्वतन्त्रता सबसे अधिक काम्य है। लेकिन यह स्वतन्त्रता कभी भी निरंकुश नहीं हो सकती। एक व्यक्ति की स्वतन्त्रता दूसरे व्यक्ति की स्वतन्त्रता में बाधक बने तो वह प्रश्नांकित होने लगेगी। यही बात समाज और राष्ट्र की स्वतन्त्रता के अधिकार पर भी लागू होती है। एक स्वतन्त्र समाज और राष्ट्र से यह सहज अपेक्षा होती है कि वह दूसरे समाज और राष्ट्र की स्वतन्त्रता का भी उतना ही सम्मान करे। इससे अर्थ यह निकलता है कि स्वतन्त्रता की जो वाक्य रचना है, उसे भी व्याकरण की ज़रूरत है। व्याकरण से यहाँ तात्पर्य यह है कि अबाध और निरंकुश स्वतन्त्रता को मर्यादा की सीमा का ध्यान रखने का सलीका आना चाहिए। अज्ञेय ने स्वतन्त्रता के अधिकार को एक बड़े ही दिलचस्प उदाहरण से परिभाषित करने की कोशिश की है। एक व्यक्ति अपने हाथ में छड़ी घुमा रहा था, इसपर सामने के दूसरे व्यक्ति ने आपत्ति की और कहा कि छड़ी नचाने की आपको स्वतन्त्रता है, लेकिन आपकी यह स्वतन्त्रता वहाँ समाप्त होती है, जहां से मेरी नाक शुरू होती है। किसी के छड़ी नचाने का यह मतलब नहीं कि दूसरे की नाक टूट जाये। मतलब साफ़ है कि स्वतन्त्रता अबाधित और अमर्यादित नहीं है। इसे भाषा और व्याकरण के

उदाहरण से भी ठीक से समझा जा सकता है। बोलियों को प्रायः व्याकरण की ज़रूरत नहीं होती, लेकिन जैसे ही कोई बोली भाषा का रूप ग्रहण करती है, उसे किसी कामता प्रसाद गुरु और किशोरी दास वाजपेयी की ज़रूरत होती है। बोली की अबाध स्वतन्त्रता उसके भाषा बनते ही व्याकरण की मर्यादा से मर्यादित हो जाती है। यह बात स्वतन्त्रता के सन्दर्भ में जीवन के हर क्षेत्र में लागू होती है।

मुक्ति का स्वप्न मनुष्य प्राचीन काल से देखता आ रहा है। मुक्ति का यह स्वप्न धार्मिक-साहित्यिक क्षेत्र में तरह-तरह के प्रतीकों-रूपकों में व्यक्त होता रहा है। हमारे यहाँ मोक्ष की अवधारणा सांसारिक बन्धन से मुक्ति का ही एक रूप है। सूरदास का वृन्दावन, जायसी का सिंघल द्वीप, तुलसी का रामराज्य और कबीर का अमरपुर सामन्ती समाज में मानव मुक्ति के देखे गये सपनों के ख़ूबसूरत रूपक ही तो हैं। गाँधी आधुनिक भारत के लिए जिस रामराज्य की कल्पना करते हैं, उसका रूपक भले रामायण का हो, लेकिन स्वप्न स्वतन्त्रता के साथ समतामूलक समाज के निर्माण का है। ऐसे समतामूलक समाज का सपना जहाँ कोई दीन-दुखी न हो और किसी तरह का भेदभाव न हो। लोहिया सूरदास के वृन्दावन की प्रशंसा इसलिए करते थे कि स्त्रियाँ दुनिया में पुरुष के कहीं बराबर हुईं तो वृन्दावन में और कान्हा के साथ। भारतीय साहित्य के इन मिथकीय चरित्रों के जरिये आधुनिक युग के हमारे राष्ट्र नायकों ने स्वतन्त्रता और समता का सपना देखा।

उत्तर आधुनिक चिन्तकों के अनुसार महावृत्तान्त का युग समाप्त हो चुका है। मार्क्सवादी या गाँधीवादी सपने से संचालित मानव-मुक्ति के बड़े संघर्षों की भी प्रासंगिकता समाप्त हो गयी है। उसकी जगह विमर्शों ने ली है। अब स्त्री, दलित, आदिवासी आदि विमर्शों के ज़रिये मानव-मुक्ति के खण्डित संघर्षों का दौर है। मानव-मुक्ति के महासंघर्ष को इन विमर्शमूलक बहसों ने हाशिए पर धकेल दिया है। परिणाम यह है कि स्वतन्त्रता के साथ समता के एकजुट संघर्ष का जो ज़ोरदार नारा था, वह कमज़ोर हुआ है। भूमण्डलीकरण के दौर में सुविधा सम्पन्न और वंचित तबके का फ़र्क़ कई गुना बढ़ गया है। विकास का फायदा कुछ प्रतिशत लोगों तक पहुँचा है। शेष समाज विकास के रिसाव का मोहताज़ है। नेहरूयुगीन विकास नीति को देखकर विनोवा भावे ने यही कहा था कि यह नीति समाज के गरीब तबकों को विकास के रिसाव के भरोसे छोड़ देगी। रिसाव का मतलब यह था कि इस विकास नीति के जरिए अमीरों की अमीरी का घड़ा जब भर जायेगा तब उसके रिसाव का लाभ गरीब तबके तक पहुँचेगा। नेहरू युग से

आजतक गंगा में बहुत पानी बह चुका है। कल्याणकारी राज्य की योजनायें ख़त्म होती गयी हैं और उसकी जगह बेशर्म लूट-खसोट की आर्थिक-नीति आ चुकी है। ऐसे में वास्तविक स्वतन्त्रता का सपना बिना समतामूलक समाज की स्थापना के कैसे सगुण-साकार होगा? गाँधी ने 'हिन्द स्वराज' में 'अपने मन के राज्य को स्वराज्य' की संज्ञा दी है। 'स्वराज्य' यानी अपना राज्य यानी औपनिवेशिक दासता से मुक्ति। गाँधी का नाम माला की तरह जपनेवालों से एक सवाल जरुर पूछा जाना चाहिए कि भारतीय जन को जो स्वराज्य मिला है, उसमें क्या उसके मन का भी राज्य शामिल है?

(2016)

उपवास और प्रतिरोध

उपवास प्रतिरोध का सबसे पवित्र और अहिंसक हथियार है। इसे राजनीतिक और सामाजिक प्रतिरोध का साधन महात्मा गाँधी ने बनाया। गाँधी के पहले इसका प्रयोग व्यक्तिगत प्रतिरोध के तौर पर होता था। प्रतिरोध के इस पवित्र, नैतिक और अहिंसक हथियार के जरिए साम्राज्यवाद विरोधी संघर्ष में उन्होंने नयी जान डाल दी। तब से यह जनता के लिए प्रतिरोध का सबसे कारगर हथियार है।

उपवास प्रतिरोध का ऐसा साधन है जो उपवास करने वाले को तो नैतिक बनाता ही है, जिसके विरुद्ध किया जा रहा है उसे भी नैतिक बनाता है। एक तरह से पक्ष-विपक्ष दोनों को बदलने की ताक़त प्रतिरोध के इस साधन में है। ऐसी ताक़त प्रतिरोध के दूसरे तरीक़ों में शायद ही हो! धरना, प्रदर्शन, आक्रमण आदि भी विरोधी को झुकाने और उसे पराजित करने के साधन रहें हैं, लेकिन उन साधनों में उन्हें भौतिक रूप से पराजित करने पर ज़ोर अधिक है; जबकि उपवारा के जरिए विरोधी को भौतिक के साथ आत्मिक रूप सेम मित्र बनाने पर ज़ोर है। किसी अनैतिक व्यक्ति द्वारा किये जाने वाले उपवास के उद्देश्य को सही ठहराने के पूर्व लोग सौ बार सोचेंगे। इसीलिए प्रतिरोध के रूप में जब कोई व्यक्ति उपवास का प्रयोग करता है तो उसका शत-प्रतिशत नैतिक होना ज़रूरी है।

उपवास सत्याग्रह का ही दूसरा नाम है। किसी गलत उद्देश्य और आचरण का व्यक्ति इस हथियार का प्रयोग नहीं कर सकता। सत्य के आग्रह के साथ ही उपवास का प्रयोग शोभनीय और नैतिक है। सत्याग्रह को महात्मा गाँधी ने 'आत्मबल' का ही समानाथद्ध माना है, जिसे अंग्रेज़ी में 'पैसिव रेसिस्टेंस' कहते हैं। गाँधी के शब्दों में यहच्शस्त्र बल' के उलटा है। इसके आगे सत्याग्रह की और साफ़ व्याख्या करते हुए उन्होंने 'हिन्द स्वराज' में लिखा है कि "मुझे जो काम पसन्द न हो उसे मैं न करूँ तो मैं सत्याग्रह या आत्मबल से काम लेता हूँ। मिसाल के लिए मान लीजिए सरकार ने एक कानून बनाया जो मुझ पर लागू

होता है। वह मुझे पसन्द नहीं है। अब अगर मैं सरकार पर हमला करके उसे वह कानून रद्द करने को मजबूर करूँ तो मैंने शस्त्र बल से काम लिया। पर मैं उस क़ानून को मंजूर ही न करूँ और उसे न मानने की जो सजा मिले उसे ख़ुशी से भुगत लूँ तो मैंने आत्मबल से काम लिया अथवा सत्याग्रह किया। सत्याग्रह में अपनी ही बलि देनी पड़ती है''। इसी के साथ गाँधी ने यह भी जोड़ा कि 'पर बल' से 'आत्मबल' ज़्यादा बड़ी चीज़ है। प्रतिरोध के इसके रास्ते में 'पर बलि' है। जबकि सत्याग्रह 'आत्म-बलि' पर आधारित है।

सत्याग्रह के रास्ते पर चलने वाले आदमी के स्वाभाव का अनिवार्य हिस्सा विनम्रता होती है। इस रास्ते में बौद्धिक या शारीरिक शक्ति की बजाय आत्मा की शक्ति और आचरण पर ज़ोर दिया जाता है। इसलिए अहंकार के लिए सत्याग्रही के जीवन में कोई जगह नहीं है। प्रतिरोध के दूसरे मार्गों के जो राही है उनमें अपनी शक्ति का, वह चाहे बौद्धिक हो या शारीरिक, अहंकार प्रायः देखने को मिलता है। विनम्रता भयजनित नहीं होती। उसके पीछे सत्याचरण की शक्ति होती है। इसलिए सत्याग्रही में जहाँ अहंकार की जगह विनम्रता होती है, वहीं वह दयनीयता से मुक्त आत्मविश्वास से भरा होता है।

सत्याग्रही के लिए बलशाली होना या अपने समर्थकों की बड़ी फ़ौज इकट्ठी करना कतई जरूरी नहीं। शरीर से वह कमज़ोर है या बलवान, वह अकेले है या उसके पास समर्थकों की बड़ी भीड़ है, ये सारे प्रश्न उसके लिए फिजूल है। गाँधी कहते हैं ''सत्याग्रह के लिए जिस हिम्मत और मर्दानगी की ज़रूरत होती है वह तोप-बन्दूक का बल रखने वालों के पास हो ही नहीं सकती। सत्याग्रही को फ़ौज खड़ी करने की ज़रूरत नहीं पड़ती। कुश्ती की कला सीखने की भी ज़रूरत नहीं होती। उसने अपने मन को वश में किया कि फिर बलराज सिंह की तरह दहाड़ करता है और उसकी गर्जना जो लोग उनके दुश्मन बने बैठे हों, उन्हें कंपा देती है''।

सत्याग्रही के लिए गाँधी लोभ रहित जीवन की वकालत करते हैं। वे सत्याग्रही के लिए गरीबी का जीवन आवश्यक मानते हैं। गरीबी का जीवन से आशय है कम से कम में जीवन यापन करना। वे मानते हैं कि सत्याग्रही के पीछे सत्य का बल काम करता है। इसलिए उसे सत्य की राह कभी नहीं छोड़नी चाहिए।

सत्याग्रही के लिए अभय होना ज़रुरी है। अभय हुए बिना सत्याग्रही की यात्रा एक कदम भी आगे नहीं बढ़ सकती। गाँधी के शब्दों में ''उसे सब प्रकार और सभी बातों में निर्भय होना चाहिए। धन-दौलत, झूठा मान-सम्मान, नेह-नाता, राज दरबार, चोट-मृत्यु सबके भय से मुक्त हो जाये तभी सत्याग्रह का पालन हो सकता है''।

आज़ाद भारत में सत्याग्रह को प्रतिरोध का हथियार जेपी और लोहिया ने बनाया। लोहिया उपवास के पक्ष में नहीं थे, लेकिन सत्याग्रह के जरिए शान्तिपूर्ण प्रतिरोध के हिमायती थे। शान्तिपूर्ण धरना, मार्च, प्रदर्शन आदि को वे, 'सिविल नाफरमानी' कहते थे। उनकी नज़र में सिविल नाफरमानी अन्याय के प्रतिकार का सबसे कारगर औज़ार है। सिविल नाफरमानी की परिभाषा करते हुए उन्होंने कहा है, "सिविल नाफरमानी अथवा अन्याय से शान्तिपूर्ण लड़ना अपने आप में एक कर्तव्य है...सिविल नाफरमानी का एक मतलब यह होता है कि विरोधी के दिल से ग़ुस्सा दूर करे, तो इसका मतलब होता है कि जनता के दिल की कमज़ोरी को दूर करें...अगर सिविल नाफरमानी करने वाले लोगों के काम के नतीजे से हिन्दुस्तान के करोड़ों लोगों के दिल से कमज़ोरी और डरपोकपन दूर हो जाये तो सिविल नाफरमानी कामयाब समझी जायेगी"।

उपवास सिविल नाफरमानी का ही एक तरीका है। इसके जरिए बड़े प्रतिरोध का आधार तैयार होता है, लेकिन सबसे पहले उपवास हमें अभय करता है। अभय होकर हम क्रूर-से-क्रूर सत्ता की अनीति का विरोध करने का नैतिक साहस हासिल करते हैं। रघुवीर सहाय कहते हैं :

"न टूटे न टूटे तिलिस्म सत्ता का मेरे अन्दर एक कायर टूटेगा"

इसे पढ़ते हुए ऐसा लगता है कि सहाय जी लोहिया के प्रतिरोध के औजार सिविल नाफरमानी को ही कविता का सुन्दर बाना पहना रहे थे। जिसके पास न अनुयायियों की बड़ी भीड़ है और न प्रतिरोध को इवेण्ट बना देने की एनजीओ मार्का तरकीब है, ऐसा हमारा एक साथी जब सरकार की जन विरोधी नीतियों के ख़िलाफ़ जन्तर-मन्तर पर उपवास का रास्ता चुनता है तब वह गाँधी के सत्याग्रह और लोहिया के सिविल नाफरमानी वाले रास्ते पर चलकर नैतिक प्रतिरोध के लिए हमारे सामने एक सगुण उदहारण बन जाता है।

(नर्मदा सरोवर बाँध से विस्थापित लोगों के समुचित पुनर्वास हेतु हमारे समय की महान सामाजिक कार्यकर्ता मेधा पाटेकर पिछले दस दिनों से उपवास पर हैं। उनकी हालत ठीक नहीं है। हमारा ध्यान उनकी सेहत और उन कारणों की ओर जाना चाहिए जिनके लिए वे उपवास पर हैं। 25 जून से 3 जुलाई, 2017 तक हमारे एक समाजवादी साथी प्रेम सिंह 'मॉब लिंचिन' के ख़िलाफ़ सात दिन उपवास पर थे। प्रतिरोध स्वरुप अपने इन साथियों के उपवास के समर्थन में लिखी गयी यह टिप्पणी 06/08/2017 के 'जनसत्ता' अख़बार में प्रकाशित हुई।)

गाँधी का 'अभय' मन्त्र

विनोबा भावे की एक छोटी-सी पुस्तक है—'गाँधी जैसा मैंने देखा'। उसमें साबरमती आश्रम में गाँधी के साथ बिताए दिनों की यादें हैं। 'वैष्णव जन तो तेने कहिए...' भजन वहां गया जाता था। विनोबा के मन में यह सवाल उठा कि इस भजन में एक वैष्णव व्यक्ति के जो लक्षण बताए गये हैं वे गाँधी में कितने हैं! अपने अनुभव के आधार पर बिनोवा भावे ने लिखा है कि एक सच्चे वैष्णव के सभी गुण गाँधी में थे। वे गुण थे—सादगी, सच्चाई, अपरिग्रह, अभय, निरभिमान आदि। इन गुणों को गाँधी ने भारत की राजनीति से जोड़कर नये भारत का और नयी सभ्यता का सपना देखा—गाँधी राजनीति और समाज को जिन गुणों से जोड़ना चाहते थे, उन्हें अब कोई याद नहीं करता। राजनीति में जब सारा ज़ोर 'राज' पर हो और उससे 'नीति' गायब हो, जब 'ग्राम स्वराज' की कल्पना स्थगित कर दी गयी हो और देश 'स्मार्ट सिटी' के सपने में मुबतिला हो, तब गाँधी को याद करने का अर्थ क्या है?

'सत्याग्रह' के रूप में गाँधी ने सामजिक और राजनीतिक प्रतिरोध का नया औजार भारत को दिया। इस सत्याग्रह के जरिए उन्होंने स्वतन्त्रता संग्राम में नयी जान फूँक दी। जो 'इंडियन नेशनल कांग्रेस' सिर्फ़ प्रस्ताव पारित करने वाली जमात थी, उसे गाँधी ने जन आन्दोलन में बदल दिया। उनके 'सत्याग्रह' की प्रथम प्रयोगशाला चम्पारण है, जिसका 2017 शताब्दी वर्ष है। उन्होंने सत्याग्रहियों की एक बड़ी फ़ौज खड़ी की और नये स्वतन्त्र भारत का सपना देखा। गाँधी के सपनों का वह भारत वैकल्पिक सभ्यता का भारत था जो अतिशय भोग को नकारता था और अतिशय मशीनीकृत दुनिया के समानान्तर श्रम आधारित सभ्यता को महत्त्व देता था। गाँधी ने मानसिक श्रम और शारीरिक श्रम के फ़र्क़ को ख़त्म किया और शौचालय की सफ़ाई से लेकर राष्ट्र-निर्माण के काम को एक ही समान माना। इस तरह उन्होंने हर तरह के

श्रम को नये सिरे से परिभाषित किया और श्रम-विभाजन पर टिकी भेदभावकारी वर्ण-व्यवस्था पर चोट की।

भक्ति साहित्य ने यदि उन्हें मोहनदास करमचन्द गाँधी से महात्मा गाँधी बनने में बड़ी भूमिका निभायी तो आधुनिक साहित्य से प्राप्त गहरे संस्कारों ने भी उनके आत्मबल को मजबूत किया। गाँधी जब दांडी मार्च पर जाने को थे और उसकी सफलता को लेकर बहुतों के मन में सन्देह था, तब टैगोर के प्रसिद्ध गीत 'एकला चलो रे' पर नन्दलाल बोस ने पोस्टर बनाकर कलकत्ते में लगाया था और गाँधी को इस तरह अपना नैतिक समर्थन दिया था। वही गाँधी जब 1947 में अपनी जान जोखिम में डालकर दंगाग्रस्त नोआखाली में घूमते हुए लोगों के जख्मों पर मरहम लगा रहे थे, तब उनके साथी 'वैष्णव जन तो तेने कहिए' के साथ 'एकला चलो रे' भी गाते थे। भारतीय राजनीति के सबसे भयावह दौर में जब जीवन की सबसे बड़ी परीक्षा से वे गुज़र रहे थे, तब उनके आत्मबल को बनाए रखने में कविताओं की बड़ी भूमिका रही। यह भारत की आधुनिक राजनीति का साहित्य से जुड़ाव का परिणाम था। इसका असर उस समय की राजनीति पर व्यापक रूप से पड़ा। राजनीति से साहित्य के जुड़ाव का यह सिलसिला आज़ादी के बाद लगभग दो-ढाई दशक तक कमोबेश बना रहा। लेकिन उसके बाद राजनीति यदि संस्कारहीन हुई तो उसका मुख्य कारण उसका साहित्य-संस्कृति के सरोकारों से वंचित होना है।

गाँधी ने सत्याग्रही का 'अभय' होना अनिवार्य माना। आज देश में गाँधी के मन्त्र 'अभय' की बहुत ज़रूरत है। चम्पारण सत्याग्रह के दौरान गाँधी ने जो अनेक काम किये उनमें सबसे पहला स्थान अभय का है। चम्पारण की जनता 'निलहों' के अत्याचार से पीड़ित तो थी ही, बहुत डरी हुई भी थी। लोग अत्याचार सहना पसन्द करते थे, लेकिन अत्याचार के ख़िलाफ़ बोलना नहीं। गाँधी जब गये तब उनके साथ खड़े होने वाले राजकुमार शुक्ल समेत बहुत कम लोग थे। इसका कारण यह था कि जनता में अंग्रेज़ों का भय व्याप्त था। गाँधी ने वहाँ सत्य और अहिंसा के मार्ग पर चलते हुए अभय होकर न्याय के लिए लड़ना सिखाया। गाँधी के विदेशी साथी चार्ली और एंड्रूज जब चम्पारण से वापस लौटने लगे तो वहाँ के लोग चाहते थे कि ये चम्पारण में ही बने रहें। कारण यह था कि गोरों की उपस्थिति चम्पारण की जनता को मानसिक तोष देती थी कि इनके रहते अंग्रेज़ गोरे उन पर अत्याचार नहीं करेंगे। गाँधी ने लोगों की यह कमज़ोरी महसूस की और अपने दोनों साथियों को जाने दिया। गाँधी चाहते थे कि न्याय

के रास्ते पर लोग निर्भय होकर चलना सीखे। लोगों ने उनकी यह बात मानी और चम्पारण सत्याग्रह में व्यापक जन भागीदारी हुई। गाँधी का यह मन्त्र आज भी किसी फासिस्ट कारवाई के विरुद्ध सबसे कारगर हथियार है।

गाँधी का मानना था कि देश में जो भी नीति बने, उसे बनाते समय ध्यान में रखा जाये कि समाज के सबसे कमज़ोर आदमी पर उसका क्या असर होगा। राजनीति की जगह गाँधी की यह लोकनीति थी। कहने की ज़रूरत नहीं कि हमारी वर्त्तमान राजनीति की चिन्ता के केन्द्र में समाज का वह आख़िरी आदमी नहीं है जो गाँधी की लोकनीति में पहला स्थान रखता है। हमारी विकास नीति अब आख़िरी व्यक्ति को ध्यान में रखकर नहीं बनती, पूँजीपतियों को ध्यान में रखकर बनती है। इस कारण समाज में सुविधा सम्पन्न और वंचित तबके के बीच गैर-बराबरी की खाई चौड़ी हुई है। दुखद यह है कि गाँधी की लोकनीति को दरकिनार करके विकास की जो फसल उगाई जा रही है वह गरीबों के हित में नहीं। इस विकासनीति से उपजा हुआ जो मध्यवर्ग है वह समाज-चिन्ता से कटा हुआ मध्यवर्ग है। वह भारतीय नवजागरण की चेतना वाला मध्यवर्ग नहीं है जिसकी चिन्ता के दायरे में समतामूलक समाज का एजेंडा था। नये वेतनमानों से अघाया हुआ यह मध्यवर्ग आत्मकेन्द्रित और लालची मध्यवर्ग है। यही कारण है कि एक तरफ़ गंडा-ताबीज बेचने वाले बाबाओं की देश में बाढ़ आ गयी है जिनके ज़्यादातर भक्त इसी मध्यवर्गीय समाज से आते हैं। एक कहावत है कि लालचियों के गाँव में ठग कभी भूखे नहीं रहते। इसका दूसरा पहलू यह है कि इस विकासनीति को चुनौती देने वाले सत्याग्रहियों के साथ जो व्यापक जन भागीदारी होनी चाहिए थी, उसका सर्वथा अभाव है।

गाँधी ने 'हिन्द स्वराज' में कहा था कि यह धरती दुनिया के सभी लोगों की ज़रूरतें पूरी करने के लिए काफ़ी है, लेकिन एक लालची व्यक्ति के लिए छोटी है। उस पृथ्वी का दोहन जब हम अपनी ज़रूरत के लिए नहीं, लालच के लिए कर रहे हैं और संकट को आमन्त्रित कर रहे हैं, तब जो व्यक्ति सबसे पहले याद आता है वह गाँधी हैं। गाँधी अपने घर की खिड़कियाँ खुली रखना चाहते थे ताकि बाहर की हवा आ सके, लेकिन इतनी नहीं कि बाहर की आँधी उसे उड़ा ले जाये। नयी आर्थिक नीति के समय में हमने सिर्फ़ खिड़कियाँ ही नहीं, बल्कि सारे दरवाज़े भी खोल रखे हैं। फल यह है कि बाहर से आई विकास की आँधी हमारी परम्परा और संस्कार समेत घर की सारी वस्तुओं को उड़ाए लिए जा रही है। गाँधी ऐसे समय में बरबस याद आते हैं,और याद आता है उनका स्वदेशी का अभियान।

गाँधी की कहानी लिखने वाले अमेरिकी पत्रकार लुई फिशर ने गाँधी और जिन्ना की तुलना करते हुए लिखा है कि गाँधी हर हाल में भारत विभाजन रोकना चाहते थे और जिन्ना हर हाल में पाकिस्तान बनाना चाहते थे। विभाजन के लिए गाँधी अपनी ˙ र कुर्बानी देने को तैयार थे और पाकिस्तान प्राप्त करने के लिए जिन्ना हर तरह की बर्बादी देखने को तैयार थे। फिशर ने इस विडम्बना पर आश्चर्य व्यक्त किया है कि नास्तिक जिन्ना धर्म के आधार पर पाकिस्तान बनाना चाहते थे और धार्मिक गाँधी धर्म निरपेक्ष अविभाजित भारत चाहते थे। दुर्भाग्यपूर्ण है कि जिन्ना जीते और गाँधी अपने मिशन में कामयाब नहीं हुए। धर्म की राजनीति करने वालों को इससे सीखने की ज़रूरत है।

गाँधी बुद्धि के साथ अतःकरण पर ज़ोर देने वाले व्यक्ति थे। बुद्धि और अन्तः करण के मेल का अद्‌भुत समन्वय उनके जीवन में दिखाई देता है। इस अर्थ में वे भक्त कवियों से जुड़ते हैं जिनके यहाँ शब्द और कर्म में कोई द्वैत नहीं है। गाँधी को याद करने का मतलब अपने आचरण और अपने अन्तःकरण को फिर से टटोलना है।

(2017)

'हिन्द स्वराज' : एक पुनर्विचार

पिछले दिनों दिल्ली विश्वविद्यालय में 'हिन्द स्वराज' पर एक अन्तर्राष्ट्रीय संगोष्ठी हुई थी। बीज व्याख्यान प्रसिद्ध गाँधीवादी विचारक और कनाडा में रह रहे ईसाई धर्मावलम्बी एन्थोनी परेल ने दिया। परेल साहब ने कहा कि–'पश्चिम की पूँजीवादी और मशीनी सभ्यता को देखने के बाद गाँधी ने यह पुस्तक लिखी। गाँधी के पास एक भारतीय दृष्टि और भारतीय चिन्तन परम्परा थी और सभ्यता को बचाने का एक रास्ता था।' बाद में दूसरे दिन प्रभाष जोशी ने हस्तक्षेप किया और वक्तव्य दिया। एन्थोनी परेल के इस वक्तव्य को चिन्हित करके उन्होंने कहा कि–"मैं इसमें सुधार ये करना चाहता हूँ कि गाँधी ने 'हिन्द स्वराज' में जो प्रस्तावित किया, वह भारत-वर्ष में भी कोई बनी-बनायी सभ्यता नहीं थी। असल में वे यूरोप की पूँजीवादी मशीनी सभ्यता और भारत वर्ष की लालसा और आकांक्षा और स्वप्न जो कुछ था–उसको देखने के बाद सभ्यता की एक नयी प्रस्तावना लिख रहे थे, जिसमें पश्चिम के भी बहुत सारे विचारकों का योगदान है।" ...कल बताया गया कि 'हिन्द स्वराज' के अन्त में जो बीस पुस्तकों की सूची दी गयी है, उनमें ज़्यादातर बाहर के लेखक हैं। यह सही है लेकिन गाँधी के पास भारतीय जीवन पद्धति के वे सकारात्मक पक्ष भी थे, जिन्हें वे एक सूत्र में पिरोते हुए नयी सभ्यता की नयी प्रस्तावना लिख रहे थे।

मित्रो! 1909 में 'हिन्द स्वराज' के प्रकाशन के पूर्व 1848 में कार्ल मार्क्स 'कम्युनिस्ट मेनिफेस्टो' लिख चुके थे। ये दोनों छोटी पुस्तकें हैं, मगर दुनिया को बदलने की, एक नयी सभ्यता रचने की आकांक्षा से लिखी गयी बड़ी पुस्तकें हैं। मार्क्स ने कहा था कि–दुनिया का इतिहास वर्ग संघर्ष का इतिहास है।' यह भी कहा कि–अब तक दुनिया की व्याख्या दार्शनिकों ने अलग-अलग ढंग से की है, लेकिन ज़रूरत अब इस दुनिया को बदलने की है। गाँधी 'हिन्द स्वराज' में न केवल दुनिया को बदलने की बात करते हैं, बल्कि दुनिया की व्याख्या भी

करते हैं। मार्क्स मान चुके थे कि दुनिया की व्याख्या हो चुकी है, हिस्टोरिकल मैटेरेलिजम अपने उत्कर्ष पर है, अब इसकी व्याख्या की ज़रूरत नहीं है, पूँजीवाद के बाद समाजवाद को आना ही है। लेकिन समाजवाद के आने और समाजवाद के ध्वस्त होने के बाद आज 'हिन्द स्वराज' को पढ़ते हुए लगता है कि दुनिया की पुनर्व्याख्या की भी ज़रूरत है और दुनिया को बदलने की नयी कोशिशों की भी ज़रूरत है।

दुनिया को बदलने की बात मार्क्स भी करते हैं और गाँधी भी। मार्क्स क्लास स्ट्रगल के जरिए, वैज्ञानिक चेतना के जरिए, पदार्थवादी दर्शन के द्वारा, हमारी वस्तुवादी दृष्टि का निर्माण करके करते हैं। यूरोप में जो औद्योगिक क्रान्ति हुई, फ्रांसिसी रिवोल्यूशन हुआ, फिर ज्ञानोदय का युग आया—उनसे बनी जो दृष्टि थी—रेशनल दृष्टि, वैज्ञानिक चेतना, उसके जरिए उन्होंने दुनिया की व्याख्या की और दुनिया को बदलने की बात की—समता और स्वतन्त्रता के लिए।

गाँधी दूसरे रास्ते से आये, जिसे 'भाववादी दर्शन' कहा जाता है—ईश्वर वाला रास्ता, उस रास्ते। केंद्र में ईश्वर को रखकर और ईश्वर का ही पर्याय, अगर सत्य है तो सत्य को रखकर। यह एक दूसरा रास्ता था। इसलिए जो रेशनल लोग थे, प्रारम्भ में गाँधी का काफ़ी विरोध किया करते थे। वैज्ञानिक चेतना सम्पन्न लोगों की नज़र में गाँधी की बातें अटपटी थीं। मगर स्वप्न तो दोनों ने एक ही देखा था। मार्क्स ने यह कहा था कि दुनिया ऐसी हो जो वर्ग विहीन और राज्य विहीन हो। ये कितना सुखद स्वप्न है कि दुनिया हमारी इतनी अच्छी बन जाये, जहाँ कानून की और किसी वर्ग की ज़रूरत नहीं रह जाये! गाँधी ने स्वराज का और सुराज का जो स्वप्न देखा था वह कैसा था? —एक बार उन्होंने कहा था कि—मेरे लिए सुराज यह है कि एक सोलह साल की लड़की कश्मीर से चले और कन्याकुमारी तक जाये, पूरे देश में घूमे और उसके साथ कोई दुर्घटना न हो, कोई अभद्रता न हो-तो मैं मानूँगा सुराज आ गया। बड़ी छोटी कसौटी रखी गाँधी ने। लेकिन आप जानते हैं, इसके जरिये वे कैसे समाज की कल्पना कर रहे थे। सोलह साल की एक लड़की अकेली घूमे और उसके साथ कोई दुर्घटना और अभद्रता न हो। स्वप्न मार्क्स के पास भी है और गाँधी के पास भी।... यह स्वप्न दुनिया को बदलने का है, दुनिया में समता और शान्ति लाने का है, मानवीय गरिमा लौटाने का है।

लेकिन सवाल यह है कि किस रास्ते इस स्वप्न को साकार किया जाये—गाँधी के रास्ते या मार्क्स के रास्ते? दुनिया को बदलने की ये दो बड़ी कोशिशे हैं।

दोनों ही अपने विचारों को, वे यह नहीं मानते हैं कि ये सिर्फ़ विचार के लिए हैं और ये अकादमिक डिस्कशन के लिए हैं, और रिसर्च के लिए हैं। जैसे आज हम अद्वैतवाद को पढ़ते हैं और उसकी व्याखाएँ होती हैं, लेकिन उसके अनुसार हम समाज को बदलने की कोशिश नहीं करते हैं। ये दोनों कहते हैं कि समाज हमारे विचारों के अनुसार बदलना चाहिए। इसके लिए लोगों को संगठित होना चाहिए। गाँधी कहते हैं सबसे पहले व्यक्ति को बदलना चाहिए। मार्क्स कहतें हैं कि समाज को बदलना चाहिए। लेकिन एक बुनियादी फ़र्क़ मार्क्स और गाँधी में है और वही हमें फिर अलग भी करता है-रास्ता चुनने के लिए।

...दोनों में बुनियादी फ़र्क़ है। मार्क्स मानते हैं कि जो उत्पादन तन्त्र हैं, विशाल कारखाने और विशाल बाँध, ये तमाम चीजें, पूँजीवादी उत्पादन पद्धति, इन सब पर मज़दूरों का अधिकार हो। पूँजीपतियों के हाथ में जो उत्पादन तन्त्र हैं, इन पर जो नियन्त्रण है, वह स्टेट के हाथ में आ जाये। मशीनें वही रहें, बाँध वही रहें, कारखाने वही रहें—उत्पादन पूँजीवादी ढंग से और नियन्त्रण स्टेट का! गाँधी बुनियादी रूप से यहाँ मतभेद रखते हैं। वे इस पूँजीवादी उत्पादन पद्धति और इस बड़ी औद्योगिक सभ्यता का ही विरोध करते हैं, क्योकि इसके जरिए जो सभ्यता बनती है और जो भविष्य बनता है, वह बहुत भयावह है। परिणाम धीरे-धीरे अब हमारे सामने आ रहा है। पर्यावरण और हमारा समाज खतरे में पड़ता जा रहा है। यहाँ गाँधी की और 'हिन्द स्वराज' की ज़रूरत नये सिरे से महसूस होने लगी है—तब, जबकि हमारा देश भी भूमण्डलीकरण की प्रतियोगिता में शामिल है। खुली बाज़ार नीति का समर्थक हो चुका है, और वो सारी चीजें अबाध गति से हमारे यहाँ आ रही हैं।

गाँधी ने कहा था कि मैं अपनी खिड़कियाँ और दरवाज़े खुले रखना चाहता हूँ,लेकिन इतना नहीं कि बाहर की हवा आये और मेरे घर के सामान को ही उड़ा ले जाये। आज घर का सामान उड़ता हुआ दिखाई दे रहा। कितनी परेशानी और कितनी चिन्ता हमारे जो पॉलिसी-मेकर हैं, देश का जो नेतृत्व कर रहे हैं—उनके बीच है? सोचिए की आज़ादी के वे मूल्य, गाँधी के वे मूल्य आज किस तरह तिरोहित हुए हैं?

गाँधी अति मशीनीकरण और अति औद्योगीकरण का विरोध करते हुए कहते थे कि ये धरती पूरी दुनिया का और दुनिया के सब लोगों का पेट भरने के लिए काफ़ी है, लेकिन एक आदमी के भी लोभ के लिए छोटी है। वे इसके जरिए इस सभ्यता को वह ऐसा मानवीय चेहरा देना चाहते थे, जो अतिशय

भोगवाद से परे आत्म नियन्त्रण और त्याग पर टिकी हो। गाँधी ने जो सबसे बड़ी बात की है, वह यह कि अतिशय भोग और अतिशय उत्पादन पर नियन्त्रण हो। अतिशय उत्पादन होगा तो अतिशय भोग होगा। अतिशय उत्पादन और भोग पर नियन्त्रण बगैर त्याग के नहीं होगा। त्याग व्यक्ति करेगा। इसलिए उन्होंने सबसे पहले व्यक्ति पर ज़ोर दिया और 'हिन्द स्वराज' में भी कहा कि आप बदलिए और मैं बदलूँ, शुरुआत यहीं से हो।

...गाँधी जी के विचारों को आज़ादी के बाद बढ़ाने वाले डॉ. राम मनोहर लोहिया ने एक बड़ी महत्वपूर्ण बात कही कि पूँजीवाद को खाद-पानी उपनिवेशवाद ने दिया है। बगैर औपनिवेशिक शोषण के पूँजीवाद नहीं आ सकता है। जो लोग और जो दल, और जो सरकारें इस तथ्य को समझे बिना पूँजीवाद लाने के लिए भारत में पूँजी बढ़ाने में लगी हुई हैं, वो इस पर सोचें कि जो देश अमीर हुए हैं और समृद्ध हुए हैं, वो गुलाम देशों का शोषण करके समृद्ध हुए हैं। भारत किसका शोषण करेगा कि यहाँ पूँजीवाद आयेगा? यहाँ आंतरिक उपनिवेश बनेंगे। ये जो पोलिसी चल रही है, इससे हमारे देश में भी आंतरिक उपनिवेश कायम हो रहे हैं। एक प्रदेश लगातार आगे बढ़ रहा है, एक लगातार पिछड़ रहा है। हमारी जो योजनायें हैं, उन पर आप ध्यान देंगे, तो पाएँगे कि यह उपनिवेश जो है सो दूसरे किस्म का है। यह नहीं कि इंग्लैंड ने भारत को गुलाम बनाया और दूसरे देशों को गुलाम बनाया। स्वयं भारत के भीतर भी एक उपनिवेश बन रहा है। संसाधनों का जो बँटवारा है और विकास की जो गति है, वह बहुत ही विषम है।

मित्रो, हिन्द स्वराज' कोई खण्डित दृष्टि की पुस्तक नहीं है। 'हिन्द स्वराज' एक पूर्ण पैकेज है। पूरी की पूरी दृष्टि है। यह नहीं कि एक वाक्य कहीं से निकाला कि गाँधी धर्मान्तरण का विरोध करते थे। अगर गाँधी जी धर्मान्तरण का विरोध करते थे, ईसाई धर्मान्तरण का, तो वे आर्य समाज के धर्मान्तरण का भी विरोध करते थे। गाँधी यहाँ-वहाँ से कोटेशन उद्धृत करके अपने पक्ष में इस्तेमाल किये जाने की वस्तु नहीं हैं। वे एक ऐसी पूर्ण दृष्टि हैं, जिसको पूरी तरह या तो आप अंगीकार करेंगे या उसे अस्वीकार करेंगे। गांधी के तमाम विकास की कसौटी है समाज का सबसे निचला आदमी। ये जो विकास का दौर चल रहा है वह असमानता बढ़ाने वाला है। चाहे जिस दल की भी सरकार हो, नीति एक है। किस दल की सरकार ने 'सेज' का विरोध किया है? सबसे अधिक 'सेज' के प्रस्ताव तो महाराष्ट्र और गुजरात में हैं। रही सही कसर मार्क्सवादियों ने बंगाल

में पूरी कर दी। कम से कम वहां की जनता ने इतना तो विरोध तो किया कि उन्हें हटना पड़ा, कदम पीछे हटाना पड़ा।

ऐसे समय में, जबकि 'हिन्द स्वराज' की हम शताब्दी मना रहे हैं, तो निवेदन यह है कि 'हिन्द स्वराज' सिर्फ़ एक पुस्तक नहीं, मनुष्य और समाज को बदलने की सम्पूर्ण कार्यवाही है। अगर यह पुस्तक पढने के बाद हम नहीं बदलते हैं और दूसरों को बदलने के लिए ललकारते नहीं हैं, और कोई बुनियादी फ़र्क़ हमारे सोच में नहीं आता है–तो समझिए कि इस पुस्तक को पढ़ना और न पढ़ना बराबर है, ये गोष्ठी करना और न करना बराबर है। असल में गाँधी जब मनुष्य को बदलने की बात करते हैं, तो वे एक-एक शब्द पर और अपनी एक-एक नीति पर कहते है कि–'आत्मा में झाँकों'।

मैं एक बात कहना चाहूँगा कि 'हिन्द स्वराज' के जरिए भारतवर्ष में गाँधी सत्य और ईश्वर को केंद्र में रखकर आधुनिक दुनिया बनाने की जो प्रस्तावना लिख रहे थे वह कहीं न कहीं संकट में है। जिस समाज को वो बनाना चाहते थे, वह स्वप्न ही संकट में है।... प्रश्न है कि जब इस आर्थिक नीति में गैर बराबरी लगातार बढती जा रही है, तब हम क्या करें? गाँधी के विचारों को आगे बढ़ाने वाले एक विचारक और नेता जय प्रकाश नारायण ने कहा था कि समाज में वर्ग है इसलिए वर्ग भेद को समाप्त करना जरूरी है, तभी शान्ति होगी। ये वर्ग भेद समाप्त कैसे होगा? जय प्रकाश जी के शब्द थे कि–'वर्ग सत्याग्रह के जरिए'।

गाँधी और 'हिन्द स्वराज' को पढ़ते हुए आधुनिक भारत में गाँधी के जो व्याख्याकार और प्रयोगकर्ता हुए- राम मनोहर लोहिया और जय प्रकाश, उनकी बातों तक आयें और देखें कि उपनिवेश किस तरह से कायम हो रहे हैं और आन्तरिक उपनिवेश किस तरह से बढ़ रहे हैं, समाज में वर्ग का भेद कैसे बढ़ रहा है? इस वर्ग भेद को मिटाने के लिए हम सत्याग्रह कैसे करें और कैसे लड़ें? यह चिन्तन का विषय है...।

(7 से 9 अगस्त 2009 को 'मध्यप्रदेश राष्ट्रभाषा प्रचार समिति, भोपाल द्वारा आयोजित 'हिन्द स्वराज' के प्रकाशन की 100वीं वर्षगांठ के अवसर पर दिये गये वक्तव्य का किंचित् संपादित एवम् संक्षिप्त रूप)

अब तो सारा मुल्क ही चम्पारण है!

चम्पारण सत्याग्रह का यह सौवाँ साल है!

बोल्शेविक क्रान्ति का भी यह सौवाँ साल है!

दोनों को एक साथ क्यों याद किया जाये? कहाँ बोल्शेविक क्रान्ति और कहाँ चम्पारण सत्याग्रह! दोनों में तुलना लायक क्या है?

बोल्शेविक क्रान्ति ने न सिर्फ़ रूस को बदला था, बल्कि पूरी दुनिया में समाजवादी बदलाव की आँधी ला दी थी। देखते-ही-देखते दर्जनों देशों में समाजवादी क्रान्ति हुई और पूँजीवादी देशों के शिविर के समानान्तर समाजवादी शिविर अस्तित्व में आया जो पूँजीवादी व्यवस्था को चुनौती देने का मंच बना। समाजवादी शिविर का नेतृत्व यू.एस.एस.आर. कर रहा था, जो रूस और उसके अनेक गणराज्यों के जबरन मेल का परिणाम था। गैर समाजवादी शिविर वाले देशों में भी मार्क्सवाद और समाजवादी व्यवस्था के दीवाने लोगों की बड़ी संख्या थी। मार्क्सवाद से प्रेरित कम्युनिस्ट पार्टी या दूसरे नामों से पूँजीवाद के विरुद्ध संघर्ष करने वाले समूहों की छोटी-बड़ी हलचलें तब आम बात थीं। संक्षेप में यह कि बोल्शेविक क्रान्ति के कारण जहाँ समतामूलक समाज बनाने के स्वप्न का सगुण-साकार होना सम्भव हुआ। वहीं पूरी दुनिया में उसकी धमक सुनाई पड़ने लगी।

लेकिन सत्तर साल बाद ही यू.एस.एस.आर. ताश के पत्तों की तरह बिखर गया। वहाँ पूँजीवादी व्यवस्था कायम हो गयी। गणराज्य स्वतन्त्र होते गये और यह बात भी कही जाने लगी कि वे सोवियत साम्राज्य के अधीन थे। यू.एस.एस.आर. के बिखरने के साथ ही दूसरे समाजवादी देशों में भी जनता ने समाजवादी व्यवस्था उखाड़ फेंकी और पूँजीवादी व्यवस्था स्वीकार कर ली। चीन जैसे देश ने पूँजीवादी बाज़ार नीति अपनाकर किसी तरह अपनी प्राण की रक्षा की। अब वह कितना समाजवादी है, यह वही जाने! आज के दिन क्यूबा जैसे कुछ छोटे देशों में समाजवादी व्यवस्था टिमटिमाते दीये की तरह है!

चम्पारण सत्याग्रह वैसी परिघटना न थी। उसकी गूँज दुनिया में वैसी न सुनाई पड़ी, जैसी बोल्शेविक क्रान्ति की। ब्रिटिश उपनिवेशवाद के विरुद्ध जो भारत का स्वतन्त्रता आन्दोलन था, उसकी दिशा उसने ज़रूर तय कर दी। भारत में गाँधी के प्रयोग की यह प्रथम प्रयोगशाला है, जिसने उपनिवेशवाद विरोधी संघर्ष की शब्दावली और उसके तौर-तरीके बदलकर रख दिए। चम्पारण सत्याग्रह को गाँधी ने अपनी तरह से परिभाषित किया और गाँधी को भी वहाँ के अनुभवों ने भविष्य के मुक्ति-संघर्ष की राह दिखाई। इस आन्दोलन के दौरान संघर्ष के जो हथियार विकसित हुए, वे आज भी प्रासंगिक बने हुए हैं; न सिर्फ़ भारत के लिए बल्कि सारी दुनिया के लिए। साउथ अफ्रीका के मुक्ति संग्राम में नेल्सन मंडेला के लिए गाँधी और उनके सत्याग्रह का जो महत्त्व था, वह उसके धीरे-धीरे, पर दूरगामी असर का प्रमाण था।

गाँधी 10 अप्रैल, 1917 को कलकत्ता से सुबह 10 बजे पटना पहुँचे। यह उनकी पहली बिहार यात्रा थी। वे 1 फरवरी 1918 तक बिहार में रहे। 15 अप्रैल को वे चम्पारण के मुख्यालय मोतीहारी पहुँचे और 30 जनवरी 1918 को वे चम्पारण से सत्याग्रह का संचालन करने के पश्चात् विदा हुए। दो दिन पटना में रहने के बाद बम्बई के लिए निकल पड़े, जहाँ से उन्हें अहमदावाद जाना था। नौ महीने बीस-बाईस दिन के करीब वे बिहार में रहे, जिसका मुख्य केन्द्र चम्पारण था। इस दौरान उन्होंने जिस ढंग से काम किया, जो जन-जागृति पैदा की, सामाजिक-राजनीतिक, शैक्षणिक और आध्यात्मिक जो आदर्श गढ़े, जितने समर्पित नेता-कार्यकर्ता तैयार किये तथा सत्याग्रह की सफलता की जो सघन तैयारी की, उसने स्वतन्त्रता आन्दोलन की दशा और दिशा दोनों तय कर दी। चम्पारण सत्याग्रह के पहले कांग्रेस, गाँधी के ही अनुसार, सिर्फ़ प्रस्ताव पास करने तथा जलसे करने वाली संस्था भर थी, वह चम्पारण के बाद व्यापक आन्दोलन में बदलने लगी। चम्पारण आने पर जो गाँधी मि. एम.के. गाँधी या मि. गाँधी थे, वे 'गान्ही महात्मा' या 'महातमा जी' कहलाने लगे। 'बापू' सम्बोधन भी यहीं प्रचलित हुआ। जो गाँधी चम्पारण के एक अनपढ़ किसान राजकुमार शुक्ल के साथ बिहार की धरती पर अकेले गये थे, जहाँ वे किसी को जानते न थे, जहाँ की बोली-बानी से परिचित न थे, वही गाँधी लाखों लोगों के 'बापू' और 'महात्मा' बनकर चम्पारण और बिहार से विदा हुए। व्यापक जन भागीदारी से सफल हुए सत्याग्रह के बाद गाँधी जब चम्पारण से विदा हुए तो वे नये गाँधी थे। नयी वेश-भूषा, नये सम्बोधन और नये संकल्प

से युक्त। इन नौ-दस महीनों में गाँधी ने चम्पारण को बदल दिया था और चम्पारण ने गाँधी को।

बिहार का उत्तरी-पश्चिमी इलाका, जिसके उत्तर में नेपाल और पश्चिम में उत्तर प्रदेश है, चम्पारण कहलाता है। अब यह पूर्वी चम्पारण और पश्चिमी चम्पारण नाम से दो ज़िलों में बँट चुका है। पूर्वी चम्पारण का मुख्यालय मोतीहारी और पश्चिमी चम्पारण का बेतिया है। जब चम्पारण एक था, तब उसका मुख्यालय मोतीहारी था। 15 अप्रैल, 1917 को इसी मोतीहारी के छोटे-से स्टेशन पर गाँधी उतरे थे, जहाँ राजकुमार शुक्ल समेत उनका स्वागत करने के लिए बहुत से लोग उपस्थित थे। वहाँ उमड़े जन-समूह को देखकर गाँधी को चम्पारण की पीड़ा और अपने से लोगों की जो उम्मीदें थीं, उसका अहसास हुआ। पटना में जब वे राजकुमार शुक्ल के साथ पाँच दिन पहले उतरे थे, तब स्टेशन पर उनके स्वागत में कोई नहीं था। शुक्ल उन्हें लेकर राजेन्द्र प्रसाद के घर गये, लेकिन उन दोनों के दुर्भाग्य से वे घर पर नहीं मिले। नौकरों ने उन्हें वहाँ टिकने न दिया। शुक्ल की कोई दूसरी जान-पहचान नहीं थी। तब गाँधी को संकट काल में इंग्लैंड के अपने सहपाठी मित्र मजहरुल हक़ की याद आई। मजहरुल हक़ तब पटना के मशहूर बैरिस्टर थे। खबर मिलते ही वे अपने घर ले गये। गाँधी का दिल खोलकर स्वागत किया, लेकिन चम्पारण मामले में उदासीनता बरती, बल्कि गाँधी को हतोत्साहित ही किया। पटना के बाद गाँधी का पड़ाव मुजफ्फरपुर में था। वहाँ स्थिति थोड़ी बेहतर थी। एल.एस. कॉलेज में पढाने वाले जे.बी. कृपलानी और उनके कुछ छात्र स्टेशन पर आगवानी करने आये थे। वहाँ कुछ वकीलों का गाँधी को साथ मिला। मुजफ्फरपुर तिरहुत कमिश्नरी का मुख्यालय था, जिसका एक जिला चम्पारण था। मुजफ्फरपुर के कमिश्नर ने गाँधी को चम्पारण जाने से मना कर दिया। बावजूद गाँधी वहाँ गये, क्योंकि उनका तर्क था कि मुझे अपने देश में कहीं जाने से कैसे रोका जा सकता है! वही गाँधी पटना और मुजफ्फरपुर की परेशानियों-रुकावटों को पार कर जब मोतीहारी पहुँचे तो वहाँ दूसरा नजारा था। उनके भीतर अपने चम्पारण आने का संकल्प मज़बूत होता गया।

मोतीहारी में राजेन्द्र प्रसाद, ब्रजकिशोर प्रसाद, गोरख प्रसाद, धरणीधर प्रसाद आदि नामी वकीलों का उन्हें भरपूर सहयोग मिला। भोजपुरी न जानने वाले गाँधी को नील की खेती के साथ जनता के दुःख-दर्द और चम्पारण की परेशानियों को समझना इन वकील साथियों के बिना कठिन होता। तब बिहार में कांग्रेस नाम मात्र को सक्रिय थी। उसका कोई ख़ास संगठन भी नहीं था

कि गाँधी को कोई सहयोग मिलता। वे वकील साथी ही आगे चलकर प्रसिद्ध स्वतन्त्रता सेनानी बने। इसमें कई राष्ट्रीय स्तर के नेता बनें। राजेन्द्र प्रसाद ने बाद में वकालत छोड़ दी और स्वतन्त्रता संग्राम में कूद पड़े। जे.पी. कृपलानी ने भी प्रोफेसरी छोड़ दी। इन दोनों की पहचान स्वतन्त्रता के पूर्व तो राष्ट्रीय स्तर पर थी ही, स्वतन्त्र भारत में भी दोनों बड़े नेता के रूप में समादृत हुए। राजेन्द्र प्रसाद को स्वतन्त्रता आन्दोलन के दौरान 'देश रत्न' कहा जाता था। वे स्वतन्त्रता प्राप्ति के बाद संविधान सभा के अध्यक्ष और 1952 से 1962 तक भारत के राष्ट्रपति बने। जे.पी. कृपलानी ने आज़ादी के बाद 'प्रजा सोशलिस्ट पार्टी' बनाई और भारत के लोकतन्त्र को जनोन्मुख बनाने में अपनी भूमिका निभाई। ब्रजकिशोर प्रसाद के बिना बिहार में कांग्रेस के अस्तित्व की कल्पना नहीं की जा सकती। उन्हीं के प्रयास से लखनऊ कांग्रेस में चम्पारण संबंधी प्रस्ताव पेश हुआ था। ब्रजकिशोर बाबू की ही बड़ी बेटी से जय प्रकाश नारायण की बाद में शादी हुई। जय प्रकाश नारायण जो बाद में प्रसिद्ध स्वतन्त्रता सेनानी और समाजवादी आन्दोलन के शिखर नेता बने। मजहरुल हक़ बाद के वर्षों में गाँधी-प्रभाव में सब कुछ छोड़-छाड़कर स्वतन्त्रता संग्राम में कूद पड़े। वे एक सफल बैरिस्टर थे। बैरिस्टरी से उन्होंने खूब पैसे कमाए थे। गाँधी जब पटना से मोतीहारी जाने के क्रम में उनसे मिले थे तो उनके मन में गाँधी की मोतीहारी यात्रा और उसके प्रयोजन को लेकर किंचित व्यंग्य भाव ही था। बाद के दिनों में वे ऐसे बदले कि मौलाना मजहरुल हक़ कहलाने लगे। अमीरी का जीवन छोड़कर फकीर की तरह रहने लगे। उन्होंने पटना के बगल में दीघा गाँव की अपनी पैंतालिस एकड़ जमीन कांग्रेस को दान कर दी। गांधीवादी आदर्शों के अनुरूप वहाँ एक आश्रम बना जो 'सदाकत आश्रम' कहलाया। यही बिहार में स्वतन्त्रता आन्दोलन का केन्द्र बना। मजहरुल हक़ यहीं रहते थे। आश्रम का काम अगल -बगल के गाँवों से 'मुठिया' वसूलकर चलता था। राजेन्द्र प्रसाद भी बाद में इसी सदाकत आश्रम में रहने लगे। आज़ादी प्राप्ति के बाद वहीं से वे राष्ट्रपति भवन गये और वहाँ का कार्यकाल पूरा होने पर पुनः वहीं लौटे और मृत्युपर्यंत वहीं रहे। वह खपड़ैल मकान अब भी उसी रूप में है। सदाकत आश्रम में ही गाँधी की प्रेरणा से राष्ट्रीय विश्वविद्यालय 'बिहार विद्यापीठ' की स्थापना हुई। चरखा केन्द्र समेत दूसरे गाँधीवादी रचनात्मक कार्यों का केन्द्र 'सदाकत आश्रम' बना। मौलाना मजहरुल हक़, राजेन्द्र प्रसाद और जय प्रकाश नारायण आज़ादी के दौरान बने लोकगीतों में गाँधी के साथ शामिल किये गये।

यह उन नेताओं की लोक स्वीकृति का प्रमाण था। कहने दीजिए कि यह गाँधी के चम्पारण सत्याग्रह का 'बाइ प्रोडक्ट' था।

गाँधी को चम्पारण ले जाने का एकमात्र श्रेय जिस व्यक्ति को है, वह राजकुमार शुक्ल थे। वे धोती मिरजई पहनने वाले सीधे-सादे अनपढ़ किसान थे, लेकिन उनकी जन चेतना और सामजिक सक्रियता ग़जब की थी। पत्राचार के जरिए वे चम्पारण के निलहे गोरों के अत्याचार से तथा गरीब जनता की दुर्दशा से गाँधी को अवगत करा चुके थे। लखनऊ कांग्रेस के दौरान वे बड़ी मेहनत से गाँधी से मिले। उन्हें वहाँ की स्थिति की जानकारी दी और वहाँ चलने का आग्रह किया। गाँधी ने उन्हें आश्वस्त किया। बाद में गाँधी के बुलाने पर वे कलकत्ता गये और गाँधी को लेकर चम्पारण लौटे। उनकी ही सक्रियता का परिणाम था कि मुजफ्फरपुर, मोतीहारी और चम्पारण के दूसरे इलाकों में गाँधी गये और व्यापक जन आन्दोलन और जागरण की शुरुआत हुई। वे कोई साधन संपन्न व्यक्ति नहीं थे। उस जमाने में यातायात और संचार के साधन भी कम थे। फ़िर भी उस अनपढ़ किसान ने गाँधी के जरिए चम्पारण की धरती पर वह करिश्मा कर दिया जो भारत के स्वतन्त्रता संग्राम का नया प्रस्थान बिन्दु बना।

चम्पारण उपजाऊ भूमि का इलाका है। दूसरी फसलें भी होती हैं, लेकिन धान की खेती के लिए वह विख्यात है। धान की न जाने कितने किस्में वहाँ मिलती रही हैं। चम्पारण के बासमती चावल का जोड़ पूरी दुनिया में मिलना कठिन है। स्वाद में तो वह बेजोड़ है ही, उसकी सुगंध का कोई जवाब नहीं! जब तक धान और दूसरी फसलों की खेती होती रही, तब तक कोई समस्या नहीं आई। समस्या तब आई जब परम्परागत खेती की जगह नकदी फसलों की खेती कराई जाने लगी। ऐसी नकदी फसलों में गन्ना के अलावा नील की फसल थी जिसकी खेती के लिए किसान विवश किये गये। नील की कम्पनियों के मालिक अंग्रेज थे। ये ज्यादातर फ़ौज या प्रशासन के रिटायर्ड ऑफिसर्स थे। नील कम्पनी के मालिक को स्थानीय जन 'निलहा' कहते थे। चम्पारण नील के कारोबारी ये 'निलहे' तब सौ के ऊपर थे। सरकार से इन्हें नील के कारोबार का अधिकार मिला हुआ था। उन्होंने नील की फसल इकठ्ठा करने, उन्हें उबालने और नील की टिकिया बनाने के लिए बड़ी-बड़ी कोठियाँ कायम कर रखी थीं; जिन्हें लोग 'निलहा कोठी' कहते थे। निलहा कोठी के अलावा इन कम्पनी मालिकों के बड़े-बड़े फॉर्म हाउस थे जिनमें ये रहते थे। उसकी सेवा में हर कोठी में दर्जनों देसी नौकर-चाकर लगे होते थे। इनके नील के कारोबार के लिए नील की खेती का काम किसान करते

थे। प्रति बीघा तीन कट्ठे में नील लगाना चम्पारण के किसानों के लिए बाध्यकारी था। इसे ही 'तीन कठिया' कहा गया। नील की खेती का काम हाड़-तोड़ मिहनत माँगता था। खेत की बहुत ही महीन जुताई करनी पड़ती थी। धान, गेंहूँ, मकई आदि की तुलना में नील के खेतों को बीज डालने के पूर्व तैयार करना, किसानों के लिए ऐसा काम था, जैसा इन्होंने कभी किया नहीं था। खेतों की जाँच में कमी पाने पर निलहे या उसके मैनेजर और कारिंदे कड़ी सजा देते थे। नील के बीज विदेश से आते थे, जिसे किसान खरीदते या उधार लेते थे। नील के पौधे बहुत नाजुक होते थे और उसके रख-रखाव में बहुत मिहनत और सावधानी बरतनी होती थी। इनकी सिंचाई के लिए पानी की बहुत जरूरत थी। फसल कटने पर जरा-सा पानी पड़ने पर फसल बर्बाद हो जाती थी। कार्तिक में नील के बीज डाले जाते थे और भादो तक इसकी अन्तिम कटाई होती थी। जिस अनुपात में मेहनत थी उस अनुपात में किसानों को आमदनी नहीं होती थी। नील की खेती से किसान तबाह हो रहे थे। निलहों के ख़िलाफ़ किसानों में असन्तोष बढ़ रहा था। कुछ हिंसक झड़पें भी हुईं। इन हिंसक झड़पों में किसानों पर ख़ूब मार पड़ी। पुलिस और प्रशासन प्रायः निलहों का साथ देता था। निलहों का अत्याचार जब सीमा पार करने लगा तो किसान जगने लगे और प्रतिरोध की आवाजें उठने लगीं। ऐसे ही किसानों के प्रतिनिधि के तौर पर राजकुमार शुक्ल उभरे।

नील की खेती करने वाले किसान तो निलहों के शोषण के शिकार थे ही, उनसे अधिक शोषण के शिकार वे मज़दूर थे जो नील के पौधों से नील की टिकिया बनाने का काम करते थे। नील के पौधों को बड़े-बड़े हौंदों में कमर तक पानी में डूबकर मड़ाई करना, फ़िर पौधों के डंठल को अलग करना, उस पानी को कडाहों में उबालना और टिकिया बनाना इन मज़दूरों का काम होता था। नील की टिकिया को बक्सों में पैक किया जाता था, फ़िर उसे नदी के रास्ते पटना, कलकत्ता ले जाया जाता था, जहाँ से उसे विदेश भेजा जाता था। विदेश में वह कई गुनी ऊँची कीमत पर बिकता था। एक तो इन मज़दूरों का पूरा शरीर नीला पड़ जाता था, हाथ-पाँव सड़ जाते थे, दूसरे उन्हें सामजिक रूप से हिकारत के भाव से देखा जाता था। यह काम ज्यादातर पिछड़ी-दलित जातियों के मज़दूर करते थे। ऐसे मज़दूरों में झारखण्ड से आये आदिवासी मज़दूर भी होते थे। किसानों से भी ज्यादा इन मज़दूरों का शोषण था। कुल मिलाकर चम्पारण के किसान और मज़दूर दोनों नील की खेती से बर्बाद हो रहे थे और वे निलहे साहबों के अत्याचार सहने को अभिशप्त थे।

गाँधी ने अपने वकील साथियों के साथ बैठकें कीं और सारे तथ्य जुटाए। इसके अतिरिक्त उन्होंने वकील साथियों और राजकुमार शुक्ल सहित अन्य किसानों के साथ बेतिया और सुदूर ग्रामीण इलाकों की यात्राएँ की। कभी हाथी पर चढ़कर, कभी पैदल चलकर ये यात्राएँ पूरी हुईं। गाँधी ने सीधे किसानों की बातें सुनीं; उनकी दुर्दशा देखी और अपने आन्दोलन यानी सत्याग्रह की रूपरेखा बनायी। वे आये तो थे पाँच-दस दिनों के लिए लेकिन रुक गये लगभग दस महीने। इसका कारण यह था कि सत्याग्रह के रास्ते 'निलहा राज' से मुक्ति के अतिरिक्त चम्पारण सत्याग्रह के जो एजेंडे उन्होंने तय किये वे बिना वहाँ जमकर बैठे पूरे नहीं होते। उन्होंने जैसे तय कर लिया था कि निलहा राज से मुक्ति के बहुत आगे भारतीय स्वतन्त्रता आन्दोलन की दिशा तय कर देनी है, भारतीय राष्ट्रीय कांग्रेस को प्रस्ताव पास करने वाली पार्टी से आगे व्यापक जन भागीदारी और जन आन्दोलन की पार्टी बनाना है। इसके लिए कांग्रेस का एक करोड़ 'चवनिया मेंबर' और पच्चीस लाख चरखा चलाने वाले सत्याग्रहियों का जत्था तैयार करने का विचार उनके मन में वहीं आया। हिन्दू-मुस्लिम एकता, छुआछूत का खात्मा, बुनियादी शिक्षा पर ज़ोर, ग्राम स्वराज आदि अपनी बुनियादी धारणाओं का बीज-वपन गाँधी ने चम्पारण में ही किया। इसके लिए उन्होंने संगठन बनाये, लोगों को जागरुक किया, पाठशालाएँ खोलीं, आश्रम बनाया, सत्याग्रहियों को नये आचार-विचार में ढाला और संघर्ष की सत्य-अहिंसा आधारित नयी जमीन तैयार की। इस तरह चम्पारण सत्याग्रह के रूप में उन्होंने भारत के भावी स्वंतत्रता संग्राम की ख़ूबसूरत प्रस्तावना लिखी। और अब कौन नहीं जानता कि हमारा स्वतंत्रता-संग्राम उसी दिशा में चला जिस दिशा में गाँधी उसे ले गये!

सत्याग्रह प्रतिरोध और संघर्ष के औज़ार के रूप में चम्पारण में ही सगुण-साकार हुआ। एक प्रयोग वे दक्षिण अफ्रीका में कर चुके थे, लेकिन वहाँ उनके संघर्ष के लक्ष्य सीमित थे। चम्पारण में सत्याग्रह को उन्होंने परिभाषित भी किया और आजमाया भी। अपने उस प्रयोग में वे सफल हुए और उनका 'सिक्का चल गया'। उन्होंने सबसे पहले प्रतिरोधी राजनीति को सत्य और अहिंसा का आधार दिया। उस आधार को सादगी, श्रम, सफ़ाई, निर्भयता, स्वावलम्बन आदि स्वदेशी जीवन मूल्यों से मज़बूत किया और सत्याग्रह को मुक्ति और प्रतिरोध के पवित्र हथियार के रूप में देश-दुनिया के सामने रखा।

चम्पारण सत्याग्रह का एक सीमित उद्देश्य था—निलहा राज से मुक्ति। यह

लड़ाई गाँधी ने कानून के दायरे में लड़ी। उनका वकील होना और अंग्रेज़ी भाषा का जानकार होना इस कानूनी लड़ाई में बहुत काम का साबित हुआ। कलक्टर, कमिश्नर, मजिस्ट्रेट आदि अंग्रेज़ अधिकारियों से बात करते हुए गाँधी ने उन्हीं के अखाड़े में उन्हें चित्त कर दिया और उन्हें निरुत्तर कर दिया। चम्पारण प्रवेश पर रोक लगाने वाले और चम्पारण से निकल जाने की बात करने वाले अंग्रेज़ अधिकारियों को कुछ सूझ नहीं पाया कि यह आदमी जब असत्य नहीं कहता और अपनी बात के लिए हिंसा का सहारा नहीं लेता तो किस बिना पर इसे गिरफ़्तार किया जाये या चम्पारण से निकल जाने को कहा जाये! इसलिए बहुत-से ईमानदार अंग्रेज गाँधी के प्रशंसक हो गये। लेकिन इसी के साथ यह तथ्य भी ध्यान में रखने का है कि व्यापक जन समर्थन और गाँधी के लिए लोगों में जो जज्बा था, उसकी अनदेखी ब्रिटिश सरकार नहीं कर सकती थी। निलहों का जुल्मी राज ख़त्म हुआ और चम्पारण की जनता ने गीत गाया—'गईल निलहवा के राज...'।

चम्पारण में नील की खेती लगभग तीन दशक तक चली। 1890 के बाद और 1917 के आसपास तक। पहले बंगाल में इसकी खेती हो चुकी थी—लगभग पचास वर्षों तक। वहाँ भी लम्बा संघर्ष चला। तब निलहे भागे और उनमें बहुत-से चम्पारण की ओर गये। 1917 में भी नील की खेती भले चम्पारण में होती रही हो, लेकिन कृत्रिम नील का विकास यूँ भी नील की परम्परागत खेती को अप्रासंगिक बना रहा था। चम्पारण आन्दोलन न होता तो भी देर-सबेर नील की खेती को बन्द होना ही था। लेकिन समय से पूर्व 'निलहा राज' की समाप्ति से जो राष्ट्रीय और वैश्विक सन्देश गया उसका असर बहुत दूरगामी साबित हुआ। 'निलहा राज' की समाप्ति के साथ गाँधी ने सत्याग्रह और अपने रचनात्मक कार्यों की जो अतिरिक्त जमीन तैयार की, वहीं से भारत के स्वतन्त्रता-आन्दोलन के इतिहास में गाँधी युग का प्रारम्भ हुआ। वह 'अतिरिक्त' क्या था?

उस 'अतिरिक्त' में बहुत कुछ है। बुनियादी शिक्षा, साम्प्रदायिक सौहार्द, स्वावलम्बन, सफ़ाई, खान-पान में छुआछूत की समाप्ति आदि। लेकिन उनका सबसे बड़ा काम सत्याग्रह के लिए जनता को 'अभय' करना था। अभय वही होगा जो लोभ-लाभ रहित जीवन-पथ का अनुयायी होगा, जिसके न्याय का आधार सत्य होगा और अहिंसा-प्रेम के जरिए उसे वह हासिल करेगा। इन्हीं के सहारे गाँधी ने चम्पारण की ज़नता को अन्याय के प्रतिकार के लिए अभय होकर सत्याग्रही होना सिखलाया। गाँधी चम्पारण गये थे तो उनके विदेशी साथी चार्ली और एंड्रूज भी बाद में वहाँ पहुँचे। उन गोरी चमड़ी वालों को अपने बीच पाकर वहाँ के लोगों

को मानसिक राहत महसूस होती थी। जब वे अपने काम से जाने की तैयारी करने लगे तो लोग नहीं चाहते थे कि वे जायें। लोगों को लगता था कि ये रहेंगे तो निलहे हम पर अत्याचार नहीं करेंगे। गाँधी ने लोगों की यह कमज़ोरी महसूस की और अपने मित्र चार्ली और एंड्रूज को जाने दिया। शासन और निलहों का जो भय लोगों के दिलों में था, उसे वे दूर करना चाहते थे।

सत्याग्रही के लिए, गाँधी ने कहा कि, गरीबी का जीवन जीना अनिवार्य होगा। कम से कम में अपनी जरूरतें पूरी करना और सादा जीवन जीना उनका यह सन्देश सभी सत्याग्रहियों के लिए था। इसका व्यापक असर पड़ा। चम्पारण में उनके साथ काम करनेवालों पर उनके गरीबी वाले इस दर्शन का तो असर पड़ा ही, इसका व्यापक असर भारतीय राजनीति पर भी पड़ा। सादगी भारतीय राजनीति का आदर्श हो गई। सुभाष, पटेल, नेहरू आदि नेताओं पर भी इसका असर पड़ा। चम्पारण में अपने साथ काम करने वाले राजेन्द्र प्रसाद के वे प्रशंसक हो गये। इसकी पहली वजह थी उनकी विलक्षण स्मृति और लिखने-पढ़ने की विलक्षण प्रतिभा, लेकिन जिस चीज ने गाँधी को प्रभावित किया वह थी राजेन्द्र बाबू की सादगी। गाँधी से मुलाक़ात के पूर्व ही वे स्वदेशी के प्रेमी थे, यह बात गाँधीजी को बहुत अच्छी लगी। हालाँकि मि. जिन्ना और डॉ. अम्बेडकर ने गाँधी के सत्याग्रहियों के लिए इस गरीबी वाले दर्शन को कभी स्वीकार नहीं किया।

गाँधी जब चम्पारण गये तो काठियाबाड़ी वेश-भूषा में थे। नंगे पाँव रहते थे। अपने राजनीति गुरू गोपाल कृष्ण गोखले के शोक में उन्होंने तत्काल जूते-चप्पल पहनना छोड़ रखा था। उन दिनों खाने में सूखे मेवे, मूंगफली और शहद का वे प्रयोग कर रहे थे। चम्पारण में रहते हुए इसे उन्होंने बदला और वहाँ का चावल खाने लगे। शुरू में उन्होंने देखा कि उनके साथ के जितने वकील साहबान और अन्य लोग हैं, सबके रसोइए अलग-अलग हैं। यह खान-पान में शुद्धता के आग्रह का और भेद-भाव का लक्षण था। गाँधी ने इसे बदला और सत्याग्रहियों के लिए सामूहिक खान-पान की आदत डाली। जन संपर्क के दौरान उन्हें चम्पारण की जनता की भयावह आर्थिक-सामाजिक दुर्दशा का तो पता चला ही, गरीबी के एक ऐसे सच से उनका साक्षात्कार हुआ जिसने उन्हें हिलाकर रख दिया। इसी दौरान उन्हें एक ऐसी औरत मिली जिसके तन पर केवल एक साड़ी थी उसके अतिरिक्त कोई वस्त्र उसके पास नहीं था। इस कारण उसका नहाना-धोना बहुत मुश्किल था। यह देखने के बाद गाँधी को अपनी काठियाबाड़ी पगड़ी, लम्बी धोती और कुर्ता व्यर्थ लगने लगा।

गाँधी की सक्रियता, श्रम करने की आदत, सादगी और पारदर्शी जीवन का चम्पारण और वहाँ के साथियों पर गहरा असर पड़ा। वहीं वे 'महात्मा जी' कहलाने लगे। राजकुमार शुक्ल और उनके साथी इसी सम्बोधन से उन्हें सम्बोधित करते थे। बाद में कानपुर के 'प्रताप' अख़बार ने भी महात्मा जी लिखना शुरू किया। यह ठीक है कि रवीन्द्रनाथ ठाकुर ने बाद में विधिवत उन्हें 'महात्मा' कहना शुरू किया और वे मि. गाँधी से 'महात्मा गाँधी' हो गये, लेकिन शुरुआत चम्पारण की जनता ने और कानपुर के अखबार 'प्रताप' ने की। यहीं रहते हुए हिंदी के राष्ट्रभाषा का ख्याल उनके मन में आया और रवीन्द्रनाथ से इस सम्बन्ध में उनका पत्राचार भी हुआ। गाँधी जब चम्पारण गये थे, तब साबरमती आश्रम बन रहा था। बीच-बीच में वे न सिर्फ़ साबरमती की, बल्कि दक्षिण अफ्रीका के अपने आश्रमों की भी चिन्ता करते रहे। कस्तूरबा और देवदास के चम्पारण आने के बाद गाँधी के सम्बोधन में एक और परिवर्तन आया। देवदास माता-पिता को चूँकि 'बा' और 'बापू' कहते थे, इसलिए उनकी देखा-देखी दूसरे लोग भी 'बा' और 'बापू' कहने लगे। बाद के वर्षों में ये सम्बोधन दोनों के लिए चल निकले। इस तरह देखें तो निलहा समस्या समेत चम्पारण सत्याग्रह के जरिए गाँधी ने कई अर्थों में परिवर्तनकारी भूमिकाएँ निर्मित कीं, साथ ही चम्पारण में वे भी कई अर्थों में निर्मित हुए। गाँधी को देश की जमीनी हक़ीकत को सही अर्थों में समझने का अवसर चम्पारण सत्याग्रह के दौरान ही मिला। चम्पारण भारत में गाँधी की प्रथम प्रयोगशाला है जहाँ से तपकर और सिद्ध होकर वे निकले। इस तरह ठीक ही वह उनकी 'सिद्धशाला' भी है।

1916 में राजकुमार शुक्ल की ओर से पीर मोहम्मद मुनीस द्वारा लिखा हुआ परचा जो 'एक दुखी आत्मा' नाम से लिखा गया था और जो 'प्रताप' में छपा था, से पता चलता है कि निलहा राज की समाप्ति के लिए वे सभी लोग कुछ वर्षों से संघर्षरत थे, लेकिन सरकार उनकी सुन नहीं रही थी। उन लोगों को एक सच्चे और कुशल नेतृत्व की जरूरत थी। लखनऊ में गाँधी से मुलाक़ात के बाद 27/02/1917 को राजकुमार शुक्ल का एक पत्र, जो अनुमानतः पीर मोहम्मद मुनीस का लिखा हुआ था, गाँधी को मिला, जिसमें 'मान्यवर महात्मा' कहकर उन्हें सम्बोधित किया गया है। उसमें कहा गया था कि जिस तरह राम के चरण स्पर्श से अहिल्या तर गयी, उसी तरह चम्पारण में पैर रखते ही वहाँ की प्रजा का उद्धार हो जायेगा। वह पत्र, बड़ा ही मार्मिक था। गाँधी अपने को रोक नहीं पाये। वे चम्पारण गये। लेकिन सवाल यह है कि शुक्ल और उनके साथियों

ने गाँधी को ही क्यों याद किया? उसका कारण उस पत्र के अनुसार साउथ अफ्रीका का उनका वह प्रयोग था, जो सफल साबित हुआ था और जिसकी गूँज चम्पारण तक पहुँच चुकी थी। लेकिन सबसे बड़ा कारण गाँधी में उन सबका अटूट भरोसा भी था।

30 जनवरी, 1918 को गाँधी चम्पारण से विदा हुए। 15 अप्रैल, 1917 को जब उन्होंने चम्पारण की धरती पर कदम रखा था, तब वे सर्वमान्य नेता नहीं थे, जब लौटे तो चम्पारण ने उन्हें भारत के सबसे चमत्कारी व्यक्ति के रूप में प्रतिष्ठित कर दिया था और देश-दुनिया ने उन्हें उसी रूप में मान भी लिया। गाँधी के हाथ सामान्य से अधिक लम्बे थे। ऐसे 'आजानुबाहु' को जनता 'विशिष्ट' का दर्जा देती रही है। कहा जाता है कि भगवान राम भी 'आजानुबाहु' थे। अजानबाहु होने के कारण जो जन भरोसा गाँधी के प्रति था उसका आभास उन्हें था। हालाँकि इस तरह के चमत्कारों में उनका भरोसा नहीं था। लेकिन इसे एक संयोग ही माना जायेगा कि गाँधी एक चमत्कारी व्यक्तित्व बनकर चम्पारण से विदा हुए।

चम्पारण प्रयोग के जरिए स्वाधीन भारत का जो सपना गाँधी ने देखा था और जिस सपने के साथ वे वहाँ से विदा हुए थे, वह था मशीनी और पूँजीवादी पश्चिमी सभ्यता का वैकल्पिक सपना-समता, श्रम और सौहार्द की ऐसी सभ्यता का सपना जिसका आधार प्रेम था, जिसमें मानव-जाति के साथ सभी जीवों और पर्यावरण के लिए सुरक्षा का बोध था। जिस पूँजीवादी पश्चिमी सभ्यता को वे 'शैतानी सभ्यता' कहते थे और जिसे भारतीय सभ्यता के विरुद्ध मानते थे, वही सौ साल बाद दुनिया को तो छोड़िए, 'राष्ट्रपिता' के रूप में पूजे जाने वाले गाँधी के भारत का भी आज डरावना सच है! अंग्रेज निलहों का राज 1917 में भले समाप्त हो गया था लेकिन इसे हम अपना विकास कहें या विनाश, अब 'नये निलहे' फ़िर से चम्पारण की धरती पर उग आये हैं। चम्पारण ही क्यों, अब तो पूरा भारत ही चम्पारण है जिस पर नये निलहे फैलते जा रहे हैं!

2017 में यानी सौ वर्षों बाद भारत विषमता के जिस मुहाने पर खड़ा है, वहाँ से 1917 के चम्पारण को याद करने का अर्थ एक शोक गीत को याद करने-सा है!

(यह शोध और अकादमिक लेख नहीं है। स्मृति में कहीं अटके चम्पारण सत्याग्रह पर एक 'रनिंग कमेंट्री' भर है। इन पंक्तियों के लेखक का गाँव चम्पारण के बगल के जिला में है। सहज रूप से चम्पारण और उसका इतिहास, कभी सच्चाई तो कभी किवदंती के रूप में, उसके बोध का हिस्सा रहा है। उसे पटना के 'सदाकत आश्रम' में लगभग एक दशक तक सामाजिक

कार्यकर्ता के रूप में रहने का भी मौका मिला है, जो मौलाना मजहरुल हक़, राजेन्द्र प्रसाद और ब्रजकिशोर प्रसाद जैसे चम्पारण सत्याग्रह में सक्रिय भागीदारी निभाने वाले स्वतन्त्रता सेनानियों की तपस्या भूमि है। इस कारण इन पंक्तियों के लेखक को, चम्पारण सत्याग्रह से सीधे जुड़े लोगों से तो नहीं, उनके परिजनों-साथियों से उस दौर की स्मृतियों को साझा करने का मौका मिला है। यूँ ब्रजकिशोर प्रसाद, राजेन्द्र प्रसाद, अनुग्रह नारायण सिंह आदि स्वतन्त्रता सेनानियों के चम्पारण सत्याग्रह पर लिखे हुए के साथ पत्रकार अरविंद मोहन और युवा आलोचक आशुतोष पार्थेश्वर और अन्य लोगों के शोधकार्यों का भी उसके बोध निर्माण में महत्वपूर्ण योग है—लेखक)

(2017)

लोहिया की संस्कृति चिन्ता

महात्मा गाँधी के बाद डॉ. राममनोहर लोहिया एकमात्र ऐसे राजनेता थे, जिनके चिन्तन का आधार अत्यन्त व्यापक था। उनके चिन्तन की व्यापकता का मजबूत पक्ष धर्म, संस्कृति, भाषा और साहित्य के सवालों से लगातार जूझते रहने से बना था। धर्म-संस्कृति के जिन सवालों को बहुतेरे नेता उपेक्षणीय समझते हैं या उनसे कतराते हैं, लोहिया उनसे जीवनी-शक्ति ग्रहण करते थे। वे महात्मा गाँधी की तरह धार्मिक व्यक्ति नहीं थे। पूजा-पाठ में उनकी व्यक्तिगत रुचि नहीं थी। फिर भी इस धर्मप्राण प्राचीन देश के धार्मिक आशयों को समझने वाले और उसकी आधुनिक व्याख्या के जरिये नया जीवन-रसायन पैदा करने वाले वे विलक्षण नेता थे। मैं जब ऐसा कह रहा हूँ, तब जवाहरलाल नेहरू से लेकर कांग्रेस, सोशलिस्ट और कम्यूनिस्ट पार्टी के तमाम नेता मेरे ध्यान में हैं। कुछ नेताओं में संस्कृति की चिन्ता का आभास मिलेगा तो उसके पीछे अंग्रेज़ी दृष्टि दिखाई देगी। कुछ नेताओं में हिन्दीपन और देशीपन दिखता है। लेकिन उसके पीछे उनकी कोई सांस्कृतिक दृष्टि और उसकी छटपटाहट नहीं दिखाई देती। राजनीति और धर्म की लोक-चिन्ता का जैसा रूप लोहिया में है, वह न जवाहरलाल में है, न राजेन्द्र प्रसाद में, न जयप्रकाश नारायण में है और न कामरेड डांगे में। महात्मा गाँधी के बाद लोहिया सबसे अधिक मौलिक और बेचैन राजनीतिक मनीषी हैं—ठेठ भारतीय और आधुनिक मनीषी।

गाँधी की तरह दरिद्र नारायण की मुक्ति लोहिया के लिए सबसे बड़ा सवाल थी। गाँधी जानते थे सिर्फ़ राजनीतिक ढाँचा बदलने से यह मुक्ति सम्भव नहीं है, जनता धार्मिक अन्ध विश्वासों में फँसी हुई है, वह अभिजात वर्ग की भाषा अंग्रेज़ी के लिए लालायित है। उसका नैतिक और चरित्र-निर्माण कैसे हो, पर्यावरण और सामाजिक समरसता कैसे सन्तुलित रहे आदि सवाल गाँधी के सामने प्रमुख थे। गाँधी की यह लोक दृष्टि मौलिक रूप से लोहिया में विकसित होती दिखाई

देती है। वह दृष्टि अधिक आधुनिक और प्रासंगिक है। लोहिया ने अपने को 'कुजात गाँधीवादी' माना तो ठीक ही दो तरह के और गाँधीवादियों की शिनाख्त की—'सरकारी गाँधीवादी' और 'मठी गाँधीवादी'। देखना चाहिए कि गाँधी का असली आशय कौन समझ रहा था—जवाहरलाल और उनकी कांगेस या विनोबा भावे और उनकी सर्वोदय मण्डली या राममनोहर लोहिया।

लोहिया गाँधी की तरह धार्मिक व्यक्ति न थे। वे अपने को 'अधार्मिक' व्यक्ति मानते थे। लेकिन धर्म का महत्व वे जानते थे। धर्म उनके लिए अफीम न था, न सत्ता प्राप्ति का साधन और न परलोक सुधारने का कर्मकाण्ड। वे धर्म को भारतीय दृष्टि से देखते थे, जिसकी व्याप्ति, जीवन को धारण करने वाली हर चीज में है। लोहिया धर्म को 'दीर्घकालीन राजनीति' मानते थे और राजनीति को 'अल्पकालीन धर्म'। धर्म उनके लिए 'श्रेयस की उपलब्धि' का प्रयत्न है तो राजनीतिक बुराई से लड़ने वाली ताकत भी। इसीलिए सामाजिक-राजनीतिक बुराई से लड़ते हुए वे धर्म के सवालों के भी सामने होते थे। धर्म उनके लिए न उपेक्षा का विषय था, न पाखण्डपूर्ण चतुराई के राजनीति इस्तेमाल का। वे धर्म को न तो पूरी तरह अप्रासंगिक मानते थे और न सारी समस्याओं को हल करने वाला मूल मन्त्र। वे धर्म के आधुनिक निहितार्थ की व्याख्या को एक राजनीतिक कर्म मानते थे और दरिद्र नारायण की मुक्ति के राजनीतिक प्रयत्नों को धार्मिक काम का दर्ज़ा देते थे। लोहिया पहले व्यक्ति थे, धार्मिक और राजनीतिक दोनों क्षेत्रों में—जिसने नदियों की सफाई और तीर्थों की सफाई के साथ तिब्बत की मुक्ति का सवाल और कैलाश-मानसरोवर की मुक्ति का सवाल उठाया। यह धार्मिक काम है या राजनीतिक या प्राकृतिक सुषमा को बनाये रखने का पुण्य कर्म, इस पर विचार करना चाहिए, तब शायद लोहिया के धार्मिक निहितार्थ को समझा जा सके। वे नदियों की सफाई को लेकर कहा करते थे कि जो काम धर्म प्राण लोगों को करना चाहिए, वह मेरे जैसा अधार्मिक आदमी कर रहा है।

लोहिया का विश्वास था कि भारतीय जन इतिहास चेतना से नहीं, मिथकीय चेतना से संचालित है। भारतीय जनता चाणक्य, चन्द्रगुप्त, अशोक, अकबर आदि इतिहास पुरुषों से जीवनी शक्ति नहीं प्राप्त करती। उसकी जीवनी शक्ति के स्रोत शिव, राम, कृष्ण जैसे पौराणिक चरित्र हैं। अपनी अद्भुत और आधुनिक मिथक चेतना का परिचय देते हुए लोहिया ने राम, कृष्ण और शिव जैसे भारतीय मिथकीय चरित्रों को समझने का विलक्षण प्रयास किया। राम उनके लिए मर्यादा के प्रतिरूप तो थे ही, उत्तर और दक्षिण भारत की एकता के प्रतीक पुरुष थे।

कृष्ण एक स्वच्छन्दतावादी सहृदय नायक थे और साथ ही भारत में पूरब और पश्चिम की एकता के सूत्र भी। राम ने उत्तर से दक्षिण तक यात्रा की और कृष्ण ने पूरब और मगध और पश्चिम में द्वारका तक। राम और कृष्ण के जरिये भारत की चतुर्दिक सांस्कृतिक यात्रा पूरी होती है। राम और कृष्ण साँवले थे। अनार्यों का रंग सांवला था। आर्य गोरे थे। राम-कृष्ण के जरिये न सिर्फ़ उत्तर-दक्षिण और पूरब-पश्चिम एक सूत्र में जुड़ते हैं अपितु काले-गोरे आर्य-अनार्य का मिलन भी होता है। शिव कालकूट पीहने वाले अद्‌भुत चरित्र हैं जो असीम हैं। राम, कृष्ण और शिव की मीमांसा करते हुए उन्होंने कहा है, "हे भारतमाता! हमें शिव का मस्तिष्क दो, कृष्ण का हृदय दो तथा राम का कर्म और वचन दो। हमें असीम मस्तिष्क और उन्मुक्त हृदय के साथ-साथ जीवन की मर्यादा से रचो।"

राम, कृष्ण और शिव के अतिरिक्त जिस भारतीय पौराणिक चरित्र की व्याख्या की ज़रूरत उन्होंने समझी, वह थी कृष्णा यानी पाण्डवों की पत्नी द्रौपदी। उन्होंने कहा, "द्रौपदी बड़ी गजब की औरत थी। सारे संसार के इतिहास में, साहित्य में, वाङ्मय में, किंवदन्ती में कृष्ण-कृष्णा जैसा सखा-सम्बन्ध नहीं मिलेगा। इसमें भाई-बहन, प्रेमी-प्रेमिका, बाप-बेटी, माँ-बेटे जितने भी सम्बन्ध है सबका समावेश है। लेकिन इस किस्से को पढ़कर लगता है कि बहुत अच्छा है। वह दिल को, दुनिया को और समाज को एक बनाने वाला सम्बल है। ...अपने ज़माने में हरेक मर्द को द्रौपदी ने बातचीत में हत्प्रभ किया। उतनी ज्ञानी थी, दिमाग़ भी उतना तेज़ था कि उसके सामने उसके ज़माने का कोई मर्द टिक नहीं पाता था। खाली कृष्ण से, तो खैर उसके साथ होड़ का सवाल ही नहीं था। कृष्ण और कृष्णा से तो कभी कोई होड़ नहीं हुई है। मैं समझता हूँ कि नारी, अगर कहीं नर के बराबर हुई है तो सिर्फ़ ब्रज गें और कान्हा के पारा।" कृष्ण और कृष्णा के अद्‌भुत रिश्ते की यह नयी व्याख्या है। स्त्री-पुरुष सम्बन्धों की यह नयी व्याख्या है। इस तरह ब्रज में कृष्ण के साथ स्त्री के बराबर होने की बात भारतीय साहित्य की नयी व्याख्या है। साहित्य के पण्डितों की बड़ी-बड़ी पोथियाँ और व्याख्याएँ एक तरफ और लोहिया की व्याख्या एक तरफ। इतना गहरा तादात्म्य लोहिया का इन मिथकों के साथ दिखाई देता है और इतने आधुनिक ढंग से दिखता है कि आश्चर्य होता है कि राजनीति में गर्दन तक धँसा हुआ आदमी कैसे उपलब्ध कर सका इन चीजों को? किसी भारतीय नेता के पास अपने मिथक से मुठभेड़ करने की इतनी सजग, सघन, सहृदय और आधुनिक दृष्टि नहीं थी।

नारी की मुक्ति लोहिया के लिए भारत की मुक्ति की तरह थी। इसलिए

राम और सीता का दाम्पत्य प्रेम उन्हें अभिभूत करता था, तो ब्रज में कृष्ण के साथ प्रेम करने वाली गोपियों का नारी रूप भी पसन्द था। द्रौपदी और कृष्ण का सखा भाव तो उन्हें बेहद पसन्द था। उन्होंने नर-नारी की बराबरी का सवाल उठाया और कहा, "पश्चिम एशिया में औरत एक खिलौना रही है। तफरीह के क्षणों में कद्र और प्रेम, फिर अवस्तु। कई सौ या हज़ार वर्ष से हिन्दू नर के दिमाग़ को ठोकर मार-मार कर बदलना है। नर-नारी के बीच में बराबरी कायम करना है...हिन्दुस्तान आज विकृत हो गया है। यौन-पवित्रता की लम्बी-चौड़ी बातों के बावजूद आम तौर पर विवाह और यौन सम्बन्ध में लोगों के विचार सड़े हुए हैं।" इसलिए उन्होंने नर-नारी सम्बन्धों में युग सापेक्ष और व्यक्ति सापेक्ष नैतिकता की बात उठायी। उन्होंने दर्जन भर बच्चे जनने वाली पति परायण औरत से उस औरत को अधिक नैतिक माना जो अवैध ढंग से ही सही परन्तु एक बच्चा पैदा करती है। लोहिया के लिए मुसलमान औरत का बुर्का पहनना ग़लत था।

लोहिया की नज़र में 'नैतिकता' और 'शिष्टाचार' एक-दूसरे के पर्याय हैं। उन्होंने राम-रावण युद्ध के अन्तिम प्रसंग की याद दिलाई है कि कैसे लक्ष्मण जब मरणासन्न रावण के सिरहाने खड़े थे तो रावण ने राजनीति की शिक्षा देने की बात तो दूर, बात तक नहीं की। राम के कहने पर जब लक्ष्मण पायताने खड़े हुए तब उसने राजनीति की शिक्षा दी। यह प्रसंग लोहिया को बहुत प्रिय था और वे सदा कहा करते थे—"शिष्टाचार की यह सुन्दर कहानी अद्वितीय और अब तक की कहानियों में सर्वश्रेष्ठ है।" इसलिए राम उनकी नज़र में मर्यादा के प्रतीक थे तो शिष्टाचार की श्रेष्ठतम कहानी के रचयिता भी थे। शिष्टाचार की ऐसी मिसाल देने वाले और उस पर लहालोट होने वाले लोहिया को पुनः-पुनः स्मरण करने की ज़रूरत आज की बेशर्म और नयी राजनीति को क्यों नहीं महसूस होती?

लोहिया की धर्म सम्बन्धी मीमांसा उनकी राष्ट्र चिन्ता का ही बृहत्तर आयाम थी। देश का नवनिर्माण मात्र आर्थिक ढाँचे में बदलाव से सम्भव नहीं है। आर्थिक ढाँचे में बदलाव के लिए सामाजिक बदलाव ज़रूरी है और सांस्कृतिक सोच में परिचर्तन लाये बिना यह दिवास्वप्न के सिवा कुछ नहीं। इसलिए भारतीय भाषाओं के साथ ही उन्होंने लिपि का सवाल उठाया तथा भरतीय साहित्य के महान् और अविस्मरणीय मिथकों के साथ गहरे तादात्म्य के साथ उनकी अद्‌भुत और आधुनिक व्याख्या भी की। ऐसा करते वक़्त उनके सामने सम्पूर्ण राष्ट्र के साथ यहाँ की गरीब जनता कसौटी थी। उनका सारा चिन्तन भारतीयता की अवधारणा को नये सिरे से परिभाषित करता है। वे संस्कृत, फ़ारसी और अंग्रेज़ी

को सामन्ती भाषा कहते थे और भारतीय जनता की मुक्ति के लिए इनसे मुक्ति जरूरी मानते थे। सामन्ती संस्कृति और लोक-संस्कृति में वे लोक संस्कृति का पक्ष लेते हुए कहते हैं–"इस समय संस्कृति के नाम पर जो चीज चलती है, वास्तव में वह संस्कृति नहीं है। भाषा, भोजन, भवन और भूषा में भारत में दो हजार सालों से सामन्ती और लोक संस्कृति रही है। संस्कृत, अरबी, फ़ारसी और अंग्रेज़ी से सामन्ती भाषाएँ रही हैं जबकि पाली, प्राकृत, अवधी, हिन्दी की लोकभाषाएँ रही हैं...सामन्ती और लोक का यह अन्तर अन्य देशों के मुकाबले में इतना दुर्बल क्यों है? इसका कारण है कि फर्क पैदा हो गया है। और यह 'फर्क' ही भारत के पिछड़ेपन का, लोहिया के अनुसार, मुख्य कारण है।

(2002)

दलित राजनीति पर कुछ विचार

महात्मा गाँधी ने एक बार कहा था : 'मैं पुनर्जन्म नहीं चाहता, लेकिन अगर मुझे फिर जन्म लेना ही पड़े तो मैं अस्पृश्यों में ही जन्म लूँ, जिससे उनके अपमान का हिस्सेदार बन सकूँ, उनकी मुक्ति के लिए काम कर सकूँ।' उनकी उस कामना में उनका गाँधीपन दीखता है। ऐसी कामना शायद ही कोई करे! यदि पुनर्जन्म का विकल्प डॉ. आम्बेडकर के सामने होता, तो वे किस जाति में जन्म लेना पसन्द करते? सुभाषचन्द्र बोस, सरदार पटेल, राजेन्द्र प्रसाद, जवाहरलाल नेहरू, जयप्रकाश नारायण, राममनोहर लोहिया, बी.टी. रणदिवे, श्रीपाद अमृत डांगे, विनोबा भावे आदि, भिन्न सामाजिक-राजनीतिक आदर्शों से अनुप्राणित, गाँधी युगीन नेताओं से यह प्रश्न पूछा जाता तो उनका उत्तर क्या होता? यह एक काल्पनिक प्रश्न है। उत्तर का अनुमान भर किया जा सकता है। फिर भी मेरा मन जो अनुमान लगा पा रहा है वह यह कि उनमें से कोई भी दलित घर में जन्म लेने का विकल्प नहीं चुनता। राष्ट्रीय आन्दोलन की पैदाइश ये सभी बड़े नेता, जिनकी ईमानदारी और त्याग में सन्देह नहीं है, यह संकल्प तो दुहराते कि दलितों को भी मान-सम्मान मिले, दलित और ब्राह्मण में सचमुच कोई अन्तर न रहे—उनके बीच रोटी-बेटी का सम्बन्ध सहज रूप से विकसित हो जाये, दलित को अछूत मानने का भाव किसी के मन में स्वप्न में भी न आये आदि आदि, किन्तु दलित घर में कोई पैदा होना नहीं चाहता। भारतीय समाज में दलित जीवन की जो भयावह पीड़ा है, वह अतुलनीय है। उसकी तुलना में दूसरा कोई दुःख दुनिया में नहीं बना। तुलना ही करनी हो तो मध्यकालीन यूरोपीय गुलामों से ही दलितों की तुलना हो सकती है या शययद उनसे भी न हो। ऐसे में महात्मा गाँधी की अछूत बन कर उस जीवन की पीड़ा को प्रत्यक्ष जीने की कामना, उन्हें महानों की महानता से भी बहुत ऊपर उड़ा देती है। उनका गाँधीपन इसी में है जो उस युग में और किसी में नहीं।

लेकिन उसी गाँधी के 'हरिजन सेवा' के सारे प्रयत्न आज उन्हीं दलितों

द्वारा सन्देह के घेरे में ला दिये गये हैं और नकार दिये गये हैं, जिनकी सेवा का व्रत वे आजाद भारत में भी निभाना चाहते थे। गाँधी के दलित मुक्ति के प्रयत्नों को उन्हीं के जीवन में आम्बेडकर ने चुनौती दी थी, और ठीक ही दी थी, कि भारत की आजादी में दलितों का स्थान कहाँ है? गाँधी के प्रति अन्ध भक्ति न हो, आलोचनात्मक भाव हो, तो आम्बेडकर की माँग ग़लत नहीं लगेगी। आजादी के इतने वर्षों बाद दलितों के प्रति गैर दलितों का जो सलूक है, उसे देखते हुए आम्बेडकर का दलित प्रश्न के साथ राष्ट्रीय स्वाधीनता आन्दोलन को प्रश्नांकित करना सर्वथा उचित ही था। लेकिन गाँधी और आम्बेडकर के दलित मुक्ति के प्रयत्न क्या परस्पर विरोधी थे? आज दलित नेता और चिन्तक जिस तरह आक्रामक भाषा में गाँधी के प्रयत्नों को खारिज कर रहे हैं, उससे तो यही लगता है। ये लोग गाँधी के दलित मुक्ति के प्रयासों पर पुनर्विचार की ज़रूरत तक नहीं समझते, उलटे उन्हें दलित विरोधी साबित करने पर तुले हैं।

वर्ण वयवस्था भारतीय समाज का बसे बड़ा अभिशाप रही है। वर्ण व्यवस्था क्रम में दलितों का जो स्थान था, वह पशु से भी गया-गुजरा था। इसलिए जीवन की भयावह पीड़ा ने प्राचील काल से ही परिवर्तन के आकांक्षी और संवेदनशील समाज सुधारकों का ध्यान अपनी ओर खींचा। महावीर, बुद्ध, कबीर, विवेकानन्द, गाँधी आदि ने अछूतों की स्थिति को समझने की कोशिश की और उसे बदलने का संघर्ष भी किया। लेकिन वर्ण व्यवस्था की दीवार अभेद्य बनी रही। इसका प्रमुख कारण यह था कि उन महापुरुषों की चिन्ता के केन्द्र में अन्य समस्याएँ भी थीं, दलित मुक्ति उस चिन्ता का एक आयाम भर थी। एक दूसरा कारण यह भी, कि इनमें से कोई दलित नहीं था। इसलिए आधुनिक काल में डॉ. भीमराव आम्बेडकर का प्रवेश जब दलित नेता और चिन्तक के रूप में हुआ, तो दलित समस्या को नयी भाषा और गति मिली, सीमित दायरे से निकलकर वह आन्दोलन के रूप में परिणत हुई। आम्बेडकर स्वयं दलित थे। दलित जीवन की वास्तविकता उनकी भोगी हुई थी—देखी, सुनी या पढ़ी हुई नहीं। वे सुशिक्षित थे। दुनिया में चलने वाले मुक्ति संग्रामों से उनका परिचय था। वे सैद्धान्तिक और व्यावहारिक दोनों स्तरों पर भारतीय वर्ण व्यवस्था की वास्तविकता को गहराई से जानते थे। दलित मुक्ति उनके आन्दोलन के एजेंडे के केन्द्र में थी, उनके लिए मुख्य प्रश्न थी। दलित मुक्ति के बिना ब्रिटिश हुकूमत से मुक्ति उनके लिए निरर्थक थी।

इसी मुद्दे पर उनका मुख्य मतभेद गाँधी और कांग्रेस से था। कम्युनिस्ट चूँकि वर्ग को महत्व देते थे और वर्ण उनके लिए महत्वहीन था, सो उनसे भी

उनकी दूरी बनी रही। ऐसे में दलित आन्दोलन को नयी भाषा और नयी गति मिलनी ही थी। सही समय पर सही ढंग से दलित आन्दोलन को नेतृत्व दे कर उन्होंने जो ऐतिहासिक भूमिका निभायी, उसके लिए दलित उन्हें अपना सबसे बड़ा आइकन मानते हैं और सम्मान देते हैं तो ठीक ही करते हैं। लेकिन इसके साथ जब वे दूसरे गैर दलित नेताओं के दलित मुक्ति के प्रयत्नों को पूरी तरह नकारते हैं और उनकी अपमानजनक आलोचना करते हैं, तब उन्हें यह पता नहीं होता कि वे दरअसल दलित आन्दोलन को कमजोर कर रहे हैं। वे भूल जाते हैं कि मूल में वे लोकतान्त्रिक एवं आधुनिक शक्तियाँ भी थीं, जो पश्चिम के सम्पर्क और चुनौती के साथ राष्ट्रीय आन्दोलन, समाजवादी और साम्यवादी आन्दोलनों का प्रतिफल थीं? दलितों को जो अधिकार मिले, उसकी सफलता का श्रेय सिर्फ़ आम्बेडकर को ही जाता है या उस भारतीय मानस को भी जो अछूतपन को भारतीय समाज का पाप मानने लगा था? आम्बेडकर बीसवीं सदी में ही क्यों पैदा हुए थे? वे यदि पन्द्रहवीं-सोलहवीं में पैदा होते तो क्या उन्हें वह सफलता मिलती जो बीसवीं सदी के भारतीय समाज में मिली? यदि दलितों की गुलामी के लिए भारतीय समाज जिम्मेदार है, तो उनकी मुक्ति में भी, न सही प्रत्यक्ष, परोक्ष ढंग से ही, उसकी कोई भूमिका है या नहीं? किसी वर्ग या व्यक्ति को मुक्ति कभी अकेले मिलती है क्या? दलित वर्ग में अनेक संत पहले भी पैदा हो चुके थे, मनुवाद पर प्रहार भी कर चुके थे, जैसे सरहपाद आदि, किन्तु क्या वे दलितों को वह सामाजिक अधिकार दिला सके जो उन्हें बीसवीं सदी में मिला? अनेक प्रश्न हैं जिनकी द्वन्द्वात्मकता में जाने से आज का दलित नेतृत्व और चिन्तन परहेज करता है, सरलीकरण का शिकार होता है और अन्ततः आन्दोलन एवं राजनीति को नुकसान पहुँचता है।

यह ठीक है कि महात्मा गाँधी जन्मना दलित नहीं थे। इससे दलित समस्या से सम्बन्धित उनके सारे प्रयत्न क्या अर्थहीन हैं? यदि ऐसा ही है, तो बुद्ध, विवेकानन्द और कार्ल मार्क्स समेत दुनिया के अनेक महान लोगों के क्रन्तिकारी प्रयत्नों को नकारना पड़ेगा, क्योंकि उन्होंने उस वर्ग के लिए अपने शब्द और कर्म को समर्पित किया, जिस वर्ग के वे स्वयं नहीं थे। यदि ऐसा ही हो तो ग्रीक ट्रेजडी के प्रमथ्यु नामक उस चरित्र का क्या होगा, जिसने देवता होने के बावजूद अपनी जाति को धोखा दिया था, स्वर्ग से अग्नि चुरायी थी और अन्धकार में भटकती मनुष्य जाति को दी थी! देवताओं ने उसकी इस गद्दारी के लिए उसे नारकीय यातनाएँ दीं। उसने उन यातनाओं को सहर्ष स्वीकार किया। उस चरित्र

ने मार्क्स समेत दुनिया के न जाने कितने मुक्तिकामी लोगों को प्रभावित किया और उस वर्ग के लिए अग्नि प्रदान करने के लिए प्रेरित किया, जिस वर्ग के वे स्वयं नहीं थे। अग्नि यानी ज्ञान। ज्ञान जो मनुष्य को स्वार्थ के संकुचित धरातल से परे जा कर दूसरों के लिए मर-मिटने की आग उसके भीतर पैदा करता है। दुनिया का इतिहास ऐसे लोगों से भरा पड़ा है जो अपनी जाति-वर्ग और देश के विरुद्ध लड़ते हुए शहीद हो गये—उनके लिए जिनके बीच वे पैदा नहीं हुए थे। यदि हम उन सारे प्रयत्नों को नकारने लगें तो मुक्ति संघर्ष के उस इतिहास का क्या होगा, जिससे प्रेरित होकर मनुष्य नये इतिहास के निर्माण का संघर्ष करता है और कुर्बानियाँ देता है? डॉ. अम्बेडकर क्या शून्य में पैदा हुए थे और दलित मुक्ति की चेतना क्या उन्हें किसी गुफा-कंदरा में अकेले तपस्या करके प्राप्त हुई थी या वे भी दलित मुक्ति के इतिहास की कोख से पैदा हुए अपने समय की जाग्रत चेतना के प्रतिनिधि स्वर भर थे? दलित मुक्ति की चेतना को उस मुकाम तक पहुँचाने में दलित महानों के साथ गैरदलित लोगों का योगदान कुछ भी नहीं था? हो सकता है कि गाँधी के प्रयास में कोई कमी हो और उसके अपने अन्तर्विरोध हों! किसमें नहीं होते! क्या बाबा साहब आम्बेडकर में नहीं थे?

अस्पृश्यता को महात्मा गाँधी सबसे बड़ा पाप मानते थे। ऐसा पाप, जैसा दुनिया में और कहीं नहीं है। उनके लिए भारत की आजादी तब तक अर्थहीन थी, जब तक अस्पृश्यता खत्म नहीं होती। उनके शब्द हैं : 'भारत में जब तक अछूत रहेंगे तब तक स्वराज्य नहीं मिलेगा। भारत ने जो यह अपराध किया है उससे हीन कोई काम इंग्लैण्ड ने भी नहीं किया।' उनके अनेक स्वप्नों में से एक स्वप्न यह था कि स्वतन्त्र भारत की प्रधान कोई दलित हो। उन्होंने ने कहा था : 'मुझे इस विचार से खुशी होगी कि कोई भंगी की लड़की, जिसका हृदय मजबूत हो, हमारा प्रथम राष्ट्रपति बने...जब तक कोई चमार अथवा भंगी भारत का राष्ट्रपति नहीं बनेगा, तब तक मुझे सन्तोष नहीं होगा।' देश आजाद हुआ। देर से ही सही के.आर. नारायणन भारत के राष्ट्रपति भी बने, पर अस्पृश्यता के नाम का वह पाप कर्म आज भी पूरी तरह बन्द नहीं है। ऐसी विडम्बनापूर्ण स्थिति पर पता नहीं महात्मा गाँधी की कैसी प्रतिक्रिया होती? पूरी तरह खुश तो बिल्कुल नहीं होते। असल में उनके लिए अस्पृश्यता कानून से अधिक सामाजिक और संस्कारागत समस्या थी। वे मानते थे कि हिन्दुओं के मन में अछूतों के प्रति भेदभाव के जो संस्कार हैं, उन्हें दूर किये बिना अस्पृश्यता की समस्या दूर नहीं होगी। इसीलिए तो वे स्वतन्त्र भारत में भी हरिजन सेवा का अपना काम जारी

रखना चाहते थे। दलितों को नौकरी, शिक्षा आदि क्षेत्रों में और उनमें समान होने की चेतना पैदा करना जितना ज़रूरी था, उतना ही ज़रूरी था, उस हिन्दू दिमाग़ को ठीक करना जो दलितों के प्रति भेद भाव के पाप से भरा हुआ है। गाँधी दलितों को वह अधिकार दिलाने के लिए प्रयत्नशीन तो थे ही, वे हिन्दू दिमाग़ को भी ठीक करना चाहते थे। कानून तो बना, दलितों को कानूनी अधिकार भी मिले, पर दुर्भाग्यवश हिन्दू दिमाग़ को ठीक करनेवाला वह महान शिल्पी नहीं रहा। दूसरा दुर्भाग्य यह कि उस महान व्रत को पूरा करने वाला कोई दूसरा गाँधी हमारे पास नहीं था। परिणाम जो होना था वही हुआ। दलितों को संविधान में समानता तो मिली, मगर सामाजिक स्तर पर भेद भाव बना रहा।

गाँधी की हरिजन सेवा के व्रत को गाँधीवादियों ने तो तोड़ा और छोड़ा ही, उसकी अमर्यादित भाषा में आलोचना करके दलितों ने भी उसे कम कलंकित नहीं किया। उनके 'हरिजन' शब्द पर ही आक्रामक और अश्लील भाषा में आपत्ति उठाई जाती है। ऐसा करने वाले वह भूल जाते हैं कि 'हरिजन' शब्द के जरिए सैंकड़ों अस्पृश्य जातियों को उन्होंने एक नाम दिया था। 1916 में सर्वजातीय सम्मेलन में अस्पृश्यता के ख़िलाफ़ जंग की घोषणा करते हुए उन्होंने कहा था : 'यह सिर (अपने सिर की ओर इशारा करते हुए) अस्पृश्यता निवारण के लिए समर्पित है।' छुआछूत मिटाने के लिए वे अंन्र्जातीय विवाह को प्रोत्साहित करते थे। वे ऐसी किसी शादी में शामिल नहीं होते थे जिसमें एक पक्ष हरिजन न हो। वे उस मन्दिर में नहीं जाते थे, जिस मन्दिर में हरिजनों का प्रवेश वर्जित था। गाँधी झाड़ू को क्रान्ति का प्रतीक मानते थे। उनके आश्रम में झाड़ू द्वारा सफाई और संडास सफाई मुख्य काम था। यह काम सबको करना पड़ता था। डॉ. आम्बेडकर के विधि मन्त्री बनने और संविधान सभा की प्रारूप समिति का अध्यक्ष बनने में गाँधी जी की महत्वपूर्ण भूमिका थी। जवाहरलाल नेहरू को इस काम के लिए गाँधी जी ने ही डॉ. आम्बेडकर का नाम सुझाया था। छुआछूत की भावना के लिए उन्होंने अपनी पत्नी को भी सजा दी थी। आज उसी गाँधी के बारे में कहा जाता है कि 'हरिजन' कह कर उन्होने दलितों का अपमान किया। एक बार गाँधी जी से पूछा गया था कि यदि अछूत 'हरिजन' हैं तो बाकि लोग क्या 'दुर्जन' हैं? गाँधी जी का उत्तर था कि जब तक सवर्ण हिन्दुओं के मन में छुआछूत का भाव है, तब तक वे 'हरिजन' नहीं हैं। कितनी स्पष्ट और महान अवधारणा थी हरिजन की। यह सही है कि डॉ. आम्बेडकर ने दलितों के भीतर जैसी चेतना जगाई, आत्मविश्वास का जो भाव भरा, वह दूसरा कोई नहीं कर सका। गाँधी सवर्णों के

भीतर बैठी अस्पृश्यता की भावना से लड़ रहे थे और हिन्दू मानस को पाप मुक्त बना रहे थे। दोनों एक ही काम कर रहे थे—अलग-अलग मोर्चों पर। प्रसिद्ध गाँधीवादी चन्द्रशेखर धर्माधिकारी ने ठीक ही कहा है : '...हरिजन उद्धार का कार्य डॉ. आम्बेडकर जी ने किया और सवर्णों के मन और दिमाग़ से अस्पृश्यता हटाने का कार्यक्रम गाँधी जी ने चलाया। ये दोनों आन्दोलन परस्पर पूरक थे।'

आजादी के बाद दलितों को समानता के संवैधानिक अधिकार मिले। आरक्षण के चलते नौकरियों, विधानसभाओं और लोकसभाओं में दलितों की हिस्सेदारी बढ़ी। इससे कुछ जगहों तक पहुँचने की एक पगडण्डी भर निकली, पर सत्ता में दलितों की व्यापक हिस्सेदारी न हुई और उनकी सामाजिक स्थिति में व्यापक परिवर्तन न हुआ, दलित मुहल्लों की सामाजिक स्थिति लगभग वैसी ही रही। उनके साथ सामाजिक भेद भाव जारी रहा। इस बीच दलितों के बीच अपना नेतृत्व उभरा। वे अपने अधिकारों के प्रति उग्र और जागरूक हुए लेकिन वे जितने ही उग्र और जागरूक हुए, हिन्दू दिमाग़ उतना ही संकीर्ण हुआ। उसे लगने लगा कि आरक्षण का लाभ लेकर ये अयोग्य लोग हमारे ऊपर आने लगे हैं। दलित खेत मजदूरों ने अपने अधिकारों की बात उठाई, तो हिन्दू किसानों के बीच दलित विरोध उग्र हुआ। परिणामस्वरूप 'बेलछी काण्ड' जैसी दलित-दहन की घटनाएँ घटित होने लगीं। कवि नागार्जुन की प्रसिद्ध कविता 'हरिजन गाथा' और कथाकार मन्नू भण्डारी का उपन्यास 'महाभोज' उसी 'बेलछी काण्ड' के रचनात्मक प्रमाण पत्र हैं। ऐसा क्यों हुआ कि आरक्षण के चलते दलितों को कम मात्रा में ही सही नौकरी तो मिली, उनमें शिक्षा का प्रशित भी बढ़ा, सरकारी योजनाओं के कारण, तमाम भ्रष्टाचार के बावजूद, उन योजनाओं का कुछ लाभ उनके मुहल्ले तक पहुँचा, लेकिन सामाजिक स्तर पर मौन या मुखर भेद भाव बना रहा? दलितों में ही धर्मांतरण की प्रवृत्ति क्यों अधिक है? दलित के बीच अपना नेतृत्व तो उभरा, किन्तु दलित आन्दोलन को क्रान्तिकारी दिशा क्यों नहीं मिली? दलित राजनीति के सन्दर्भ में इन प्रश्नों पर विचार करना आवश्यक है।

इसका एक प्रमुख कारण आजादी के बाद गाँधीवादियों की 'हरिजन सेवा' और आम्बेडकरवादियों के दलित मुक्ति आन्दोलन के बीच अन्तराल का बढ़ते जाना है। गैर दलित नेतृत्व में दलित मुक्ति के प्रति उस निष्ठा और ईमानदारी का अभाव होता गया जो गाँधी और गाँधी युग में थी। कुछ लोगों के लिए 'हरिजन सेवा' कर्मकाण्ड भर रह गया—सामाजिक आन्दोलन नहीं और कुछ के लिए दलितों का वोट लेने का एक जरिया। इस कारण गैर दलित मन को दलितों के प्रति उदार

बनाने की प्रक्रिया मद्धिम पड़ती गयी। दलितों में अपने सामाजिक-राजनीतिक अधिकारों के प्रति जागरूकता तो बढ़ी, किन्तु गैर दलितों में दलितों के प्रति गैर बराबरी के जो सामाजिक भाव थे, वे वैसे ही बने रहे। इससे दलित और गैर दलित का मौन या मुखर टकराव बढ़ा, जिससे दलित राजनीति का दायरा अन्ततः दलितों तक ही सीमित होता गया, जब कि होना यह चाहिए था कि दलित का प्रश्न गैर दलितों के ऐजेण्डे में भी प्रमुखता से होता।

दलित राजनीति के समक्ष दलित नेतृत्व का निषेधवादी रवैया आत्मघाती कदम साबित हो रहा हैं। दलित नेतृत्व ने दलितों के अधिकारों के लिए संघर्ष करने वाले, गाँधीवादी, समाजवादी और वामपन्थी सामाजिक-बौद्धिक नेताओं-कार्यकर्त्ताओं को मनुवादी-मनुवादी कह कर इतना लांछित-अपमानित किया कि उनकी सक्रियता कम हो कर उदासीनता में बदलने लगी। इससे दलित आन्दोलन की धारा संकीर्ण हुई और दलित मुक्ति का प्रश्न सिर्फ़ दलितों का प्रयन बनता गया। दलित नेताओं का इनमें अपना स्वार्थ है। स्वार्थ नेतृत्व और अपनी सुविधाएँ बटोरने का है। उदार तथा प्रगतिशील गैर दलित और चेतना शील दलित के बीच दूरियाँ बढ़ा कर दलित नेतओं ने भले अपना स्वार्थ साध लिया हो, अन्ततः उससे दलितों का ही नुकसान हुआ।

दलित राजनीति की एक बड़ी समस्या दलित और पिछड़े वर्ग के नेताओं में बहुआयामी और दूरगामी राजनीतिक दृष्टि का अभाव है। इसके कारण उनमें एकता की जगह टकराव और संघष की स्थिति है। दलितों और पिछड़ों में जो जागरण आया, उससे सत्ता में भागीदारी की उनकी भूख तीव्र हुई और उनमें आपसी वैमनस्य बढ़ता गया। पिछड़ों से उनके टकराव ने और सत्ता की भूख से उपजे अवसरवाद ने दलित नेतृत्व को उन सामन्ती और मनुवादी शक्तियों से गठजोड़ के लिए प्रवृत्त किया, जिनके विरुद्ध संघर्ष के लिए उनका जन्म हुआ था। इसका सबसे रोचक उदाहरण उत्तर प्रदेश में बहुजन समाज पार्टी का भाजपा और कांग्रेस से गठजोड़ था और अभी हाल ही में उसके द्वारा सम्पन्न ब्राह्मण सम्मेलन है, जिसमें अपने चुनाव चिह्न हाथी की नयी व्याख्या दलित नेताओं ने प्रस्तुत की : हाथी नहीं गणेश है, ब्रह्मा-विष्णु-महेश है, यह मनुवाद के समक्ष दलित राजनीति का समर्पण है, जो अन्ततः उसकी धार को ही कमजोर करेगा।

दलितों-पिछड़ों में सवर्णीकरण की बढ़ती प्रवृत्ति भी दलित राजनीति की एक कमजोर कड़ी है। आरक्षण के जरिए नौकरियों में आये दलितों और

लोकसभा-विधानसभा में प्रवेश पा चुके सांसदों, विधायकों एवं मन्त्रियों में यह प्रवृत्ति आसानी से देखी जा सकती है। जिस सामंतवाद-मनुवाद की आलोचना कर पिछड़ी जाति के नेता सत्ता में आये थे, उस सामन्तवाद-मनुवाद की सारी प्रवृत्तियाँ उनके जीवन और आचरण में हैं। पिछड़ों-दलितों के लिए साठ प्रतिशत आरक्षण के पक्षधर डॉ. राममनोहर लोहिया को आशंका थी कि इसका लाभ यादव और कुर्मी जैसी मध्यजातियाँ ले लेंगी तथा इनका आचरण दलितों के प्रति सवर्णों जैसा होगा। बिहार में बेलछी काण्ड से लेकर अब तक दर्जनों दलित जन संहार की जो घटनाएँ घट चुकी हैं, उनमें से कई को अंजाम देने में इन्हीं मध्य जातियों की भूमिका हैं। लोहिया की आशंका सच साबित हो रही है। होना तो यह चाहिए था कि मनुवाद के विरुद्ध पिछड़े और दलित मिल कर संघर्ष करते और वैकल्पिक समाज बनाते, लेकिन हुआ उलटा। मनुवाद-विरोध का अर्थ अधिकांश दलित-पिछड़े नेताओं के लिए सत्ता से सवर्ण नेतृत्व को अपदस्थ कर वहाँ अपने को प्रतिष्ठित करना भर है। यह वैकल्पिक समाज निर्माण का आन्दोलन भी है, यह वे नहीं सोचते। मनुवाद चार स्तम्भों पर टिका है—वर्ण व्यवस्था, पुनर्जन्म, यज्ञ और कर्मफलवाद। इन चारों प्रवृत्त्यिों के विरुद्ध जो चेतना और आचरण के स्तर पर सक्रिय नहीं है, उसका मनुवाद विरोध एक छल है, जिसके भीतर उसका अपना स्वार्थ है। कहने की ज़रूरत नहीं कि पिछड़े-दलित वर्ग के अधिकतर नेताओं और सुविधा सम्पन्न लोगों की यही स्थिति है। ये नव सवर्ण हैं। दलित विचारक काँचा इलैया ने इन मध्यजातियों को ठीक ही 'नव क्षत्रिय' कहा है, हालाँकि उसका सन्दर्भ आन्ध्र प्रदेश की रेड्डी जैसी जातियाँ हैं। पिछड़ों का नव सवर्ण या नव क्षत्रिय में रूपान्तरण दलित राजनीति और चेतना के प्रसार के लिए पातक है। इसी तरह सुविधा-प्राप्त दलित वर्ग के एक हिस्से में भी सवर्णीकरण की प्रवृत्ति दिखाई पड़ती है। काँचाा इलैया ने ऐसे दलितों को सावधान किया है कि इससे उन्हें कुछ नहीं मिलेगा, सिवाय खोने के।

दलित राजनीति की एक गम्भीर समस्या दलितों का धर्मान्तरण भी है। एक दलित बौद्ध, एक दलित ईसाई या एक दलित मुसलमान की निष्ठा और प्राथमिकता का केन्द्र उसका नया धर्म बन जाता है। धर्मान्तरण होते ही वह पूरी शक्ति से अपने को निष्ठावान बौद्ध, ईसाई या मुसलमान साबित करने में जुट जाता है। इससे दलित राजनीति की एकजुट शक्ति कमजोर होती है और दलित अन्ततः दलित ही रहता है। धर्म बदल जाने से न तो उनका मुहल्ला बदलता है न आर्थिक स्थिति और न हिन्दुओं का उनके प्रति मन। धर्मान्तरण के जरिए

दलितों की सामाजिक स्थिति में बदलाव की यह कोशिश पहले भी विफल हो चुक है। इतिहासकार इरफान हबीबी ने एकेश्वरीवादी आन्दोलन के सन्दर्भ में कबीर पर लिखे अपने एक लेख में यह दिखलाया है कि तुर्क, अफगान और मुगलकाल में स्वेच्छा, लोभवश या दबाव से जिन निम्न जातियों ने इस्लाम स्वीकार किया, उनकी सामाजिक हैसियत मुसलमानों में भी निम्न ही बनी रही। भारत में इस्लाम को भी जातिवादी श्रेणीबद्धता का शिकार होना पड़ा। हम अपने अनुभव से भी जानते हैं कि आज देश में मौजूद मुसलमान धोबी, नाई, अहीर आदि जातियाँ शेख-पठाप मुसलमानों के लिए भी नीच हैं, हिन्दुओं के लिए भी। ऐसे ही निम्न जातीय जुलाहे थे कबीर, जिनके पूर्वज कुछ ही पीढ़ी पहले कोरी से मुसलमान बने थे और जिनके लिए हिन्दुओं की 'हिन्दुआई' और तुर्कों की 'तुरुकाई' में कोई अन्तर नहीं था। इसलिए डॉ. आम्बेडकर ने भी भले ही दलितों के लिए बौद्ध धर्म का रास्ता चुना हो और आज भी दलितों का धर्मांतरण जारी हो, किन्तु आधुनिक दलित चिन्तक किसी भी धर्म को दलितों के लिए अपर्याप्त मानते हैं। डॉ. धर्मवीर और प्रो. काँचा इलैया जैसे समकालीन दलित चिन्तकों ने जोर देकर कहना शुरू किया है कि दलितों का कोई दूसरा धर्म नहीं है, उनका धर्म दलित ही है। काँचा इलैया ने अपनी प्रसिद्ध पुस्तक 'मैं हिन्दू क्यों नहीं हूँ' में विस्तार से बताया है कि दलितों की जीवन-पद्धति, उनके रीति-रिवाज, देवी-देवता आदि कैसे हिन्दुओं से भिन्न हैं और हिन्दू धर्म-परम्परा की तुलना में कितने बेहतर हैं। उन्होंने यह भी कहा है कि दलित जीवन-पद्धति श्रमजीवी और उत्पादक वर्ग की है, जबकि हिन्दुओं की शोषक वर्ग की—राष्ट्र और समाज को गुलाम बनाने वाली। उनका जोर इस बात पर है कि भारत का दलितीकरण किये बिना यानी दलित वर्ग के उत्पादक वर्ग की संस्कृति को अपनाये बिना राष्ट्र और समाज का विकास नहीं होगा। हमारा मत है कि दलित राजनीति की दिशा सचेत रूप में यही होनी चाहिए।

दलित नेता और चिन्तक मनुवाद और सामन्तववाद का विरोध तो करते है, लेकिन पूँजीवाद, उदारीकरण आदि के बारे में प्रायः चुप रहते हैं। पूँजीवाद और उदारीकरण का विस्तार दलितों के हित में किसी भी तरह नहीं है, यह उन्हें समझ लेना चाहिए। इस मुद्दे पर उनकी एकता गाँधीवादियों, वामपंथियों और दूसरे सामाजिक संगठनों से होनी चाहिए। पूँजीवाद और उदारीकरण का फायदा, अन्ततः सवर्ण हिन्दुओं को होगा। इसलिए उनके एजेण्डे में सचेत ढंग से पूँजीवाद-उदारीकरण का विरोध शामिल होना चाहिए और इनके ख़िलाफ़

संघर्षरत लोगों और संगठनों के प्रति स्वाभाविक मैत्री का भाव होना चाहिए, जो कि अभी नहीं है।

इस सम्बन्ध में अन्तिम बात। डॉ. आम्बेडकर निस्सन्देह दलितों के सर्वमान्य नेता हैं। दलित मुक्ति आन्दोलन को उन्होंने नयी ऊँचाई दी है। उनका योगदान अप्रतिम है। लेकिन आज के दलित नेतृत्व को उनका कीर्तन करते रहने की जगह उन्हें प्रस्थान बिन्दु मानकर नयी परिस्थिति में नयी चुनौतियों के लिए तैयार होना चाहिए। नयी परिस्थिति में हर आन्दोलन को नयी राह खुद खोजनी पड़ती है।

(2006)

लेखक संघों की हकीकत

जब संगठन में ही शक्ति है, तब लेखकों का भी संगठन क्यों नहीं होना चाहिए? होना चाहिए, तभी तो 1936 में 'प्रगतिशील लेखक संघ' बना, जिसके जरिये नयी चेतना का जन्म हुआ और साहित्य की रचना और मूल्यांकन के नये प्रतिमान बने। अखिल भारतीय स्तर पर प्रगतिशील आन्दोलन ने भारतीय साहित्य के मन-मिजाज को बदलने में बड़ी भूमिका निभायी। आज इस तथ्य से कौन इनकार करेगा कि अपनी कुछ कमियों के बावजूद प्रगतिशील आन्दोलन ने बड़ी उपलब्धियाँ हासिल कीं और साहित्य, सिनेमा, रंगमंच आदि अभिव्यक्ति-माध्यमों के जरिये जनता में नयी दृष्टि और ऊर्जा का संचार किया। लेकिन डेढ़ दशक बीतते-बीतते प्रगतिशील लेखक संघ का सांगठनिक ढाँचा चरमराने लगा और वह भंग हो गया। कुद लोगों के अनुसार इसका मुख्य कारण संगठन में बढ़ती संकीर्णता थी, तो कुछ लोगों के अनुसार कम्युनिस्ट पार्टी का बढ़ता हस्तक्षेप। कारण चाहे जो हों, प्रलेस भंग हो गया और दो-ढाई दशक बाद फिर उसे सक्रिय करने की कोशिश हुई, तो जो संगठन सामने आया वह भाकपा का लेखकीय प्रकोष्ठ भर था, जिसके कर्ता-धर्ता पार्टी सदस्य ही थे। यह नया प्रगतिशील लेखक संघ प्रगतिशील साहित्यिक प्रवृत्तियों का वैसा व्यापक मंच नहीं था, जिसकी कल्पना के साथ 1936 में प्रगतिशील आन्दोलन की शुरुआत हुई थी। यही कारण था कि कुछ ही समय बाद माकपा से जुड़े लेखकों ने 'जनवादी लेखक संघ' की और माकपा (माले) से जुड़े लेखकों ने 'जन संस्कृति मंच' की स्थापना की और अपनी-अपनी पार्टियों की छत्रछाया में साहित्यिक-सांस्कृतिक सक्रियता की रस्म-अदायगी करते रहे। मालूम तो था कि इतिहास अपने आप को दुहराता नहीं है और अगर दुहरात है तो वह या तो पहसन होता है या त्रासदी। ऐसी स्थिति में प्रश्न है कि प्रगतिशील आन्दोलन को वापस लाने के जो दलगत प्रयास हुए उसे क्या माना जाये?

इसलिए अगर कोई यह सोचे कि इस समय कार्यरत लेखक संगठन, वह

प्रलेस हो, जलेस हो या जसम, आज के साहित्यिक माहौल में 'निस्तेज' और 'निष्प्राण' उपस्थिति भर हैं तो गलत नहीं सोचेगा। प्रगतिशीलता और जनवाद की संकीर्ण परिपाटी के साथ समाजवादी-यथार्थवादी सोच और कुछ सांगठनिक आयोजनों-प्रकाशनों के रूप में इनकी जो सक्रियता दीखती है, वह अधिकतर उनकी 'निस्तेज' और 'निष्प्राण' उपस्थिति का ही उदाहरण प्रस्तुत करती है। कैसी विड़म्बना है कि प्रगतिशील लेखक संघ के प्रथम घोषणा पत्र में भारत के पुराने साहित्य के लिए 'निस्तेज' और निष्प्राण' जैसे शब्दों का प्रयोग किया गया था आज वही शब्द इन संगठनों के लिए उपयुक्त लग रहे हैं।

आपको नहीं लगता कि जो कुछ नया, आन्दोलित और परिवर्तनकामी है, उसमें ऑफिशियल मार्क्सवादी पार्टियों की कोई खास हस्तक्षेपकारी और सार्थक भूमिका नहीं है? यही स्थिति क्या वाम छाते के भीतर सक्रिय लेखक संगठनों की नहीं है? क्या इस समय बुनियादी सरोकारों वाले प्रायः सभी आन्दोलन मार्क्सवादी छाते के बाहर नहीं चल रहे हैं? इसी तरह क्या यह भी सच नहीं है कि किसी भी नये रेडिकल साहित्यिक विमर्श को—वह दलित, स्त्री, आदिवासी, साबल्टर्न, जिस नाम से भी जाना जाता है—जारी करने या गति देने में इन लेखक संगठनों की कोई भूमिका नहीं है?

उसकी वजह क्या है? मुझे लगता है कि बीसवीं सदी के पूर्वार्द्ध में मार्क्सवाद और उससे अनुप्राणित कम्युनिस्ट पार्टी द्वारा संचालित जो स्वप्न था, वह मानव मुक्ति का निर्विवाद स्वप्न-सा था। उससे प्रेरणा लेकर प्रगतिशील आन्दोलन की नींव जब रखी गयी तो मुक्ति की व्यापक भावधारा के रूप में उसका स्वागत हुआ। 'देश हमारा, धरती अपनी, हम भारत के लाल/नया संसार बसायेंगे, नया इंसान बनायेंगे, कति शील के इस लोकप्रिय जनवादी संकल्प से भरे स्वप्न गें गुक्ति की अनिवार्य उपस्थिति जनता ने महसूस की, लेकिन इन तरह के तराने आज वैसी तरंग लोगों के भीतर नहीं पैदा करते। शोषक और शोषित का जो साफ-साफ वर्ग-विभाजन तब था, उससे दलितों, आदिवासियों, स्त्रियों आदि के मुक्तिकामी सपने टकराने लगे हैं। कोई कह सकता है कि मुक्ति के जिस महास्वप्न ने साहित्य में प्रगतिशील आन्दोलन को पंख दिये थे, मुक्ति का वैसा महास्वप्न विमर्शजनित आन्दोलनों में नहीं है। इसलिए यह अकारण नहीं है कम्युनिस्ट पार्टियों के छाते तले सक्रिय लेखक संगठनों-से बेखबर दलित, स्त्री और आदिवासी लेखकों के मंच अधिक सक्रिय भूमिका में हैं। अब तो ओबीसी साहित्य के साथ बहुजन साहित्य की भी अवधारणा की चर्चा होने लगी है। जाहिर है ऐसे साहित्य को बल देने

के लिए भी लेखक मंचों की दरकार होगी और देर-सबेर उनके संगठन भी होंगे।

प्रगतिशील लेखक संघ जब बना था, तब विश्व स्तर पर फासीवाद का खतरा था। देश के भीतर साम्राज्यवाद और सामन्तवाद के ख़िलाफ़ भारत का स्वतन्त्रता आन्दोलन जारी था। सोवियत संघ में समाजवादी व्यवस्था कायम थी और विश्व स्तर पर चलने वाले मुक्तिकामी संघर्ष को और प्रगतिशील आन्दोलनों को उससे बल मिल रहा था। आज स्थितियाँ दूसरी हैं। साम्प्रदायिकता को नये सिरे से उभारने में कुछ शक्तियाँ सक्रिय हैं। चुनावी राजनीति ने जातिवादी प्रवृत्ति को नये सिरे से उभारने में कोई कोर-कसर न छोड़ी है। दलितों, स्त्रियों, आदिवासियों और अल्पयंख्यकों की मुक्ति पुरानी परिपाटी के लेखक संगठनों में अपने लिए अनुकूल जगह नहीं पाती है। तब प्रश्न है कि 'प्रगतिशीलता' और अस्मिता मूलक समूहों का एक संघ कैसा होगा?

किसी भी लेखक संगठन का पहला काम अभिव्यक्ति की आजादी की रक्षा करना है। फासीवाद और साम्प्रदायवाद अभिव्यक्ति के मार्ग में सबसे बड़ी बाधाएँ हैं। खुशी की बात है कि अस्मितामूलक जो ग्रुप सक्रिय हैं, वे अभिव्यक्ति की आजादी के पक्षधर और साम्प्रदायिकता के विरोधी हैं। लेकिन सत्ता में हिस्सेदारी उनका प्रथम एजेण्डा है। आर्थिक विषमता की बढ़ती खाई, उनकी चिन्ता के दायरे में उस तरह नहीं है। वे अब अपनी उड़ान के लिए प्रगतिशीलता और जनवाद के आकाश को नाकाफी पाते हैं, तब लेखक संगठनों के स्वरूप पर क्या नये सिरे से विचार करने की जरूरत है? अब लेखक संघों के ऐसे महासंघ की जरूरत है, जिसके आकाश में उन सबकी आकांक्षाओं की उड़ान की पर्याप्त जगह हो।

लेखक संगठन आधुनिक युग की परिघटना है। पहले सन्तो के सम्प्रदाय हुआ करते थे। सिद्ध-नाथ, निर्गुण-सगुण अनेक सम्प्रदाय मध्यकाल में दिखाई देते हैं। सबका मालिक एक है और उसके दरबार में सब बराबर हैं। उपासना-पद्धति की स्वतन्त्रता और ईश्वर के दरबार में बराबरी की जगह ये दो बातें सबकों जोड़ती थीं। इसी तरह जितने भी लेखक संगठन हों, अभिव्यक्ति की आजादी और सामाजिक-आर्थिक समता का भाव अगर उनके ऐजेण्डे का अन्तिम लक्ष्य है, तो सबको उड़ने दो-उड़ने के तरीके सबके अपने होंगे। अपनी रचनात्मक उड़ान के लिए लेखक संघ किसी राजनीतिक दल के निर्देश पर न चलें और लेखक संघ लेखक की अनुभूत सच्चाई की अभिव्यक्ति पर पहरे न बिठायें—आदर्श स्थिति यही हो सकती है।

(2016)

सरकार पोषित संस्थाएँ और लेखक

सवाल है कि लेखकों को सरकारी या सरकार पोषित संस्थाओं में जाना चाहिए या नहीं? उन्हें इन संस्थाओं से सम्मानित-पुरस्कृत होना चाहिए या नहीं? इन प्रश्नों का कोई माकूल जवाब देना किसी के लिए भी कठिन है। इसलिए कि लोकतन्त्र में जो भी मंच या संस्था है, वह अन्ततः जनता की और जनता के लिए है। किसी राजनीतिक दल की सरकार आयेगी और जायेगी, लेकिन संस्थाएँ बरकरार रहेंगी। फिर भी जब-तब संस्थाओं के बहिष्कार की ख़बरें आती रहती हैं। कभी भारत भवन, भोपाल के कार्यक्रमों के बहिष्कार का अभियान लेखकों के एक वामपन्थी गुट की ओर से चलाया गया था। बावजूद इसके कुछ लेखकों को छोड़कर बाकी लेखक वहाँ जाते-आते रहे। महादेवी वर्मा को ज्ञानपीठ पुरस्कार मार्गरेट थैचर के हाथों लेने से इनकार करने की माँग भी कुछ लेखकों ने की थी। नागार्जुन से भी इन्दिरा गाँधी के हाथों पुरस्कार न लेने के लिए कहा गया था। राजेन्द्र यादव को बिहार सरकार का शिखर सम्मान जब मिला था तो वामपन्थी लेखकों के धड़े ने विरोध किया था। किसी घटना विशेष को ध्यान में रखकर हिन्दी अकादेमी और साहित्य अकादेमी का कुछ लेखकों ने विरोध/बहिष्कार किया लेकिन किसी लेखक ने इस तरह की माँगों के बावजूद पुरस्कार/सम्मान लेने से मना किया हो या लेखकों के बड़े समुदाय ने किसी संस्था का बहिष्कार किया हो, इसकी याद मुझे नहीं है।

एक लोकतान्त्रिक देश में कोई संस्था न तो किसी दल विशेष की होती है और न किसी सरकार विशेष को इनके काम-धाम में अनावश्यक दखल देना चाहिए। इन संस्थाओं का गठन जब हुआ होगा तो आदर्श तो यही रहा होगा। लेकिन सरकारों के बदलने पर सम्मान/पुरस्कारों के चयन में कभी-कभार बाहरी दबाव न रहते होंगे, इससे इनकार भी नहीं किया जा सकता। ऐसी स्थिति में फिर वही प्रश्न कि लेखकों को सरकार पोषित संस्थाओं के मंचों पर जाना चाहिए या नहीं?

आज का लेखक कबीर, कुम्भनदास, तुलसीदास आदि की तरह न तो जीवन जीता है और न कोई उससे वैसी अपेक्षा करेगा। कबीर कह सकते थे कि जिसे कुछ नहीं चाहिए वही शाहंशाह है, कुम्भनदास भी तब की राजधानी सीकरी से दूर रहने की स्पष्ट सलाह दे सकते थे; तुलसीदास भी कह सकते थे कि मैंने राम की गुलामी स्वीकार कर ली है,अब किसी नर की मनसबदारी नहीं करूँगा। यही मानसिक रचना उस काल के सभी संत कवियों की थी। शायद यही कारण है कि उनका रचा साहित्य लगभग हज़ार वर्षों के हिन्दी साहित्य का सबसे उज्ज्वल अध्याय है। ऐसा अध्याय जो ज़रा-से भी किसी राजकीय हस्तक्षेप से अपनी दूरी बनाये रहता है। यही कारण है कि भक्ति काव्य का अधिकांश हमें आज भी नैतिक लगता है। भक्त कवियों ने तो प्रभु की सत्ता स्वीकार कर ली थी, उन्हें किसी अन्य के अनुग्रह की ज़रूरत नहीं थी। लेकिन यही बात दूसरे काल के ख़ासतौर से आज के साहित्यकारों के बारे में नहीं कही जा सकती। आज के साहित्यकार का घर-परिवार है; उसके लिए उसे कोई न कोई नौकरी या काम काम करना है। वह जो लिखता है,उसके प्रकाशन, प्रचार-प्रसार के लिए किसी न किसी निजी या सरकार पोषित संस्था की दरकार है। यदि उसने जीवन भर लिखने-पढ़ने का ही काम किया है, तो उसकी सहज मानवीय कमज़ोरी हो सकती है कि वह साहित्यिक संस्थाओं द्वारा सम्मानित भी हो। लेखकों को पुरस्कृत-सम्मानित करने का काम सरकार पोषित संस्थाएँ करती भी रही हैं। अपनी राजनीतिक धारा के लेखकों का भी और अपनी विरोधी राजनीतिक धारा के लेखकों का भी। आज जब कुछ भी राजनीति से परे नहीं है, तब किसी लेखक का किसी सरकार पोषित संस्था द्वारा सम्मान राजनीति से परे तो नहीं ही माना जायेगा। भले ही वह फौरी नहीं, दूरगामी राजनीति हो। तब क्या लेखक को अपनी ही राजनीतिक धारा की सरकार के समय में सरकार पोषित संस्थाओं में जाना चाहिए और सम्मानित होना चाहिए?

किसी लेखक या विपरीत धारा के लेखक का कहीं सम्मानित किया जाना किसी भी लोकतांत्रिक समाज के मुक्त मन का परिचायक है। अपनी आलोचना किये जाने का माहौल लोकतन्त्र में विश्वास करने वाली सरकारें ही देती हैं। जो सरकारें विचारधारा की तानाशाही के आधार पर सत्ता में आती हैं वे लेखकों की अभिव्यक्ति पर पहरा बिठा देती हैं। नात्सी जर्मनी में भी लेखकों-कलाकारों को यातनाएँ झेलनी पड़ीं और स्तालिनकालीन सोवियत रूस में भी। ऐसी सरकारों द्वारा पोषित संस्थाओं द्वारा सम्मानित किया जाना कोई स्वतन्त्रचेता लेखक कैसे पसन्द करेगा? करना भी नहीं चाहिए।इन देशों में भी लेखकों-कलाकारों ने तानाशाही

का विरोध किया था और यातनाएँ झेली थीं। अपने देश में भी आपातकाल में जब अभिव्यक्ति की आज़ादी पर प्रतिबन्ध लगा तो लेखकों के व्यापक समुदाय ने उसका विरोध किया था। यद्यपि सीपीआई /प्रलेस से जुड़े लेखक तब या तो आपात्काल के समर्थन में थे या चतुराई पूर्वक चुप थे।

कोई लेखक जब किसी संस्था द्वारा सम्मानित होता है तो अन्ततः उसकी रचना सम्मानित होती है। रचना के पीछे लेखक की अपनी जीवन-दृष्टि होती है;रचना में निहित उसके मौन या मुखर विचार होते हैं। जेनुइन लेखक सम्मान से अधिक अपनी रचना के साथ होता है। संस्थाएँ ऐसे लेखकों का सम्मान करके स्वयं सम्मानित होना चाहती हैं; अपना उदार चेहरा प्रस्तुत करना चाहती हैं। कई बार सत्ताधारी दल ऐसा करके लेखक से अपने अनुकूल बनने की अपेक्षा भी रखता है। सरकार पोषित संस्थाओं के मंचों पर जब ऐसे लेखकों को बुलाया जाता है तो यह भी अपेक्षा होती है कि लेखक संस्था या सत्ता के लिए असुविधाजनक वक्तव्य न दे। अवसरवादी लेखक अनुकूलन के शिकार होते भी हैं, लेकिन जेनुइन लेखक वही बोलता है जो साहित्य का स्वाभाविक धर्म होता है। कहने की ज़रूरत नहीं कि एक लेखक का स्वाभाविक धर्म जनता की पीड़ा का सही चित्रण है,उस पीड़ा का पक्षधर होना है। इसलिए किसी लेखक का असली काम है सत्ता के विपक्ष में होना। सुना है कि राममनोहर लोहिया कहते कहते थे कि उनके दल की भी सरकार बनी तब भी वे विपक्ष की भूमिका में रहना पसन्द करेंगे; ताकि अपने दल की सरकार के प्रति आलोचनात्मक रूख रख सकें। आज के दिन कौन-सा दल या कौन-सा नेता ऐसे आदर्श को जीना पसन्द करेगा,कहना कठिन है, लेकिन एक लेखक को तो सतत विपक्ष में होना ही चाहिए। जो वह लिखता है उसमें उसका विपक्षी तेवर साहित्यिक भाषा और सलीके के साथ साफ़-साफ़ दिखना चाहिए। जब वह किसी मंच पर बोलने के लिए निमन्त्रित किया जाता है,तब उसे वही बोलना चाहिए जो उसका अपना पक्ष है। यह सुविधा और वह माहौल वह मंच मुहैया कराता है तो उसे अपनी बात बेलाग-लपेट कहने से हिचकना नहीं चाहिए। यदि वह मंच उसे उसकी अभिव्यक्ति की आज़ादी नहीं देता तो निश्चित रूप से उसे उसका बहिष्कार करना चाहिए।

वाद-विवाद-संवाद की गुंजाइश जनतांत्रिक समाज में ही होती है। हम विचारधारा के लिहाज से अपने अनुकूल लोगों से संवाद तो करते ही हैं जो दूसरी विचारधारा के लोग हैं उनसे भी संवाद करें, ऐसा जनतन्त्र का तकाजा है। यदि हम ऐसा नहीं करते तो अपने से असहमत व्यक्ति के सामने सोच-विचार के लिए

कोई दूसरा वैचारिक प्लेटफार्म और दूसरी जीवन-दृष्टि प्रस्तुत करने के दायित्व से अपने को मुक्त कर लेते हैं। इतिहास गवाह है कि गाँधी ने अपने विरोधियों के साथ संवाद करने से परहेज नहीं किया। इसलिए कि उनकी दृष्टि साफ़ थी। वे मानते थे कि पाप से घृणा करनी चाहिए पापियों से नहीं। किसी ने एक दिलचस्प बात बताई थी। एक बार श्रीपाद अमृत डांगे को मुम्बई के एक धुर विरोधी दल के नेता ने एक कार्यक्रम में बोलने के लिए आमन्त्रित किया। डांगे गये और वही कहा जो उन्हें कहना था। कहा जाता है कि डांगे के वक्तव्य से प्रभावित होकर वहाँ बैठे बहुत से लोग उनके समर्थक हो गये थे। इस घटना से पता चलता है कि अपने पाँव अपनी ज़मीन टिकाए रखकर विरोधी विचारधारा के मंच पर भी बोलने में हर्ज़ नहीं है। यह भी कहा जाता है कि स्वामी विवेकानन्द जब अमेरिका में बोल रह थे तो उनके भाषण से प्रभावित होकर एक विदेशी उनका अनुयायी बन गया। वह शॉर्ट हैंड जानता था। बाद में उसी ने उनके बहुत-से भाषण नोट किये, जो आज हमारे लिए सुलभ हैं। इसका अर्थ यह है कि संवाद से वे डरते हैं, जिनके पास दूसरों को प्रभावित करने वाली न तो दृष्टि होती है और न ही चरित्र।

किसी दल की सरकार या किसी संस्था के किसी काम से विरोध हो तो उसका बहिष्कार उसके विरोध का एक तरीका हो सकता है। सामन्ती समाज में जब किसी व्यक्ति का आचरण अशोभनीय होता था तो जाति बहिष्कृत करके समाज उसे सजा देता था। लोकतान्त्रिक समाज में बहिष्कार विरोध का अन्तिम उपाय होना चाहिए। जब तक और जहां तक सम्भव हो संस्थागत मंच का उपयोग अपना पक्ष रखने में लेखकों को करना चाहिए। इसलिए कि लोकतान्त्रिक समाज में सरकार पोषित कोइ संस्था किसी एक व्यक्ति, दल या विचारधारा की जागीर नहीं होती। मुक्तिबोध के शब्दों में यह दुनिया यदि कचरे का ढेर नहीं है तो किसी कुक्कुट को उस पर बैठकर बांग देने और मसीहा बनने देने से रोकने का आख़िर लेखकों के पास उपाय क्या है? सरकार पोषित मंचों पर मौका मिलने पर तब तक बोलना चाहिए जब तक उसकी उदारता का छद्म बेपर्द न हो जाये।

(2016)